A Causalidade Diabólica II

Coleção Estudos
Dirigida por J. Guinsburg

Equipe de realização – Tradução: Mary Amazonas Leite de Barros; Revisão: Afonso Nunes Lopes; Produção: Ricardo W. Neves e Sylvia Chamis.

A publicação deste livro foi
possível graças ao patrocínio da
Associação Universitária de Cultura Judaica
e da Confederação Israelita do Brasil.

León Poliakov

A CAUSALIDADE DIABÓLICA II

DO JUGO MONGOL À VITÓRIA DE LÊNIN

EDITORA PERSPECTIVA

Título do original em francês
La causalité diabolique (du joug mongol à la victoire de Lénine)

©Calmann-Lévy, 1985.

Dados Internacionais de Catalogação na Publicação (CIP)
(Câmara Brasileira do Livro, SP, Brasil)

Poliakov, Léon, 1910–
  A causalidade diabólica, II / Léon Poliakov ; [tradução Mary Amazonas Leite de Barros]. - São Paulo : Perspectiva : Associação Universitária de Cultura Judaica, 1992. -- (Coleção estudos ; 125)

  ISBN 85–273–0051–6

  1. Judeus – Perseguições 2. Perseguição – História I. Título.

92–1354   CDD-272

Índices para catálogo sistemático:

1. Perseguições : História : História da Igreja 272

Direitos em língua portuguesa reservados à
EDITORA PERSPECTIVA S.A.
Avenida Brigadeiro Luís Antônio, 3025
01401 – São Paulo – SP – Brasil
Telefones: 885-8388/885-6878
1992

Agradecimentos

Vários colegas e amigos ajudaram-me a levar a bom termo este longo trabalho, iniciado no final de 1980. Citarei aqui, em ordem cronológica: o professor Georges Philippenko, que desde 1981 prodigalizou-me os primeiros conselhos e encorajamentos; meu velho camarada Georges Gordey, com o qual discutimos, em muitas oportunidades, a trágica história russa; meu amigo Laurent Bensaïd, professor efetivo de história, que me ajudou de várias maneiras; o professor Efim Etkind, da Universidade de Nanterre, que teve a amabilidade de ler e anotar as duas primeiras partes deste trabalho; meu amigo Maurice Olender, o diretor da revista *Le Genre Humain*, que o leu por inteiro e me comunicou seu entusiasmo; a BDIC e o professor Vladimir Berelovitch, que me permitiram esclarecer os esforços dos "Cem-Negros", para se infiltrarem no partido bolchevique, no verão de 1917; e Anne Coldéfy-Faucard, a quem agradeço especialmente as correções e sugestões de todo tipo, que me permitiram evitar parte de meus embaraços universitários.

Sumário

PREFÁCIO................................. XI

1. DO JUGO MONGOL A PEDRO O GRANDE (1250-1700)................................. 1
O Jugo Mongol............................ 1
Nascimento da Santa Rússia.................. 9
Ivan o Terrível........................... 14
O Interregno dos Usurpadores – O Grande Cisma... 19
O Anticristo Pedro o Grande................. 26

2. DE PEDRO O GRANDE À LIBERTAÇÃO DOS SERVOS (1700-1863)....................... 33
O Jugo Alemão............................ 33
Pugatchev, a Grande Catarina e as Conseqüências..... 41
A Geração de 1812 – Os Dezembristas............ 45
A Rússia Musculosa de Nicolau I............... 55
A Libertação dos Servos..................... 66

3. A CORRIDA PARA O ABISMO (1863-1914)....... 79
Os Santos Leigos.......................... 79
O Inferno................................ 92
O Louco Verão de 1874..................... 99
Vera Zassulitch e os Czaricidas................ 105

A Reação: A Santa Legião e os Judeus............ 111
A Reação: A Okhrana e a Autocracia............ 118
O Marxismo na Rússia...................... 125
Lênin 129
O Último dos Autocratas..................... 135
A Nova Onda Terrorista..................... 138
Rumo à Guerra Russo-Japonesa................ 147
O Socialismo Policial....................... 151
O Domingo Sangrento...................... 153
A Revolução de 1905....................... 157
A Mística Anti-Semita...................... 163
A Nova Reação: A União do Povo Russo......... 171
Os Cinco Anos Gloriosos.................... 177
Rasputin 180

4. A GUERRA TOTAL (1914-1920).............. 185

Fresca e Alegre........................... 185
A Degringolada.......................... 189
O Povo Entra em Cena..................... 199
A Chegada de Lênin....................... 206
Os Dias Quentes do Verão................... 213
O Negro Mês de Setembro................... 219
O Golpe de Estado........................ 225
As Semanas Idílicas....................... 237
A Guerra Civil........................... 247
A Odisséia Tcheca........................ 249
A Tcheka............................... 251
Os Brancos............................. 253

CONCLUSÃO............................... 261

ANEXO. NOTA SOBRE OS VELHOS-CRENTES..... 269

Prefácio

O volume anterior, publicado na mesma editora, em 1991, trazia como epígrafe uma observação inédita de Albert Einstein: "Os demônios estão em toda parte; é provável que, de um modo geral, a crença na ação dos demônios se encontre na raiz de nosso conceito de causalidade". Seguiam-se um "Prefácio" e uma "Introdução Geral", nos quais, inspirando-me nos trabalhos de Léon Brunschvicg, Sigmund Freud, C. G. Jung, Claude Lévi-Strauss, Jean Piaget e outros grandes pensadores, eu expunha os fundamentos teóricos de minha pesquisa. Desta vez, trabalhei como historiador puro, à espreita de fontes inexploradas: elas sempre existem, sobretudo em matéria de "demonologia".

No que se refere a minha hipótese de partida, contento-me em reproduzir abaixo um largo trecho do prefácio precedente:

> Ao trabalhar em minha História do Anti-Semitismo, um tema que, organicamente, secreta interrogações insólitas, tive, por último, que tratar da "visão policial da história" (as *plot theories*, teorias da conspiração, dos autores anglo-saxões: assimilar sob o vocábulo *plot* as *intrigas* e até os *planos* para as *conspirações*, a língua inglesa possui algo para nos ensinar. Além disso, ela nos põe no caminho de um extraordinário consenso etimológico, pois, no francês antigo, *complot*, uma "conspiração" é apenas uma "reunião de pessoas"; o equivalente russo *zagovor*, literalmente "falar por trás, pelas costas", é ainda mais sugestivo: falar pelas costas de alguém já é conspirar, a conspiração está em toda parte. Com algumas nuanças, encontra-se o mesmo fenômeno semântico no hebraico, no grego e no acadiano!).
>
> Como se sabe, segundo a "visão policial", as desgraças deste mundo devem ser imputadas a uma organização ou entidade maléfica: os judeus, por exemplo.

Procurei relacionar as explicações desse gênero ao fascínio exercido sobre os espíritos humanos por uma causalidade elementar e exaustiva, que equivale, parece-me, do ponto de vista psicológico, a uma "causa primeira". Uma observação fortuita feita por Albert Einstein, sobre a gênese do conceito de causalidade, deu-me a idéia do presente ensaio sobre a "causalidade diabólica" em geral: perguntei-me em especial se os fenômenos totalitários do século XX não repousavam (entre outros fatores) na necessidade de sucedâneos para as causas primeiras de outrora.

Por outro lado, conforme os modos de interpretação que me pareceram impor-se desde o início de minhas pesquisas sobre o anti-semitismo, eu quis, em primeiro lugar, esquadrinhar o assunto com o auxílio de minha cultura analítica, procedimento sem dúvida mais lícito nesta matéria do que em qualquer outra, sem contudo iludir-me quanto aos resultados a esperar de um processo de que se pode afirmar, em duas palavras, que eles valem o que o historiador vale. [...]

É verdade que a concordância semântica entre línguas muito afastadas umas das outras, a respeito da "visão policial", não deixa de ser significativa. Ela nos recorda que maus pensamentos dormem no coração de qualquer um e que todos nós temos algo a esconder ou a calar. Pensemos num fato corriqueiro: quase sempre falamos de terceiros de maneira diversa em sua ausência do que em sua presença, e esse comportamento pode servir de esboço para uma intriga. Este é o efeito de um aprendizado social, que nos faz refrear os maus pensamentos e as más intenções, até a reprimi-los, sem impedir na verdade as projeções sobre outrem, o que é, de maneira diferente, grave. Se é verdade que toda loucura, toda paranóia, contém sua parcela de "verdade psíquica", como julgava Freud, pode-se mesmo admitir que, potencialmente, somos todos perseguidores perseguidos. É sobretudo desta forma, talvez, que "a má inclinação" estimula toda intriga ou toda conspiração, quaisquer que sejam os fins, as justificativas ou a ideologia. Em todo caso, o pior ocorre quando os adeptos da "visão policial" se apoderam do poder, pela força ou pela astúcia. É então que sua interpretação do devir humano, delirante em seu princípio, vem servir de fundamentos para uma ideologia de Estado e permite compreender melhor, de fato, o curso dos acontecimentos – a não ser que os resultados históricos da conspiração sejam muito diferentes dos planos de seus autores, como o testemunham os regimes totalitários – socialistas? – de nosso tempo.[...]

Eu continuava aquele prefácio citando o grande filósofo inglês Karl Popper, que soube dizer o essencial em poucas palavras:

A teoria da conspiração repousa na idéia de que tudo o que se produz hoje – incluindo-se as coisas que, via de regra, as pessoas não apreciam, tais como a guerra, o desemprego, a miséria, a penúria – são os resultados diretos dos desígnios de certos indivíduos ou de grupos poderosos. Essa visão é bastante difundida, apesar de representar uma superstição bastante primitiva. Em sua forma moderna, ela é um resultado típico da laicização das superstições religiosas.

E, mais resumidamente: "Segundo a teoria da conspiração, tudo o que acontece foi desejado por aqueles a quem isso traz proveito"[1]. Cabe observar que a última fórmula resume muito

---

1. Cf. Karl Popper, *Prediction and Prophecy in the Social Sciences*, Londres, 1948.

bem a "visão policial", que não é de hoje: ver o adágio *Is fecit cui prodest* dos magistrados romanos.

Desde a época em que eu redigia estas linhas – muitos anos atrás –, o número dos adeptos da teoria da conspiração cresceu, em virtude do aumento das ameaças e das misérias de todo tipo, reais ou imaginárias, que obnubilam cada vez mais os espíritos e que se comunicam imediatamente, graças aos satélites e outros relés, aos quatro cantos do nosso planeta. Essa inquietação é reforçada, sobretudo em nossa velha Europa, pela escalada do terrorismo internacional, ao qual se atribui facilmente um misterioso regente que orquestra um complô mundial. Não é de admirar que as pesquisas e os colóquios dedicados ao papel histórico e social das teorias da conspiração tenham se multiplicado, nos últimos anos[2].

Volto agora a minha pesquisa de 1977-1980. Na obra que dela resultou eu tratava, após a "Introdução Geral", dos dois grupos humanos que suscitaram na Europa as mais delirantes fantasias, e ali foram diabolizadas permanentemente: os judeus (há dois milênios) e os jesuítas (desde a Reforma). Centrei, em seguida, minha investigação nas grandes revoluções, que desencadearam ou renovaram os ódios seculares: a inglesa, em meados do século XVII, e a francesa, no fim do século XVIII. No caso alemão, tratava-se de uma revolução muito diferente, uma revolução filosófica ou ideológica, e é por esse motivo que o primeiro volume concluía com o exame da obra de Georg-Wilhelm Hegel e de Karl Marx.

Era, portanto, preciso que, na presente obra, eu estudasse a revolução de 1917 e, de maneira geral, o caso da Rússia, que era importante tornar inteligível, esclarecendo certos aspectos de seu passado. Com efeito, minhas pesquisas prévias convenceram-me de que os fenômenos cruciais de sua trágica história remontam

---

2. Aos trabalhos que eu analisava na "Introdução Geral" da minha obra precedente convém juntar: Michael Billig, *Fascists: A Social Psychological View...*, Londres, 1978; H. Broch, *Massenwahntheorie*, Frankfurt/M, 1979; Lucian Hölscher, *Offentlichkeit und Geheimnis*, Stuttgart, 1979; Serge Moscovici, *L'âge des foules, un traité historique sur la psychologie des masses*, Paris, 1981; F. S. Graumann e S. Moscovici (ed.), *Mind and Behaviour, a Historical Analysis*, Cambridge, 1984. A obra clássica de Richard Hofstadter, *The Paranoid Style in American Politics*, Nova York, 1965, merece igualmente atenção.

Quanto aos colóquios, ver, em último lugar, o simpósio internacional "Conceptions of Conspiracy", realizado em maio de 1984 em Bad Homburg. Suas atas serão publicadas no outono de 1985 em Nova York (ed. Springer).

aos tempos da conquista mongol, quando a população moscovita, nem bem cristianizada, teve de sofrer o jugo de um czar pagão, infiel: daí um abismo, jamais preenchido, entre o poder e a nação, e uma polícia do pensamento que atingiu, no século XX, sua forma mais refinada.

O público ocidental ignora, em ampla medida, a tragédia da história russa, que não se limita a essa trama central. Sabe-se simplesmente que, a partir do século XVII, a condição do povo veio se agravando, e que foi sob os dois grandes artesãos do poder imperial, Pedro o Grande e Catarina II, a "Semíramis do Norte", que o regime de escravidão adquiriu suas formas mais cruéis? O que provoca, no século XIX, à medida que se formava uma classe cultivada, sentimentos coletivos de culpabilidade e uma idealização excessiva do povo oprimido: a "alma russa" de outros tempos também foi isso.

Uma vez que eu não podia de forma alguma oferecer ao leitor uma história sistemática da Rússia, convinha, portanto, pôr em evidência a continuidade de seu destino, recorrência fatal, estreitamente ligada, aliás, à ambivalência em relação ao Ocidente. Por mais que os vocábulos ou os regimes mudassem, a relação entre os amos e os súditos permanecia a mesma; em nossos dias, o cidadão soviético distingue correntemente entre "nós" e "eles", isto é, a *nomenklatura*, assim como a *intelligentsia* desenraizada do século XIX se opunha, na qualidade de "sociedade", ao "poder" (*obchtchestvennost* e *vlast*). Essa divisão, repetimos, encontra-se, sob uma forma ou outra, ao longo de toda a história do povo russo, sucessivamente submetido aos mais diversos jugos: o dos mongóis, o de seus próprios czares, transformado, com Pedro o Grande, no "jugo alemão"[3], quando a nobreza, apressadamente ocidentalizada, se distanciava cada vez mais das camadas populares, a ponto de esquecer sua própria língua e de conversar ou se corresponder em francês – na mesma época em que as campanhas napoleônicas aumentavam o fervor do nacionalismo russo.

Assim, portanto, no século XIX, a Rússia permanecia uma autocracia atrasada, no modo de governo semifeudal, um colosso com pés de barro, tributário da Europa nos domínios das técnicas, das ciências e do pensamento, enquanto o povo, miserável e inculto, levava uma existência separada, análoga às rotinas medievais. Suportava com uma paciência inteiramente cristã as humilhações da escravidão – ou explodia em rebeliões insensatas,

---

3. Isto é, o jugo do Ocidente, pois, na linguagem popular, os "alemães" (*niemstsy*) designavam os estrangeiros em geral.

sob a direção de algum usurpador que encarnasse "o verdadeiro czar cristão". Esse regime obsoleto e iníquo, que chocava os estrangeiros e indignava a juventude instruída, constituía um terreno seleto para a ebulição das idéias revolucionárias, emprestadas também à Europa "avançada", mas acomodadas ao estado de coisas existente e facilmente levadas ao extremo. A partir de 1870, a Rússia se torna o campo fechado de uma luta impiedosa entre os adversários terroristas ou marxistas do regime e uma polícia política de temível eficácia: a provocação, os *pogroms* e o anti-semitismo foram erigidos como métodos de governo. A "visão policial", todavia, comunicava-se facilmente, por osmose, ao campo revolucionário. E vice-versa: no início do século XX, partidos terroristas de direita foram criados pela polícia, com a bênção de Nicolau II, o último dos autocratas. Só o que fizeram foi desacreditar ainda mais o regime, que não resistiu à prova da Primeira Guerra Mundial. A Revolução de Outubro foi seguida de uma guerra civil propícia ao aparecimento de suspeitas delirantes, que encontraram ampla repercussão em todo o Ocidente: enquanto Lênin imputava um complô permanente ao "imperialismo internacional", os brancos vencidos atribuíam a queda do regime czarista a uma "conspiração judia", revelando-se como auxiliares preciosos para a ascensão do nacional-socialismo alemão.

Tais foram, pois, as duas grandes encruzilhadas da causalidade diabólica no decorrer da primeira metade do século XX.

A esse respeito, tive de retomar, ao concluir esta obra, minhas pesquisas sobre a história dos judeus, "os grandes perdedores da história", conforme fórmula consagrada. É evidente que eles não foram os únicos: todas as perseguições de envergadura, sejam quais forem sua causa e pretexto, tiveram os seus. Na Rússia czarista, elas atingiram tanto os cismáticos da igreja ortodoxa (os "Velhos-Crentes"), como as populações alógenas, especialmente os judeus, os poloneses e os letões (estes iriam tornar-se, ao sabor das circunstâncias, a ponta-de-lança do exército vermelho, e servir de quadro para a polícia de Lênin, a famosa Tcheka[4]).

---

4. Poder-se-ia fazer uma interessante comparação entre o papel dos judeus e o dos letões, por ocasião da instauração do regime comunista, um papel que foi progressivamente reduzido a nada na época de Stálin. No caso dos letões, extraí o essencial de uma obra rara, publicada em Riga, em 1962 (ver pp. 312 e *passim*). Ela omite, evidentemente, a indicação de que, no expurgo do exército soviético em 1938, todos os generais de origem letônia foram fuzilados.

A Revolução de Outubro operou uma reviravolta totalitária: dentre os novos perdedores, os ativistas de direita, os "Cem-Negros", assim como os provocadores policiais, merecem atenção especial, tanto mais que sua história nunca foi sistematicamente estudada[5]. Procurando preencher essa lacuna, expus alguns fatos novos, tais como seus esforços para se infiltrar no partido bolchevique, a partir do verão de 1917. É evidente que, na seqüência, eles foram acuados com especial obstinação, de expurgo em expurgo: ignora-se quantos dentre eles conseguiram sobreviver.

Não é menos verdade que, por toques imperceptíveis, uma parte de seu programa começou a ser reabilitado por Stálin. Na véspera, mas sobretudo durante a Segunda Guerra Mundial, essa tendência se reforçou, em resposta a uma surda aspiração popular. Assim, o círculo estava fechado: por mais que os perdedores desaparecessem, suas visões se integravam à ideologia oficial, sob o estandarte leninista e marxista. E assim se reencontrava a Rússia eterna: patriotismo visceral, judiofobia, e culto ao chefe supremo, sendo o "paizinho czar", no caso presente, substituído pelo "Pai dos Povos". A antiga tradição moscovita estava restaurada. Os avatares do novo messianismo soviético poderiam constituir objeto de um terceiro volume de *A Causalidade Diabólica*, um trabalho que, sob uma forma ou outra, espero poder levar a cabo.

---

5. A produção soviética limitou-se a duas coleções de documentos e a diversos artigos, que datam dos anos 1920; no Ocidente, os autores sérios só trataram dos "Cem-Negros" e outros extremistas de direita de modo parcial ou marginal, seja por falta de documentos, seja em razão da impopularidade do tema.

1. Do Jugo Mongol a Pedro o Grande (1250-1700)

O JUGO MONGOL

Jamais um império universal estivera tão próximo de sua realização como durante a expansão mongol, em meados do século XIII, na época de São Luís e de São Tomás de Aquino. Pouco faltou para tanto: Batu, um neto de Gêngis-Khan, após ter vencido os russos, os poloneses e os cavaleiros teutônicos, avançava em direção ao Reno, quando, em 1241, a morte de seu tio e suserano Ogödei o fez recuar e abandonar suas pretensões sobre a Europa Ocidental. A Europa viu-se, definitivamente, cindida em duas partes, já que a Rússia, e apenas ela, permaneceu submetida, durante quase dois séculos, ao "jugo mongol" ("tártaro") – parte integrante de um império que se estendia do Pacífico ao Dniepr, do Vietnã à Sibéria. Portanto, mais que do grande cisma do Oriente de 1054, é do século XIII que data o divórcio definitivo, a divisão política, cultural e religiosa da Europa.

Pequeno chefe de clã, Gêngis-Khan soubera, entre 1207 e 1227, federar todas as tribos mongóis, criar um Estado militar nômade, revolucionar a arte da guerra e a exploração das conquistas, submeter a Ásia Central e a China. Seus filhos tomaram a direção do oeste, apoderaram-se da Rússia[1], da Pérsia e do cali-

---

1. Com exceção das cidades livres de Novgorod e de Pskov, a noroeste. Na campanha de 1238, os cavaleiros de Batu só na primavera atingiram as regiões pantanosas que cercavam essas duas cidades, e seu avanço foi entravado pelas

fado de Bagdá, ameaçaram Bizâncio e o Egito. Mas dissensões no seio de sua descendência – pois o Estado mongol conservava seu caráter tribal, e até familial – ocasionaram um desmembramento, de modo que o objetivo escatológico não foi alcançado. Pois o genial ancestral possuía um: considerava-se destinado a reger o Universo, investido dessa missão pela vontade do *Tengri*, do "céu azul" dos mongóis. Com este propósito, Gêngis e seus sucessores, os "Gengiskhânidas", procederam como colonizadores hábeis, deixando em seus tronos, especialmente na Rússia, os próprios príncipes nativos, os *Rurikovitchi* submetidos.

Com efeito, as principais conquistas mongóis, a China e a Rússia, tiveram destinos divergentes. Na China, os conquistadores nômades deram a mão à palmatória, no espaço de duas gerações, diante de uma cultura milenar refinada, guerrearam em nome dos "Filhos do Céu" chineses, e acabaram por ser expulsos no século XIV. Na Rússia, a "Horda de Ouro", que se estendia do mar Negro à Ásia Central, manteve por muito tempo seu domínio que, embora se enfraquecendo durante o século XV, durou até os inícios do século XVI. Os tártaros garantiram, portanto, a submissão dos senhores feudais russos, assim como dos dignitários da Igreja ortodoxa, uns e outros acostumando-se, assim, a um papel de "colaboradores".

A principal função dos príncipes, que com freqüência se enfrentavam, era fazer reinar a ordem em suas terras, reunir os tributos exigidos pela Horda de Ouro, e fornecer tropas supletivas (durante mais de um século, as tropas de ocupação que estacionavam na China foram compostas, principalmente, de russos, contando o regimento de guarda postado em Pequim com vários milhares de soldados; inúmeros artesãos russos tiveram igualmente de tomar o caminho da Mongólia ou da China). Além disso, os príncipes, do mesmo modo que os metropolitas, deviam prestar juramento aos cãs por ocasião de sua investidura, e dirigir-se, em muitas oportunidades, à capital da Horda de Ouro, estabelecida em Sarai, no mar Cáspio. Um caso típico é o de Alexandre Névski, príncipe de Moscou, glorificado, ainda hoje, especialmente pelo cinema soviético, por sua vitória sobre os cavaleiros teutônicos, o que não o impediu de efetuar freqüentes viagens a Sarai, a fim de obter as boas graças dos mongóis, assegurar-se da participação deles em suas lutas contra seus irmãos, e aliviar, na medida do possível, a condição de seu povo moscovita. A esses

---

cheias da primavera. Por conseguinte, Novgorod e Pskov puderam comerciar com o Ocidente e se abrir livremente às influências estrangeiras ou "latinas".

peregrinos principescos, os cãs entregavam títulos de governo ou *yarlyks*, sendo o mais cobiçado o de "grande príncipe", encarregado de supervisionar a coleta das tribos em toda a Rússia. Este título, que no século XIII passava de mão em mão (Suzdal, Tver, Moscou), tornou-se no século XIV privilégio dos príncipes de Moscou, mais avisados ou mais afortunados que seus rivais. Privilégio incerto, pois, na corte dos cãs, as intrigas, as denúncias e os assassinatos continuaram cada vez mais intensamente. Raramente se viu tal acúmulo de crimes e traições. E seja qual for o julgamento que os autores russos ou estrangeiros tenham feito sobre a marca deixada pelo jugo mongol na história russa, eles são quase unânimes em considerá-lo uma desgraça nacional. Assim, o primeiro grande historiador russo, Karamzin, diz: "A própria natureza dos russos traz ainda a marca ignóbil que nela imprimiu a barbárie mongol". No mesmo sentido, poder-se-ia citar Púchkin, ou Mérimée, ou o marquês de Custine ("raspe o russo e encontrará o tártaro"); mas é ainda Karl Marx quem resume com mais ferocidade a opinião geral da Europa do século XIX:

> É na lama sangrenta da escravidão mongol e não na rude glória da época normanda que nasceu a Moscóvia, da qual a Rússia não passa de uma metamorfose. O jugo tártaro pesou sobre a Rússia por mais de dois séculos; jugo não só esmagador, mas desonroso, e que arruinou a alma do povo...[2]

No século XX, já não se expressa da mesma maneira, mas os historiadores soviéticos e ocidentais concordam em dizer, sejam quais forem os métodos ou as mentalidades, que o jugo mongol foi nefasto para o povo russo, causando profundas devastações e freando o desenvolvimento econômico e cultural.

Assim, portanto, esse povo conheceu durante quase dois séculos toda uma gama de sofrimentos, exações e pilhagens, deportações e massacres. As tentativas de rebelião, houve-as em grande número, eram amiúde reprimidas pelos próprios príncipes russos, sem esperar a intervenção de uma expedição punitiva mongol. A situação era única em seu gênero: um povo cristão estava submetido a cãs pagãos, a czares infiéis, detentores, pela graça de Deus, do poder supremo e, ainda por cima, não somente os príncipes russos, mas de uma maneira mais pronunciada o clero, tinham ligação com os czares.

É que os conquistadores concediam à Igreja ortodoxa (conforme um princípio geral estabelecido pelo próprio Gêngis-Khan)

---

2. Cf. Karl Marx, *La Russie et l'Europe* (1850), trad. fr., Gallimard, 1954, p. 213.

privilégios excepcionais: isenção total de impostos, de corvéias, de fornecimentos em dinheiro, em espécie ou em homens. Uma disposição suplementar estipulava que toda queixa da Igreja devia ser cuidadosamente examinada pelos príncipes, enquanto ela não devia levar em consideração as queixas e recriminações destes. Seria de surpreender que o clero, e mais especialmente o alto clero, fizesse parte da "facção mongol?"[3]. E que, como regra geral, ele desempenhasse escrupulosamente deveres que lhe eram impostos em troca: rezar a Deus, "sem reservas mentais", pelos czares infiéis, e educar o povo num espírito de obediência e submissão? O que, pensando bem, só podia favorecer sua missão propriamente evangélica. Nunca mais a Igreja russa havia de conhecer uma posição tão forte e, no final das contas, tão independente. De resto, se os príncipes de Moscou conseguiram garantir sua supremacia e se tornar os "unificadores" das terras russas, foi porque souberam convencer, em 1326, o metropolita Pedro a transferir sua sede para sua cidade. Foi dessa maneira, e também porque sua lealdade para com a Horda de Ouro parecia infalível, que o grão-príncipe Ivan Kalita soube monopolizar em favor de sua dinastia a dignidade suprema. O povo russo, por sua vez, reteve proverbialmente que "Moscou foi construída sobre o sangue".

Leal à sua maneira, a Igreja não parava de pregar a suas ovelhas, príncipes ou gente humilde, a submissão incondicional. O que, de resto, estava de acordo com a tradição na qual fora formada, a tradição ortodoxa de Bizânico, capital da qual continuava a depender espiritualmente. Ora, desde Justiniano, não fora ali dito que: "O imperador (= o czar) é semelhante a todos os homens, mas por seus poderes é semelhante ao Deus supremo"? (Ver-se-á que é através de Bizâncio, "a segunda Roma", que Moscou se constituiu legatária do culto dos imperadores romanos, divinizados ainda em vida; uma adulação que, após um breve hiato, teve seu apogeu nos tempos de Stálin, "Pai dos Povos".) Na época do jugo mongol, a obediência é promovida ao nível de virtude teologal suprema. Um tratado do século XIII, os *Ditos dos Santos Padres sobre a Conduta de um Bom Cristão*, assim se exprime: "Teme a Deus e honra o czar. E quem se opuser [ao czar] deverá prestar contas à justiça divina, pois terá se oposto ao mandamento de Deus"[4]. Um livro religioso, redigido no século XIV,

---

3. Cf. G. P. Fedotov, *The Russian Religious Mind*, Harvard, 1946, t. II, p. 185.

4. Cf. Mikhail Cherniávsky, "Khan or Basileus: an aspect of Russian Me-

Izmaragd, glorifica a obediência de diversas maneiras. Eis um exemplo: "A obediência é o começo do amor, e a obediência e a submissão são as fontes do amor: primeiro a fé, em seguida, a esperança, em último lugar, o amor"[5].

Do mesmo modo, quando, no fim do século XIV, a Horda de Ouro começou a se dilacerar internamente e o grão-príncipe Dmitri Donskói quis combater o cã Mamai, seu confessor, o venerável São Sérgio, lançou-lhe a seguinte advertência, na verdade um tanto ambígua:

> Teu dever exige, senhor, que defendas teu povo. Prepara-te para oferecer tua alma e derramar teu sangue. Mas comparece, antes, diante do cã Mamai como seu vassalo e procura detê-lo por tua submissão, explicando a verdade. As Sagradas Escrituras nos ensinam que se nossos inimigos reclamam nossa glória, se desejam nosso ouro e nossa prata, nós podemos ceder-lhes. Não ofereçamos nossa vida e não derramemos nosso sangue a não ser pela fé e em nome de Cristo. Escuta, príncipe, devolve-lhes tua glória e tuas riquezas e Deus não permitirá tua derrota. Ele te levantará, vendo tua humildade, e rebaixará seu orgulho indomável[6].

Prosseguindo, Dmitri Donskói obteve, em 1380, sua célebre vitória do Campo das Galinholas, mas esta não teve futuro. Dois anos depois, com efeito, o cã Tokhtamych, que nesse ínterim afastara Mamai, apoderava-se de Moscou sem desferir um só golpe e a incendiava, tendo Dmitri Donskói deixado a cidade sem tentar opor resistência. Uma reviravolta devida, provavelmente, ao fato de ser Mamai um usurpador, ao passo que Tokhtamych era um Gengiskhânida, isto é, um czar autêntico.

Eis aqui, portanto, face a infiéis, princípios diretores teológico-políticos diametralmente opostos àqueles da Europa Ocidental, tais como se exprimiam no espírito das Cruzadas ou da Reconquista espanhola. Somente um século depois, em 1480, é que se vê o metropolita Geronte e o arcebispo Vassian usarem com o grão-príncipe Ivan III uma nova linguagem: "Nós te permitimos ir, com nossa bênção, combater Akhmed não como um czar, mas como um bandido e um inimigo de Deus; é preferível quebrar um juramento e salvar a vida, a mantê-lo e perecer, deixando os tár-

---

diaeval Political Theory", *Journal of the History of Ideas*, vol. XX, out.-dez. 1959, p. 465.

5. Cf. Fedotov, *op. cit.*, t. II, p. 56. O *Izmaragd* era um tratado especialmente popular, pois dele foram recenseados quase duzentos manuscritos.

6. Citado por P. Kovalévsky, *Saint Serge et la spiritualité russe*, Paris, 1958, p. 110.

taros destruírem e exterminarem a cristandade"[7]. Mas, de um certo modo, a tradição persistia. Assim, quando, em 1574, Ivan o Terrível fingiu, pela segunda vez, abdicar, instalou-se espetacularmente em seu lugar um príncipe tártaro, Semion Bekbulatovitch. E, ainda no século XIX, o czar Nicolau I julgou conveniente homenagear a memória dos conquistadores mongóis conferindo aos descendentes ou pretensos descendentes dos Gengiskhânidas o título de "príncipes imperiais".

Quanto ao povo russo, suas lendas e seus cantos épicos ou "bilinas" falam uma linguagem ainda mais singular, atestando uma espécie de dilaceramento sem saída. Eles põem em cena heróis que enfrentam e, geralmente, derrotam os mongóis, mas não ousam levantar a mão para o "cão czar", para o "czar Caint" (ou Kalin), deixando-o retirar-se para suas terras; muitas vezes, aliás, esses paladinos da Santa Rússia morrem em combate. Assim, no relato do saque de Riazan pelo khan Batu, o príncipe Iuri Ingorevitch exorta seus guerreiros, sua *drujina*, a proteger, com a própria vida, se preciso, "a santa Igreja de Deus e a fé cristã". Resta que o reino odioso dos tártaros é um castigo decretado por Deus, em razão dos pecados russos – a desobediência e a falta de fé –, e a drujina está destinada à morte, pois, "quem pode se opor à cólera divina?" Por isso mesmo, ela é derrota; o príncipe, por sua vez, prefere a morte à rendição aos Infiéis. O mesmo ocorre na lenda de Mercúrio de Smolensk (que, em certas versões, é transformado pela fantasia popular num herói de origem estrangeira, nascido "nas regiões romanas"). Quando os cavaleiros de Batu se aproximam de Smolensk, a Santa Virgem em pessoa ordena a "Mercúrio" que defenda a cidade, advertindo-o de que ele pagará com sua vida e sofrerá o martírio. Sozinho, derrota os tártaros; mas, no último momento, o filho de um cã abatido o decapita, e segurando nos braços a cabeça deste cã é que o mártir Mercúrio retorna a Smolensk, onde o povo o enterra na igreja da Virgem[8].

Reencontra-se a idéia do sacrifício num cronista russo, e trata-se, provavelmente, de um fato mais ou menos real, inserindo-se na história da ascensão dos príncipes de Moscou. Tendo desbaratado uma tropa meio moscovita meio mongol, o príncipe de Tver foi convocado a Sarai pelo czar. Seus familiares suplicam-lhe

---

7. Citado por Kartachev, *Ensaio de História da Igreja Russa* (em russo), Paris, 1959, t. I, p. 460.

8. Cf. I. Budovnitz, "Les fondements idéologiques des premières légendes populaires sur le joug tatar", *Trudy otdiela drevnerusskói literatury Akademii Nauk*, XIV (1959), pp. 169-175.

que ele não se exponha, mas ele responde: "Meus filhos, não são vocês que o czar reclama, mas eu, porque quer me matar; se eu me recusar, minhas terras serão devastadas, e inúmeros cristãos assassinados; se, portanto, devo morrer, é melhor que me sacrifique pelos outros"[9].

Sem dúvida, seria inútil procurar uma tradição popular em que a defesa e a ilustração da fé e da pátria cristãs engendrem episódios tão trágicos e suscitem acentos tão desesperados. Acrescentemos que, num texto de um outro gênero, a hagiografia de Santo Estêvão (o evangelizador da tribo finesa dos zirianos), trata-se de um "falso czar", cuja legitimidade não é, todavia, contestada; sua infidelidade, que não é uma usurpação, parece, pois, aceita como natural. Ora, não há nação que, no decorrer de sua história, tenha conhecido um número maior de usurpadores reais a insurgir-se contra os czares pretensamente falsos. Os distúrbios e os atentados surgem em dois níveis: revoluções palacianas, mas, sobretudo, "rebeliões [Bount] russas, insensatas e desesperadas", para retomar a fórmula de Púchkin. Provavelmente, estamos aqui na origem da atitude tão particular do povo russo em relação ao poder supremo, desse distanciamento – ou alienação – permanente, que se exprime especialmente nessa dicotomia entre "nós" e "eles", entre o cidadão-súdito e os governantes, e que se observa ainda entre os cidadãos soviéticos, diante da *nomenklatura*. Na época dos últimos czares, a *intelligentsia* russa distinguia assim, de maneira eloqüente, as elites sociointelectuais e o poder (*obchtchestvennost'* e *vlast*). Veremos também de que maneira, a partir de Ivan o Terrível, a própria nobreza (os boiardos), a começar pelo czar, se alienava, atribuindo-se uma origem estrangeira.

Mas pode-se também perguntar se o jugo mongol não deixou na mentalidade do povo russo marcas ainda mais profundas. Se sua vida religiosa, caracterizada, dizem-nos os autores mais diversos, pelo amor ao sofrimento e pela idealização da não-resistência, não tem suas raízes nesse jugo. Pode-se, portanto, questionar uma visão corrente do temperamento religioso russo, visão que se identifica com Dostoiévski, com diversos eslavófilos de menos estatura, e com inúmeros teólogos ortodoxos. No fim do século XIX, um bom observador estrangeiro, Anatole Leroy-Beaulieu, exprimia essa idéia da seguinte maneira: "[O russo] não desaprendeu o valor do sofrimento; frui sua virtude... Um dos chamarizes que o atraem para as seitas é o desejo de sofrer pela verdade, é a sede de perseguição e do martírio"[10]. Atualmente, o histo-

9. Citado por M. Cherniávsky, *Tsar and People*, Yale, 1961, p. 14.
10. Leroy-Beaulieu, *L'Empire des tsars et les Russes*, Paris, 1883, t. III, p. 45.

riador Alain Besançon formula-a de uma maneira de certa forma mais técnica:

> O princípio constante da santidade russa é a imitação de Cristo em sua "kenose", isto é, seu "empobrecimento", sua humilhação, sua morte voluntária e sacrificial. O mais firme cristão, o mais eficaz, o mais inspirado doutor ficam, na escala da santidade, abaixo de um cristão comum, e mesmo culpado, contanto que tenha padecido num espírito "kenótico" um sofrimento imerecido, talvez até merecido[11].

Faz-se, geralmente, remontar essa tradição ao martírio de Boris e Gleb, os dois jovens filhos do príncipe Vladimir "Belo Sol", primeiro príncipe cristão de Kiev, que se deixaram decapitar por seu irmão Sviatopolk sem lutar e sem protestar (pois convém obedecer ao irmão mais velho). "Eles não foram imitadores dos gregos", escreve Alain Besançon, "mas inventores, em primeira mão, de uma nova e nacional forma da santidade... Seu único título à santidade é terem se deixado matar sem resistência." É fato que, das duzentas e cinqüenta vidas de santos recenseadas na Rússia medieval, cento e cinqüenta tratam dos mártires Boris e Gleb. Mas a grande maioria desses manuscritos remonta à era do jugo mongol, ou é posterior a ela. Encontra-se assim a primazia da virtude da obediência, e os impossíveis conflitos que acabamos de descrever.

Resta acrescentar que, em inúmeros pontos, a história russa constitui objeto de profundos e específicos desacordos. No que concerne ao jugo mongol, certos autores julgam que ele foi apenas um desagradável interlúdio sem grandes conseqüências, enquanto a opinião contrária chega a sustentar que a Rússia faz organicamente parte do "Oriente" e não do "Ocidente", e que a ocidentalização empreendida por Pedro o Grande foi uma aberração, um imenso erro histórico (escola "eurasiana" que fez do czar russo o sucessor *de facto* do cã mongol). Mas há aspectos que nenhum historiador poderia negar. Assim, no que se refere aos costumes se não políticos, pelo menos diplomáticos: "A longa convivência com as cortes mongóis", escreve Alexandre Bennigsen, "habituou os russos ao protocolo ajuizado e aos costumes complicados que os mongóis haviam emprestado dos chineses. Bem melhor, a Moscóvia dos séculos XVI e XVII adotara o mesmo cerimonial e os mesmos costumes protocolares"[12]. Quan-

---

11. Besançon, *Le Tsarévitch immolé, la symbolique de la loi dans la culture russe*, Paris, 1967, p. 60.
12. Cf. A. Bennigsen, *Russes et Chinois avant 1917*, Paris, p. 29.

to à imagem do czar, poucos autores contestariam, parece-me, seu angustiante desdobramento entre o czar bizantino cristão (o "basileus") e o czar mongol pagão que nos descreve Mikhail Cherniávsky:

> Se a imagem do basileus caracteriza o príncipe ortodoxo e piedoso, guiando seu povo cristão para a salvação, então a imagem do cã parece ter se conservado na visão de um tirano russo que conquista a Rússia e seu povo, e não precisa prestar contas a ninguém. Se o basileus caracteriza o czar santo, o doce czar espiritualmente unido a suas ovelhas, então o cã parece representar o Estado absoluto e secularizado, e um czar arbitrário, porque separado de seus súditos. As duas imagens jamais foram realmente sintetizadas; tanto uma como a outra existiam separadamente, num estado de tensão que o primeiro czar russo, Ivan IV (o "Terrível") encarnou de maneira trágica: assassinando de dia e rezando de noite[13].

NASCIMENTO DA SANTA RÚSSIA

Não se poderia datar com precisão o fim do jugo mongol: se fosse preciso, 1453, ano da queda de Bizâncio, seria uma data possível, ainda que os grão-príncipes de Moscou tenham levado algum tempo para se darem conta de que cabia a eles assumir a sucessão dos imperadores da "segunda Roma", já que eram os chefes da única potência que observava a verdadeira fé cristã. Mas o poder dos czares pagãos (que, nesse meio tempo, se transformaram em príncipes muçulmanos) só se enfraqueceu progressivamente. Em meados do século XV igualmente, a Horda de Ouro, claudicante, cinde-se definitivamente em canato da Criméia, canato de Kazan e canato de Astracã – que continuavam a ser vizinhos temíveis para a Moscóvia, entregando-se a incursões às terras russas, e exigindo o restabelecimento dos antigos tributos e homenagens (ainda em 1571, o cã da Criméia Devlat-Ghirei surgia às portas de Moscou, e queimava uma parte da cidade).

Entretanto, durante os séculos XV e XVI, a Moscóvia se expande, submete Riazan e Tver, estende-se para o oeste (tomada de Smolensk, em 1514): assim, os grão-príncipes prosseguem, sistematicamente, sua tarefa de "unificadores das terras russas". A Igreja, por sua vez, desempenha um papel primordial na elaboração da ideologia que resulta na concepção de "Moscou, terceira

---

13. Cf. o estudo citado anteriormente ("Khan or Basileus..."), de M. Cherniávsky, p. 476.

Roma". Sua hostilidade ao catolicismo romano incita-a a se subtrair, após a reconciliação das Igrejas, decidida em 1437, à autoridade do patriarcado de Constantinopla, e a declarar, pouco depois, sua "autocefalia" (independência). Seus clérigos forjam, como bons clérigos medievais e para a mais alta glória de Moscou, diversas lendas e genealogias fantasiosas. A antiga dinastia dos Rurikovitch encontra-se assim afiliada, através do imaginário "rei Pruss", ao imperador Augusto, o qual, por sua vez, é tido como descendente do patriarca Noé; Ivan o Terrível, por seu turno, não se peja de difamar o povo russo e tratar seus súditos por bastardos e ladrões, afirmando aos visitantes estrangeiros que é, por seu lado, de ascendência alemã: um testemunho a mais do abismo entre o poder e o povo. Desde a sua origem, o Estado moscovita demonstra ser, portanto, na pegada mongol, um Estado colonizador – de seu próprio povo, para começar. Além disso, a "terceira Roma" pode se vangloriar de uma preeminência universal, especialmente face aos imperadores germânicos, cuja genealogia remonta apenas a Noé. Bizâncio, a mãe da ortodoxia grega, sofre também um curto-circuito; é o apóstolo André em pessoa quem teria evangelizado os russos.

A "terceira Roma" permanece, entretanto, em muitos pontos, fiel às tradições herdadas dos mongóis, em especial em suas relações com os Estados estrangeiros.

> Sabe-se [escrevia o grande historiador Kliotchévski] a que ponto as pessoas da Moscóvia desconfiavam do visitante estrangeiro que tentava compreender a situação de seu país; imputavam-lhe, geralmente, alguma intenção pérfida, e não a simples curiosidade. Muitos autores estrangeiros queixam-se disso amargamente e concordam que é difícil obter dos próprios russos informações autênticas sobre sua pátria. Reitenfels escreve que os russos de alto nível, quando visitam os embaixadores estrangeiros, conversam com eles, de bom grado, sobre questões de todo gênero, mas quando a conversa deriva para sua pátria, eles conseguem descrever tudo sob cores de tal modo favoráveis que, de volta a suas casas, os estrangeiros não poderiam pretender que conheciam o verdadeiro estado das coisas, em Moscou[14].

O príncipe dos historiadores russos não podia prever que, pouco após sua morte, esse tipo de desconfiança fundaria a devastadora paranóia da era stalinista.

Nessa conduta, a Igreja também desempenha seu papel, sobretudo quando se trata de prevenir contra as influências ocidentais que, em meados do século XV, começam a penetrar em

---

14. Cf. B. Kliutchévski, *Relatos dos Estrangeiros sobre o Estado de Moscou* (em russo), Moscou, 1916, p. 20.

Moscou indiretamente pelas antigas cidades livres de Novgorod e de Pskov. É o caso da "heresia dos judaizantes", que deu origem à diabolização permanente dos judeus, no espaço russo. Em muitos pontos, o caso permanece obscuro. O que se sabe ao certo é que, a partir de 1470 pelo menos, uma heresia se propaga em Novgorod, cujas fontes são, provavelmente, múltiplas, e que pode ser considerada como uma tentativa de Reforma ou de Renascimento russos. "Pela primeira vez", escreve o historiador Ikonnikov, "as antigas visões moscovitas do universo e das relações sociais foram abaladas, sob a influência da gente de Novgorod e da heresia dos judaizantes"[15]. Estes difundem, especialmente, traduções de manuscritos árabes – os judeus – como as *Tendências dos Filósofos*, de Ghazali, o *Secreta Secretorum*, de Attar (atribuído a Aristóteles), o *Tratado de Lógica* de Maimônides (atribuído a Aviassaf), e um calendário lunar, o *Chestokryl*: "As Seis Asas". Mas só conhecemos a história dessa heresia por seus detratores ortodoxos, essencialmente através do *Prossvietitel'* ("O Iluminador"), do padre Joseph de Volokolamsk.

Em 1490, o arcebispo de Novgorod conta ao metropolita de Moscou com que energia Fernando da Espanha *purgou* seu país dos hereges (os marranos). Ora, os "judaizantes" beneficiam-se então dos favores do grão-príncipe Ivan III, porque se insurgem contra a simonia, e porque Ivan espera apropriar-se das terras da Igreja.

A crer no *Prossvietitel'*, um judeu erudito, Skharia, teria chegado, por volta de 1470, a Novgorod, tendo se aliado aos padres e convencido alguns deles sobre a verdade do judaísmo. O pope Dinis, o pope Aleksis e alguns outros puseram-se, portanto, a judaizar às escondidas. Outros judeus vieram juntar-se a Skharia, o êxito de sua propaganda se manifestou e, em breve, exerceu-se às claras. Mas, daí em diante, não se ouve mais falar de Skharia e de seus cúmplices; é como se nunca tivessem existido. São, em todo caso, na opinião dos especialistas, figuras bem duvidosas.

Quanto aos "judaizantes", eles não reconhecem a divindade de Cristo, negam a Trindade e quebram os santos ícones; alguns chegam até a se circuncidar. Não se trata de um verdadeiro judaísmo, pois continuam a venerar Jesus; mas recusam-se a admitir sua igualdade com Deus Pai. De Novgorod, a heresia alcança Moscou, onde se infiltra no círculo imediato de Ivan III; seu favorito Fedor Kuritzin, sua nora Helena e seu neto Dmitri, o herdei-

---

[15]. V. S. Ikonnikov, *Ensaio sobre a Historiografia Russa* (em russo), Kiev, 1908, p. 111.

ro indicado, aderem à seita, e, ainda segundo o *Prossvietitel'*, o próprio metropolita Zósimo se empenha em "seduzir os simples, dando-lhes para beber o veneno judeu".

Não entraremos nos detalhes da longa e confusa luta que se seguiu, o fato é que, por razões ao mesmo tempo políticas e dinásticas[16], Ivan III decidiu finalmente compor com a Igreja ortodoxa. Em 1504, após um concílio que se reuniu em Moscou, os principais chefes da seita foram queimados; caídos em desgraça, Helena e Dmitri morreram na prisão. Como resultado, uma judiofobia intensa tornou-se um traço distintivo da Santa Rússia oficial. Encontra-se um reflexo disso numa carta que, em 1554, Ivan o Terrível, cuja piedade só se igualava ao seu sadismo, dirigia ao rei da Polônia:

> A propósito do que nos escreves para que permitamos a teus judeus entrarem em nossas terras, já te respondemos, várias vezes, ao falar das más ações dos judeus, que desviam nossa gente de Cristo, introduzem em nosso Estado drogas envenenadas, e causam muito malefício a nosso povo. Deverias ter vergonha, irmão, de nos escrever a respeito deles, conhecendo como conheces suas más ações...

Como se sabe, essa obsessão pelos "venenos judeus", devidamente laicizada, continua a se manifestar em nossos dias, na União Soviética, que sobre esse ponto, excetuando-se algumas nuanças, constituiu-se igualmente na época de Stálin como legatária da Rússia imperial. De fato, ela era tão-somente a expressão mais radical de uma suspeição geral em relação a estrangeiros, e, mais especialmente, aos ocidentais, os invejados e odiados "latinos". Chega-se, assim, à desconfiança moscovita e à obsessão pela traição. Estas são alimentadas pela guerra permanente que a Moscóvia deve travar com os canatos tártaros nos confins meridionais e orientais, sem falar de seus freqüentes conflitos com a Lituânia e a Polônia. Ela constitui igualmente uma autêntica "estratocracia", no sentido de que todos os problemas estão aí subordinados à condução das operações militares; é característico que todos os funcionários civis sejam oficiais destacados do exército[17].

Os estrangeiros, por mais que sejam admitidos na Moscóvia, devem residir, principalmente em Moscou, num bairro à parte,

---

16. Ivan III temia que em Novgorod a heresia se transformasse em dissidência política; ademais, ele entrara em guerra contra a Lituânia católica, e preferia exibir sua ortodoxia; enfim, havia destituído Dmitri, para designar como herdeiro Vassili, um filho oriundo de seu segundo casamento.

17. Kliutchévski, *op. cit.*, p. 79.

enquanto os russos apenas excepcionalmente são autorizados a voltar ao estrangeiro. É verdade que, quando um czar esclarecido como o foi Boris Godunov enviou trinta jovens russos às regiões ocidentais para adquirirem conhecimentos técnicos e outros, vinte e oito dentre eles recusaram-se a voltar a Moscou (o episódio data de cerca de 1600). A interdição de deixar a Rússia foi agravada em conseqüência: só os comerciantes de renome podiam ir ao estrangeiro, e com a condição de disporem de garantias que se constituíam em reféns; uma viagem não expressamente autorizada era considerada um ato de alta traição.

O estilo das relações diplomáticas antecipa igualmente os costumes da Rússia soviética. Os embaixadores estrangeiros e suas comitivas devem residir num imóvel ou hotel especial, cuja capacidade é, no fim do século XVII, de cerca de mil e quinhentas pessoas, e não podem deixá-lo sem autorização ou uma razão válida. O costume dos banquetes intermináveis, com a obrigação de ingerir grande quantidade de bebidas fortes, que nos descreveram, sobretudo nos tempos de Stálin e de Khruchov, tantos visitantes estrangeiros, grassava também na antiga Moscóvia. Kliutchévski, do qual emprestamos todos esses detalhes, conclui:

> Os estrangeiros notavam no Estado moscovita vastas pretensões a igualar ou mesmo superar os outros Estados, o desejo de fazer parte da posteridade do imperador Augusto, de se juntar à família dos Estados cristãos ocidentais, de atar relações com eles, de encontrar interesses comuns – e ao mesmo tempo, constatavam uma suspeita asiática em relação aos compatriotas da Europa cristã, o desdém com o qual o autocrata de Moscou falava dos príncipes estrangeiros, ouviam dizer que esse autocrata lavava as mãos depois de ter recebido os embaixadores cristãos ocidentais[18].

Mas essa atitude que, evidentemente, se limita aos príncipes e à nobreza, é profundamente ambivalente: os mesmos não experimentam a necessidade de se declarar de ascendência estrangeira, geralmente ocidental? Nós vimos que Ivan o Terrível pretendia ser alemão, em sua qualidade de descendente do rei Pruss (mas também, porque não ignorava, como os russos cultos de seu tempo, que o ancestral Rurik tinha vindo de além-mar). Ele dispunha de outras provas: "boiardo" não significava "bávaro", e, de resto, "se Pruss não existiu, que me digam de onde veio a terra prussiana?" As grandes famílias moscovitas seguiram seu exemplo. Os Eremeiev fabricaram para si uma genealogia romana, com apoio do historiador Suetônio; menos ambiciosos, os Bestu-

18. *Idem*, p. 157.

jiev contentaram-se em filiar-se à família inglesa dos Best, cuja nobreza remontava às Cruzadas; os Kozodavliev, e não existe nome mais moscovita, diziam-se descendentes dos Koss von Dahlen, e poder-se-iam citar dezenas de exemplos mais ou menos pitorescos. No final das contas, noventa por cento das famílias nobres pretendiam ser de ascendência estrangeira[19]. No século seguinte, "o primeiro eslavófilo da história russa", o croata russificado Gheorghi Krijanitch, atribui a essa *xenomania* (*tchujebessiê*, um termo forjado por ele) os grandes males da Rússia.

Ivan o Terrível [escreve ele] queria ser varego, ou alemão, ou romano, não importa o que, exceto russo e eslavo. [...] Nosso povo, em punição a seus pecados, teve o destino fatal de sofrer esse opróbrio e essa vergonha universal. Se a fábula varega é verdadeira, a terra russa só conheceu, em mil anos, quatro príncipes oriundos de seu seio! [...] Creio firmemente e declaro sem hesitação que esse vão orgulho do czar Ivan não foi a menor nem a última causa da devastação de Moscou e das desgraças que nosso povo conheceu desde aquela época[20].

A "xenomania" contribuía evidentemente para ampliar o fosso entre o poder e os súditos, antecipando, nesse aspecto, a brutal ocidentalização imposta à nobreza russa por Pedro o Grande. Mas a vida e as obras de Ivan o Terrível merecem ser aqui evocadas por outras razões.

IVAN O TERRÍVEL

O apelido de *Grozny* que o povo ligou ao nome do czar Ivan IV não significa propriamente "terrível", mas, antes, ameaçador, ou temível. Nascido em 1530, Ivan tem apenas três anos por ocasião da morte de seu pai, o grão-príncipe Vassili III. A regência é assegurada por sua mãe, Helena, que morre em 1538, envenenada pelos boiardos, segundo os rumores do povo. O fato é que o órfão leva uma existência penosa e humilhante, maltratado pelos tutores, que brigam, e às vezes se batem, em sua presença, sem lhe dar a mínima atenção, e lhe prestam obsequiosamente as honras de praxe. O que bastaria para desequilibrar qualquer criança viva e sensível. Mas em 1544, depois do assassinato do metropolita Joasaph – quase sob os olhos de Ivan –, seu sucessor, o erudito Macário, um homem hábil e forte, toma o jovem

---

19. Ikonnikov, *op. cit.*, p. 1 410.
20. G. Krijanitch, *Politique* (cerca de 1660), ed. Moscou, 1965, pp. 497, 502, 630.

príncipe sob sua proteção e se encarrega pessoalmente de sua instrução. Ivan dá provas então, ao mesmo tempo que de disposições patológicas, de dons espantosos. Devora as velhas crônicas, os textos religiosos, os manuscritos novos ou antigos de todo tipo, para se tornar "o moscovita mais instruído de seu tempo" (Kliutchévski). No início de 1547, pouco antes de seu casamento, ele dá o passo diante do qual tinham hesitado seu pai e seu avô, faz-se coroar solenemente czar. Segue-se um período de atividade febril e benéfica: reformas do exército e da administração, redação de códigos, de tratados genealógicos e outros, destinados a demonstrar a preeminência universal do czar russo; e a partir de 1552, as gloriosas campanhas militares, com a tomada de Kazan que desvia o perigo tártaro a leste e abre o caminho da Sibéria, depois a de Astracã, em 1556. Mas desde 1553, quando Ivan, doente, julga-se à beira da morte, é obrigado a constatar que seu poder não é absoluto. Ele pede aos grandes boiardos que prestem juramento a seu filho Dmitri, com apenas alguns meses de idade. Receando uma nova regência semeada de intrigas e de lutas de clãs, seus servidores mais fiéis hesitam em lhe obedecer. Um episódio muito apropriado para reabrir velhas feridas, e de que o czar não se esquecerá. Em 1560, a morte repentina de sua mulher faz emergir sua paranóia latente. Acusa as pessoas de seu círculo de terem envenenado sua bem-amada esposa; seguem-se inúmeras execuções e deportações, ampliando-se em círculos concêntricos; a obsessão pelo complô e a mania repressiva suscitam, como é comum, traições autênticas. Em 1564, seu amigo de juventude e seu melhor general, o príncipe Andrei Kúrbski, temendo, não sem motivos, por sua vida, faz contato com as potências ocidentais e foge para a Polônia, de onde envia a Ivan uma carta de recriminações:

> Eis-nos separados para sempre, e só me tornarás a ver no dia do Juízo Final, mas as lágrimas das vítimas inocentes preparam o suplício do tirano. Teme pois os próprios mortos! Os que massacraste estão junto ao trono do Soberano Juiz e lhe pedem vingança. Teus exércitos não te salvarão! Esta carta que molho com minhas lágrimas, quero que seja colocada em meu caixão e aparecerei com ela diante do Juízo de Deus. Amém.

Tendo Kúrbski distribuído cópias desta carta ao rei da Polônia e a outros príncipes, o czar, vivamente ferido, redige sua célebre resposta, com cerca de sessenta páginas, *Epístola do Czar e Grande Soberano a Todo o seu Império Russo*, que dá provas de sua cultura enciclopédica. As citações bíblicas e patrísticas, ou extraídas das crônicas bizantinas ou russas, constituem a maior parte dela; com mais freqüência, servem para expor a idéia de um

Kúrbski e de outros boiardos corrompidos pelos demônios, que não param de atormentar Ivan desde a morte de sua mulher. Desenvolve também sua concepção ortodoxa do czar, "semelhante por seu poder ao próprio Deus", e ademais comparável a Cristo, no sentido de que lhe cabe sofrer pelos pecados de outrem:

> Concordo que eu, escravo, terei de comparecer não apenas por meus pecados voluntários, mas também por aqueles que meus súditos cometeram por minha imprudência. [...] Nosso verdadeiro Deus é Cristo, adversário dos orgulhosos opressores. Vejamos, pois, quem de nós dois é orgulhoso: eu, que exijo a submissão dos escravos que Deus me deu, ou o senhor, que rejeita meu poder de direito divino e sua condição de escravo? [...] Se, portanto, és justo e piedoso, por que não quiseste sofrer por mim, mestre suspicaz, e receber de minha mão a coroa do martírio?...

Mas, dos cumes dessa teologia ortodoxa um pouco forçada, o czar logo despenca, para apiedar-se de si mesmo de um modo que seria um prato cheio para os psiquiatras; no espaço de um instante, sua irrefutável réplica vira uma loucura moral:

> Quanto a tuas dementes palavras sobre teu sangue, derramado por estrangeiros para nossa causa, e que clama vingança a Deus, isso é ridículo, pois não fomos nós que o vertemos: o sangue clama a Deus por aquele que o verteu, e não fazias senão o teu dever: se não o tivesses feito, terias sido um bárbaro e não um cristão. É a nosso propósito que se pode exprimir assim: é nosso sangue que clama vingança a Deus por causa do senhor; não uma onda de sangue derramado por ferimentos, mas o suor vertido por mim quando de meus trabalhos sobre--humanos e sofrimentos inúteis, cuja culpa lhe cabe. Ademais, se não derramei meu sangue, verti muitas lágrimas por causa de sua maldade e de suas ofensas, suspirei e gemi muito, pois o senhor não me amou nem compartilhou nossos sofrimentos depois da perda de nossa czarina e de nossos filhos. E este meu sofrimento clama vingança a Deus ainda mais alto do que por todos os outros malefícios seus...

Genial perseguidor perseguido, o czar foge por sua vez, no fim do ano de 1564 (politicamente, pensemos no eclipse do general de Gaulle, em maio de 1968), para o distante povoado de Alexandróvsk. O cálculo se mostra acertado: "ovelhas sem pastor", a população moscovita é tomada de pânico, e lhe envia uma deputação, sob a direção de dois arcebispos. Admitidos em sua presença, os deputados o pressionam:

> Não esqueças que és não só o pastor do Estado, mas também o da Igreja, o primeiro monarca da ortodoxia! Se te afastares, quem então conservará a verdade e a pureza de nossa fé? Quem salvará milhões de almas da danação eterna?

Ivan promete então voltar, mas com a condição de ter permissão plena e total para extirpar a traição. De volta a Moscou, divide a Moscóvia em duas partes: a maior – a *Zemchtchina* – permanece governada como antes, mas a outra – a *Opritchnina* – que compreende especialmente as terras das grandes famílias boiardas – é governada diretamente por ele, com a ajuda de uma guarda especial, os *Opritchniki*, cujo uniforme lembra o dos SS mais do que o da KGB: todos vestidos de preto, cobertos por um capuz, levam uma cabeça de cão e uma vassoura simbólicos fixados à sela dos cavalos. Essa tropa, uma força de seis mil homens, e cuja organização parodia a de uma ordem monástica, percorre as duas partes do país, massacrando sobretudo os boiardos, sem poupar, contudo, a arraia-miúda, enquanto o czar passa grande parte de seu tempo em frenéticos exercícios de piedade. Assiste de bom grado aos suplícios dos boiardos. "Preventivo" o mais das vezes, o terror rebaixa efetivamente as pretensões daqueles; fortalecendo as estruturas do Estado, ele pavimenta o caminho para a autocracia absoluta; de resto, Ivan deveria ser admirado tanto por Pedro o Grande como por Stálin[21]. O terror culmina, em 1569, com o assassinato do metropolita Filipe (que, contrariando os costumes, tinha sido nomeado diretamente pelo czar) e, em 1570, com a dizimação da população renitente de Novgorod. Mas, como era previsível, o czar descobre em 1571 traições no seio da própria *Opritchinina*: seguem-se execuções, dentre as quais a de Aleksis Basmanov, o comandante-chefe dos *Opritchniki*, cujo filho é ordenado pelo czar a decapitar o próprio pai. Em 1572, ele suprime o terrível órgão.

O terror nem assim termina; continua num ritmo mais veloz, terminando por suscitar no cérebro do envelhecido Ivan uma suspeita atroz: seu filho adorado, o czarevitch Ivan Ivanovitch, violento, despótico e culto como ele, não estará projetando arrebatar-lhe o trono? Em novembro de 1582, ao final de uma súbita altercação, o czar mata com um golpe de cetro o czarevitch. Sua dor e seus remorsos são imensos.

O ato teve conseqüências incalculáveis para a história russa. Ele extinguia a linhagem dinástica. Abria um ciclo de czaricídios (a metade pelo menos dos czares que se seguiram foram assassinados como resultado de um complô por vezes familiar), e para a imaginação popular, os czares sucessores ou os beneficiários de um complô transformavam-se em "falsos czares" – o que favorecia ou legitimava inúmeras rebeliões sob a direção de "verdadeiros czares", isto é, de usurpadores de toda laia. E o espectro

---

21. Cf. J. Backer, *The Deadly Parallel*, Nova York, 1950. Ou a história do filme *Ivan o Terrível*, encomendado por Stálin a Eisenstein.

de Ivan czarevitch, Messias vindo para libertar a Rússia, não parou de exaltar as imaginações. Mas é um espectro trágico entre todos, o de um "salvador-traidor" (Gheorghi Filipenko), pois ele hesita, falha em sua missão e volta a ser o Jesus dos Evangelhos, o Jesus imolado, o Cristo do sacrifício supremo. Ver *Os Demônios*, de Dostoiévski, e, em especial, o capítulo "Ivan czarevitch", que não é outro senão o misterioso Stavroguin (pode-se admitir uma ponta de ironia, mas o fato é que *Stavros* significa em grego "Cruz"). Eis aqui, portanto, um tema tipicamente russo, e que vem ilustrar a maneira como os sortilégios da causalidade diabólica seduziam o imaginário do povo.

No mesmo momento, o czarevitch assassinado suscitava um ciclo de canções – recensearam-se cerca de oitenta variantes delas[22] – muito instrutivas para nosso tema. Seu crime pode ter sido proteger pessoas de Pskov, para evitar-lhes o destino daquelas de Novgorod; com mais freqüência, consiste em não ter denunciado uma traição – em caso de necessidade, a de um irmão. Mas o crime pode também se inverter de uma maneira característica, pois é igualmente criminoso, pelo menos do ponto de vista do czar, que julga ter acabado definitivamente com as traições, de dissipar suas ilusões:

Oh batiuchka czar e senhor,
Tu te orgulhas de um sonho,
Não soubeste extirpar a traição de Moscou
E hoje a traição senta-se à tua própria mesa.

Ou ainda:

Tu te gabas de uma fábula
Te rejubilas de uma ilusão,
Não extirpaste a traição em Chakhov,
Não extirpaste a traição em Liakhov,
Não extirpaste a traição em Tchernigov,
Não extirpaste a traição em Novgorod,
Não extirpaste a traição em Moscou
A traição reinará um século, e sempre.

Não se poderia expor aqui todas as variantes ou combinações. Mas pode-se concluir que o povo russo da época parece ter partilhado da obsessão maior, tipicamente policial, de Ivan o Terrível: a traição ronda em toda parte, a vida e as obras do *ba-*

---

22. Cf. B. Putilov, "Les Chansons sur la colère d'Ivan Grozny contre ses fils", *Russky Folklor*, 1959, pp. 1-29.

tiuchka-czar estão à mercê de um complô, a menos que ele seja mais astucioso que os precedentes, e será assim de século em século. Causalidade diabólica, certamente, mas apesar de tudo temperada pela fé em um Deus todo-poderoso. Como eu escrevia no volume anterior: a visão do mundo chamado científico, quando se combina com os fanatismos totalitários, corre o risco de agravar singularmente as devastações.

O INTERREGNO DOS USURPADORES
O GRANDE CISMA

O sucessor do Terrível, seu filho caçula e débil, o doce Fedor I, é a antítese viva do pai, e de uma maneira geral de seus ancestrais, "ordenadores" despóticos e matreiros: ele não presta muita atenção às coisas terrenas, só se preocupando com a salvação das almas russas; os historiadores comparam-no amiúde com os Yuodivyié caros a Dostoiévski, aos "loucos de Deus". Os negócios governamentais são dirigidos por seu cunhado Boris Godunov, fidalgote semiletrado de origem tártara, que se desincumbe com muita habilidade: os metropolitas russos são elevados, em 1589, à dignidade de patriarcas; uma curta e vitoriosa guerra contra a Suécia ocorre em 1595. Mas o fato mais notável do reino de Fedor é a morte violenta, com a idade de nove anos e em circunstâncias mal esclarecidas, do terceiro filho do Terrível, Dmitri (1591); os moscovitas clamam imediatamente contra o crime, e a tese será retomada por gerações de historiadores, sendo designado como culpado Godunov, que teria desejado afastar o último obstáculo a sua própria ascensão ao trono. É preciso esperar o início do século XX para que a inanidade da acusação seja estabelecida, mas, como observa um contemporâneo, "se os historiadores se contentarem, provavelmente, com as explicações de Platonov e de Vernádsky, o grande público preferirá com certeza a antiga versão, consagrada pelo drama de Púchkin e pela ópera de Mussórgski"[23].

Quando Fedor falece, em 1598, a Moscóvia, seus boiardos e seu povo encontram-se numa situação sem precedentes: a dinastia acaba, e não existe lei nem sequer costume sucessório. E se, na falta de algo melhor, o *Zemski Sobor*, espécie de Assembléia dos notáveis reunida naquela oportunidade, *elege* Boris Godunov,

---

23. Cf. Nicolas Riasanóvsky, *A History of Russia*, Oxford University Press, 1963, p. 172.

essa escolha não satisfaz nem os boiardos, em razão das origens humildes de Boris, nem o povo, para o qual "um czar eleito parecia uma infração às leis da natureza, algo tão incongruente quanto um pai ou uma mãe eleitos" (Kliutchévski). A esse respeito, o grande historiador chega a tratar das singularidades da relação do povo russo com o poder, tal como continua a se perpetuar no início do século XVII. Para os russos, o Estado moscovita não era seu Estado, instituído com vistas ao bem-estar comum, mas a propriedade exclusiva de seu possuidor, o czar; "não é o Estado e o povo, mas o Estado e o czar dinástico que formam um conjunto indivisível". A relação entre o czar e seus súditos é comparável à de um proprietário e seus locatários: quando os russos estão descontentes, a idéia de uma rebelião não lhes vem ao espírito, eles se contentam em partir, em fugir para as estepes meridionais, que se tornam, após o aniquilamento dos tártaros, o domínio dos livres cossacos, ou para as imensidões do grande Norte e da Sibéria. Esse comportamento é, de resto, uma das razões da ligação jurídica ou administrativa dos aldeões com suas terras, que resulta na elaboração progressiva de um regime de escravidão.

Mas, depois da extinção da antiga dinastia, a de Rurik e de Ivan Kalita, o descontentamento encontra uma outra forma de expressão, mais ativa, que se combina, aliás, com a precedente: contesta-se a legitimidade dos detentores do poder, dos "falsos czares", que se torna lícito e até agradável a Deus combater em nome do "verdadeiro czar"; não faltam candidatos a esse emprego.

Nada se sabe de preciso sobre as origens do primeiro e mais célebre dos falsos Dmitri; as hipóteses são numerosas e, segundo algumas, ele acreditava verdadeiramente ser o que não era. Ainda assim ele aparece ("se revela") na Polônia, em 1604, no momento em que a terrível fome que vem devastar a Moscóvia é interpretada como um sinal, uma punição para os pecados do czar Boris, que teria envenenado o czar Fedor como teria tentado assassinar seu irmão Dmitri, milagrosamente poupado; seu reino ilegítimo suscita, portanto, a cólera divina. Nessas condições, quando o impostor, acompanhado por uma pequena tropa de poloneses e de cossacos, penetra na Moscóvia, no outono de 1604, encontra partidários em todas as camadas da sociedade, inclusive nos exércitos de Boris, que não podem (ou não querem) agarrá-lo. Em abril de 1605, o céu se manifesta de novo, ao que parece, pois aquele czar, decididamente falso e ímpio, morre subitamente na flor da idade. Em junho, o czar Dmitri faz uma entrada triunfal em Moscou, onde a viúva do Terrível o identifica formalmente como sendo seu filho. De trato simples e aberto, o primeiro *samozvanetz*[24] da história russa sabe tornar-se imediatamente popular, mas seu comportamento acaba por chocar os espíritos devidamente respeitosos das tradições moscovitas. Pois ele não passeia a pé pelas ruas de Moscou, conversando de igual para igual com o povinho, visitando as oficinas ou as lojas; pior ainda: não coloca num mesmo nível, pelo menos em palavras, todas as confissões cristãs, e pensa numa cruzada universal contra os turcos, com a participação dos reis "latinos" da França e da Alemanha? Não teria prometido secretamente a seus poloneses, a seus jesuítas, converter o povo moscovita à detestável fé latina?

As coisas se agravam subitamente quando Dmitri faz vir a Moscou sua noiva católica, Marina Mniszek, e a desposa com grande pompa, sem que ela se converta à ortodoxia. Os grandes boiardos põem-se logo a clamar contra a traição e a desencadear a fúria popular: o impostor é degolado por ocasião de uma revolta, um ano após sua entrada triunfal em Moscou. A nobreza escolhe então para czar o príncipe Basílio Chuiski, que reina, ou antes, ocupa o trono moscovita, de 1605 a 1610. Sua autoridade, com efeito, permanece incerta, pois, doravante, para citar novamente Kliutchévski, "o *samozvanstvo* tornava-se a forma estereotipada do pensamento político russo, no qual se moldava todo descontentamento social". Os historiadores soviéticos falam a esse respeito de "guerras camponesas", mas o traço distintivo dessas guerras foi precisamente a necessidade de uma legitimação ou sanção divina, sob os traços de um czar ou czarevitch providencial, correspondendo à idéia que o povo fazia de um ungido de Deus justo e bom.

Sob o czar Chuiski, um primeiro impulso popular consiste em atribuir um filho seja ao czarevitch Ivan, seja ao doce czar Fedor, e o número desses pretendentes meteóricos ultrapassa uma dezena. Uma carreira mais duradoura é destinada a um Dmitri novamente ressuscitado, figura de proa de uma insurreição fomentada pelo cossaco Bolotnikov, que falha na consecução de seus fins, pois suas tropas se detêm ao alcance do canhão de Moscou. O falso Dmitri II instala seu trono em Tuchino, a quinze quilômetros da capital, onde é devidamente reconhecido por Marina Mniszek que, para garantir melhor seu futuro, faz-se engravidar por ele. Durante longos meses dois czares reinam portanto, coletam impostos e administram cada um sua parte da Moscóvia, en-

---

24. Literalmente, "aquele que se chamou (ou nomeou) a si mesmo; uma significação que "usurpador" exprime imperfeitamente.

frentando-se ao mesmo tempo nos campos de batalha. De um episódio dessa guerra, o excelente historiador francês Roland Mousnier propõe a seguinte descrição:

> Entre os moscovitas, o caso é encarado como uma luta dos anjos maus, os espíritos do mal, contra os bons, os servidores de Deus. Deus estabeleceu um maravilhoso cosmos. Os demônios procuram transformá-lo em caos. Naturalmente, cada campo se considera como o servidor de Deus e o adversário como o aliado do Diabo. Para os cossacos e para os camponeses, Dmitri, Bolotnikov constituem o lado Jesus Cristo, sendo Godunov, Chuiski e os czares oficiais o bando de Satã. Assim, no cerco de Tula, em 1607, quando os exércitos do czar Chuiski teriam erguido um dique que afogava a cidade, os sitiados chamaram um monge mágico para destruir o dique, obra do Demônio. O monge fracassou: havia diabos demais. Pôde vencer seis mil deles, mas outros seis mil mantiveram a barragem. Em compensação, para o partido do czar, os insurretos são inimigos da Cruz, ladrões, bandidos, pilhantes. Sua insurreição é um pecado contra a ordem desejada por Deus. Por isso, Deus só os deixa prosperar por um tempo, como um castigo, e sua derrota, seu extermínio, são graças de Deus pela intercessão da Bem-Aventurada Maria, sempre Virgem[25].

Não nos apressemos a sorrir (naquele tempo, a feitiçaria vicejava do mesmo modo na França); e se o caso terminou lamentavelmente para cada um dos dois pretendentes, permitindo ao rei da Polônia tomar Moscou, ele é desalojado de lá graças a um autêntico esforço nacional: o principal exército de libertação foi formado em Nijni-Novgorod[26] pelo carniceiro Minin e o fidalgote Pojárski e, engrossado por inúmeros partidários dos falsos czares, pôs fim à ocupação polonesa, em 1612. Pouco depois, um *Zemski Sobor* mais completo que o de 1598, pois compreende delegados dos camponeses, procede à eleição de um novo czar. A escolha é feliz: Miguel Romanov, com dezesseis anos apenas, não pôde tomar parte nas intrigas do "Tempo das Perturbações"; é filho do metropolita Filareto, prisioneiro dos poloneses, mas sobretudo é, por aliança, um autêntico sobrinho-neto de Ivan o Terrível.

É sob tais auspícios que se abre a era tricentenária dos Romanov. Seus inícios são marcados pela consolidação definitiva, em 1649, do regime da escravidão. Daí – entre outras razões – um certo número de distúrbios populares. A rebelião mais importante, a que devia deixar a marca mais profunda na memória coletiva russa, é a revolta do cossaco Stenka Razin. Cantos populares celebrando esse brutal paladino dos pobres conservam até hoje sua voga e seu frescor. Essa personagem carismática, que se

---

25. Cf. R. Mousnier, *Fureurs paysannes. Les paysans dans les révoltes du XVIIe siècle*, Paris, 1967, p. 186.

26. Sobre o Volga, não confundir com Novgorod (atual Górki).

vangloriava de convencer o czar Alexis Mikhailovitch (filho e sucessor de Miguel Romanov) dos malefícios e das traições de seu círculo, não deixa também de se legitimar, exibindo às multidões o czarevitch Alexis (que acabava de sucumbir de uma doença, em janeiro de 1670). Assim, pretendeu ter sido encarregado pelo czar de exterminar todos os traidores e opressores, os boiardos e os alemães (isto é, os estrangeiros em geral). Subindo novamente o Volga, ele obriga as populações a prestar juramento a seu czarevitch, encarnado, ao que parece, por um príncipe circassiano, e algumas de suas "cartas sediciosas" concluem com uma invocação do Profeta, no lugar da Virgem. A contrapropaganda de Moscou vê-se então na obrigação de relatar com muitos detalhes as circunstâncias da morte e da inumação do czarevitch[27]. De Astracã a Simbirsk, Stenka massacra os grandes e os ricos, enquanto o povo humilde e os soldados se alinham sob sua bandeira, de modo que sua tropa termina por contar com mais de duzentos mil homens. Mas ele é derrotado sob os muros de Simbirsk, e entregue às autoridades, no final das contas, pelos próprios chefes cossacos. Mantendo a fé em sua estrela até o último suspiro, suporta heroicamente intermináveis torturas. Até o início do século XX, sua lembrança inflama as imaginações e inspira as rebeliões populares; de resto, Lênin o transforma, em 1919, em "seu predecessor na luta contra a escravidão e a exploração".

Se Stenka Razin culpa, entre outros opressores do povo, os "alemães", é que os primeiros Romanov já antecipam em inúmeros pontos o domínio de Pedro o Grande. Após a vergonha de uma ocupação polonesa, é pelo exército que começa a ocidentalização da estratocracia moscovita. Desde os anos 1630, holandeses, dinamarqueses, huguenotes franceses ensinam aos russos a arte da guerra, constroem fortificações e fábricas de armas, mas, principalmente, se alistam como mercenários num número tão grande que, na segunda metade do século, constituem quase um quarto dos efetivos dos exércitos em campanha. Além disso, o modo de vida, os diversos costumes e conhecimentos ocidentais começam também a fascinar certos grandes boiardos. O próprio czar Alexis decide mandar ensinar latim a seus filhos mais velhos,

---

27. "...Nosso filho, o piedoso czarevitch e o grão-príncipe Alexis Alexeievitch, deixou, pela vontade do Todo-poderoso, o reino terreno pela paz eterna do reino celestial. Seu falecimento ocorreu, em nosso palácio e em nossa presença, a 17 de janeiro, nas horas das matinas, no ano [6]178. E seus despojos foram inumados na igreja do arquiestratego Mikhail, junto a seus ancestrais, a 18 de janeiro, em nossa presença e na de todo o povo de Moscou..." (Cf. E. Chevtzova, *La Guerre paysanne dirigée par Stepan Razine*, Moscou, 1954, vol. II, p. 203).

Alexis e Fedor. Nessas condições, esse foco de subversão que é, aos olhos das massas populares, o "subúrbio alemão" de Moscou chega a contar milhares de habitantes. Todas essas novidades ou ousadias, denunciadas há gerações pela Igreja, guardiã da antiga ortodoxia, contribuem para provocar um conflito teopolítico capital, de conseqüências incalculáveis: o grande cisma moscovita ou *Raskol*.

Prelado enérgico apoiado pelo czar Alexis, o patriarca Nikon acende o estopim, em 1652, quando resolve mandar retificar a tradição e os ritos moscovitas para torná-los estritamente de acordo com os ensinamentos dos Padres da Igreja. À primeira vista, trata-se apenas, como muitas vezes se escreveu, de algumas bagatelas. É preciso continuar a fazer o sinal-da-cruz com dois dedos, como os russos têm daí em diante o costume de fazer, ou voltar a fazê-lo com os três (a Trindade)? É preciso corrigir certos erros de tradução ou gralhas (como a grafia *Issous* do nome de Jesus), que se infiltraram na versão eslava das Escrituras? Perguntas desse tipo vão servir de razão formal ao cisma dos "Velhos-Crentes", entendendo-se com isso que ele exprime na realidade conflitos muito diferentes, que aliás tinham seu correspondente em outros países cristãos, e mesmo além.

É importante saber que a metade do século XVII atesta o surgimento das expectativas escatológicas através de toda a Europa: no Ocidente, o epicentro da agitação e do sectarismo é a Inglaterra de Cromwell, a Inglaterra cristãmente revolucionária; os judeus, por seu lado, rejubilam-se com a vinda do messias Sabbatai Zevi em todos os lugares da diáspora; mas é na Rússia que a comoção foi mais forte e mais duradoura. A hora do destino soou no ano de 1666; com efeito, os primeiros cristãos, retomando os métodos da numerologia judaica, tinham calculado que o Anticristo se revelaria sob o imperador Nero, no ano 666. Tendo essa expectativa sido frustrada, e como, segundo a Bíblia, "um milênio é apenas um dia para o Eterno", ela foi transferida, com ajuda dos artifícios numerológicos, para o ano de 1666.

Isso posto, no caso russo, as reformas de Nikon colocavam os espíritos imbuídos da missão ortodoxa e devidamente refletidos diante de um dilema insuportável. "Só havia uma conclusão possível, de ordem geral: se Moscou, a 'terceira Roma', instituía mudanças religiosas que exigiam que ela condenasse seu próprio passado, é que Moscou tinha admitido sua heresia – e a conclusão era inevitável. O resultado não era vago ou ambíguo. Era o Apocalipse..."[28] No detalhe, as interpretações autorizadas pelas

---

28. Cf. Mikhail Cherniávsky, "The Old Believers and the New Religion", *Slavic Review*, jan. 1966, p. 13.

Escrituras, prolongadas por certos comentários patrísticos, são inumeráveis, a mais difundida fazendo do czar Alexis a trombeta anunciadora do Anticristo, de que trata o Apocalipse de João. Uma repressão sistemática e violenta dessas especulações começa em 1667, depois que um concílio, reunido com essa finalidade, anatemizou os Velhos-Crentes; em 1684, sua resistência espiritual é, ademais, classificada na categoria de *crimes políticos* em virtude de sua desobediência às vontades czarianas. Mas eles enfrentam todas as perseguições com uma fé e uma coragem indomáveis. Refugiam-se nas florestas e nas regiões distantes, são torturados e executados aos milhares, ao passo que um número mais elevado ainda decide imolar-se pelo fogo, a fim de preservar sua salvação eterna, comprometida por todo contato com os servidores ou os precursores do Anticristo. Em outros termos, "a vida terrena, cujo objetivo era permitir aos homens obter sua salvação, tornara-se tão difícil e arriscada, que não deixava sequer a possibilidade de ali trabalhar por essa salvação"[29]. Como evitar os pecados mortais num mundo regido daí para a frente pelo Diabo?

Mas é evidente que apenas uma minoria podia obedecer a essa lógica, mesmo quando Pedro o Grande acirrou o conflito de uma maneira completamente nova, como veremos. Por outro lado, as perseguições, que, sob formas diversas ou cíclicas, jamais cessaram, só podiam aumentar a determinação e o número dos Velhos-Crentes. Por um lado, eles se cindiram em seitas, das quais umas aboliam a instituição do sacerdócio (os *bezpopovtsy*), e outras se martirizavam ritualmente, flagelavam-se ou se castravam (os *khlysty*, e mais tarde os *skoptsy*). A maior parte, embora banida pela Igreja, pôde finalmente se beneficiar de uma paz relativa; continuando a crescer, seu número era avaliado em uma vintena de milhões, às vésperas da Revolução.

Seguramente, trata-se de uma elite humana, segregando as testemunhas que se fazem decapitar, mas também, na falta de outras possibilidades de ascensão social, de uma casta de comerciantes e de empreendedores que, no século XIX, desempenha um papel de primeiro plano no desenvolvimento econômico da Rússia. A mais célebre dinastia, a dos Morozov, foi fundada por volta de 1800 por um servo que conseguiu alforriar a si mesmo, e abriu uma oficina de tecelagem e tintura. No fim do século, as fábricas Morozov empregavam mais de cinqüenta mil assalariados; um dos irmãos Morozov, Eliseu, que professava uma espécie de fé pessoal[30], torna-se o melhor especialista russo sobre questões

---

29. *Idem*, p. 21.
30. *Ellissova viera*, ou seja, a religião de Eliseu.

relativas ao Anticristo. Fidelidade ao legado dos ancestrais... O último rebento, Savva Morozov, um ilustre mecenas, torna-se o principal patrocinador do partido bolchevique, e acaba por aderir a ele. Pegando-o em flagrante, a polícia czarista, a fim de evitar um enorme escândalo, favorece sua saída para o estrangeiro – onde ele pôs fim à vida.

Ao lado dos Morozov, podem-se mencionar os Rogojin, uma dinastia ainda mais antiga[31]; a dos Gutchkov, cujo último protagonista foi, em 1912, o principal animador de uma campanha iniciada contra Nicolau II[32]; a dos Kokorev, cujo principal associado, V. A. Kokorev, separou-se, no final do século XIX, da dinastia familiar, quando esta decidiu importar algodão, isto é, uma mercadoria estrangeira, "latina" – e se tornou o primeiro petroleiro russo[33]. Isso posto, vêem-se as múltiplas maneiras pelas quais o cisma de 1652-1667 despojou a Rússia imperial de uma grande parte de suas forças vivas. Em definitivo, as perseguições aos Velhos-Crentes, que se agravaram no fim do século XIX sob o regime de Alexandre III, e se combinaram às que atingiram então os judeus, devem ser consideradas como uma causa importante da catástrofe final.

O ANTICRISTO PEDRO O GRANDE

Atualmente, é costume na União Soviética glorificar Pedro o Grande, com raras exceções, da mesma maneira que na época dos czares. Mas houve desde logo vozes discordantes, a começar por Nikolai Karamzin, o Nestor dos historiadores russos que, em 1810, perguntava-se se desarraigando os costumes moscovitas, o czar reformador "não estaria rebaixando os russos em sua própria estima". Muito mais longe, meio século depois, alcançava a crítica do revolucionário Aleksandr Herzen, um dos espíritos europeus mais privilegiados do século XIX. Ele foi, afinal, o primeiro pensador a perceber que Pedro dispunha de uma liberdade inaudita e total, não sendo mantido por nenhuma tradição dinástica, nenhum poder superior.

Jamais existiu na história um governo desse tipo, desprovido de qualquer princípio moral e de todos os deveres que competem a um poder de Estado, fora

---

31. Ela foi imortalizada por Dostoiévski, em *O Idiota*.
32. Ver, mais adiante, pp. 182 e *passim*.
33. Cf. Aleksander Gerschenkron, *Europe in the Russian Mirror (Four Lectures in Economic History)*, Cambridge, 1970, pp. 20, 34 e *passim*.

da manutenção de sua própria existência e da defesa de suas fronteiras... O governo de Pedro foi uma monstruosa aberração, à qual apenas a metafísica alemã de um Estado policial pode fornecer justificações[34]. O governo só existe para o governo, o povo só existe para o Estado. Uma independência completa da história, da religião, da tradição, do coração humano. [...] É um Estado de funcionários e de proprietários, do tipo militar, no qual tudo foi escanhoado: as barbas, as tradições regionais, as particularidades individuais. Ele se veste à maneira alemã e se esforça por falar francês.

O povo contempla com horror e com repugnância os traidores, mas a força está do seu lado. As duas Rússias cessaram, uma vez por todas, de se reconhecerem como pertencendo ao gênero humano. Não subsistia entre elas nenhum elo de compaixão ou de justiça. A moral, a idéia do sagrado tornaram-se radicalmente diferentes. A cisão, o desdobramento não podiam ir adiante...[35]

Muitas vezes se comparou Pedro o Grande com Ivan o Terrível, especialmente suas infâncias, perpassadas igualmente por intrigas e ameaças, de revoluções palacianas e de atentados; mas se Ivan adolescente aceitou por educador o metropolita Macário, Pedro escolheu os seus no "subúrbio alemão". Desdenhando a leitura e os estudos – ele nunca aprendeu a escrever corretamente –, entregava-se sobretudo, com serviçais de sua idade, aos jogos de guerra, e tomou por educadores o mercenário suíço François Lefort, e "o rei de Pressburg" (cujo nome verdadeiro era príncipe Romodanóvski, mas o jovem czar já gostava dos termos e títulos estrangeiros). O primeiro dirigia seus *poliéchnyé*, seus regimentos-para-rir, o segundo acabou por se tornar o chefe de seus serviços de espionagem e de repressão dos mal-pensantes. É dessa maneira, *brincando*, que foram lançados os fundamentos dos órgãos-mestres de um Estado totalitário, o exército e a polícia política.

Em 1694, com a idade de vinte e dois anos, Pedro "lançava-se à conquista de seu país, agindo de surpresa", para citar outra vez Herzen. Após uma breve campanha contra os turcos, ele partiu, empresa inaudita e sacrílega para um czar moscovita, para uma viagem de dezoito meses ao estrangeiro, deixando ao "rei de Pressburg" o cuidado de despachar os negócios correntes. Ao voltar, em 1698, começou a era das grandes reformas petrovianas destinadas a fazer a Rússia ingressar no concerto das grandes potências européias. Mas o povo já murmurava que Pedro não era um czar autêntico, que não era o filho legítimo de seu pai,

34. Alusão a Hegel, que Herzen freqüentara com assiduidade (ver a respeito *A Causalidade Diabólica I*. São Paulo, Perspectiva, 1991, pp. 148-159, em especial a p. 157).

35. Herzen, *Byloyé i doumy* (Passado e Pensamentos), ed. Berlim, 1922, vol. V, pp. 330 e ss., cap. "O Pecado Ancestral".

que tinha substituído ao nascer uma filha, que nos Países Baixos ou alhures fora substituído por um estrangeiro, que era filho de Lefort, que tinha sido enfeitiçado pelos alemães, que em todo caso, como repetia em uníssono seu povo, ele não era um verdadeiro czar. Mas que espécie de czar era aquela personagem que ordenara a seus súditos se barbearem e usarem roupas alemãs ou húngaras; que se comprazia com intermináveis jogos e cerimônias blasfematórias e que, não num acesso de cólera, mas friamente e montando um simulacro de processo, mandara executar seu filho o czarevitch Alexis (fiel à fé ancestral e, por conseguinte, culpado de traição); e que se outorgara o título latino de *Imperator*, e que, enfim, fazendo-se chamar Pedro I e não Pedro Alexeievitch, *confessava* não ter pai – tal como o Anticristo! Decididamente o reino do Anticristo, sob sua máscara de "imperador de todas as Rússias", começara.

E é verdade que se tratava de uma era radicalmente nova, "diabólica" na medida em que a religião introduzida por Pedro era terrestre ou idólatra: a religião do Estado divinizado. Isso foi muito bem percebido por Mikhail Cherniávsky:

> O que significam as leis de Pedro sobre as roupas, as barbas, os hábitos e os costumes? Elas são, teologicamente, as definições do novo clero exigido pela nova religião: se anteriormente as leis canônicas prescreviam nos mínimos detalhes o trajar eclesiástico, cada desvio implicando heresia, doravante esses detalhes prescreviam os trajes dos funcionários, da nova aristocracia e, mais especialmente, da nova *ecclesia armata*, o exército[36].

Desse modo, reencontramos, aperfeiçoado e como que santificado, o imperativo estratocrático.

A nova religião permitia a seu fundador varrer, qualquer que fosse o preço humano para isso, todos os obstáculos à sua vontade de poder – uma vontade, na verdade, infinita. Foi mesmo a única paixão que parece ter habitado o coração empedernido desse "cavaleiro de bronze", que, em última análise, parece ter sido tão-somente uma criança afetivamente retardada, desprovida de qualquer senso de responsabilidade e que ignorava o remorso. Com efeito, durante sua vida, ignorou, e sequer procurou disfarçá-lo, qualquer apego que não fosse elementarmente captativo, qualquer relação com sua família e com seu povo que não fosse odiosa. A única mulher que soube tratá-lo de forma maternal e lhe proporcionar um bem-estar duradouro foi uma robusta criada

---

36. Estudo citado anteriormente, p. 37.

lituana, que ele raptara de seu favorito Aleksandr Menchikov, e que lhe sucedeu no trono sob o nome de Catarina I.

O povo russo logo se apressou a tirar suas conclusões desse comportamento estranho – e não apenas o povo. Um grupo, cujo iniciador foi o copista Grigorii Talitski, e que, por volta de 1700, começou a propagar a idéia de Pedro o Anticristo, especialmente por meio de folhetos, compreendia o príncipe Ivan Khovânski (que não conseguia perdoar-se de ter participado, na qualidade de "metropolita", de uma das cerimônias blasfematórias de Pedro), um pintor de ícones, três padres, o bispo de Tambov, e uma quinzena de outras pessoas de todo nível. Foram rapidamente descobertos e torturados até a morte. Pouco depois, em 1703, Stepan Yavórski, o prelado colocado por Pedro à frente da Igreja, foi encarregado de publicar um tratado de contrapropaganda, *Os Sinais da Vinda do Anticristo e do Fim dos Tempos*. Ademais, conservou-se uma imageria de Epinal sobre o Anticristo, datando de uma época mais tardia (cerca de 1730), na qual os traços de Pedro e o uniforme de seus soldados, que representam os diabos cercando o czar-Anticristo, são escrupulosamente reproduzidos[37].

Eis agora, escolhido entre cem outros, o caso de um pequeno proprietário rural:

Desde a infância, Vassili Levin ouvira seus aldeões falarem dos últimos dias e de Pedro o Anticristo. Em 1701, foi alistado, contra sua vontade, num regimento de dragões, no qual alcançou, em 1711, o grau de capitão. Em 1715, resolveu deixar o exército, fugir do Anticristo, mas não conseguiu obter a autorização para se tornar monge. Fingindo estar louco e paralítico, conseguiu reformar-se em 1719. Na época, tornara-se amigo do pope Lebedka, o confessor do próprio príncipe Menchikov: os dois homens descobriram que pensavam do mesmo modo, que não existia mais piedade nem ortodoxia e que Pedro era o Anticristo, o que era provado pelo fato de ter matado o próprio filho. Entre outras coisas, Levin ouvira dizer, quando estava na guarnição em São Petersburgo, que tinham sido importados do estrangeiro ferros para marcar, que apenas aqueles que aceitassem ser marcados receberiam pão, que Pedro mandara três companhias fazerem manobras na água de um rio, e que transformara a água em sangue. A maior parte de seus informantes eram soldados ou cabos dos regimentos da guarda. Em 1721, Levin resolvia entrar para o convento de Jadovskaia Pustyn', próximo de sua propriedade, para ali pregar a existência do Anticristo assim como para revelar o projeto de Pedro de reunir a população russa em Moscou, e destruí-la...

Seguiram-se a prisão e a execução de Vassili Levin[38]. Eis ago-

---

37. Ver as reproduções dessa imageria, devidas a Velhos-Crentes, instaladas às margens do oceano Ártico, em Cherniávsky, estudo citado anteriormente, pp. 26-27.

38. *Idem*, p. 27.

ra, pelo grande historiador-cronista S. Soloviev, o quadro de uma agitação popular em 1705, que ia se transformar em rebelião:

> Em junho, espalhou-se no mercado de Astracã o boato de que não havia mais czar, e que por causa disso o governador, Timóteo Rjévski, e seus homens tinham abandonado a fé cristã, começando a raspar suas barbas e a se vestir à moda alemã. Em julho, os soldados protestaram contra os novos impostos. O sineiro da Igreja de São Nicolau, com um livro na mão, fez um discurso sobre a raspagem das barbas: "É bom a esse respeito resistir até a morte, está escrito neste livro". [...] O governador mandou prendê-lo. No fim de julho, espalhou-se no mercado o rumor de que os casamentos iam ser proibidos por um período de sete anos, e que seria preciso deixar as filhas e as irmãs se casarem com alemães enviados de Kazan. Os habitantes de Astracã ficaram aterrorizados, e decidiram casar suas filhas o mais depressa possível para não cedê-las aos "alemães". Uma centena de casamentos foram celebrados no domingo, 29 de julho; festejou-se. Foi fácil impelir à ação homens meio embriagados: por volta das três horas da manhã, várias centenas de homens atacaram a fortaleza; cinco mercenários estrangeiros foram degolados. Mandaram tocar os sinos, os soldados juntaram-se aos rebeldes, e mataram seu coronel Desvignes, assim como o capitão Meer. [...] Que fazer em seguida? Alguém gritou: " – É preciso ir a Moscou, para saber se o czar está vivo"; " – Ele está morto?"; " – Não, está vivo, está preso em Stekolnoie [Estocolmo], de pés e mãos amarrados a uma coluna; em Moscou instalou-se um falso czar..." A opinião geral era unânime: "Que espécie de czar é este? Ele latinizou nossa fé cristã, não é a mão de Deus que o sustenta, são as heresias que o fortalecem, mudaram nosso czar. É preciso ir a Moscou, até sua tribo do subúrbio alemão, para acabar com tudo isso..."[39]

A rebelião não passou além das localidades vizinhas, pois os cossacos recusaram-se a aderir. Só foi reprimida no verão de 1706; várias centenas de amotinados foram conduzidos, acorrentados, para Moscou, onde trezentos e sessenta e cinco deles foram esquartejados ou sucumbiram durante as torturas. Mas ela foi seguida, no outono de 1707, por um *bount* de outra forma grave, a insurreição do Cossaco Bulavin; às vésperas da invasão da Rússia pelo exército de Carlos XII da Suécia, ela alcançou, do Volga ao Dniepr, todo o sul da Rússia. As forças de Bulavin compreendiam, em torno de um pequeno núcleo cossaco, servos evadidos, basquires revoltados, e grupos de Velhos-Crentes. Mas, uma vez mais, um destacamento de tropas regulares, formado por trinta mil homens, desbaratou, no verão de 1708, esses bandos heteróclitos.

É interessante notar que Bulavin não tentou fazer-se legitimar por um czarevitch qualquer, como tampouco tentou recorrer, contrariamente a Stenka Razin e tantos outros, ao czar-traído-

---

39. Cf. S. M. Soloviev, *Istoria Rossii...* (1851-1879), ed. Moscou, 1962, t. XV, pp. 108 e ss.

-por-seu-círculo. Era, portanto, evidente para todo o povo que não existia mais czar bom; "sob Pedro, é o verdadeiro czar que foi transformado em Impostor" (A. Besançon). Mas depois do assassinato, em 1718, do czarevitch Alexis, não faltaram czarevitchs ressuscitados; contam-se pelo menos cinco deles, embora nenhum tivesse obtido verdadeiro êxito.

O reino de Pedro o Grande foi também uma guerra perpétua, guerra contra seu povo internamente, guerra contra os turcos e, sobretudo, contra os suecos, externamente. Ele triunfou sobre seus inimigos externos e abriu, criando São Petersburgo, sua "janela para a Europa", mas a resistência popular, embora passiva, não se desarmou um só instante. Apesar de a epopéia ou a canção popular geralmente se calar sobre as empresas do opressor cesariano, sem dúvida porque um traidor aboletado no trono ou o Anticristo imperial não se prestam a esse tipo de comemoração coletiva. Ou porque não houve pesquisadores para coletar a tempo uma literatura oral tão subversiva. Conhece-se apenas uma rude farsa de soldados que tomaram a precaução de camuflar Pedro sob o nome de "Maximiliano", a *Comédia do Czar Maximiliano e de seu Filho Desobediente Adolfo*, que foi muito popular (existem quase duzentos manuscritos). Ela descreve como "Maximiliano" mandou matar o filho, que se recusa a se inclinar diante dos "ídolos cimerianos" ou "deuses maometanos". Eis aqui um extrato:

MAXIMILIANO – Então, meu filho desobediente,
   Depois de teres sofrido na prisão,
   Depois de teres passado fome e sede,
   Acreditas em nossos deuses?

ADOLFO – Vossos deuses são ídolos,
   Esses ídolos, eu os espezinho,
   Esmago-os, amasso-os
   Como quiser.

MAXIMILIANO – Manda cortar a cabeça deste filho rebelde.

ADOLFO (*cantando*) – Adeus Norte, adeus Sul,
   Adeus Leste e Oeste,
   Adeus, minha pátria piedosa,
   E tu, czar implacável...

A morte de Pedro o Grande foi mais honrosa que sua vida. Querendo participar pessoalmente, em fevereiro de 1725, no salvamento de uma chalupa afundada no porto de São Petersburgo, ele pegou uma pneumonia, da qual morreu após alguns dias. Em suma, morreu como bom servidor do Estado que ele criara.

Pode-se também concluir com o eslavista Pierre Pascal:

> A eficácia da obra de Pedro foi contrariada por muita precipitação e sobretudo por um desprezo à dignidade humana: abusos das regulamentações e dos controles, opressão, arbitrariedade, polícia, delação, suplícios. Em seu reinado, o avassalamento da maior parte da população se agravou. Entre ela e a minoria dirigente a única relação é a do explorado com o aproveitador. O vício que minará o regime imperial, a grande ruptura interna, material, social, religiosa, já está presente. A própria sucessão ao trono era desorganizada, sendo a escolha do czar entregue aos Grandes e à Guarda.

2. De Pedro o Grande à Libertação dos Servos (1700-1863)

O JUGO ALEMÃO

Em muitos aspectos, o século XVIII pode ser qualificado de o mais bárbaro da história russa, sustentando a comparação com o jugo mongol. Com efeito, é durante esse século que o regime da servidão se transforma numa autêntica escravidão: os camponeses perdem o direito de possuir seus próprios pedaços de terra, de deixar suas aldeias ou de se casar sem a autorização de seus amos, e são submetidos a outras degradações e humilhações de que se tratará mais adiante. Assim, pois, se tomarmos como critério de civilização a liberdade humana, só nos resta concluir que, sob o regime de Pedro o Grande e de seus sucessores, a Rússia se torna cada vez menos civilizada. É com conhecimento de causa que o célebre anarquista Bakunin falará de "Gêngis-Khans germanizados, ou melhor, de príncipes alemães mongolizados"[1]. Ademais, o acesso ao trono é um negócio mortalmente perigoso, sem forçar os termos, pois, após a execução do czarevitch Alexis, em 1718, três czares: Ivan VI, Pedro III e Paulo I, são respectivamente assassinados em 1762, 1764[2] e 1801. E se as czarinas se

---

1. Cf. *L'Empire Knouto-germanique et la Révolution sociale* (*Oeuvres*, Paris, 1907, t. II, p. 307).

2. Ivan VI, filho de um príncipe de Brunswick, é colocado no trono pouco após seu nascimento, na qualidade de sobrinho-neto de Pedro I. Um ano depois, eclode uma nova revolução palaciana a favor de Elisabeth, uma filha ilegítima de

beneficiam de uma morte natural, o povo enlanguesce ainda mais após um "verdadeiro" czar, pois uma mulher no trono é um desafio às tradições moscovitas, e mesmo uma transgressão à ordem cósmica que, a acreditar num dito popular, impede o grão de crescer[3].

Mas, doravante, não se pede mais ao povo sua opinião, como se fazia nos tempos de Ivan o Terrível ou de Miguel Romanov. No máximo, ele pode se rejubilar quando, em 1728, o czar adolescente Pedro II restabelece Moscou na qualidade de capital; não foi por muito tempo, pois, desde o seu advento, a czarina Ana, ex-duquesa de Curlândia, retorna a São Petersburgo. Seu reino (1730-1740) entrou na memória popular sob o nome de "Bironovtchina", sendo os negócios de Estado conduzidos por seu amante Johann Bühren, um curlandês que se cerca exclusivamente de alemães, quase sempre de origem báltica como ele. O desprezo com o qual ele governa a Rússia e os russos faz com que se recuse a tomar conhecimento dos documentos redigidos na língua nacional; as grandes famílias russas que tinham servido sob Pedro I ou Pedro II, assim como inúmeros prelados, são exilados para a Sibéria. Na fina camada dos privilegiados, a germanização faz estragos. Quando uma escola de oficiais, o famoso "Corpo de Cadetes", é criada em 1732, duzentos e trinta e sete alunos optam pelo aprendizado do alemão, quinhentos e catorze, do francês, e apenas dezoito, do russo. Não é que Bühren ou seu círculo desprezem a cultura, a história ou as artes, mas querem-nas resolutamente germânicas. De resto, povoam de alemães a Academia das Ciências criada em 1724 por Pedro I: apenas em 1742, após a queda de Bühren, é que um erudito russo – Mikhail Lomonossov – se torna acadêmico. As publicações bilingües da Academia são redigidas em latim e em alemão; seus anais históricos intitulam-se *Sammlung russischer Geschichte*; em 1732, Gottlieb-Siegfried Bayer publica, sob o título *De Varangis*, um tratado sobre a fundação do Estado russo por príncipes normandos[4], e esse golpe no amor-próprio nacional é seguido por uma comunicação de Gerhard-Friedrich Müller sobre as origens dos russos, da qual re-

---

Pedro: Ivan e sua mãe são encarcerados; o infeliz bebê-czar devia passar vinte e quatro anos em detenção, antes de ser assassinado por ordem de Catarina II.

3. *Khliêb niê roditsa, potomu tchto jenski pol tsarstvom vladieêtt.*

4. Bayer fundamenta-se na crônica russa chamada "de Nestor", que contém um lendário *Apelo aos Varegos*, uma tribo escandinava, aos quais os eslavos do Leste teriam dirigido esta mensagem: "Nossa terra é grande e fértil, mas reina aqui a desordem: vinde e tornai-vos nossos senhores e mestres". Lendas à parte, não há dúvida de que a dinastia dos "Rurikovitchi" era de origem escandinava.

sulta que mesmo seu nome é de proveniência germânica[5]. Imagina-se a fúria dos russos letrados, criados na tradição de Moscou, "terceira Roma". Seu principal campeão, Vassili Tatichtchev, autor da primeira "História russa", tenta provar que os russos remontam, se não a Noé, pelo menos a Moisés[6], mas não consegue fazer publicar sua obra. O erudito universal Lomonossov, glorificado nos tempos atuais na Rússia, a exemplo de um Púchkin ou de um Tolstói, adota uma outra tática, digna de um inquisidor, pois acusa Bayer e Müller de blasfêmia e de espionagem; decorrem repressões e banimentos. Assim começa a mais longa e mais acirrada discussão histórica de todos os tempos, que prosseguirá até nossos dias, e suscitará, sob Stálin, nos tempos da luta contra o "cosmopolitismo", repressões ainda mais ferozes do que sob a imperatriz Elisabeth.

A lancinante questão das origens teve como inevitável prolongamento a questão da antiguidade da língua. Embora não tenha chegado a imputar aos hebreus o conhecimento do russo, o gramático Tretiakóvski (1703-1769) sustentava, em sua dissertação sobre a *Primazia da Língua Eslava sobre a Língua Germânica*, que o eslavo era a língua original da Europa, sendo os idiomas germânicos e celtas apenas derivados dela. Sem ir tão longe, Lomonossov pleiteia a superioridade de uma língua pura, que emana por assim dizer da nascente, pois não é, ao contrário das outras, adulteradas por imisções gregas e latinas. O poeta Sumarokov (1718-1777) supera, no que se refere à antiguidade, a hipótese de Tatichtechev, argüindo que as palavras russas são as mais breves (assim: *oko* = *oculus* = *auge* = olho; *czar* = césar); o russo é, portanto, a língua-mãe européia, se não universal.

Mas, enquanto um punhado de patriotas, exasperados pela invasão estrangeira, fabulam dessa forma, os russos bem-nascidos começam, sob o reinado de Elisabeth, a perder o uso da própria língua. É assim que a princesa Dachkova (1743-1810), futura presidenta da Academia das Ciências, passa por vários dissabores depois de seu casamento, porque não consegue se comunicar em russo com a família do marido[7]. De resto, ela já pertence à geração que se inclina diante da preeminência universal da cultura francesa.

---

5. *De Origine gentis et nominum Russorum* (1747).

6. Tatichtchev baseia-se na narração bíblica do menino Moisés (em russo: *Moissêi*), pescado no Nilo por uma princesa egípcia. Ela teria, naquela oportunidade, exclamado: "Ele é meu!" (em russo: *Moi ssêi*). O próprio Tatichtchev, aliás, admite que essa hipótese etimológica é suspeita.

7. Cf. *Mémoires de la princesse Daschkoff*, Mercure de France, 1966, p. 26.

O reino da indolente Elisabeth (1741-1762) é sobretudo marcado por um agravamento, sob todos os aspectos, da condição dos servos imposta pelas rodas aristocráticas e estrangeiras que, no século XVIII, fazem e desfazem os mestres de todas as Rússias. Esse trágico processo chega ao fim sob Catarina II, em circunstâncias que é importante examinar mais de perto.

Elisabeth designara para suceder-lhe seu sobrinho Peter-Ulrich von Holstein-Gottorp, tipo acabado do soldado germânico, que ela mandou chamar à Rússia e desposar Sophie-Frederika von Anhalt-Zerbst, uma jovem muito culta, ambiciosa e hábil. Enquanto a futura Catarina a Grande aplicava seus talentos em se adaptar a sua nova posição e se iniciava na língua e na história russas, seu marido passava o tempo em bebedeiras e jogos soldadescos (do tipo "petroviano"). De pronto, as relações conjugais revelaram-se atrozes, e as coisas pioraram quando Peter-Ulrich subiu ao trono, sob o nome de Pedro III. Seu reino, que durou apenas alguns meses, não passou de um tecido de provocações e de tolices. Sua verdadeira ambição era enfeudar a Rússia à Prússia, depois de ter convertido seus súditos ao luteranismo; para começar, inverteu o curso da Guerra dos Sete Anos, salvando Frederico II da Prússia de uma derrota iminente; por outro lado, projetava casar-se com a amante, e, portanto, assassinar a esposa; mas talvez seu ato de conseqüências mais graves tenha sido o manifesto do feliz advento, pelo qual isentava a nobreza de todos os deveres de Estado, conferindo-lhe "franquia e liberdade plenas e absolutas". Seu assassinato (resultante de um contracomplô conjugal) suscitou um intenso trabalho das imaginações populares, para as quais o manifesto visava, em primeiro lugar, a alforria dos servos: ora, o czar liberador, um "verdadeiro" czar, que subira ao trono após trinta anos de reino feminino, tinha sido assassinado por uma nova pessoa do sexo frágil... Quando, dois anos depois, Catarina mandou suprimir o czar encarcerado Ivan VI, pelo qual certos embaixadores estrangeiros, assim como certos prelados se interessavam de perto, o espectro do lastimável "Ivanuchka" – Ivan czarevitch? – passou a confundir-se com o de seu sucessor no trono e predecessor na morte.

Mas Pedro III estava realmente morto? Os tempos dos falsos Dmitri não tardaram a voltar; o número dos impostores elevou-se a uma quinzena; podem-se citar, por ordem crescente de notoriedade, Kremenev, Alanbekov, Evdokimov, Bogomolov, mas sobretudo Kondratii Selivanov e Emilian Pugatchev. Falaremos mais adiante dos dois últimos: uma página surpreendente de Tolstói descreve as expectativas escatológicas e as esperanças fantasmáticas dos servos, reavivadas por ocasião da invasão napoleônica:

Entre eles [os aldeões de Bogutcharovo] corriam sempre vagos rumores: ora seriam inscritos entre os cossacos, ora convertidos a uma nova religião, ora se entretinham com pretensas cartas do czar, ora pretendiam que, por ocasião do juramento prestado ao imperador Paulo[8], os senhores tinham jurado conferir a liberdade aos servos, mas evitaram cuidadosamente manter a palavra; ou então afirmavam que Pedro III ia voltar a reinar durante sete anos: sob seu reino todo mundo se tornaria livre, tudo aconteceria com tanta simplicidade que não haveria necessidade alguma de leis. O que se contava da guerra, de Bonaparte e da invasão misturava-se entre eles a confusas noções sobre o Anticristo, o fim do mundo e a liberdade total [...] Entre os habitantes dessas localidades, as misteriosas correntes da vida popular, cujas causas e cujo significado sempre se mantinham enigmáticos para os contemporâneos, eram mais fortes que em outra parte. Assim, por exemplo, vinte anos antes, vira-se produzir entre eles um movimento de migração para certos rios de águas quentes... Alguns foram recapturados e enviados à Sibéria; outros voltaram por livre e espontânea vontade, e o movimento terminou por si só, como tinha começado, sem causa aparente[9].

Mas voltemos a Catarina II. Não se sabe muito bem como essa mulher de gênio conseguiu fazer com que Voltaire ou Diderot a incensassem; o culto da "Semíramis do Norte" não é a página mais gloriosa das Luzes francesas, ainda que, no início de seu reinado, ela tenha procurado trabalhar seriamente pela felicidade de seus súditos. Tornou-se publicista e crítica literária, contribuiu de diversas maneiras para o desenvolvimento das letras russas, e reformou a administração e a justiça. Mas um medo carnal não parava de confrangir o coração da dupla czaricida, refém da nobreza e em primeiro lugar de seus cúmplices, os oficiais da guarda, que durante todo o seu reinado ela cumulou de favores e de doações – cujo peso, direta ou indiretamente, era suportado pelos servos. Ela chega a presentear seus amantes e outros beneficiários com quase um milhão de servos! Com efeito, eles se tornaram sob seu reino escravos – a palavra surge então sob a pluma de certos autores russos – submetidos a uma condição pior que a dos negros da América. Essa evolução, iniciada, como vimos, no século XVII, é marcada, sob Pedro I, pela hipócrita designação de *almas* atribuída aos aldeões escravizados. Sob Elisabeth, eles são despojados de sua última dignidade política, pois são excluídos da prestação do juramento de fidelidade, quando da entronização. Sob Catarina, os proprietários recebem progressivamente o direito de alta e de baixa justiça sobre seus servos, pena de morte tacitamente incluída, e toda queixa ou reclamação é proibida aos últimos, sob pena de deportação para a Sibéria. Nin-

---

8. Juramento suprimido no advento da czarina Elisabeth, mas restabelecido por Paulo I; ver mais adiante.

9. *Guerra e Paz*, Livro III, 2ª parte, caps. IX e ss.

guém saberá jamais quantos milhares foram condenados à morte por seus amos, nem quantos amos foram, em contrapartida, degolados por seus escravos – embora, no caso dos pequenos proprietários (como Vassili Levin), as relações pudessem permanecer cristãmente patriarcais. Mas no conjunto, no século XVIII, "os amos tornaram-se inspetores de polícia, e os proprietários fundiários, senhores de escravos" (Kliutchévski). Cabe acrescentar que, nos Estados Unidos, o assassinato de um escravo negro era passível de pena de morte, último elo de uma legislação protetora; que os escravos ali formavam apenas um oitavo da população, sendo a proporção inversa, na Rússia; e que esses escravos brancos faziam parte do povo russo, povo detentor da verdadeira fé, povo "portador de Deus".

Esse *narod bogonossetz* (que será especificamente encarnado pelos aldeões), como os primeiros escritores e moralistas russos o descreviam? A princípio, eles o glorificam, como se viu a propósito de suas origens, mas daí em diante, as celebrações denotam uma curiosa combinação de influências ocidentais (as de J.-J. Rousseau em primeiro lugar), de condenação dessas influências, e de salutar prudência; resultando nesse culto do povo acorrentado com o qual comungará a futura *intelligentsia*, até o advento do regime bolchevique e do "Pai dos Povos". Nos tempos de Catarina II, todo autor bem pensante celebra obrigatoriamente a superioridade da vida rural sobre a vida urbana, em tons que subentendem, ou até proclamam, o bem-estar dos servos. Um certo general Ivan Boltin chega a afirmar que a servidão constitui a felicidade do povo russo, pois "nossos camponeses não poderiam suportar a forma prussiana da liberdade; o costume dos alemães não melhoraria em nada sua sorte, o costume francês os faria morrer de fome, o costume inglês os mergulharia num abismo de miséria". O ilustre poeta Gabriel Derjavin e tantos outros contenta gregos e troianos, colocando num lendário país seus idílicos camponeses, de acordo, de resto, com uma coqueluche geral européia pelas "antiguidades". Mas já as virtudes particulares da "alma russa" são glorificadas, e os poetas ou dramaturgos Sumarokov, Kheraskov, Fonzivin exortam os senhores a deixar as cidades, para se retemperar moralmente pelo contato com seus aldeões.

Uma grande dama como a princesa Dachkova, que ajudou a czarina a se livrar do esposo, e que viu e viajou muito, pode se permitir mais. Ao príncipe Kaunitz, o primeiro-ministro de Joseph II, ela declara brutalmente que Pedro I reduziu à escravidão todos os russos, pequenos e grandes[10]. Mas relata também em suas *Memórias* uma longa discussão com seu amigo Diderot a propósito da servidão, e assegura ter conseguido convencê-lo de que, levando em conta a miséria moral à qual os *escravos* foram reduzidos, sua libertação impensada mergulharia a Rússia no caos. "Que mulher sois vós!", teria exclamado Diderot. "Neste momento mudastes todas as idéias que eu acarinhava há vinte anos"[11]. Ela garante, por seu lado, estar cercada pelo indefectível amor de seus aldeões, testemunhando assim sua inconsciência – tanto mais que descreve, numa outra passagem, o espírito de revolta que plana sobre seu domínio, por ocasião do advento de Paulo I[12].

Na época, um número crescente de russos letrados reprova o regime de servidão, mas nada é mais arriscado que uma tomada de posição pública nesse sentido. Comprova-o o destino de três autores que se permitiram, cada um à sua maneira, criticar a ordem das coisas vigente.

Em suas peças, o dramaturgo Jacob Kniajnin (1742-1791) proclama, a exemplo de Sumarokov ou de Kheraskov, que a vida campestre é a vida ideal, e exalta a cooperação, e mesmo a amizade, entre amos e servos. Mas ele se atreve também a pôr em cena amos brutais, que separam os casais de amantes, e põe na boca de uma personagem: "Somos infelizes por termos de beber, comer e nos casar segundo o capricho daqueles que extraem suas alegrias de nossos sofrimentos, e que sem nós morreriam de fome". Tardiamente, tendo a Revolução Francesa estourado, Catarina II se dá conta de que os escritos de Kniajnin são subversivos, mas o autor acaba de morrer; é então uma obra póstuma, *Vadim de Novgorod*, que é queimada em praça pública, em Moscou.

O maçon Novikov (1744-1818), o publicista e editor mais ativo dos tempos catarinianos, ridiculariza as pretensões da nobreza nos seguintes termos:

> É o povo virtuoso? Não sei... mas é paciente e resistente. Resiste à fome, ao frio, ao calor, ao orgulho dos possuidores, à exploração dos proprietários e à hostilidade de seus intendentes. Embora seja preciso convir que o povo é resistente, não ouso imputar-lhe virtudes, pois a virtude foi apropriada pela nobreza para seu uso exclusivo. Só o que posso fazer pelo povo é dizer que a resistência é uma boa qualidade...

10. Cf. *Mémoires...*, ed. cit., p. 157.
11. *Idem*, pp. 106-108.
12. *Idem*, pp. 236-237.

E Novikov acrescenta ainda que mandou comparar o cérebro de um aldeão e o de um senhor por um anatomista, que teria concluído que o primeiro cérebro estava cheio de pensamentos, e o segundo – de futilidades. Quanto às almas, "Untel, que é o proprietário de duas mil almas, por sua vez sequer possui uma". Em 1792, Novikov é condenado a quinze anos de reclusão, na fortaleza de Schlüsselbourg[13].

Era inevitável que seu amigo Aleksandr Radichtchev (1749-1802) fosse condenado à morte, pois em sua *Viagem de Petersburgo a Moscou*, que publica às suas custas, em 1790, descreve os horrores do escravagismo russo sem a menor precaução ou floreio, chegando até a justificar o assassinato de amos sádicos ou violadores por seus aldeões. Esperava, ao que parece, comover desse modo o coração da imperatriz. Esta decretou que "Radichtchev era pior que Pugatchev", e fez condená-lo à pena máxima; e se, no final das contas, foi indultado, qualquer menção a seu nome permaneceu por muito tempo proibida; Púchkin tentou relembrá-lo, imperceptivelmente, intitulando um artigo anódino "Viagem de Moscou a Petersburgo".

Deixemos agora essas esferas intelectuais ainda limitadas, para considerar o estado de espírito dos proprietários rurais em seu conjunto. Pode-se dizer que o novo regime da escravidão vai determinar na Rússia todas as relações humanas, tanto mais que o papel mediador e educativo assumido em outros países pelo clero foi reduzido praticamente a nada pelas reformas de Pedro I.

Ao nascer, o futuro proprietário é confiado a nutrizes (*nianias*) e a seus homólogos masculinos (*diad'kas*) escolhidos entre os servos, e os pequenos servos são seus primeiros companheiros de folguedos. Os pais, geralmente, só intervêm de longe. A maior parte dos caprichos do pequeno *barine* são, portanto, satisfeitos, e ele se acostuma a utilizar e explorar o outro para satisfazer seus desejos, sem nenhuma reserva: o que multiplica os temperamentos despóticos, fantasiosos, ou fracos, pouco inclinados em todo caso a se controlar ou a se dominar. Vem em seguida o tempo dos preceptores, ou governantas, alemães ou franceses; a cultura de base é, pois, necessariamente estrangeira. A partir da adolescência, quando não antes, a educação é completada na cidade, quase sempre em escolas militares, onde, ao contrário, a disciplina é muito rígida; a menos que o rapaz renuncie a qualquer ambição futura, para permanecer mais ou menos desocupado. Quan-

---

13. Sobre o que precede, ver sobretudo Hans Rogger, *National Consciousness in Eighteenth-Century Russia, passim* (Cambridge, Mass., 1960), assim como Pavel Miliukov, *op. cit.*

to à mocinha, ela se perde, o mais das vezes, em devaneios, esperando casamento[14].

Kliutchévski, ao qual é preciso voltar sempre, insiste, ao mesmo tempo que na desocupação, na perda do senso de realidade, pela classe dos proprietários. Acrescenta que o sopro das Luzes, sobretudo francesas, carrega brisas anticlericais, e mesmo antifeudais que, no clima russo, suscitam fatalmente delírios extremistas de todo tipo. O costume das viagens ou estadas no estrangeiro, no caso das famílias suficientemente ricas (isto é, que possuem um número suficiente de "almas"), aliena ainda mais o jovem nobre: "Estrangeiro em sua casa, ele queria se sentir em casa no estrangeiro, e não o conseguia; no Ocidente, via-se nele um tártaro travestido, na Rússia, um francês que o acaso fizera nascer na Rússia"[15].

Cabe voltar aqui à idealização de um povo pelos porta-vozes de seus opressores e exploradores, isto é, ao esvaziamento total da realidade, um fenômeno na época especificamente russo que, ao mesmo tempo que uma desculturação que se alastra, impede a formação de elites estáveis, fazendo realmente corpo com a nação, e pavimenta o caminho à crítica e à oposição: exatamente como os ressentimentos "velhos-crentes" no seio da classe comerciante. Kliutchévski, contudo, considera que, para a geração nobre do século XVIII, dita "voltairiana", o tempo do grande remorso ainda não chegou. Essa serenidade paradoxal custará caro às gerações seguintes.

O povo, este, não parecer ter evoluído, desde os tempos de Ivan o Terrível ou do doce Alexis Mikhailovitch. Sua aflição, seus furores, sua labilidade e sua esperança indefectível num bom czar manifestam-se por ocasião da grande revolta de Pugatchev. Decididamente, esse povo fiel só é suscetível de desafiar a ordem estabelecida de maneira legítima, em nome de um czar, pela graça de Deus; ora, Catarina lhe fornece uma razão legítima.

PUGATCHEV, A GRANDE CATARINA E AS CONSEQÜÊNCIAS

Os "cossacos" sempre formaram uma população turbulenta e aventureira. Em grande parte, compõem-se de Velhos-Crentes;

---

14. Cf. Marc Raeff, *Origins of the Russian Intelligentsia, the Eighteenth-Century Nobility*, Nova York, 1966, pp. 122 e ss. ("Home and School").

15. Cf. V. Kliutchévski, *Cours d'histoire russe*, ed. Moscou, 1958, t. V, p. 183.

uma dispensa especial lhes permite, quando combatem no exército regular, conservar suas barbas. No início de 1772, em plena guerra russo-turca, o cossaco do Volga Fedor Bogomolov tenta se fazer passar por Pedro III, mas é logo capturado e executado[16]. Um cossaco do Ural, Emilian Pugatchev, retoma a tocha. Iletrado, mas astuto e rico de experiência (fez a Guerra dos Sete Anos), ele inspira confiança, inventa um cerimonial, banca o salvador, lança ou "revela" um manifesto czariano de acordo com a expectativa popular. No outono de 1773, parte em campanha com quinhentos cossacos, aos quais se juntam duzentos quirguizes muçulmanos. A tropa conquista pequenos postos militares, constituindo-se assim um embrião de artilharia. Aumentando progressivamente, invade as regiões explosivas das minas dos Urais, povoadas de servos deportados e de baquirs recentemente obrigados a se converter, onde pode se engrossar ainda mais, e, sobretudo, fazer uma ampla provisão de armas e de munições. O núcleo devidamente equipado do exército do falso czar acaba por superar dez mil homens; ele toma então a direção de Moscou, e se apodera da ilustre cidade de Kazan. As tropas ou milícias recrutadas a toda pressa recusam-se a combater, e passam para o lado do falso Pedro; o terror se apoderou de todas as camadas possuidoras. É preciso ler, em *Vida e Aventuras*, do memorialista Bolotov, a descrição do humor dos servos: na região de Moscou, os recrutas lhe declaram, encarando-o nos olhos, que não levantarão a mão contra seus irmãos, mas que empalarão de bom grado uma dezena de proprietários[17]. Gabriel Derjavin faz, em seguida, um sombrio balanço, classe por classe:

> Toda a arraia-miúda estava a favor de Pugatchev. O clero lhe era favorável, e não só os padres e monges, mas também os arquimandritas e os bispos... A classe dos empregados de escritório e dos pequenos funcionários, ainda pouco numerosa, pertencia ao povo. Pode-se dizer o mesmo dos oficiais tarimbeiros. Contava-se um grande número destes nos bandos de Pugatchev.

Uma parte dos prelados de alta posição deseja até a vitória do usurpador, por hostilidade às reformas ou escritos "ímpios" da imperatriz, ou por compartilharem as prevenções populares contra as mulheres no poder.

Os manifestos do falso Pedro jogam lenha na fogueira:

---

16. Para tudo o que se segue, ver Pierre Pascal, *La Révolte de Pougatchev*, col. "Archives", Paris, 1971.

17. Cf. P. Miliukov, *Ensaios sobre a História da Cultura Russa* (em russo), t. III, Paris, 1930, p. 373.

Pela graça de Deus, nós Pedro III, imperador e autocrata de todas as Rússias, a todos fazemos saber o que se segue:
"Outorgamos por este manifesto pessoal, em virtude de nossa soberana e paterna misericórdia, a toda pessoa que se encontra até a data de hoje em condição de aldeã e dependente de proprietários nobres, que se tornem fiéis de nossa própria coroa. E lhes concedemos fazer a cruz e as preces e manter o rosto e a barba à antiga, franqueza e liberdade..."

E como hoje nosso nome é favorecido pelo Todo-poderoso, ordenamos pelos presentes o que se segue: "Os nobres que forem encontrados em seus bens e domínios, inimigos do Império e dos aldeões, serão castigados e enforcados, para que seja feito com eles como eles fizeram, essa gente que não tem em si nada de cristão. Uma vez exterminados esses nobres inimigos e criminosos, cada um gozará de uma vida pacífica e calma que durará para sempre..."

Esse manifesto é distribuído por misteriosos emissários em Moscou e em outras cidades russas.

Enlouquecida, Catarina assina precipitadamente a paz com a Turquia: tropas aguerridas e disciplinadas, não atingidas pela exaltação popular, dirigem-se, sob o comando do general Suvorov, para as regiões meridionais em poder dos rebeldes. A ameaça faz os chefes cossacos refletirem, e alguns deles preparam uma armadilha para Pugatchev, para entregá-lo às autoridades. Transferido numa gaiola de ferro a Moscou, ele é, em janeiro de 1775, publicamente esquartejado. A corte e a nobreza podem respirar aliviados.

Essa revolta popular marca um corte no reinado de Catarina. Daí em diante, a imperatriz se desinteressa pela felicidade e pela instrução de seus súditos; retira seu apoio e simpatia ao maçom Novikov e outros divulgadores das Luzes; cultivando doravante sua glória de uma outra forma, dedica-se principalmente a guerras de conquista, apoderando-se a oeste e ao sul de vastos territórios povoados por alógenos – e inaugurando assim a tradição anexionista do império dos Romanov.

Embora toda evocação da "peste política" fosse proibida por muito tempo, o culto de Pugatchev perpetuou-se nas lendas populares; melhor ainda, os escritores contribuíram com ele, a começar por Púchkin que, sob o controle do imperador Nicolau I, tornou-se o historiógrafo de Pugatchev, assim como dos adversários revolucionários do regime: não houve, de Bakunin e Herzen a Tchernichévski e Plekhanov, quem não tenha, de uma maneira ou de outra, se referido a ele[18].

18. Cf. Miliukov, *Ensaios...*, t. II/2, p. 131; Henri Troyat, *Alexandre I*, Paris, 1980, pp. 324-325 e 339; e o artigo *Selivanov* na enciclopédia Brockhaus-e-Efron.

Resta mencionar um último falso Pedro, cujo principal interesse reside no fato de testemunhar a atmosfera supersticiosa ou mística que, após a morte da imperatriz alemã, se instalou duradouramente na corte dos Romanov: Kondratii Selivanov, fundador da seita dos "castrados". Exilado na Sibéria sob Catarina, fez seu reaparecimento em São Petersburgo, sob seu filho Paulo I que, abandonado e desprezado por sua mãe, dedicava um culto a Pedro III (sem estar certo de ter sido engrendrado por ele...). Ele teria mandado chamar Selivanov, para perguntar-lhe: "Você é meu pai?" A resposta teria sido: "Não sou o pai do pecado: segue meu exemplo, e eu te reconhecerei como meu filho"[19]. Desconfia-se que o czar não seguiu esse conselho; mas mandou internar Selivanov num asilo de velhos, na própria capital, onde foi honrado, depois da morte de Paulo I, por uma visita de seu sucessor Alexandre I, um dia após aceder ao trono. O novo czar fez-lhe uma segunda visita, antes de enfrentar, em 1805, Napoleão; nesta, ele teria previsto a derrota de Austerlitz. Dessa maneira, o astucioso eunuco tornou-se uma personagem em moda, na qualidade de profeta ou de "redentor", na alta sociedade petersburguense, até um jovem oficial da guarda ter sido castrado por ele: foi então novamente exilado.

Para encerrar a tradição secular dos impostores, ou czares miraculados, assinalamos que um misterioso ancião siberiano, renomado por sua piedade, conseguiu, após a morte de Alexandre I, fazer-se passar por ele, obtendo essa idéia relativo crédito no seio da família Romanov; ainda em 1891, o herdeiro do trono, o futuro Nicolau II, se inclinava em Tomsk diante do túmulo do santo homem "Fedor Kuzmitch". Mais recentemente, houve a falsa Anastásia, que pretendia ser uma filha milagrosamente poupada de Nicolau II. Tradição de família?

Voltemos a Paulo I. Seu fantástico reinado durou apenas cinco anos, durante os quais contrariou, em todos os domínios, os atos e projetos políticos da mãe – que desconfiava dele a tal ponto que tentou excluí-lo da sucessão, para entregar o poder a seu neto Alexandre. Em conseqüência, para começar, Paulo promulgou uma ordem de sucessão patrilinear. Em seguida, outorgou-se uma nova dignidade, a de "chefe da Igreja ortodoxa", constituindo-se de certa forma como seu sumo-sacerdote[20], o que provocou

---

19. Ver a discussão do caso "Fedor Kuzmitch" – discussão que não está inteiramente concluída – em H. Troyat, *op. cit.*, pp. 401-407.

20. Com efeito, Paulo I decidiu que, na qualidade de "chefe da Igreja", podia comungar sozinho, sem recorrer a um padre. Teoricamente, esse privilégio sacerdotal do imperador subsistiu até o fim da monarquia. Ademais, o clero de-

rumores nos meios palacianos de que perdera o juízo. Ele não deixou de depurar a corte, banindo os favoritos ou amantes de Catarina, e transformando-a, a exemplo de Pedro I, numa espécie de caserna. Parece que, na política interna, projetava instaurar entre seus súditos uma igualdade absoluta; em todo caso, afrouxou um pouco a golilha escravagista, limitando o tempo de trabalho dos aldeões no proveito direto ou imediato de seus amos, e minou de vários modos os privilégios da nobreza: seu projeto provoca animosidades. Tanto mais que, por receio do contágio revolucionário, impediu aos nobres viajar ao exterior e proibiu a importação de livros estrangeiros. Em contrapartida, em matéria de política externa, a inevitável mudança das alianças o fez simpatizar com a França do Diretório e com Bonaparte; chegou a pensar, provavelmente por imitação da expedição do Egito, em se apoderar das Índias inglesas, e lançou, no início de 1801, um pequeno exército cossaco rumo ao Ganges, mas a empresa foi suspensa, no dia seguinte ao seu assassinato. O século XVIII russo foi também o dos acertos de contas em volta do trono.

Esse século cruel se encerraria por um balanço de conseqüências pesadas para o futuro da autocracia. Se, entre 1762 e 1801, a população do Império russo passou de vinte a quarenta milhões, isso se deve, em grande parte, à conquista de territórios povoados por milhões de alógenos, poloneses, judeus e finlandeses a oeste, moldávios, tártaros e caucasianos ao sul; todos "infiéis" católicos, luteranos, judeus ou muçulmanos: futuro barril de pólvora, como se verá, para a "prisão das nações" imperial.

A GERAÇÃO DE 1812 – OS DEZEMBRISTAS

Um complô abortado pode ser completamente desmontado, no processo de seus autores; um complô bem-sucedido não, e não se sabe a que ponto as intrigas ou os encorajamentos da diplomacia britânica fortaleceram a revolução dos conjurados de 23 de março de 1801. Sabe-se, em compensação, que Alexandre I, também indignado com as incoerências políticas do pai, tinha sido informado sobre o complô, e que até indicara o dia mais favorável para o golpe. Essa "Esfinge do Norte" era um ser complexo, mutável, maleável, e cujo temperamento permanece inacessível. Laharpe, o preceptor suíço que sua avó encarregara de sua educação, insuflara-lhe princípios filosóficos ou rousseaunianos, à

---

via doravante citar seu nome e o da família imperial em certas preces, durante o ofício divino.

moda do final do Iluminismo. Uma vez superada a crise de melancolia na qual o mergulhara sua participação no complô, pensou em reformar a Rússia de acordo com as idéias que lhe inculcara seu educador, e em especial em abolir a servidão. Para tanto, cercou-se de um grupo de jovens aristocratas esclarecidos e publicou alguns editos prévios. Mas diante do passo a ser dado, os reformadores pareciam hesitar, perder seu entusiasmo, em todo caso, querer se preservar de qualquer pressa intempestiva.

E sobretudo, as guerras napoleônicas vieram logo desviar o czar dos problemas da política interna. Após a derrota de Austerlitz, empenhou-se em reorganizar e engrossar o exército russo, e instituiu, a exemplo de Napoleão, um "Ministério da Polícia", enquanto o clero era encarregado de pôr em guarda a santa Rússia contra Napoleão o Infiel, Napoleão o rei dos judeus (não acabara de reunir um "Grande Sanedrim?"[21]), Napoleão o Anticristo... O povo russo começou a se interrogar, e depois das novas derrotas de Eylau e de Friedland, chegou a se indignar vendo o czar pravoslavo confraternizar, em Tilsitt, com uma personagem tão diabólica.

Entretanto, após alguns anos de paz incerta, a grande hora de Alexandre soou, por ocasião da campanha da Rússia. Não que ele fosse capaz de grandes resoluções: para começar, a nobreza as tomou por ele, cedendo, ao ser anunciada a invasão francesa, a uma fúria patriótica como jamais se conhecera na Europa. Obrigando o czar à intransigência, ela falseava de golpe as regras do jogo, as de uma arte militar respeitosa das convenções: é verdade que o espaço russo permitia, ditava mesmo, uma estratégia da terra arrasada, e Alexandre, galvanizado por seu círculo, advertia Napoleão que ele recuaria, se fosse preciso, até o Oceano Pacífico. O conquistador da Europa não acreditou: confiante em sua estrela, marchou sobre Moscou – onde foi tomado de vertigem diante do espetáculo inédito de uma capital desertada por seus habitantes, e que no dia seguinte se incendiava. Segundo os critérios europeus, ele ganhara a guerra, e logo a Rússia seria riscada do mapa político (em São Petersburgo, Joseph de Maistre notava: "Moscou foi tomada, apontam-se para isso excelentes razões, mas nem por isso pode a razão negar que, a não ser por um milagre, não existe mais Rússia..."). A Rússia, entretanto, não queria con-

---

21. A reunião, em fevereiro-março de 1870, de um "Sanedrim" devia, no espírito de Napoleão, ligar à sua política os judeus dispersos, especialmente aqueles dos Países Baixos e da Inglaterra. Mas esse projeto fracassou (ver a esse respeito minha "História do Anti-semitismo", t. III, *De Voltaire a Wagner*, São Paulo, Perspectiva, 1985, pp. 237-238.

cordar com isso. Hesitando sobre o caminho a seguir, Napoleão pensou por um momento em cooptar os camponeses, decretando a abolição da servidão; mas isso também teria sido contrário à regra do jogo dos monarcas, e, além disso, eis que a massa do povo russo, ao chamado de seu czar, reencontrava reflexos muito antigos, incendiava as safras e as aldeias, mobilizava-se contra o Anticristo, comungados numa espécie de sede de destruição. Ao general Lauriston que, em nome de seu amo, censurava ao comando russo não respeitar as regras militares, Kutusov respondia:

> Aos olhos do povo russo, esta guerra é como uma nova invasão tártara; não depende de mim fazer o povo mudar sua opinião a esse respeito. A Rússia é assim: prefere reduzir a cinzas suas aldeias e cidades a entregá-las ao inimigo. Como posso impedi-lo?

É pois em Paris que, dois anos depois, a paz é assinada, e os Bourbons restabelecidos no trono. Vencedor de Napoleão, libertador da Europa, protetor de uma França que seus vizinhos germânicos queriam destroçar, "Alexandre o Abençoado" desempenha daí em diante um papel mundial grandioso, que ele julga de bom grado outorgado pelo Todo-poderoso. Essa fé em uma missão providencial é encorajada por todos os lados, por homens de Estado calculistas ou por pietistas inspirados, e é assim que o czar se vê projetado no segundo período, dito místico, de seu reinado. Entretanto, durante todos esses anos, centenas de milhares de oficiais e de soldados russos permanecem na Europa Ocidental; ora, esta entra numa nova fase de sua história, sobre a qual é importante dizer algumas palavras.

Logo após os anos 1789-1815, durante os quais os próprios fundamentos da sociedade foram abalados, inúmeros espíritos se interrogam sobre o motivo da revolução universal. Mas naqueles tempos cruciais, em que as crenças estabelecidas são rapidamente substituídas por uma visão do mundo leiga ou "científica", surge a tendência a atribuir a Revolução Francesa, da qual adveio todo o mal, à perversidade natural de certos homens, a um complô urdido pelos filósofos das Luzes e dos maçons; associam-lhes facilmente "os judeus" e "os Iluminados" (a utópica seita dos Iluminados da Baviera, que, por volta de 1780, tinha efetivamente projetado derrubar os tronos e os altares, é então uma dessas *parcelas de realidade* que fundamentam, com freqüência, os delírios coletivos[22]). Diversos autores – os franceses Joseph de Mais-

---

22. Sobre os Iluminados da Baviera, cujo fundador e grão-mestre Adam Weishaupt esperava conquistar progressivamente a maçonaria alemã, de certa forma à sua revelia, ver *A Causalidade Diabólica I*, pp. 18 e ss.

tre e Augustin Barruel, o inglês Robinson, o alemão Göchhausen
– elaboram, por volta de 1800, teorias explicativas correspondentes, que encontram adeptos em todos os meios, em primeiro lugar em certas esferas governamentais. Essa visão policial da história passa rapidamente a exercer um papel político na escala internacional, tanto mais que a casualidade diabólica se nutre facilmente de si mesma: as inquietações dos poderosos deste mundo e as publicações que as alimentam popularizam a própria idéia das conspirações, sugerem métodos de ação, fazendo, desse modo, surgirem e se multiplicarem complôs muito reais, como o dos Carbonari na Itália, ou o do Tugendbund, na Alemanha. Este é descrito num relatório submetido, em 1810, a Napoleão: nele lê que o Tugendbund sucedeu aos Iluminados da Baviera, que cobriu com sua rede toda a Alemanha, que os ministros prussianos Stein, Humboldt e Hardenberg, assim como o chanceler Metternich, fazem parte dele, e que seu objetivo é a libertação da Alemanha (único ponto autêntico[23]). Por sua vez, Metternich empenha-se, a partir de 1813, em acuar e denunciar as conspirações; de comum acordo com Joseph de Maistre, incute a obsessão por elas em Alexandre I. Desse modo, encadeiam-se complôs e contracomplôs imaginários ou reais, que proliferam especialmente na França: "Talvez jamais se tenha conspirado tanto como na França, de 1814 a 1870; em todo caso, nunca se falou tanto em complôs"[24]. Em 1828, o antigo Iluminado Buonarroti publica na Bélgica seu famoso guia sobre "A Conspiração da Igualdade".

Tal é, portanto, um dos traços marcantes da Europa pacificada e metamorfoseada que se oferece à visão dos exércitos russos (certos regimentos estacionaram na França até 1818). Faltam, de fato, dados verdadeiramente interessantes sobre as impressões dos simples soldados que, aliás, só podiam ter contatos sumários com as populações francesas ou alemãs. Mas os oficiais, festejados como libertadores, convidados nas grandes cidades aos salões aristocráticos ou burgueses, freqüentaram em Paris lojas maçônicas, estabeleceram certas ligações com personalidades tais como Chateaubriand, Mme. de Staël, ou o abade Gregório e outros antigos Convencionais. O bastante para virar muitas cabeças.

Você acreditaria [escrevia o poeta Batiuchkov a sua irmã] nós, que participamos de todos esses acontecimentos importantes, mal podemos acreditar que Napoleão desapareceu, que Paris é nossa, que Luís está no trono e que nossos compatriotas, completamente loucos por Montesquieu, Voltaire, Racine, Féné-

23. *Idem*, pp. 106-107.
24. *Idem*, p. 36.

Ion, Robespierre, Danton e Napoleão, cantam nas ruas: Viva Henrique IV! Viva este rei valente!²⁵

Mas seus compatriotas puderam também se entregar a comparações que, o mais das vezes, não honravam sua pátria, sobretudo no que se referia à condição dos aldeões e ao modo de governo. Mme de Staël não dizia a quem quisesse ouvi-la que "o governo da Rússia era um despotismo mitigado pelo assassinato?" E foi assim que, de volta a seus lares, certos oficiais, especialmente os da guarda, passaram também a conspirar.

Na Rússia, uma nova vida social e intelectual começava a florescer sobre o fundo das esperanças suscitadas pelas promessas e pelos triunfos de Alexandre I. A delgada camada de aristocratas e de intelectuais formados à européia ganhara corpo. Um primeiro escritor importante surgia, Nikolai Karamzin. Ele soube forjar a língua flexível e expressiva que se tornou a da literatura clássica russa²⁶. Nesse sentido, sua primeira tentativa, sua obrazinha sentimental *A Pobre Lisa* (1792), foi um golpe de mestre. Mas eis que o entusiasmo patriótico glorificava as tradições e o passado nacionais. Karamzin tornou-se então historiador: chegou a levantar questões, em particular sobre as conseqüências da obra de Pedro o Grande que, no século XVIII, teriam parecido sacrílegas:

> O autodesprezo predispõe o homem e o cidadão às grandes empresas? As elites se afastaram das camadas inferiores; para o camponês, o plebeu ou o comerciante russo, os russos nobres se tornaram alemães, para grande dano da fraternal unidade popular. Tornamo-nos cidadãos do mundo, deixamos de ser cidadãos da Rússia. A culpa disso cabe a Pedro...²⁷

Publicada em 1816, numa base de três mil exemplares, a *História do Estado Russo*, de Karamzin, esgotou-se em algumas semanas. Um sucesso literário sem precedentes.

Um outro jovem talento, Aleksandr Griboiedov (1784-1829), elevava-se, conforme uma tradição já estabelecida, contra a servil imitação do Ocidente; mas ele o fazia num estilo mais mordaz, e principalmente fustigava ao mesmo tempo a galomania e os grandes ignaros, ou os funcionários bajuladores e venais. De resto, sua peça, que ele intitulou *Da Desgraça de Ter Muito Espí-*

---

25. C. Batiuchkov, *Oeuvres*, ed. 1857, p. 284.
26. Cf. Miliukov, *Ensaios*..., t. II/1, pp. 309-317.
27. "Memórias sobre a Rússia Antiga e Moderna" (1811), que Karamzin comunicara preliminarmente, em manuscrito, à grã-duquesa Catarina, a irmã de Alexandre I.

rito (1823), foi proibida de ser apresentada, e circulou em manuscrito, recopiada ininterruptamente (fala-se de quarenta mil exemplares!).

É que novos ventos sopravam já em Petersburgo. Depois de ter se comprazido durante alguns anos no papel de árbitro da Europa, fundador da Santa Aliança, o czar místico teve o sentimento de que sua estrela o abandonava. Decididamente, a ingrata Europa não o aceitava como pacificador e garantidor da ordem pública, pois perturbações e conspirações se manifestavam um pouco em toda parte, da Bélgica à Grécia. Mas quem afinal manejava os cordéis? Em 1820, Alexandre, de passagem pela Varsóvia, proclamava publicamente sua inquietação: "O gênio do mal se adestra em retomar seu funesto domínio, e paira já sobre uma parte da Europa, já que acumula os crimes e as catástrofes". No ano seguinte, formulava mais explicitamente suas novas certezas (hauridas, ao que tudo indica, nos escritos de Augustin Barruel) numa carta a seu confidente, Golitzin, ministro dos Cultos:

> Os mesmos princípios desorganizadores, ainda que sejam inimigos do trono, são dirigidos, ainda mais, contra a religião cristã: trata-se tão-só da aplicação das teorias pregadas por Voltaire, Mirabeau, Condorcet e por todos esses pretensos filósofos conhecidos sob o nome de enciclopedistas... Não se iludam, há uma conspiração de todas as sociedades: elas todas se estendem e se comunicam entre si, tenho em mãos provas seguras disso, e todas essas seitas anticristãs, que se fundamentam nos princípios da assim chamada filosofia de Voltaire, votaram a todos os governos um ódio ferrenho.

E pouco depois, ao saber que os gregos tinham se insurgido contra o governo turco:

> Não há dúvida de que o impulso desse movimento insurrecional foi dado pelo próprio comitê central, diretamente de Paris, na intenção de distrair as atenções para Nápoles e impedir que destruíssemos uma das sinagogas de Satã estabelecidas unicamente para propagar e difundir sua doutrina anticristã.

Mas, tomado por uma espécie de torpor mórbido, o czar se absteve de qualquer intervenção, afastou-se dos negócios e confiou em sua alma danada, o general Araktcheiev, para dirigir com mão implacável o exército, a administração e até as universidades, nas quais todas as matérias foram subordinadas ao ensino das Sagradas Escrituras, tomadas ao pé da letra.

É nesse clima que, de volta à Rússia, jovens oficiais idealistas, principalmente os dos regimentos da guarda, isto é, a fina flor da aristocracia russa, começam a conspirar, a fim de substituir o despotismo czariano por um regime mais equilibrado e mais *europeu*. Numa época em que "as sociedades secretas se criavam tão facilmente quanto, em nossos dias, as sociedades anônimas" (Kliutchévski), vêem-se surgirem duas simultaneamente, que resultarão no abortado golpe de Estado de dezembro de 1825. Em Petersburgo, a "União da Virtude" se modela pelo Tugendbund, ao qual emprestou o título; tem sua correspondente na Ucrânia, onde está acantonado o II Exército russo. Ambas se inspiram nos princípios organizacionais da maçonaria, naquela época muito popular na Rússia. Ambicionam abolir a escravidão ao mesmo tempo que os privilégios exorbitantes da nobreza, e extirpar os males endêmicos da venalidade e do favoritismo. Embora as duas sociedades secretas se federem numa única, em 1820, seus projetos não são idênticos. A de Petersburgo, animada por Nikita Muraviev e pelo poeta Konrad Ryleiev, visa uma monarquia constitucional e federativa, e prevê a convocação de um parlamento censitário, privilegiando, portanto, os proprietários: ao monarca, pretende atribuir poderes consideráveis, semelhantes aos do presidente dos Estados Unidos da América. O programa da "Sociedade do Sul", elaborado pelo homem forte da conspiração, o coronel Pavel Pestel, é muito mais radical, e além disso, imperialista. É desenvolvido num longo escrito intitulado *A Lei Russa*[28], a fim de marcar bem sua autoctoneidade. Esse programa comporta, especialmente, a russificação forçada de todos os alógenos, com exceção dos poloneses, aos quais convém manter sob protetorado russo, sua autonomia, e dos judeus, que devem ser expulsos e reconduzidos, através da Turquia, para a Palestina. No que se refere ao regime interno, a lei russa combina teorias dos Enciclopedistas e dos "Ideólogos"[29] e práticas jacobinas (inviolabilidade da propriedade privada, serviço militar universal, regicídio); a isso se juntam certas opiniões de Adam Weishaupt, o chefe dos Iluminados, das quais Pestel tomara conhecimento no livro de Barruel[30]. O czar e o conspirador bebem pois na mesma fonte: não é de admirar que sejam igualmente fascinados pelos complôs.

Ignora-se, entretanto, a quem Pestel tomou de empréstimo suas idéias sobre a polícia política, e talvez ele seja absolutamente original nesse ponto. Uma "polícia pura e dura": se a justiça co-

---

28. Título emprestado ao de um antigo conjunto de leis da Rússia kieviana (*Russkaia Pravda*).

29. Sobre os "Ideólogos" franceses, ver o volume precedente, pp. 128-142.

30. Pestel encarregara três oficiais de recopiar nas *Memórias para Servir à História do Jacobinismo* todas as citações do programa de Weishaupt, assim como as passagens nas quais se tratava dos "Iluminados" (cf. M. V. Netchkina, *Dvijeniê Dekabristov*, Moscou, 1955, vol. I, pp. 346-347).

mum deve ser feita conforme os princípios ingleses ou franceses, os crimes contra a segurança do Estado são da alçada de uma "alta polícia" que escapa a qualquer controle, a não ser "das altas qualidades morais" de seu chefe. Este deve dispor de uma rede de agentes secretos, conhecidos apenas por ele; ademais, a espionagem e a delação são "não só autorizadas e legítimas, mas até o meio mais desejável e, por assim dizer, o único meio para que a alta polícia cumpra sua tarefa".

Quando, durante a instrução do caso dos dezembristas, o manuscrito de Pestel foi descoberto, o czar Nicolau I julgou tão perigoso o documento que escondeu sua existência a uma parte dos membros da comissão de investigação. *A Lei Russa* só pôde ser publicada após a Revolução Russa de 1905. Não se sabe se essa publicação deu origem a novas vocações, antes ou depois de 1917.

Com efeito, embora recrutando, ano a ano, adeptos, cujo número terminou ultrapassando duas centenas, os conspiradores, que não chegavam a se entender sobre um programa comum, pareciam hesitar, contemporizar... Afinal, considerando a extensão do transtorno sociopolítico encarado, não estariam conspirando contra eles mesmos? Talvez o golpe de Estado que projetavam jamais tivesse ocorrido, se uma crise dinástica, devida à incúria de Alexandre I e que acarretou após sua morte um imbróglio inverossímil, não os tivesse impelido a agir[31].

Seguiu-se a trágica confusão de "14 de dezembro". Na véspera, os dezembristas de Petersburgo tinham eleito um ditador de alto nível, o príncipe Serguei Trubetzkói, mas, de madrugada, ele recebeu informações desagradáveis sobre o estado de espírito das tropas, e desertou. Os outros conspiradores, o poeta Ryleiev e Kakhóvski, reuniram os destacamentos sob seu comando – três mil homens ao todo – na praça do Senado, acobertando-se sob o nome do czarevitch Constantino, considerado o czar legítimo[32]

---

31. Alexandre I morreu em novembro de 1825 em Taganrog, junto ao mar de Azov. Na ausência de um herdeiro do sexo masculino, o trono caberia normalmente a seu irmão Constantino, o segundo filho de Paulo I, mas este, que residia em Varsóvia, renunciara previamente a seus direitos. Por um manifesto secreto, Alexandre designara, portanto, para suceder-lhe o terceiro filho, o futuro Nicolau I, sem cuidar de avisá-lo disso. Nessas condições, Nicolau, assim como o exército e os altos dignitários civis, apressaram-se a prestar juramento a Constantino. Seguiu-se um interregno que durou cerca de um mês, tempo necessário para convencer Nicolau de que Constantino mantinha sua renúncia, e para anunciar a nova entronização.

32. Cf. a nota anterior. Segundo a lenda, os dezembristas teriam convidado seus soldados a gritar: "Viva Constantino! Viva sua esposa Constituição!" (*Konstitutsia*, em russo).

(uma variante da clássica "impostura", na qual o irmão do czar aparece como usurpador). Entretanto, durante horas, permaneceram inativos, na esperança de receber reforços. Assim que estes chegaram, o general-chefe Miloradovitch e o próprio Nicolau tentaram chamar os insurretos à razão, enquanto reuniam tropas superiores em número. Kakhóvski matou Miloradovitch com um tiro de pistola, mas nem ele, nem nenhum outro dezembrista, ousou erguer a mão contra um Romanov, infringir o juramento dinástico... Em resumo, no fim do dia, algumas salvas de metralha puseram fim à insurreição. Sabendo do desastre, os conjurados do Sul tomaram uma resolução ainda mais desesperada: realizaram uma saída honrosa, deixando-se prender quase sem resistência, em todo caso, sem derramamento de sangue[33].

Nicolau I assumiu pessoalmente a direção do inquérito, e o conduziu com muita habilidade, paternalmente pode-se dizer, sem recorrer às torturas; conseguiu assim obter de inúmeros conspiradores confissões francas e completas, acompanhadas de expressões de arrependimento e de desculpas. É que se estava entre gente do mesmo mundo, que observava princípios análogos e que aspirava à mesma ética cavalheiresca. Esse clima é bem ilustrado por uma célebre réplica de Púchkin que, em dezembro de 1825, se encontrava em sua aldeia natal, depois de seu exílio no Cáucaso sob Alexandre I. Nicolau convocou-o a ir a Petersburgo, e lhe perguntou o que ele teria feito se tivesse estado presente. "Eu ficaria com os rebeldes", respondeu o poeta; essa intrepidez fez nascer, entre o autocrata e o gênio nacional, uma espécie de cumplicidade que durou até o trágico duelo de Púchkin. Pouco antes de morrer, ele resumiu sua posição numa carta desiludida a seu amigo Tchaadaiev: "...o governo é ainda o único europeu na Rússia, e por mais brutal e cínico que ele seja, só dependeria dele o ser cem vezes mais; ninguém daria a isso a mínima atenção"[34].

Ao contrário do que geralmente se escreve, o autocrata ameaçado por um momento mostrou-se, ao exercer a justiça, relativamente moderado: cinco condenações à pena de morte, uma centena às piores prisões de forçados na Sibéria, mas onde as esposas podiam reunir-se aos maridos (muitas o fizeram). Além disso, mostrou-se perspicaz anotando no relatório relativo às execuções: "Sim, tudo terminou completamente com os cinco enfor-

---

33. Segui, neste rápido resumo, a clássica obra anteriormente citada de M. V. Netchkina, t. II.

34. Carta de Púchkin de 19 de outubro de 1836, escrita diretamente em francês. Para Piotr Tchaadaiev, ver mais adiante.

cados: mas apenas nos fatos, não como lenda". A lenda, com efeito, já se estava criando.

Não que os dezembristas fossem imediatamente aplaudidos em seu próprio meio. Ao contrário, eram quase sempre condenados com extremo rigor, tanto pela boa sociedade como pela classe de comerciantes. Fedor Rostopchin[35] destacava seu cruel paradoxo nesta célebre fórmula: "Até aqui, as revoluções eram feitas por sapateiros que queriam se tornar senhores; desta vez, são senhores que tentaram fazer uma revolução para se tornarem sapateiros". Mas os autênticos sapateiros abstinham-se eles mesmos de manifestar-lhes reconhecimento, salvo raríssimas exceções. Resta que a posição social, a pureza moral e o número dos dezembristas asseguravam-lhes em proporção simpatias familiares ou ditadas pela amizade, e mesmo pela conivência: o caso bem conhecido de Púchkin nem de longe é o único.

Quanto ao povo russo, o que ele retém de essencial, sem dúvida, desse espetacular dia de 14 de dezembro, daquele confronto militar na grande praça da capital, é que o caso girava em torno da libertação. Mas *quem* pensava em se libertar? Segundo um relatório policial da época, dizia-se no campo: "Os proprietários são conduzidos a Petersburgo, e a liberdade aos camponeses aí será acertada". E por um outro: "No povo, e especialmente entre os domésticos, assim como nos pritaneus, ouvem-se palavras nocivas à segurança do Império: conta-se que começaram a enforcar e a exilar os amos; é uma pena que não sejam enforcados até o último. O povo está muito enraivecido contra a nobreza". Uma canção popular[36] afirmava em síntese que a morte do bom czar Alexandre I, suspeita em si, tinha sido utilizada pelos boiardos para eleger um czar menos bom. Mas as lendas consoladoras giram sobretudo em torno do príncipe Constantino; elas ressurgiram com força em 1861-1862, por ocasião dos distúrbios que acompanharam o manifesto anunciando a alforria dos servos[37].

Decididamente, o abismo mental ou social entre o povo iletrado e uma sociedade em vias de diversificação era intransponível.

Restava a juventude oriunda dessa sociedade, colegiais e estudantes de origens diversas que, em 1825, já eram dezenas de milhares. Foi aí que nasceu um culto que só se apresentou publi-

---

35. O famoso suposto "incendiário" de Moscou, em 1812.

36. Esta canção foi recolhida em 1902, nos montes Urais; cf. Netchkina, *op. cit.*, t. II, p. 492.

37. Cf. K. V. Tchistov, *As Legendas Populares Social-Utópicas Russas*, Moscou, 1967, pp. 196-219.

camente após a morte de Nicolau I, e que daí em diante se integrou à história russa, na qualidade de mito original do movimento revolucionário. Como escrevia, em 1886, o memorialista Gangeblov, "a impressão produzida nos colegiais pelos acontecimentos de 14 de dezembro persistiu por muito tempo: um dezembrista, fosse qual fosse a categoria a que pertencesse, era um semideus". O futuro "eslavófilo" Kochelev assegurava que seus amigos e ele quase desejavam ser presos, "para conhecer assim a glória, e a coroa do martírio"[38]. Outros jovens de menos de vinte anos formavam sociedades secretas, uns na intenção de fomentar uma revolução, outros para fazer os dezembristas se evadirem da Sibéria. O caso mais conhecido é o dos três irmãos Kritski, estudantes de Moscou, que projetaram imprimir panfletos revolucionários; rapidamente descobertos, foram condenados a duras e longas penas de detenção. Sociedades ou círculos clandestinos de jovens foram igualmente constituídos em Kharkov, Kursk, Vladimir, Orenburgo. Essas tentativas ou veleidades de imitar os dezembristas nos são conhecidas graças aos arquivos policiais; mas muitos outros propósitos ou intenções semelhantes continuarão para sempre desconhecidos[39].

Já no dia seguinte ao enforcamento de Pestel e de seus amigos, dois garotos de treze anos, Sacha Herzen e Petia Ogarev, juravam em Moscou vingar os mártires: foram os primeiros a manter esse "juramento do monte dos Pardais", pois fundaram em Londres a revista liberal *Kolokol*, pedra angular da tradição revolucionária russa. Em nossos dias, ela é citada na União Soviética por todos os manuais de história, e a glória de Herzen e de Ogarev só é suplantada pela de Marx e Engels: Lênin chegou a escrever que Herzen, secundado por Ogarev, foi o agitador revolucionário que, substituído por Tchernichévski e outros heróis, desencadeou no fim das contas a grande tempestade de 1917[40].

A RÚSSIA MUSCULOSA DE NICOLAU I

A posteridade construiu uma fama muito ruim para Nicolau I, pior provavelmente do que ele merecia (sobretudo se comparado com os monstros sagrados em que se transformaram Pedro I e

38. Cf. Sidney Monas, *The Third Section, Police and Society in Russia under Nicholas I*, Cambridge, Mass., 1961, p. 81.

39. Cf. I. A. Fedossov, *O Movimento Revolucionário na Rússia no Segundo Quartel do Século XIX* (em russo), Moscou, 1958, pp. 31 e ss.

40. Lênin, *Oeuvres*, 4. ed., t. XVIII, pp. 14-15.

Catarina II). É verdade que esse autocrata, profundamente imbuído de sua missão czariana, considerava que ela consistia em manter na Europa a ordem das coisas estabelecida pela Santa Aliança, e que, durante sua vida, permaneceu atormentado pelo espectro da Revolução. Por conseguinte, instituiu na Rússia uma polícia política que acuava toda manifestação de pensamento heterodoxo, liberal à européia ou cismática à moda antiga, e que punia não só os crimes realmente cometidos, mas os que teriam podido sê-lo[41]. É verdade também que se esforçava por dirigir a Rússia como se dirige um exército: como ele mesmo confessa, apenas comandando as paradas ou as manobras militares sentia-se plenamente feliz. Mas ele se julgava paternal com seus súditos e deplorava o regime de servidão, este "flagrante mal" da Rússia; e se não resolveu aboli-lo, foi por medo de um mal ainda maior, desordem ou revolução. Quanto à sua polícia, por mais sufocante que tenha sido, ela foi mais absurda do que sanguinária.

Mas analisemos mais de perto essa famosa III Seção: o czar queria que ela fosse filantrópica, que protegesse não só a ordem pública, mas os fracos e os humildes. E às vezes ela o conseguia. Evidentemente, era preferível que fracos e humildes permanecessem como estabelecia – ingenuamente? – o chefe da III Seção, o conde Benckendorff: "Não se deve ser apressado com a instrução; não é desejável que as pessoas comuns se elevem, no domínio do saber, ao nível de seu monarca, pois isso só pode levar a um enfraquecimento do poder monárquico". Menos "ingênuo" do que ele, seu sucessor, Dubelt, posava também como protetor dos humildes, justificando dessa forma suas funções de gendarme, pouco reluzentes aos olhos da boa sociedade. É que elas se baseavam na delação, realizando a III Seção, nesse sentido, o sonho do dezembrista Pestel, exceto pelo fato de que, durante muitos anos, ela pouco se exerceu. Pois, após 14 de dezembro, todas as veleidades revolucionárias ou simplesmente reformistas foram abafadas por muito tempo. Contribuía para isso uma censura refinada, como nenhum país ocidental jamais conheceu, e que alguns poucos exemplos bastam para descrever: um manual que tratava das "forças da natureza" foi censurado porque essas forças só podiam emanar de Deus; um artigo intitulado "Obelisco" foi proibido sob pretexto de que o público ignorava o sentido desse monumento; o célebre título do romance de Gógol,

---

41. É assim que o dossiê de Herzen, na III Seção, trazia a menção: "ele não é perigoso, mas poderia tornar-se". Em consequência, o jovem Herzen foi exilado em Perm, norte da Rússia (cf. S. Monas, *op. cit.*, p. 125).

Almas Mortas, pareceu indecente ao censor, pois as almas humanas são imortais... É que os artigos 159 a 162 da lei de 1826 proibiam qualquer escrito suscetível de enfraquecer a autoridade das Sagradas Escrituras, enquanto o artigo 165 prescrevia a mesma reverência em relação à pessoa sagrada do monarca. Outros artigos proibiam tratar das superstições ou dos cultos idólatras, ou preveniam contra um estilo polêmico por demais combativo. Evidentemente, nessas condições, não importa qual livro ou artigo podia ser censurado e proibido.

E contudo, os trinta anos do reinado de Nicolau I foram também os de progresso das letras russas, com as obras grandiosas de Púchkin, Lermontov, Gógol, Turguêniev, Dostoiévski, Tolstói. Mas a existência desses gênios foi, quase sempre, trágica. A começar pela de Púchkin, cujos trabalhos o czar pretendia dirigir, pedindo-lhe, por exemplo, que transformasse o drama *Boris Godunov* em um romance "à maneira de Walter Scott". A correspondência de Púchkin era igualmente censurada. Mas a pior das humilhações foi sua promoção, no dia seguinte ao seu casamento, à dignidade de pagem da corte, reservada comumente aos adolescentes de boa família. Ela expôs o poeta aos gracejos dos invejosos e dos cortesãos e, indiretamente, provocou o trágico duelo de janeiro de 1837. Seu sucessor e vingador poético, Lermontov, pereceu da mesma maneira, com a idade de vinte e sete anos, no Cáucaso, para onde o exilara a III Seção. Mais sinuoso foi o caminho de Gógol, cuja sátira, e especialmente *Almas Mortas*, granjeou o favor, não sem alguns desacordos, das autoridades; foi então que ele se constituiu em seu próprio censor, acusando-se de pintar um quadro por demais negro da Rússia. Tentou então, nos últimos anos de sua vida, fazer dela um elogio patriótico, redigiu um segundo volume das *Almas Mortas*, mas queimou, antes de morrer, o manuscrito dessa hagiografia. Sem dúvida, era preciso ter a prodigiosa vitalidade de Lev Tolstói para se adaptar, jovem literato, à realidade russa e sonhar com uma melhora do gênero humano, vendendo ao mesmo tempo seus servos para pagar suas dívidas de jogo. O único autor que descreveu os horrores da escravidão, ainda que apenas de passagem e com toques imperceptíveis, foi Ivan Turguêniev, do qual se sabe que acabou por se exilar voluntariamente. De Dostoiévski, falaremos depois. Mencionemos ainda Piotr Tchaadaiev, o amigo de Púchkin, que conseguiu mandar publicar, aproveitando sua posição social e a negligência de um censor, uma *Carta Filosófica*, na qual censurava a sua pátria por ser uma nulidade cultural, e por "não ter dado nada ao mundo":

Não vertemos uma só idéia na massa das idéias humanas; em nada contribuímos para o progresso do espírito humano [...], não houve uma só verdade que brotasse de nós; não nos demos o trabalho de imaginar coisa alguma por nós mesmos, e daquilo que os outros inventaram, só emprestamos aparências enganosas e um luxo inútil... (1836)

Esta terrível filípica, que, como escrevia Herzen, produziu o efeito de um tiro em plena noite, provocou uma sanção de um novo tipo: Nicolau I decidiu que Tchaadaiev era um doente mental, e mandou que fosse tratado a domicílio por um especialista. O mesmo processo foi aplicado a dois ou três outros "originais" de boa família.

Ocorre que, para sua época, Tchaadaiev, que se exprimia ele mesmo mais facilmente em francês do que em russo, tinha razão. A filosofia, que ganhava importância em Moscou nos anos 1830, continuava a se inspirar nos autores estrangeiros, principalmente os metafísicos alemães, o magistério de Hegel sucedia ao de Schelling: "tudo o que é real é racional" tornou-se para os jovens moscovitas palavra de Evangelho e serviu, mesmo para Bakunin, futuro apóstolo da anarquia, de justificativa ao culto de Nicolau I. Por volta de 1840, duas tendências ideológicas começaram a se cristalizar; a dos "eslavófilos" que, ao contrário de Tchaadaiev mas imitando jovens nacionalistas alemães, se apaixonaram por sua "essência" nacional, por um povo russo que tinha muito a oferecer ao mundo, com a condição de reatar com seus próprios valores histórico-religiosos; e a dos "ocidentalistas", que esperavam da europeização integral de sua pátria a solução para todos os seus problemas sociais. Nos dois casos, esses jovens, dotados de um otimismo sem limites, acreditavam piamente que se poderia criar o futuro radioso – tanto mais radioso pelo fato de a Rússia militarizada que se oferecia a seus olhos ser mais morna –, desde que se aplicasse a receita correta. Apenas o maior dentre eles, o ocidentalista Herzen, tinha aparentemente consciência de que "os verdadeiros problemas não são talvez totalmente solucionáveis, que só se pode tentar resolvê-los, que não se tem jamais certeza de poder assegurar, pelo socialismo ou de outra maneira qualquer, o bem-estar e uma existência racional na vida pública ou privada"[42].

Sob o reinado de Nicolau I, essas especulações, que marcam o nascimento da *intelligentsia* russa, só contavam, entretanto – como poderia ser de outro modo? – alguns milhares de adeptos. Da mesma forma, Púchkin ou Gógol não eram, tal seria, os auto-

---

42. Cf. Isaiah Berlin, *Russian Thinkers*, ed. Nova York, 1978, p. 201.

res mais lidos; a maior parte do público letrado preferia outros alimentos espirituais: os romances de Zagoskin e Marlínski, as peças de Kukolnik, sem falar das traduções estrangeiras. Esse mesmo público, essa maioria passiva, acomodou-se muito bem com a ideologia oficial elaborada em sua intenção, e resumida na fórmula: Ortodoxia – Autocracia – Nacionalidade (*narodnost*[43]), tríade que, em 1914-1917, ainda servia, sob uma forma levemente modificada, de grito de guerra aos soldados ("Pela fé! Pelo czar! Pela pátria!").

Esta fórmula era obra de Uvarov, Ministro da Instrução Pública, um carreirista muito instruído sobre o qual as más línguas diziam que, não crendo em Deus, ele não podia acreditar no czar, e que, além disso, não conhecia bem o idioma russo. Gógol, na última fase de sua vida, resumiu melhor o primeiro termo, evocando os deveres do proprietário cristão:

> Reuni vossos aldeões e explicai-lhes o que sois e o que eles são: que sois seu proprietário não porque queirais dirigi-los e ser seu dono, mas porque sois de fato um proprietário, porque o sois de nascimento e porque Deus vos punirá se tentardes trocar essa posição por outra, pois cada um deve servir Deus de seu lugar... E confirmai imediatamente tudo o que lhes disserdes com o auxílio das Sagradas Escrituras; apontai com o dedo as letras que as compõem, mandai que façam o sinal-da-cruz, e beijai o livro. Em suma, fazei-os saber que, no que lhes concerne, agis de acordo com a vontade divina e não segundo algum capricho europeu ou qualquer outro...[44]

O grande poeta Fedor Tiutchev, diplomata por profissão, dizia o mesmo, naquele ano de perturbações que foi 1848. Afirmando que, na Europa, só existiam doravante duas forças antagônicas: a Rússia e a Revolução, ele acrescentava: "A Rússia é antes de mais nada um império cristão. O povo russo é cristão pela ortodoxia de sua fé, mas também por alguma coisa mais íntima que a fé. Ele é cristão por essa capacidade de abnegação e de sacrifício que constitui o fundamento de sua natureza moral"[45].

Reencontramos assim a idéia da paciência e da dedicação, e mesmo do amor ao sofrimento, que vêm resolver o hiato entre a glorificação do povo russo e sua miserável condição de fato. Essa ideologia, perfeita para justificar o despotismo do czar, tornava quase sinônimos os termos "ortodoxia" e "autocracia". A Igreja

---

[43]. Equivalente do *Volkstum* dos românticos alemães (mais um empréstimo estrangeiro!).

[44]. Gógol, "Passagens Escolhidas de Minha Correspondência com Meus Amigos" (1847).

[45]. Cf. *La Russie et la Révolution (Rossia i revolutsia)*, 1848

ortodoxa não tinha, aliás, de modo algum recusado o adágio bizantino segundo o qual, pela extensão ilimitada de seus poderes, o imperador era semelhante ao Deus supremo. Certamente, a fórmula fora rejuvenescida e "europeizada"; assim é que, para Uvarov, tratava-se de "uma religião política que, tal como a religião cristã, possuía seus dogmas invioláveis, os quais, em nosso caso, têm o nome de autocracia e escravidão". Nicolau I afirmava, por sua vez, em 1848: "Nem a reprovação nem o elogio são compatíveis com a dignidade do governo ou da ordem que, felizmente, reina entre nós; é preciso obedecer e guardar os pensamentos para si mesmo". O Deus impassível de Spinoza exigia mais? Seja como for, essa modernização da imagem czariana encontrava suas raízes nos mitos de Pedro I, cuja figura titânica continuava, com exceção de um número reduzido de eslavófilos, a fascinar a Rússia letrada, do mesmo modo que Lênin na União Soviética contemporânea. Um dos ministros de Nicolau I, o conde Kankrin, propunha batizar a Rússia de "Petróvia"; quanto ao czar, ele julgou um sacrilégio o projeto de representar seu genial ancestral numa cena de teatro. O próprio Púchkin não escapava a esse fascínio – ele não era, afinal, descendente do "Negro de Pedro o Grande?" Pelo menos, seu gênio o fez confrontar, talvez no seu mais belo poema, *O Cavaleiro de Bronze*, o ser sobre-humano que destruía tudo à sua passagem, e uma de suas inocentes vítimas, o desafortunado Evguêni, atingido pela loucura, no dia seguinte a uma catástrofe devastadora, na capital de Pedro. O crítico literário Bielinski que, de certa forma, é o padrinho de batismo da grande literatura russa, usa de menos nuanças: todos os erros cabiam ao povo russo, "que não queria descer de suas camas quentes e participar nesses labores e nessas lutas, por ser incapaz de compreender o sentido e o objetivo das mudanças operadas pelo hercúleo czar, com uma vontade de ferro". Passando então a invocar com seus votos um novo Pedro o Grande para completar a educação do povo russo.

O historiador Mikhail Pogodin, ele mesmo filho de servo, glorificava a autocracia czariana de uma maneira mais chã e mais obsequiosa. Revelava a seu público "o segredo da história russa, um segredo que nenhum sábio ocidental era capaz de compreender". A Rússia era apenas uma imensa família, e o czar Nicolau era o pai de todos os seus súditos; entre estes e ele, não podia haver nem incompreensão nem traição, e a qualidade dessa relação repercutia em todos os níveis: "O general é o pai de seus soldados, o proprietário o pai de seus servos, e mesmo os domésticos eram chamados, na expressiva linguagem de antigamente, os filhos da casa". A prova era que o próprio povo falava do "paizinho czar" (*batiuchka-czar*). O que era exato, mas a prova não provava nada, pois a "imensa família" russa estava a ponto de se tornar uma imensa casa dividida.

Pogodin foi também o mais ardoroso ideólogo do último termo da tríade oficial: a *narodnost'*. Idéia propícia à renovação do messianismo pravoslavo de outrora, mas esse velho vinho podia daí em diante ser vertido também em novos odres. Já, cuidando de conservar as posições adquiridas, o czar esmagara a insurreição polonesa de 1830 (esperava fazer o mesmo na França, mas a Prússia recusou passagem aos exércitos russos), e fora em socorro do imperador da Áustria, por ocasião das revoluções de 1848-1849. Mas o turiferários da *narodnost'* queriam mais: internamente, russificação forçada de todos os alógenos, a começar pela nobreza germano-báltica; externamente, extensão do Império russo até o Elba a oeste, até o Mediterrâneo ao sul. A Rússia tinha meios para isso: "Como é grande a Rússia, como é rica e povoada!", exclamava Pogodin. "No final das contas, existe algo que o Estado russo seja incapaz de fazer? Uma palavra – e um Império inteiro deixa de existir, uma palavra – e um outro é riscado da superfície do globo!" Vê-se que a lembrança de 1812 continuava a ocupar as imaginações. Outros patriotas, entretanto, procediam mais discretamente; assim é que o eslavófilo Vladimir Odoiévski escrevia que, depois de ter salvo, em 1812-1815, o corpo da velha Europa, a Rússia devia daí em diante encarregar-se de sua alma, ameaçada pelos distúrbios, as revoluções e o egoísmo materialista burguês. Só o povo russo, ignorando as querelas intestinas, conservara intactos os princípios de amor e de unidade suscetíveis de assegurar a felicidade e a harmonia universais. Em termos menos delicados, outros oporão, no século XIX como no XX, as promessas russas ao "podre Ocidente".

De uma certa maneira, em negativo pode-se dizer, Mikhail Bakunin partilhava desse ponto de vista. Emigrando para a Europa em 1840, freqüentando em Berlim e Paris os meios socialistas, tornou-se um adepto do jovem Marx, mas sobretudo de Proudhon, e levou imediatamente ao extremo a aspiração libertária forjando sua célebre fórmula sobre as virtudes criadoras do gosto pela destruição[46]. Ora, quem fornecera as melhores provas de seu potencial destrutivo, senão o povo russo, povo de sectários imolando-se pelo fogo, povo de Razin e de Pugatchev?

Este povo [escrevia Bakunin em 1845] tem instintos e atitudes perfeitamente democráticas. Não está de modo algum corrompido, é apenas infeliz. Há em

---

46. "A paixão pela destruição é ao mesmo tempo uma paixão criadora." (Em alemão: *Die Lust der Zerstörung ist auch eine schaffende Lust.*)

sua natureza semibárbara alguma coisa tão enérgica e tão grande, uma tal abundância de poesia, de paixão e de espírito que não se pode deixar de acreditar, quando o conhecemos, que ele possui ainda uma grande missão a realizar neste mundo!

De resto, o infatigável agitador e conspirador atribuía essas qualidades a todos os eslavos em geral; pouco antes de ser preso e entregue, em 1849, à Rússia, ele lançava os fundamentos de uma sociedade secreta revolucionária: "Os Amigos Eslavos".

Mesmo Piotr Tchaadaiev fazia uma retratação pública; sem renegar a fundo sua *Carta Filosófica*, prometia à Rússia um futuro grandioso; precisamente porque não dera nada ao mundo, ela tinha todas as possibilidades de lhe servir de farol, no futuro:

> Penso que se viemos depois dos outros, é para fazer melhor que os outros, para não sucumbir a suas superstições, a suas cegueiras, a suas ilusões... Tenho a íntima convicção de que fomos chamados a resolver a maior parte dos problemas da humanidade, como verdadeiro júri por muitos processos dos grandes tribunais deste mundo.

E desanda a tomar, audaciosamente, posse do futuro em nome da ciência:

> É verdade que a história não nos pertence, mas a ciência, esta, nos pertence; não podemos recomeçar a obra da humanidade, mas podemos participar de suas obras. O passado nos é inacessível, mas o futuro nos pertence! (*Apologia de um Louco*)

Notar-se-á a esse respeito que, se o governo de Nicolau I se empenhava em limitar o acesso do conjunto da população à cultura ocidental (sob seu reinado, o número de colegiais e de estudantes tinha exatamente dobrado, passando de dez a vinte mil), tentou, todavia, desenvolver os conhecimentos tecnológicos e científicos necessários para a indústria e o comércio, assim como para as técnicas militares. Mas, paralelamente, novas idéias políticas e sociais, mesmo tão inofensivas como as de Saint-Simon ou de Robert Owen, penetravam inevitavelmente na Rússia, onde, por serem proibidas, adquiriam um aspecto mais radical. Todo pensamento livre ou novo tornava-se facilmente "antigovernamental", e foi assim que se formou a tradição particular, oposicionista por definição,. dessa *intelligentsia* russa, sobre a qual se pôde escrever, não sem razão, que, por seu dogmatismo maniqueísta, ela se fazia a herdeira e rival dos Velhos-Crentes[47].

---

47. Assim, o filósofo Nikolai Berdiaev: "Em razão de sua formação dogmático-religiosa, os russos jamais deixaram de ser ortodoxos, ortodoxos-heréticos

Foi também na época de Nicolau I que se cristalizou o princípio especificamente russo das obrigações políticas ou cívicas que cabem ao homem de letras; fosse ele contista ou poeta, era primeiramente um educador, encarregado de transmitir uma mensagem de futuro. Esse princípio foi explicitamente formulado pelo intransigente crítico Bielinski, o "furioso Vissarion" que, desiludido com a filosofia hegeliana, convenceu-se de que a missão da literatura consistia em denunciar, pelos meios que lhe eram próprios, as realidades cotidianas russas. Com as precauções de praxe, colocou o problema em artigos que tratavam do papel formador dos escritores, e explicou seus verdadeiros motivos, na célebre carta de advertências a Gógol. Depois de ter descrito os vícios e o imobilismo do regime, concluía:

A despeito de nossa censura tártara, apenas nossa literatura apresenta a vida e o progresso. É por isso que a vocação do escritor goza entre nós de um prestígio tão grande... Nosso público tem razão: ele vê nos escritores russos seus únicos guias, seus salvadores e protetores contra as desolações da ortodoxia, da autocracia e da *narodnost'*. Ele pode desculpar um mau livro, mas não um livro nocivo.

(Não se poderia dizer que os autores soviéticos contemporâneos, bem pensantes ou dissidentes, tenham renunciado ao princípio de uma literatura devidamente engajada.)

Esse austero idealismo, subversivo pela força das coisas, ganhava pouco a pouco, na época, todas as camadas sociais letradas: entre os privilegiados do regime, inúmeros foram os que, especialmente os proprietários, não podiam se satisfazer com a primária ideologia oficial, e que se sentiam em parte responsáveis pela condição miserável de seus aldeões. Assim se instalou, permanentemente, o tempo do grande remorso russo, que foi também o dos "homens supérfluos" descritos por Púchkin ou Turguêniev, e mais cruelmente ainda, por Dostoiévski: homens que não podiam se integrar a uma sociedade ociosa, brutal e mesquinha, e que acabavam por se perder em sonhos e falações sem fim, ou se destruir de uma maneira ou de outra. "A alma eslava", que surpreendia os europeus de outrora, era sobretudo isso.

Vêem-se, assim, surgirem novamente, durante os anos de 1840, cenáculos clandestinos, que se dedicavam ao estudo e di-

ou apocalípticos ou niilistas. Ortodoxos, eles permanecem, mesmo no século XVII, quando se fazem cismáticos, Velhos-Crentes, ou no século XIX, quando se tornam revolucionários. A estrutura da alma permanece a mesma, a *intelligentsia* revolucionária é a herdeira do *raskol*..." (*Les sources et le sens du communisme russe*, Paris, 1938, p. 10).

fusão de idéias e utopias políticas ocidentais. Mas já não se trata da alta nobreza: ali se encontram a pessoa comum, funcionários, estudantes, ao lado de proprietários hostis à escravidão, tais como Mikhail Petrachévski, animador do mais importante dos cenáculos de Petersburgo entre 1844 e 1849. Presos, seus membros foram julgados: dos duzentos e cinqüenta e dois acusados, setenta e dois foram condenados por "conspiração contra a ordem pública", embora seus projetos fossem bastante vagos[48]. As intenções e os interesses desses jovens eram muito variados, mas por certos traços eles já anunciavam os revolucionários das gerações seguintes, e é por isso que convém dizer algumas palavras sobre eles.

O iniciador do grupo, Petrachévski, era um grande leitor dos autores franceses, Voltaire e os Enciclopedistas, mas, sobretudo, Charles Fourier, cujo sistema ele abraçou com entusiasmo. Parecia-lhe, com efeito, que, por mais difícil que pudesse ser sua aplicação num país ainda tão pouco trabalhado pelo espírito científico, encontravam-se, entretanto, nas tradições populares locais o *obchtchin* comunitário rural ou o *artel* artesanal, uma espécie de esboço dos falanstérios fourierianos. Tentou, pois, uma experiência em seu próprio domínio, ao sul de Petersburgo, onde mandou construir um edifício apropriado – que seus servos não tardaram a queimar. Mas era preciso mais para desencorajar nosso reformador. Fez-se então propagandista, e conseguiu mandar editar, sob o título de *Dicionário das Palavras Estrangeiras Traduzidas para o Russo*, uma obra na qual soube encriptar doutrinas subversivas (por exemplo, nos artigos "Natureza", "Nação", "Oposição", "Owenismo" etc.). E, sobretudo, consegue criar um círculo de estudos, que se reunia em sua casa todas as sextas-feiras, e ao qual aderia, ao lado do jovem Dostoiévski, outra futura celebridade literária, Mikhail Saltykov. A participação nos debates era livre – bastava ser apresentado por um dos membros –, de modo que a III Seção não teve nenhuma dificuldade em infiltrar ali um agente. Nas reuniões, discutia-se muito, à maneira russa, os mais diversos assuntos. Não se deixava de criticar duramente o regime existente e, em primeiro lugar, a chaga da servidão, mas falava-se também de economia política, de Adam Smith e de Sismondi, assim como dos inúmeros benefícios que o novo espírito científico prometia trazer, "a interpenetração da razão e da indústria". Declamavam-se também versos, ou então discutiam-se

---

48. O que segue, segundo Franco Venturi, *Les Intellectuels, le Peuple et la Révolution. Histoire du populisme russe*, Paris, 1972, t. I, pp. 224-237, e Fedossov, *O Movimento Revolucionário...*, pp. 265-380.

as últimas modas literárias parisienses, romances de George Sand ou de Eugène Sue. Um dia, Dostoiévski fez uma leitura da célebre carta de Bielinski a Gógol. Um só membro do cenáculo, o grande proprietário Nikolai Spechnev, talvez esmagado por sua riqueza[49], preconizava a ação direta – a insurreição armada –, dizendo-se partidário de Adam Weishaupt (sempre ele) e de Pugatchev. De uma maneira característica, para a mentalidade dos futuros "niilistas" de 1869, Petrachévski celebrava Fourier nos seguintes termos: "A ciência social do Ocidente disse sua última palavra, ela forneceu as formas que servirão para modelar o desenvolvimento definitivo do gênero humano... O gênio de Fourier nos poupa a grande tarefa da invenção, ele nos deu a verdadeira doutrina". Vê-se de que modo a suficiência cientista o disputava à humildade russa. Mas, a julgar pelos dossiês do processo, os problemas de Deus e da justiça imanente parecem os temas mais debatidos, seja porque os oradores, distinguindo-se dos materialistas franceses ou de Feuerbach, vissem em toda religião o simples produto da superstição ou do medo, seja porque o tenente Nikolai Mombelli pretendesse que o czar não era um ser humano mas um animal, o Anticristo anunciado pelo Apocalipse: "Como o mundo é estranho", surpreendia-se ele, "eis aqui um só homem mau, e quantos males ele causa! Com que direito?" Não se sabe o que pensou a esse respeito Dostoiévski, partidário, na época, de uma argumentação racionalista ou "científica"[50].

O empreendedor Petrachévski conseguiu também recrutar membros na província, onde cenáculos análogos se esboçaram (não foram descobertos). A 7 de abril de 1849, ele organizava um vasto banquete em homenagem a seu ídolo Fourier. Exaltados pelas últimas notícias vindas do Ocidente, os oradores prometiam a sua pátria o futuro radioso para breve; Petrachévski proclamava, na peroração de seu discurso: "Condenamos à morte a ordem social existente, é preciso executar a sentença". A 22 de abril, os *petrechevtsy* eram presos e condenados, em dezembro, a pesadas 'penas: os vinte e um condenados à morte (dentre os quais, Dostoiévski) foram conduzidos, de olhos vendados, ao pé da forca, e só souberam no último momento que sua pena fora comutada.

---

49. Spechnev era proprietário de mais de quinhentos servos.

50. Durante o processo, Dostoiévski declarou que considerava o socialismo "uma ciência em formação, um caos, do qual sairá em seguida alguma coisa de forte, de razoável e de proveitoso para o bem público, do mesmo modo que, a partir da alquimia, se elaborou a química e, a partir da astrologia, a astronomia" (citado por F. Venturi, *op. cit.*, p. 233).

Dentre os adeptos da província figurava um homem muito jovem, filho e neto de padres, Nikolai Tchernichévski, também fadado a ter grande celebridade. Em seu diário íntimo ele fazia, à maneira de Tchaadaiev, mas com mais fervor, sua *mea culpa* de bárbaro:

O que, pois, deram os russos à ciência? Infelizmente, nada... Será que no século XVII não viviam Descartes, Newton, Leibniz? E nós? Nossa missão se reduz a possuir um exército de um milhão e meio de homens e, como os hunos ou os mongóis, a conquistar a Europa se nos der vontade? [...] Nesse caso, seria preferível não ter nascido a ter nascido russo...[51]

Alguns anos depois, a conjuntura política permitia a Tchernichévski ditar publicamente a seus correligionários sua nova missão.

A LIBERTAÇÃO DOS SERVOS

Em 1848, a trovoada das revoluções européias, a começar por aquela sobrevinda na França, semeara o pânico até na Rússia[52]. A 20 de março, Nicolau I decretava a lei marcial nas regiões do Oeste, e ordenava uma mobilização parcial; no dia 30, declarava: "É impossível prever o que vai acontecer: só Deus pode nos salvar da ruína geral". Na primavera de 1849 ainda, o medo do contágio fazia Dubelt, o chefe da III Seção, desaconselhar a intervenção russa na Hungria, pois "os soldados russos poderiam observar os motins em seu ninho: como estar certo de que não se deixariam contaminar? Ao voltar, falariam a torto e a direito, e nossa Rússia, por mais pura e santa que seja, correria o risco de ser corrompida pela atmosfera envenenada do Ocidente". E, com efeito, os camponeses dos governos do Norte-Oeste começavam a se agitar, mas, como de costume, consideravam as coisas à sua maneira: iam ser libertados por tropas francesas, acompanhadas de destacamentos de "negros brancos"[53] (*sic*); evocava-se também o reaparecimento do czarevitch Constantino, que o czar ia recebê-lo, honra extraordinária, sobre um tapete juncado de crânios

---

51. *Idem*, p. 307.

52. Tudo o que segue, sobretudo segundo S. Monas, *op. cit.*, pp. 238-282.

53. Mais exatamente, "árabes brancos", *Arape* designando, na língua popular russa, um negro. Tudo leva a crer que se tratava das tropas supletivas algerianas (os "turcos"), cuja recente formação conseguira chegar ao conhecimento dos aldeões russos.

de aristocratas decapitados... Em suma, a despeito de tudo, o povo russo se obstinava a ver no czar seu supremo protetor, "não só o príncipe legítimo, mas o enviado de Deus e quase o próprio Deus"[54] (Tocqueville).

A censura foi então outra vez apertada. As próprias noções de liberdade ou de reformas não puderam mais ser discutidas publicamente: "Não se deve tocar nessas cordas, cujas vibrações, que ainda ressoam, provocaram reviravoltas tão destrutivas no mundo ocidental; o melhor meio de se proteger contra o mal é suprimir-lhe o próprio conceito" (Dubelt). Como se vê, as normas soviéticas de uma polícia do pensamento remontam a bem mais além do que comumente se pensa. Restava cortar o mal pela raiz; não contente de invadir a Hungria, o czar, reatando com uma prática secular, proibiu as viagens ao estrangeiro, e chamou de volta os milhares de russos cultos ali estabelecidos. Intensificou, por outro lado, na esperança de uma russificação, a repressão contra os alógenos, especialmente os ucranianos e os judeus. Os primeiros já tinham constituído objeto de perseguições em razão das aspirações autonomistas de um grupo de intelectuais; em 1847, o célebre poeta Chevtchenko era condenado a vários anos de trabalhos forçados. Os segundos eram russificados desde a infância em escolas especiais criadas para esse fim em 1844, e, mais energicamente ainda, pela incorporação dos adolescentes ao exército, onde deviam servir vinte e cinco anos. O czar, enfim, quis tirar a limpo o caso dos assassinatos rituais, supostamente prescritos pelo Talmude: em 1854, instituiu uma comissão de inquérito, mas esta se desfez sem chegar a uma conclusão clara e nítida[55].

---

54. Sabe-se que Alexis de Tocqueville havia encarado, desde os anos de 1830, a perspectiva de um *condominium* mundial da Rússia e dos Estados Unidos. O que torna seu julgamento sobre a potência russa, formulado logo após a Revolução de 1848, ainda mais precioso. Ele escrevia: "seria um erro acreditar que o imenso poder do czar estava baseado apenas na força. Ele se baseava sobretudo na vontade e na ardente simpatia dos russos. Pois o princípio da soberania do povo está na base de todos os governos, diga-se o que se dizer, e se oculta nas menos livres instituições. A nobreza russa tinha adotado os princípios e sobretudo os vícios da Europa; mas o povo estava sem contato com nosso Ocidente, e o espírito novo que o animava. Ele via no imperador não só o príncipe legítimo, mas o enviado de Deus e quase o próprio Deus" (*Souvenirs*, ed. Paris, 1964, pp. 348-349).

55. Nicolau I sustentava, por seu lado, o seguinte raciocínio: "Sem pensar que esse uso possa ser comum a todos os judeus, eu não poderia repudiar a idéia de que existem entre eles fanáticos tão horríveis como entre nós outros cristãos". Mandou, então, constituir uma comissão, dirigida pelo célebre folclorista Dahl,

Quanto ao problema número um, a servidão, convém notar um agravamento da miséria dos aldeões, devida em parte aos apuros financeiros de seus amos; os proprietários, ociosos e, muitas vezes, ausentes, hipotecavam, vendiam suas terras, ou abandonavam sua exploração a intendentes corruptos; outros tentavam introduzir métodos agronômicos à ocidental, mais remunerativos mas apressados, e dos quais os aldeões nem queriam ouvir falar. Como resultado desses abusos, entre 1770 e 1860, o rendimento médio do solo reduziu-se à metade! (de 5 por 1 a 2,5 por 1)[56]. Além disso, em conseqüência dos inquéritos prescritos por Nicolau I desde o início de seu reinado, evidenciara-se que a libertação dos servos corria o risco de chocar-se com um obstáculo *sui generis*, ao mesmo tempo psicológico e financeiro. De acordo com uma representação característica para o universo mental dos aldeões, se eles pertenciam a seus amos, os lotes de terras que cultivavam constituíam uma propriedade inalienável deles; ademais, como constatava em 1845 um pesquisador, "segundo a concepção popular, a liberdade consiste precisamente na ausência de toda autoridade e de toda subordinação"[57]. Supressão de todas as leis: encontramos novamente, desse modo, a "liberdade total" dos aldeões de 1812, tão bem descritos por Tolstói[58], em outros termos, uma dessas utopias milenaristas que, em período de miséria, surgem com tanta facilidade (especialmente nas "sociedades sem escrita") e que fazem aspirar a um *mundo invertido*, onde os últimos serão os primeiros...[59] Concebe-se nessas condições a ameaça que parecia fazer planar a libertação dos servos, tanto sobre o futuro da classe dos proprietários como sobre a ordem pública em geral. Não é de admirar, portanto, que Nicolau I, ao envelhecer, se mostrasse mais avesso do que nunca a qualquer modificação do *statu quo* existente.

Nesse momento, em 1854, a Guerra da Criméia estourava e, dessa vez, o espaço russo, supermultiplicado pela ausência de comunicações ferroviárias, era uma desvantagem para o império dos czares. Minado pelo desgosto, Nicolau I falecia em março de

que chegou a conclusões análogas, questionando especialmente "a fanática seita hassídica" (cf. "História do Anti-Semitismo" t. IV, *A Europa Suicida*, São Paulo, Perspectiva, 1985, pp. 81-82 e *passim*).

56. Cf. M. Confino, *Système agraires et progrès agricoles*; *l'assolement rural en Russie aux XVIII-XIXe siècles*, Paris, 1969.

57. Citado por N. Drujinin, *Os Camponeses do Estado e a Reforma*... (em russo), Moscou, 1946, p. 276.

58. Cf. mais acima, pp. 36-37.

59. Cf. *A Causalidade Diabólica I*, pp. 55-60.

1855, e seu desaparecimento, juntando-se à primeira derrota militar do colosso russo desde os tempos de Pedro I, suscitou uma efervescência geral. A humilhação nacional exigia uma solução. Cada um, à sua maneira, aspirava a mudanças. Abaixo na escala, os aldeões, que no momento da guerra tinham respondido com entusiasmo ao recrutamento em massa ordenado por Nicolau I, imaginaram que ele implicava sua libertação, que os proprietários sabotavam ou dissimulavam o decreto do falecido czar. Começaram a se agitar: distúrbios ocorreram em algumas províncias. No alto, a opinião pública não tardou a se expressar, pela palavra se não pela pena, mais alto e em bom som, pelo fato de a censura ter sido abrandada, e o acesso à instrução facilitado de diversas maneiras. O rápido crescimento do número de estudantes e a outorga de certas franquias universitárias (de tipo ocidental), propícias às manifestações e às reivindicações de todo tipo, foram, provavelmente, fatores cruciais. Uma época de grandes esperanças, portanto, que o futuro militante "populista" Chelgunov descrevia nos seguintes termos:

Foi uma época surpreendente, uma época em que toda e qualquer pessoa procurou de súbito pensar, ler e se instruir, e em que todos aqueles que tinham alguma coisa no coração aspiravam a dizê-lo abertamente, em voz alta. Os espíritos até então entorpecidos mexeram-se, agitaram-se e começaram a trabalhar tanto mais energicamente quanto tinham enfrentado imensos problemas. Não nos preocupávamos com o presente: o que era debatido, na expectativa de decisões, era o destino das gerações vindouras, os destinos da Rússia; e tudo isso dependia da natureza das reformas que não deixariam de ser feitas[60].

Foi também a época em que os Ideólogos russos de uma sociedade racional e igualitária, Tchernichévski, Dobroliubov e consortes, discípulos tardios de Babeuf e dos Ideólogos franceses do Diretório[61], mas homens de têmpera muito diversa, fizeram suas primeiras campanhas. A passos prudentes e numa linguagem sibilina, pois a censura continuava de guarda. Nessas condições, é a hospitaleira Inglaterra, naqueles tempos o refúgio de Mazzini, de Marx[62] e de tantos ilustres proscritos de 1848, que se torna o lar

60. N. V. Chelgunov, *Vospominania* (*Lembranças*), Moscou, 1923, pp. 67-68.

61. Sobre esses pioneiros esquecidos do cientificismo político, que depositavam suas esperanças em Bonaparte, ver *A Causalidade Diabólica I*, pp. 133-142.

62. De um modo muito característico, Marx chegara à conclusão, nas vésperas da Guerra da Criméia, que o célebre primeiro-ministro Henry Palmerston, o inspirador da diplomacia britânica, era... um agente secreto a soldo de Nicolau I.

do livre pensamento russo. Desde 1856, Alexandre Herzen publica ali sua célebre revista *Kolokol* (*O Sino*). Tudo o que era impublicável na Rússia, todos os escândalos, todas as infâmias seculares, mas também as verdadeiras aspirações da nova geração, eram divulgados por aquela fina publicação bimensal. Eram seus leitores todos os homens importantes em Petersburgo (inclusive, parece, Alexandre II), bem como os adversários do regime que conseguiam adquiri-la. Uma visita aos escritórios do *Kolokol* era quase obrigatória para todo russo "esclarecido" que parasse no Ocidente. Pode-se acrescentar que Herzen não poupava suas críticas aos novos extremistas: tanto aos doutrinários, essa "gente bem posta na religião racional, místicos da ciência positiva", quanto aos destruidores "cheios da alegria feroz de sua negação e de sua terrível implacabilidade".

Mas é evidente que a libertação dos servos era o tema principal da revista, tanto mais que, em março de 1856, o czar anunciara, de uma maneira voluntariamente vaga, sua intenção de pôr fim à secular escravidão (*é preferível que as transformações venham de cima do que de baixo*). "Você venceu, galileano!", exclamava com êxtase Herzen, e prometia sua ajuda "àqueles que libertam, por todo o tempo que libertem". Estava então convencido de que os servos libertados manteriam a propriedade das terras que cultivavam, quase sempre, de pai para filho. As coisas, entretanto, estavam longe de tomar esse rumo.

Na realidade, Alexandre II, que seu pai iniciara desde cedo nos negócios do Estado, mantinha, no essencial, o estilo e as concepções autocráticas. Se queria prevenir uma reviravolta "de baixo" – uma imensa revolta camponesa –, receava do mesmo modo descontentar a nobreza, principal apoio do trono; procurava, portanto, deixar-lhe a iniciativa da reforma. Mas a maior parte dos proprietários não entendia dessa maneira. A questão arrastou-se portanto. Como todas as vezes, comissões de inquérito foram constituídas, compostas de eleitos da nobreza e de burocratas que, tendo o princípio da alforria sido colocado pelo czar, pronunciaram-se por uma reforma gradual durante inúmeros anos, e que deixaria aos proprietários a propriedade plena e total de seus domínios. Mas o círculo imediato de Alexandre, seus jo-

---

Ver, sobre esse acesso delirante do profeta, sua carta a Engels de 2.11.1853, sua carta a Lassalle de 6.4.1854, ou toda a edição comentada de sua *História da Diplomacia Secreta do Século XVIII. Sobre a Origem Asiática da Despocia Russa*. Pode-se acrescentar que Herzen, excelente observador das intrigas e das rivalidades das diversas emigrações políticas, desvendara as obsessões particulares de Marx (ver *Byloie i Dumy*).

vens irmãos e outros grão-duques ou grã-duquesas imprimiam todo o seu peso a favor de uma solução menos iníqua. Em definitivo, parece que considerações de ordem militar, a velha tradição estratocrática, se quisermos, dominaram a decisão. Pois o restabelecimento da supremacia russa exigia doravante um exército moderno baseado na conscrição, em outros termos, um exército nacional incompatível com a condição servil[63].

Então, depois de quatro anos de divergências e de lutas, a libertação se concretizou, em fevereiro de 1861, por disposições de uma extrema complexidade – bastará dizer que preenchiam um volume de trezentas e sessenta páginas *in-quatro*, que sequer se cogitou em traduzir para o ucraniano ou para qualquer outro dialeto popular da "prisão das nações" – e que decepcionaram todo mundo, inclusive a maioria dos proprietários, que mantinham, entretanto, cerca de dois terços de seus domínios e que, ademais, viram ser-lhes atribuídas indenizações de resgate, escalonadas em quarenta e nove anos, pelos lotes de terras passadas para as mãos dos camponeses. Muitos deles, todavia, sentiram-se espoliados (sobretudo aqueles que tinham dívidas, pois o banco do Estado descontava das indenizações de resgate o montante das hipotecas).

Os camponeses, por sua vez, compreenderam apenas uma coisa naquele tortuoso edifício legislativo, mas não poderiam tê-la compreendido melhor: tinham de comprar de novo seus bens, aquela terra da qual os ancestrais de seus amos os haviam despojado outrora – a memória popular alcança longe! – e, assim mesmo, só podiam comprar uma parte dela, não sendo seus lotes necessariamente os mais férteis nem os mais bem situados. Além disso, eram mantidos numa condição semi-servil no quadro de suas comunidades (*obchtchiny*). A maior parte de suas terras, com efeito, era propriedade coletiva ou comunitária, conforme os costumes medievais; ela não podia ser alienada sem o consentimento da Obchtchina, que, por sua vez, era fiadora dos depósitos de resgate e dos impostos a serem quitados. Além disso, todos os membros de uma comunidade teriam de adotar os mesmos métodos arcaicos de rotação das culturas e de cultivo. Assim, o camponês alforriado permanecia sujeito a diversos controles policiais e parapoliciais; os castigos corporais permaneciam em vigor; não se podia obter um passaporte ou deixar sua aldeia a não ser com a anuência da comunidade. Vê-se que, em princípio se não de fato, a coletivização staliniana não foi uma medida muito original...

63. Cf. Alfred J. Rieber, *The Politics of Autocracy*, Mouton, Paris-La Haye, 1966, pp. 32-39.

Nessas condições, a decepção dos camponeses foi terrível: e, como de costume, foi contra os proprietários e contra os funcionários, esses servidores traidores do czar libertador, que se dirigiu sua cólera. Eclodiram distúrbios desde a primavera de 1861, transmitidos pelas grandes cidades, e, sobretudo, pelos estudantes. Contudo, essas duas categorias de contestatários violentos levaram tempo, mais de meio século, para se entender e para agir de comum acordo. Era preciso, primeiro, que se esmaecesse, no início do século XX, a inefável imagem do *batiuchka-czar*...

A efervescência popular remontava, deve-se lembrar, à Guerra da Criméia, durante a qual mais de dois milhões de soldados tinham sido mobilizados; ela só aumentou, quando nas aldeias se introduziu a notícia de que a libertação estava próxima. Em 1856-1860, trata-se ainda apenas de greves camponesas, de movimentos de insubordinação ou de fugas coletivas; assim, desde 1856, nas províncias limítrofes do mar Negro, correu o rumor de que o czar se encontrava no istmo de Perekop (que separa a Criméia da Rússia propriamente dita), onde, "usando um chapéu de ouro, concederia a liberdade a todos aqueles que acorressem, e aqueles que não se apresentassem continuariam, como anteriormente, a ser servos dos senhores"[64]. Tratava-se da "fuga para as águas quentes" evocada por Tolstói? A verdade é que cerca de vinte mil camponeses puseram-se a caminho; mas foram facilmente detidos pelo exército (só houve fuzilaria num lugar, com alguns mortos). Não se tratava, portanto, de uma verdadeira revolta.

O mesmo não se deu, no dia seguinte a 19 de fevereiro de 1861. Resulta dos estudos minuciosos dedicados pelos historiadores soviéticos à reação camponesa que, desde o mês de março, "um soldado do governo de Samara, atravessando as aldeias das terras da Coroa, se fez passar pelo príncipe Constantino Nikolaievitch, e mesmo pelo imperador em pessoa [...], anunciando aos camponeses que eles também iriam em breve receber sua liberdade". Mas, de maneira geral, é em abril que os camponeses começaram a se agitar, após sua nova condição lhes ter sido explicada por funcionários, gendarmes ou pelos popes que, com freqüência, não compreendiam eles mesmos coisa alguma. Na região de Voronej, por exemplo, uma multidão de cerca de mil aldeões decidiu que "o czar lhes enviara um edito muito clemente, que doravante eram livres e que, por conseguinte, não preten-

---

64. Ver (assim como para a continuação), F. Venturi, *op. cit.*, vol. I, pp 405-427 ("O Movimento Camponês").

diam mais pagar as dívidas nem trabalhar nas terras dos nobres". Quando o governador explicou-lhes que a realidade era bem diversa, começaram a atirar ao alto seus gorros, gritando: "Não queremos mais senhor! Abaixo o senhor! Já trabalhamos demais. É tempo de liberdade!" O governador teve de chamar a tropa; nesse caso específico, não houve vítimas. No mesmo mês, os camponeses de uma aldeiazinha do governo de Perm declararam que a polícia local lhes havia lido um falso manifesto, pois o verdadeiro devia estar escrito em letras douradas: "Que espécie de liberdade era aquela, então, que os deixava, como outrora, sob a autoridade do conde, seu dono?" Essa minirevolta deixou um saldo de dois mortos. Em abril, distúrbios mais sangrentos ocorreram na região de Penza, no coração da Rússia: por instigação de um velho soldado, veterano da campanha da França, vinte e seis aldeias recusaram-se a obedecer às autoridades, a levar em conta um manifesto que só podia ser falso, e decidiram morrer por Deus e pelo czar. Uns dez mil camponeses percorria a região, reclamando sua liberdade czariana, a verdadeira *volia*. As autoridades recorreram ao exército, mas foram necessárias várias salvas de fuzis para chamar os rebeldes à razão: dezenove dentre eles deixaram aí suas vidas; cento e catorze foram condenados a trabalhos forçados[65].

Ainda em abril, um confronto mais grave aconteceu na região de Kazan. O cabeça, dessa vez, era um Velho-Crente, Anton Petrov, homem letrado, mas que lia o manifesto à sua moda.

Bastou-lhe ver dois zeros, 00 – no lugar de um espaço em branco –, substituindo números que deviam ser especificados ulteriormente, para se convencer de que se tratava de uma "falsa" liberdade. A autêntica devia trazer uma cruz de Santa Ana, que ele reconheceu num "10%" impresso num outro lugar da lei. A partir desse dia, Petrov pregou sua "liberdade". A servidão, dizia ele, estava abolida há muito tempo. As autoridades ocultavam essa verdade aos camponeses. Era preciso, agora, obrigá-las a ler o texto autêntico[66].

Os czares ou czarevritchs afastados não faltaram: tinham o nome de Constantino Nikolaievitch ou Nicolau Pavlovitch, escondiam-se na aldeia de Besdna, e pediam aos aldeões que os libertassem. Os burgueses de Kazan e os nobres ficaram com medo – tratar-se-ia de um novo Pugatchev? – mas a tropa não tardou a intervir e, à custa de noventa e um mortos e trezentos e cinqüenta feridos, restabeleceu a ordem.

65. *Idem*, ver também *A Grande Enciclopédia Soviética*, 2. ed., artigo "Kandeevka".

66. *Idem*, p. 420; *Grande Enciclopédia*..., artigo "Besdna".

No total, houve duzentos e setenta e nove casos de distúrbios sérios em 1861, depois os espíritos se acalmaram: trinta e cinco casos em 1862, e apenas quatro em 1863. O caso de Kazan, o mais grave de todos, é interessante por uma razão: a rebelião não deixou indiferentes os estudantes que se agitaram, mandando celebrar uma missa solene pelas vítimas; seguiram-se sanções, e um professor, o historiador dos Velhos-Crentes, Chtchapov, foi demitido de seu cargo.

Mas, geralmente, os distúrbios estudantis tiveram uma origem muito diferente. É evidente, ou quase, que é nas universidades que a efervescência no seio das classes privilegiadas foi a mais violenta, suscitando rebeliões que, pelo menos no início, nada tinham realmente de político. Simplesmente, uma vez afrouxadas as tenazes de Nicolau I, o impulso libertário logo não conheceu mais limites. Desde o outono de 1856, rixas eclodiram em Kazan entre oficiais e estudantes, que afirmavam assim sua nova dignidade; incidentes análogos ocorreram no ano seguinte em Kiev, Kharkov e Moscou. Os estudantes reclamaram uma autonomia corporativa inspirada no modelo ocidental, e a obtiveram; exigiram, dessa vez em vão, o direito aos estudos superiores para as mulheres[67]; sobretudo, permitiram-se aplaudir os professores que apreciavam, e conspurcar os outros, como se estivessem no teatro. Os professores que, de início, os apoiavam acabaram por concluir que aqueles jovens se levavam muito a sério. Em 1859, sumidades da Universidade constatavam, numa declaração: "A sociedade russa derramou no coração dos estudantes um sentimento de sua importância que não existe em parte alguma. [...] O estudante não é mais um aluno; está em vias de se tornar um mestre e um guia da sociedade". O governo, por seu lado, encarou, a título de remédio, a limitação do número dos estudantes, sobretudo dos estudantes pobres, os mais reivindicativos.

Na atmosfera febril do ano de 1861, as coisas se agravaram. Mencionamos os distúrbios de Kazan; num verão, um novo ministro de pulso, o almirante Putiatin, quis eliminar os estudantes pobres, suprimindo a isenção dos direitos de inscrição. Na volta às aulas, os estudantes – primeiro os de Petersburgo – se agitaram. Suas reuniões foram então proibidas. Eles replicaram então por um insolente manifesto (cujo autor se ignora):

> Há muito tempo que o povo russo se faz notar por sua imensa paciência. Os tártaros nos venceram, e nada dissemos; os czares nos bateram, e nada dissemos, nós nos inclinamos; agora, os alemães nos batem, e não dizemos nada, nós os

---

67. Foram, contudo, admitidas na qualidade de ouvintes livres.

admiramos! [...] Ponham de uma vez uma coisa na cabeça: eles não ousarão atirar em nós; da Universidade, a revolta abarcará Petersburgo inteira...

No dia seguinte, aconteceu algo sem precedentes: uma manifestação pública. Os estudantes desfilaram pela Perspectiva Névski; os transeuntes estavam boquiabertos: alguns cabeleireiros franceses teriam exclamado: "A Revolução! É a Revolução!" O governo, suspeitando de um complô, mandou prender mais de trezentos estudantes, que só foram soltos após dois meses de detenção na Fortaleza Pedro e Paulo. No final das contas, a repressão foi relativamente benigna: cinco deportações para a província, trinta e duas expulsões da Universidade. Mas a agitação transmitiu-se a outras universidades. A 15 de janeiro de 1862, o *Kolokol* de Herzen publicava um artigo exaltado: "Estão Fechando as Universidades!"

[...] Temos necessidade de professores itinerantes. Os apóstolos da ciência, assim como os da religião, não podem permanecer num mesmo lugar, encerrados nas capelas construídas especialmente para eles. Sua causa tem nome: pregação; seu lugar é em toda parte. Outrora, eles não existiam. O governo os fez nascer, involuntariamente, por descuido. Aproveitai! Não ides às universidades. Deixai que as fechem. A juventude universitária, distribuindo-se através da Rússia, servirá de agente de unificação entre as diversas classes... Para se tornar um homem livre, é preciso passar pelo povo...

Mas um verdadeiro revolucionário devia, sobretudo, ter passado pela prisão. Poucos foram os militantes russos, qualquer que tenha sido seu credo, que não conheceram essa experiência. Já, no primeiro lanço de rede, o de Petersburgo, no outono de 1861, conduziu à Fortaleza Pedro e Paulo duas grandes figuras, de destinos igualmente trágicos: Piotr Tkatchev (1844-1886), teórico do complô revolucionário e um dos gurus de Lênin (terminou seus dias num asilo de loucos), e o poeta Mikhail Mikhailov (1820-1865), autor de uma proclamação subversiva "À Jovem Geração", que pagou com a vida numa prisão de forçados na Sibéria. A repressão, que se tornara implacável, forjava as estritas leis éticas dos intelectuais russos, regras que até os reacionários e os monarquistas levavam em conta. Existe a esse respeito uma meditação de Dostoiévski, na qual esse ideólogo quase oficial da autocracia confessa que, se por acaso tivesse conhecimento de um projeto de czaricídio, não poderia dar parte à polícia. Explicava-se, em 1880, a seu amigo e editor Suvorin:

Faço uma revisão das razões que deveriam me impelir à denúncia. Razões de monta, razões sólidas. Depois, reflito sobre aquelas que me seriam ditadas pela abstenção. Elas são banais, na medida do possível. Simplesmente, o receio de passar por um delator... Os jornais poderiam dizer que "Dostoiévski identificou os criminosos". Isso é da minha alçada? É da alçada da polícia. É ela que deve fazê-lo, é para isso que é paga. Os liberais não me perdoariam nunca. Eles me atormentariam, me levariam ao desespero. Isso é normal? Mas tudo é anormal, em nossa sociedade...[68]

Existe uma descrição digna de nota, tomada ao vivo, dos confrontos entre os estudantes e a polícia, em 1861. Devemo-la ao jovem Basílio Kliutchévski, que acabava de se inscrever na Universidade de Moscou. Veremos que esse ajuizado estudante não era especialmente terno com os agitadores, mas era à polícia que ele reservava sua irritação. No dia 27 de outubro de 1861, ele escrevia a seu amigo Gvosdev:

[...] Na noite de 11 para 12 de outubro, a polícia prendeu vários estudantes, por razões desconhecidas. Os estudantes foram pedir explicações ao reitor: alguns levantaram a voz, e ele se recusou a falar com eles. Nenhum caso, infelizmente, pode acabar bem sem esses berradores profissionais. O que fazer então? Uma multidão de quase quinhentos estudantes, comandada por deputados eleitos, pôs-se a caminho da residência do governador-geral, para lhe perguntar as razões daquelas prisões. Ficamos na Universidade, cujas portas logo foram trancadas por policiais, o que nos poupou muitas desgraças. Quanto aos manifestantes, foram cercados e encarcerados sem outra forma qualquer de processo... Alguns conseguiram fugir; os policiais perseguiram-nos, começou uma confusão; durante algumas horas, as ruas Tverskaia e Nikitskaia foram bloqueadas. Os policiais não faziam cerimônia, atiravam-se sobre todo transeunte que usasse algum "acessório intelectual" (uniforme, óculos, livros etc.). Ao menor sinal de resistência, aplicavam os métodos militares, e muitos estudantes conheceram os cascos de seus cavalos ou a lâmina de suas espadas. A plebe, representada pelos lojistas, foi informada, aparentemente pela polícia, de que os estudantes queriam enforcar o governador-geral e, de comum acordo com os proprietários, restabelecer a servidão. Por isso, ela se juntou à caça aos estudantes, que enviava aos policiais. Foi o que nos informaram certos mártires que voltaram à Universidade todos esfarrapados, exibindo melodramaticamente curativos sobre a menor escoriação (não teriam se escoriado eles mesmos, com a ajuda da divina garrafa?). À tarde, o número dos estudantes presos elevava-se a quase trezentos e vinte. Muitos quiseram então ser presos também, e alguns levaram a comédia ao ponto de se apresentarem à polícia. Mas ela se recusou a encarregar-se deles (provavelmente, por falta de lugar). Como está a coisa agora? A nobreza, dizem, protesta, pois houve violência; os estudantes resolveram não freqüentar mais a Universidade; aqui estamos, portanto, todos em casa, e pode-se dizer que, no fundo, a Universidade foi fechada pelos próprios estudantes. Conta-se que a Universidade de Kazan está fechada; em Petersburgo, a situação é ainda mais grave, as prisões mais numerosas; parece que em Kiev também os cursos foram interrompidos. Quantas universidades restam? [...] E aí vai mais uma boa: damas vieram trazer aos prisioneiros balinhas e chocolates, e declararam que não dançarão mais com os oficiais da guarda porque eles ofenderam os estudantes. Os prisioneiros são

---

68. Ver o diário mantido por Aleksis Suvorin, citado por I. Berlin, *Russian Thinkers*, Nova York, 1978, pp. 304-305.

pouco a pouco libertados, faltam apenas uns trinta. Mas ninguém sabe como tudo isso vai terminar[69].

Vê-se como se desenhavam as linhas de força: a boa sociedade tomava partido pelos estudantes, enquanto a "plebe" lhes era hostil, por causa de seus privilégios, e estava pronta a acreditar em qualquer coisa a respeito deles. Notemos que esse fenômeno não é único em seu gênero. Todas as coisas sendo, aliás, iguais, encontrar-se-á, por exemplo, uma divisão análoga em Paris de 1968, por ocasião dos famosos "acontecimentos" de maio, mas, excetuando-se a reformulação do sistema universitário, os tais acontecimentos resultaram apenas em devaneios (terceiro-mundistas e outros) sem futuro, enquanto as perturbações russas de 1861 abriram uma era de lutas revolucionárias que constituem o verdadeiro tema deste livro.

69. Cf. V. Kliutchévski, *Cartas, Diários, Aforismos e Pensamentos*, Moscou, 1968, pp. 51-53.

3. A Corrida para o Abismo (1863-1914)

OS SANTOS LEIGOS

Quem eram, afinal, esses homens que a Europa de outrora qualificava, estremecendo, de *niilistas*? O termo foi lançado em 1862 por Turguêniev, em seu célebre romance *Pais e Filhos*: a personagem principal, Basarov, um estudante provocativo e mal-educado, nega, com efeito, "tudo", reduzindo a vida intelectual e moral a sensações que repousam em combinações químicas. Supõe-se que o crítico revolucionário Dobroliubov serviu de modelo ao autor, e que Basarov inspirou por sua vez a Tchernichévski a personagem de Rakhmetov, o herói imensamente popular de seu romance *O que Fazer?*

Vejamos, para começar, uma amostra da "maneira Basarov". Este último dialoga com um amigo, que lhe diz:

– Cale-se Evguêni... ouvindo-o falar hoje, ficamos quase tentados a dar razão àqueles que nos acusam de não termos princípios.

– Você fala igual a seu digno tio. Não existem princípios. Não desconfiou disso, até hoje? Só existem sensações. Tudo depende das sensações.

– Como assim?

– É. Tome, por exemplo, o meu caso. Se tenho o espírito negativo, do contra, é por causa de minhas sensações. Agrada-me negar, meu cérebro é feito desse modo, só isso! [...] A verdade é esta, e nunca os homens irão mais a fundo. Não é fácil confessar-se, e, eu mesmo, eu não farei novamente isso.

– Mas, nesse caso, a honestidade seria apenas uma sensação?

– Sem dúvida alguma.

— Evguêni! – continuou Arcadi num tom aflito.
— Ah! Tem certeza? O pedaço não é do teu agrado? – disse Basarov.
— Não, meu caro, quando se resolveu destruir tudo, não se deve poupar nem as próprias pernas. Mas já filosofamos demais...

Muito bem colocado. Acontece que essas crenças nos dogmas químicos ou físicos denotavam uma fé inabalável; "niilismo" era, portanto, um tremendo contra-senso.

Uma célebre batalha literária em torno de Basarov teve início imediatamente na Rússia: tratava-se de uma personagem *positiva* ou *negativa*? Poucos anos atrás, o sutil ensaísta inglês Isaiah Berlin retomava a questão, apontando o fato de que, nos dias atuais, os Basarov ganharam a partida, pois no Oeste assim como no Leste o cálculo racional reina ou pretende reinar como mestre.

A vitória dos métodos quantitativos, a crença na organização da vida humana por uma gestão tecnológica, e o recurso ao cálculo utilitário das conseqüências por ocasião das escolhas políticas, que envolvem inúmeros seres humanos, é Basarov... Os triunfos da impassível aritmética moral da relação custo-benefício, que libera pessoas honradas de suas preocupações, pois já não vêem, nas entidades às quais aplicam essa aritmética, seres humanos, que vivem e morrem, como seres concretos – tudo isso, em nosso tempo, é característico do *establishment*, e não da oposição.

E o sr. Berlin passa a observar que, atualmente, são antes os contestatários, sejam eles de direita ou de esquerda, que querem destruir as tecnocracias reinantes, em nome de sonhos românticos ou selvagens[1].

Poder-se-ia discutir a idéia, embora as utopias dos contestatários sejam muito mutáveis. Mas voltemos aos ideólogos do niilismo, que cativaram, no decorrer dos anos 1860, a imaginação da juventude letrada russa, e lhe instilaram a sede da revolução. Três grandes figuras emergem: os discípulos de padres Tchernichévski (1828-1889) e Dobroliubov (1836-1861), e o fidalgote Pisarev (1840-1868); a qualidade de sua fé permanece como um de seus traços distintivos. Convém juntar-lhes Piotr Tkatchev, apesar de ter sido menos conhecido enquanto vivo.

Comecemos pelo mais velho, que merece uma atenção especial, em razão de sua influência prodigiosa, alternada até os dias de hoje pela de Lênin, que lhe dedicava uma admiração sem limites. Ele foi também o mais puro e o mais humilde. Ao sair do

---

1. Cf. I. Berlin, *Russian Thinkers*, pp. 300-301.

seminário, com a idade de vinte anos, libertou-se da fé ancestral, ao cabo de uma longa luta interior, e a substituiu pela filosofia de Feuerbach e a fé numa ciência que garantia penetrar em todos os mistérios do universo, para abrir ao gênero humano o caminho de uma felicidade inefável. Essa ciência era o materialismo ingênuo dos Ideólogos franceses ("o cérebro segrega o pensamento como o estômago opera a digestão..."[2]), levada às últimas conseqüências pela tríade alemã Büchner-Moleschott-Vogt. A obra de Marx, que como leitor voraz ele não deixou de folhear, não obteve suas graças. Ele mesmo tinha elaborado um tratado de "ciência moral", *O Princípio Antropológico em Filosofia*, ao qual voltaremos. Sua vida foi, efetivamente, a de um santo: foi no exílio siberiano que passou a maior parte de sua vida adulta, mas jamais se queixou, nem manifestou qualquer irritação.

Perdidamente apaixonado por uma mulher coquete e muito cortejada, nosso homem lhe fez uma proposta nestes termos: "Se algum dia seu nome for maculado pelo rumor público de tal forma que não possa esperar encontrar um marido [...], estarei disposto a me tornar seu esposo a uma simples palavra sua". Foi aceito. Pouco antes do casamento, fez um longo discurso a sua noiva, descrevendo-lhe uma explosão popular que ele julgava próxima e a participação que nela teria, custasse o que custasse. Concluindo, lançou-lhe esta célebre advertência: "E como tudo isto terminará? Pelos trabalhos forçados ou pelo enforcamento. [...] Tais discursos lhe fazem mal? E, contudo, vai ouvi-los durante anos, porque não sei falar de outra coisa..."[3] Portanto, era realmente um santo à maneira russa, disposto a sofrer pela verdade, ávido de perseguição e de martírio. Ainda por cima, facilmente inclinado à confissão, lento e prolixo...

É difícil atualmente compreender como as vidas de Cabanis, Feuerbach ou Büchner tenham podido servir de modelos da mesma maneira que as de Jesus ou São Sérgio. Mas foi assim. E as coisas foram mais longe. O grande filósofo Vladimir Soloviev observava que os princípios dos revolucionários russos dessa época reduziam-se ao singular silogismo: "O homem descende do macaco, portanto, amai-vos uns aos outros". Não sabia que estava tão certo: numa carta que, em 1871, Tchernichévski enviava da Sibéria à mulher, falava-lhe do último livro de Darwin, *A Descendência Animal do Homem*, e concluía:

---

2. Sobre o pensamento dos Ideólogos franceses (c. 1795-1800) e sua difusão, ver *A Causalidade Diabólica I*, pp. 128-142.

3. Tchernichévski, *Polnoiê sobreniê... (Obras Completas)*, ed. Moscou, 1939, t. I, p. 419.

A notícia é realmente inaudita, maravilhosa, na verdade. A emoção e a alegria do mundo civilizado são tão fortes que chegamos a transpirar, aqui, em Viluisk. Na qualidade de erudito, fui interrogado pelos cossacos locais, e até por senhoras de idade: "É verdade que o homem descende do macaco?"[4]

Por que se rejubilar? Pelo golpe desferido nas superstições religiosas? Outra característica de Tchernichévski: seu irrealismo, que o levava a se perder em incríveis devaneios. Muito jovem ainda, pensou ter descoberto o segredo do moto-perpétuo, cuja fórmula consignou imediatamente numa carta-testamento, na intenção das gerações futuras. Na Sibéria, enfurecia-se contra os autores ocidentais, que prediziam para um futuro distante a extinção de toda vida, seja em virtude de um resfriamento do sol, seja porque todas as águas seriam absorvidas pelas rochas anidritas. Em 1877, escrevia a seus filhos: "Esses cálculos são exatos? Por exemplo, antes que os anidritos absorvam os oceanos, os homens não saberão tomar medidas de precaução? Em que consistiriam elas? É desde já evidente: os fundos dos oceanos deverão ser recobertos por uma camada impermeável de terra argilosa, de vidro ou de zinco..."[5] Seria o seminarista dentro dele que lhe fazia conferir tanto valor à vida eterna do gênero humano?

O Princípio Antropológico em Filosofia (1860) é o último trabalho importante que redigiu antes de ser preso. A idéia central consistia no cálculo dos prazeres e das dores: em breve todos os homens compreenderão, graças ao progresso das ciências, que é mais vantajoso ser bom do que mau. A maldade vem da miséria, da falta de objetos de primeira necessidade; quando a abundância reinar, todo mundo será bom. Seja; mas acompanhemos sua demonstração, e vejamos como a fé remove montanhas:

> Do ponto de vista teórico, a questão das boas e das más qualidades da natureza humana se resolve tão facilmente que não pode ser qualificada como questão: ela contém em si mesma sua resposta exaustiva. Mas é muito diferente se se considerar o lado prático do caso, se, por exemplo, parece que, para um homem e seu meio, é muito melhor ser bom que mau, e se se desejar que todo mundo seja bom: sob esse aspecto, a coisa apresenta grandes dificuldades; mas estas não concernem mais à ciência, elas só concernem, como notará o leitor, à realização prática dos meios indicados pela ciência. Neste caso, a psicologia e a filosofia moral se encontram na mesma situação que as ciências naturais. Assim, o clima da Sibéria setentrional é muito frio; à pergunta como aquecê-lo as ciências naturais dão uma resposta: a Sibéria é isolada, por uma cadeia de monta-

---

4. *Tchernichévski na Sibéria, Correspondência...*, Petersburgo, 1912, t. I, p. 68. Pode-se acrescentar que, morto em 1900, Vladimir Soloviev não podia conhecer esta carta.

5. *Idem*, t. II, pp. 127-128.

nhas, de doce atmosfera setentrional; se essas montanhas se encontrassem ao sul e não ao norte, a Sibéria seria bem mais quente. Mas não dispomos ainda dos meios que permitam realizar praticamente essa solução teórica da questão. Do mesmo modo, no que concerne às ciências morais: dispomos de uma resposta teórica para quase todas as questões vitais, mas em muitos casos os homens carecem ainda de meios para realizar praticamente o que indica a teoria[6].

Concluamos com esta pérola filosófica, recolhida por V. Nabokov[7]: "Vemos uma árvore; outro homem olha o mesmo objeto. Vemos pelo reflexo em seus olhos que sua imagem da árvore se parece inteiramente com a nossa árvore. Portanto, vemos todos os objetos tal como eles existem na realidade". Aliás, Lênin não filosofava de outra maneira; numa linguagem mais abstrusa, é verdade.

Na época de sua publicação, o ensaio antropológico de Tchernichévski passou relativamente despercebido; foi apenas sob o regime soviético que ele teve grandes tiragens e inúmeras traduções. Entretanto, em 1860, Tchernichévski, já era importante, tanto como pivô do *Sovremennik* (*O Contemporâneo*), revista que publicava quase todos os autores importantes, especialmente Turguêniev e Tolstói, mas também jovens niilistas ou "populistas", que, evidentemente, não podiam expressar suas preocupações. De resto, os artigos do próprio Tchernichévski não têm para nós grande interesse: é para seu diário que ele reservava suas idéias sobre a revolta popular ou sobre a ditadura dos "homens novos". O único inimigo que ele podia denunciar com prudência era o "liberalismo", isto é, o reformismo; outro tema sobre o qual podia se expressar livremente era a esperança de que a Rússia saberia evitar os malefícios do capitalismo ocidental e seguir seus próprios caminhos para o progresso. Mas ele se tornou o inspirador dos primeiros círculos revolucionários clandestinos, o que a polícia não tardou a saber. Após uma série de incêndios que devastaram Petersburgo em maio, e foram naturalmente atribuídos aos estudantes mal-pensantes, as autoridades decidiram ajustar contas com ele. Sua correspondência com Herzen forneceu o pretexto; depois de uma longa detenção na Fortaleza Pedro e Paulo, ele foi julgado e condenado como "criminoso de Estado". Sua popularidade entre a juventude aumentou; e, sobretudo, foi durante a prisão preventiva que ele redigiu seu célebre romance *O que Fazer?*

6. Cf. *Obras Filosóficas Escolhidas*, ed. Moscou, 1957, pp. 216-217 (em russo).

7. Trata-se mesmo do ilustre autor de *Lolita*; cf. *Le Don*, Paris, 1967, p. 272.

Estamos diante de um fenômeno cultural de primeira importância. Raras são as obras de ficção que provocam tanto tédio – e foi esta, ao que parece, a razão pela qual os censores czaristas autorizaram a publicação de um escrito que julgaram inofensivo – mas não existem muitas que tenham comovido tão profundamente dezenas de milhares de jovens leitores, incitando-os a se tornarem "homens novos", a se dedicarem à ação revolucionária, no mais amplo sentido. De resto, o fluido mais inebriante emanava de um só capítulo de *O que Fazer?*, intitulado "Um Homem Singular". Nos outros capítulos, Tchernichévski defendia, principalmente, o amor livre, dando como modelo uma certa Vera Pavlovna, e esse apelo teve um efeito mais imediato. Em 1865, um relatório policial assinalava que "o romance de Tchernichévski exercia uma grande influência, especialmente sobre o comportamento real de certas pessoas ingênuas e de princípios morais pouco firmes [...] Em muitos casos, as moças abandonaram os pais, as mulheres, seus maridos; alguns foram até o fim, tentando organizar comunidades comunistas, artesanais e outras". As lembranças de certos "niilistas", recolhidas pelos exegetas soviéticos deste gênio *sui generis*, falam de uma linguagem ainda mais expressiva[8].

Mas voltemos ao "homem singular", Rakhmetov. É evidentemente um revolucionário, um conspirador, mas como era impossível denunciá-lo, somos apenas informados de que é uma personagem caracterizada por desaparecimentos misteriosos, prodigiosamente ocupada e avara do seu tempo. Contrariamente aos outros heróis, pertence à alta nobreza – sua família remonta ao século XIII – e dispõe de importantes rendimentos, que dedica sobretudo à ajuda aos estudantes necessitados: pois, por seu lado, ele leva uma existência ascética, suas únicas despesas importantes sendo a carne de vaca (que consome em quantidades prodigiosas, para estar sempre na melhor forma física) e os charutos de luxo (sua única fraqueza). Quanto ao resto, não toca nem no álcool nem nas mulheres, a fim de não desperdiçar energia. Preocupado em forjar seu caráter, sujeita-se a passar uma noite sobre uma tábua com pregos. Salva uma jovem e bela mulher cujos cavalos tinham se descontrolado; ela se apaixona por ele e o vê em sonho, com a cabeça cingida por uma auréola, ele também a ama, mas a repudia: "Não devo amar". Vê-se perfeitamente que se trata de um santo, apesar de leigo...

---

8. Cf. *O que Fazer?*, ed. Moscou, 1975, "Anexos", p. 832.

Eis aqui, se não explicadas pelo menos ilustradas, as fontes propriamente religiosas da nova fé cientificista, tal como grassava na Rússia. Sabe-se que Lênin intitulou *O que Fazer?* seu principal escrito ideológico; são menos conhecidos os sentimentos devotos que dedicava a Tchernichévski. Assim, dizia ele:

> Há pessoas das quais se pode dizer que possuem um faro revolucionário absoluto. Assim era Marx, assim foi também Tchernichévski. Até hoje nenhum revolucionário russo compreendeu ou julgou de maneira mais fundamental, mais penetrante ou mais forte a covardia, a vilania e a traição de todo liberalismo. [...] Ele me impressionou profundamente[9].

Poderíamos, evidentemente, multiplicar as citações, fazer desfilar todo o Gotha da Revolução Russa. O caso singular de *O que Fazer?* foi admiravelmente resumido por V. Nabokov:

> Em vez dos sarcasmos esperados, uma atmosfera de devoção, de piedade geral, criou-se em torno de *O que Fazer?* Ele era lido como um livro litúrgico – nenhuma palavra de Turguêniev ou Tolstói jamais causou uma impressão tão poderosa. O leitor russo inspirado compreendeu o bem que o romancista sem talento tentara em vão exprimir[10].

E o mal? Não é preciso dizer que nem em seus escritos nem em sua correspondência, forçosamente censurada, Tchernichévski podia designar a autocracia czarista. Ele culpava geralmente o obscurantismo ou a ignorância. Mas em suas cartas da Sibéria, não faltam as denúncias *ad hominem*. Foi o caso de certos filósofos alemães. Assim, ele fulminava contra "o pessimismo e a miopia dos adeptos de Darwin, ou, pior ainda, esse asno que está em moda, Hartmann, que mastiga a ração vomitada por Schelling e passada pela boca de Schopenhauer, onde Hartmann foi buscá-la. De minha parte, nenhuma baixeza – tal como a ignóbil atividade da ordem jesuíta – pode perturbar meus pensamentos. Trata-se apenas de conseqüências sem alcance da grande força do mal: a ignorância dos homens e a soma das fraquezas comuns e das más inclinações, devidas a um mau aprendizado da vida. Os jesuítas e outros homens vis são uma ínfima minoria. Mas essa força do mal, que está presente em maior ou menor quantidade em cada ser humano, é imensa" (25.2.1878).

O apóstolo da ciência exprimia-se, portanto, como pregador; notar-se-ão as evocações dos jesuítas, o inimigo número 2 da

---

9. Cf. N. Valentinov, *Mes rencontres avec Lénine*, Paris, 1964, p. 95.
10. Nabokov, *Le Don*, p. 308.

história russa e especialmente do clero. No que concerne ao inimigo número 1, os judeus, Tchernichévski testemunhava-lhes uma certa benevolência, escrevendo que eles sempre são corretos quando se é correto com eles.

Seu discípulo e "filho espiritual", Dobroliubov, era um santo de outro tipo: durante sua curta vida, ele foi atormentado por seus escrúpulos e suas tentações. No seminário, com a idade de dezesseis anos, decidiu consignar por escrito, num caderno que intitulou *O Psychatorium*, suas imperfeições, na verdade inumeráveis: os sete pecados capitais passam por ele. Duvidando de sua vocação, ele se inscrevia em seguida no Instituto Pedagógico de Petersburgo, onde perdeu completamente a fé; a Revolução tornou-se então seu ídolo. O que não o impedia de continuar sua autocrítica implacável:

[...] sinto que não sou predestinado a me tornar um reformador ou um revolucionário. Meu nome não se tornará ilustre, a glória do ousado inovador ou do autor da grande reviravolta não é para mim. Vou agir prudentemente e lentamente, vou imperceptivelmente formar os espíritos: meus bens (se os possuo), minha vida e minha segurança, não os sacrificarei à grande obra a não ser que esse sacrifício me prometa êxito seguro. Senão... por que sacrificar uma vida que pode ainda ser útil...

Liberto do medo do pecado, Dobroliubov inventa para si uma outra fonte de tormentos: freqüenta uma jovem prostituta, Machenka: ela se apaixona por ele, e isso não lhe é indiferente. Que problema! "Alguma coisa me sufocava. Censurava-me por ter permitido a um sentimento, por mais fraco que fosse, impregnar minhas relações bestiais com Machenka. Pensava: tudo isso é sujo, tolo, lamentável, mercantil, indigno de um homem."

Esse reflexo muito burguês não o impede de confiar a seu diário suas considerações de "vanguarda" sobre as prostitutas, que fazem apenas o que todo mundo faz:

Em que seu comércio é mais vil, por exemplo, do que nosso comércio de docentes, pois somos pagos pelo governo para falar de questões que não conhecemos, ensinar idéias nas quais não acreditamos? São elas superiores a essas mulheres, as nutrizes que abandonam seus filhos e vendem seu leite a estranhos, ou ainda os burocratas que vendem sua inteligência, suas mãos e seus olhos a seus chefes, os cantores que vendem suas vozes, que sacrificam sua garganta e seu peito para o prazer dos espectadores que compram suas entradas no teatro? E assim por diante. Em todos os casos, constatam-se desgastes fisiológicos, perda de liberdade, degradação de uma natureza razoável. A diferença só está nos órgãos que se vendem [...].

Essas linhas datam de janeiro de 1859. Na época, Dobroliubov já é o colaborador mais destacado do *Sovremennik*, no qual encarregado da crítica literária. É evidente que ele se atém ao princípio segundo o qual a literatura deve transmitir uma mensagem, pôr-se a serviço do povo, denunciar os males da sociedade russa. Guiado por Tchernichévski, aprendeu rapidamente os estratagemas que permitem enganar a censura. Assim é que, a propósito das sociedades de temperança, põe na boca dos "pessimistas" uma cruel descrição da miséria e da ignorância do povo, para replicar-lhes que eles estão enganados, que o povo sabe se organizar e se defender. E conclui por uma imperceptível alusão à proximidade da revolução:

> Sim, esse povo tem para o bem forças que positivamente faltam à sociedade depravada e desequilibrada que se pretende culta. As massas populares não sabem se expressar com eloquência; sua palavra jamais é inútil; ela é um apelo à ação. Em cinco ou seis meses, centenas de milhares de homens, sem propaganda nem proclamações de nenhum tipo, renunciaram à vodca, no entanto tão indispensável para trabalhar em nosso clima! Essa mesma gente renunciará à carne, ao aquecimento, a sua última roupa, a seu último rublo, se for para sustentar uma causa cuja urgência se lhes torne perceptível.

Uma variante clássica dessa "língua de Esopo" para uso da censura consistia em pretensamente criticar os costumes e os vícios estrangeiros: por exemplo, a pilhagem da Índia pelos ingleses ou, mais extensamente, a traição do povo italiano por seu próprio clero. Os leitores aí se reconheciam.

A resenha de maior repercussão de Dobroliubov refere-se ao romance de Turguêniev, *Às Vésperas*. O herói dessa obra não é um russo, mas um búlgaro, Insarov, que dedica sua vida a libertar sua pátria do jugo turco. Perguntando-se por que Turguêniev tomou um búlgaro como "personagem positiva", Dobroliubov se empenha em mostrar que o romancista foi muito perspicaz, pois o estado de coisas russo não poderia favorecer o aparecimento de um combatente dessa espécie:

> Ainda não é fácil para um tal herói aparecer; as condições para seu desenvolvimento, e sobretudo para uma primeira manifestação de sua atividade, são extremamente desfavoráveis, e sua tarefa é infinitamente mais complexa e mais árdua que a de Insarov. Um inimigo externo, um opressor privilegiado, pode com muito mais facilidade ser descoberto e vencido que um inimigo interno, disperso por toda parte sob milhares de aspectos, inacessível, invulnerável, e que, entretanto, nos importuna de todos os lados, envenena toda a nossa vida, sem nos deixar tempo de respirar, de nos voltarmos na luta. Contra esse inimigo interno as armas comuns são impotentes; só podemos nos livrar dele mudando a atmosfera úmida e nebulosa de nossa vida.

Certamente, é ainda à revolução que Dobroliubov faz aqui alusão; uma revolução que ele julga iminente, o que lhe permite concluir: "Esse dia acabará chegando! Em todo caso, a véspera não está distante do dia seguinte: só uma noite os separa!..."

Em sua vida privada, Dobroliubov continua a freqüentar as mulheres, para desespero de Tchernichévski, que descreve em uma de suas cartas como ele o impediu certo dia de seguir essa inclinação, tomando-o pela cintura e obrigando-o a passar a noite em sua casa. "Jamais tive um amigo, nem em minha juventude nem depois, mas Dobroliubov, eu o amava como a um filho", acrescentava (25.2.1878).

Em novembro de 1861, com vinte e cinco anos apenas, Dobroliubov sucumbe a uma tísica galopante.

A existência de Dmitri Pisarev foi ainda mais dramática. Esse filho de um proprietário arruinado fora um estudante aplicado e tímido; em 1861, tendo concluído seus estudos universitários, fazia uma entrada clamorosa nas letras, publicando, numa jovem revista aparentada com o *Sovremennik*, um artigo sobre "a Escolástica no século XIX". Ele atacava todas as publicações de tendência moderada ou governamental, que desafiava em nome da geração emergente:

> O delírio apaixonado ou a dialética inflamada de um rapaz penetram muito mais profundamente nas almas e as comovem mais que os prudentes e solenes conselhos dos velhos. [...] Permiti pois às pessoas que ainda não atingiram os limites de seu desenvolvimento que falem, escrevam e publiquem; permiti-lhes que sacudam essas velharias que qualificais de autoridade absoluta. Se essa autoridade for mentirosa, a dúvida a destruirá, e isso é um bem; se for indispensável ou útil, a dúvida a virará, a examinará por todos os lados e a colocará novamente no lugar. Em resumo, de nosso campo eis o ultimato: o que se pode quebrar, é preciso quebrá-lo; o que resistir é bom; o que ficar em cacos, para o lixo! Em suma, batei à direita e à esquerda; disso não resultará, não pode resultar nenhum dano!

Num outro artigo, Pisarev estendia o credo niilista à história, indo mais longe que seus colegas mais velhos e desafiando as crenças estabelecidas:

> Quanto mais se ampliam e se aprofundam nossos conhecimentos mais se desvanecem os canhestros fantasmas de Ormuzd e de Arimã, que assustaram a crédula infância dos indivíduos e dos povos. Gases, sais, ácidos e álcalis se unem e se transformam, se dividem e se decompõem, circulam e se deslocam sem objetivo e sem parada, passam por nossos corpos e engendram outros corpos: eis toda a vida e eis toda a história...

Naqueles tempos, novas estrelas brilhavam no horizonte europeu: Darwin, Lyell, Buckle cativavam a imaginação dos estudantes russos, completando o trio Büchner-Moleschott-Vogt. Lev Tolstói nos informa que, logo após os distúrbios do outono de

1861, a maior parte desses estudantes tinha abandonado seus estudos, preferindo instruir-se sozinhos, em suas comunas ou em seus círculos:

> O programa dos círculos, nestes últimos tempos, é muito pouco variado, pois comumente é o seguinte: leitura e explicação dos antigos artigos de Bielinski, das novas publicações de Tchernichévski, Antonovitch e Pisarev etc.; a isso se acrescenta a leitura de livros recentes que têm muito sucesso na Europa, mas sem nenhuma ligação nem relação com seus estudos; Lewes, Buckle etc. Sua ocupação principal consiste entretanto em ler e copiar os livros proibidos, Feuerbach, Moleschott, Büchner, e sobretudo Herzen e Ogarev. Copia-se tudo, não com fundamento na qualidade da obra, mas no grau de sua proibição[11].

No espaço de um ano, Pisarev transformara-se, portanto, num dos gurus dos estudantes. Mas a catástrofe não tardou. Ele quis denunciar um diplomata russo que tinha redigido um libelo contra Herzen; a censura não deixou passar seu artigo; furioso, ele acrescentou algumas linhas apelando ao czaricídio, e mandou-as imprimir clandestinamente.

> A dinastia dos Romanov e sua burocracia devem perecer. O que está morto e apodrecido desmoronará por si mesmo; só nos resta dar o derradeiro golpe, para cobrir de lama o cadáver malcheiroso.

Pego em flagrante, foi condenado a quatro anos na fortaleza.

Suas atividades nem por isso foram interrompidas, e sua cela, onde podia receber visitas a qualquer hora, transformou-se em gabinete de trabalho. Mais circunspecto então, mudou parcialmente de registro, e ganhou notoriedade atacando em nome do "realismo" os grandes poetas russos que, em vez de *instruir*, só procuravam *divertir* o público. Assim, uma panela lhe parecia mais útil para o povo russo do que a obra de Aleksandr Púchkin. "Darwin, Lyell e os pensadores que se parecem com ele, eis os estetas de nossa época." Ou, para citar um de seus êmulos, Zaitsev, "é hora de compreender que todo artesão é mais útil que não importa qual poeta, pois um número positivo, por menor que seja, é sempre maior que zero".

Se essa campanha utilitarista de Pisarev fez época, inúmeras idéias ou fórmulas suas estão vivas ainda hoje, na Rússia. Assim, o projeto de "alcançar e ultrapassar" a Europa, ou a noção específica de *partiinost*[12] (apego ao Partido), que ele lançou na confusão fulminando contra o culto de Púchkin.

---

11. "A Educação e a Cultura", na revista *Iasnaia Poliana*, que Tolstói publicava em 1862.

12. Cf. Armand Coquert, *Dimitri Pissarev (1840-1868) et l'Idéologie du nihilisme russe*, Paris, 1946, pp. 263 e *passim*.

Libertado em 1866, Pisarev continuou a escrever, mas não se adaptou à vida em liberdade: parece que seu afogamento no mar Báltico, aos vinte e sete anos, foi deliberado...

Filho de um pequeno proprietário, Piotr Tkatchev viria a tornar-se o mais frenético doutrinário do princípio revolucionário russo. De sua primeira formação, não conhecemos muita coisa, mas vemo-lo desempenhar um papel ativo nos distúrbios estudantis de 1861, o que lhe valeu uma primeira detenção. Libertado, logo manifesta seu temperamento proclamando que a revolução triunfará imediatamente se se decapitarem todos os súditos do czar com mais de vinte e cinco anos de idade[13]. De volta à fortaleza, ele aproveita a oportunidade para adquirir uma cultura universal, continuando entretanto a escrever, especialmente para elogiar os primeiros escritos econômicos de Marx[14]. Em 1873, consegue emigrar, dividindo doravante sua existência entre Genebra e Paris. É então que elabora seu sistema historiosófico, no qual concede à economia um papel de motor do futuro humano; mas, refratário à dialética hegeliana, ele a substitui por um amálgama de cientificismo e de voluntarismo que se antecipa ao sistema leninista. O pensamento de Tkatchev, pouco notado enquanto era vivo, impressiona atualmente pela justaposição de elementos arcaicos e elementos proféticos. Além de suas idéias sobre a técnica da conspiração e da ditadura de uma elite, ele se elevava, no plano epistemológico, contra o positivismo cientificista reinante, o de Büchner e Moleschott; ou, mais tarde, de Spencer:

> As leis do desenvolvimento orgânico e inorgânico são eternas, uniformes; não podem ser modificadas nem eludidas... Ao contrário, as leis que governam a sociedade não possuem nenhuma dessas características distintivas; são sempre o produto da própria sociedade, isto é, da vontade e do cálculo dos homens[15].

Em compensação, menos avisado que Marx, ele não receava descrever a sociedade ideal pós-revolucionária, tal como seria modelada sob a férula dos artesãos da revolução. A fórmula era

---

13. Cf. Michel Heller, *La Machine et les Rouages. La Formation de l'homme soviétique*, Paris, Calmann-Lévy, 1985, p. 20.

14. Este artigo de Tkatchev foi publicado em 1865, isto é, anteriormente à primeira publicação de *O Capital* (1867). Ele foi, portanto, o primeiro revolucionário russo a propagar as opiniões socioeconômicas de Marx.

15. Cf. Tkatchev, *Obras Escolhidas*, Moscou, 1932, t. V, p. 302.

simples: uma vez que todos os homens fossem iguais, eles seriam felizes, com a condição de que a igualdade fosse absoluta, tornando-os semelhantes uns aos outros, quase idênticos. Uma idéia próxima, como se vê, de certas utopias do final do século XVIII, especialmente de Cabanis, cabeça de fila dos "ideólogos" franceses que, em nome da igualdade universal, imaginou um dia a criação de *haras humanos*[16], mas Tkatchev fez da idéia a trama de sua doutrina. Numa primeira versão, ele escrevia: "O problema será resolvido, o princípio será atualizado quando todas as pessoas serão incondicionalmente iguais, quando não mais existirá entre elas a menor diferença nem intelectual, nem moral, nem física. Então todas elas participarão de igual modo dos rendimentos da produção"[17]. Num escrito posterior, ele se torna mais lírico – e mais preciso:

> A sociedade [...] deve reduzir a um denominador comum, no mesmo nível, toda a caótica diversidade dos indivíduos, resultado de um processo histórico regressivo. Este é o objetivo final, o único possível, da sociedade humana, este é o critério supremo do progresso histórico e social. Ele implica uma igualdade orgânica e fisiológica, mantida por um mesmo tipo de educação e por condições comuns de vida. Desta maneira, a palavra progresso dotar-se-á de um emblema preciso, determinado, de uma divisa que não se prestará nem aos duplos sentidos, nem às incompreensões[18].

Neste documento de época que são *Os Demônios* de Dostoiévski, uma teoria semelhante é atribuída à personagem de Chigalev, que acaba, contudo, admitindo que semelhante raciocínio poderia ser falho, e conduzir à escravidão universal. O que escapava ao pobre Tkatchev, cego por seus demônios revolucionários. É de se admirar que ele tenha mergulhado na loucura, terminando seus dias no manicômio parisiense de Santa Ana?

Lênin, por sua vez, reconhecia que ele devia muito a seu predecessor. Em *O que Fazer?*, evocava "a majestosa grandeza" desses projetos; no dia seguinte ao golpe de Estado de outubro, aconselhava a seu círculo a começar o estudo do bolchevismo pela leitura desses escritos[19]. A mais de meio século de distância, a sugestão foi aparentemente seguida: Iuri Andropov reclamava,

---

16. Cabanis pretendia fazer com que assim triunfassem os princípios da Revolução Francesa sobre "a desigualdade natural das raças"; cf. *A Causalidade Diabólica I*, pp. 138-140.

17. Tkatchev, ed. cit., I, 427.

18. *Idem*, II, pp. 206-208.

19. Cf. V. D. Bontch-Bruievitch, *Obras Escolhidas*, Moscou, 1962, t. II, pp. 314-316.

quando de seu advento ao poder, uma melhor *homogeneização* da população soviética, e Mikhail Gorbatchev retomou seus projetos.

O INFERNO

As revoltas camponesas de 1861 foram comumente interpretadas pela juventude extremista como sinal prenunciador de uma conflagração mundial. Pensava-se que o próprio povo ia derrubar a autocracia; no máximo, era possível acelerar o curso das coisas incitando-o à ação. Efêmeros jornais clandestinos surgiram então, assim como proclamações revolucionárias, tais como o apelo "À Jovem Geração", do poeta Mikhailov, que preconizava a substituição do czar de direito divino por um "chefe eleito". À medida que se restabelecia a calma e que as esperanças revolucionárias se atenuavam, as proclamações se tornavam mais incendiárias. Em maio de 1862, a proclamação "À Jovem Rússia" não usava de meias medidas: "Pegai vossos machados, [...] bateremos no partido imperial, esses porcos sujos, sem poupar nossos golpes", e concluía com o lema: "Viva a república russa social e democrática!" Apesar de todos os esforços da polícia, o autor dessa proclamação, o estudante Zaitchnévski, não foi descoberto, pela simples razão de que ele já estava na prisão de Moscou por um outro escrito. Ali ele podia trabalhar com toda liberdade, receber visitas, e até sair à rua, acompanhado por um policial: no reinado de Alexandre II, os costumes penitenciários revestiam-se por vezes de um caráter idílico que contrastava com os futuros tanto quanto com os passados. Em consideração, certos revolucionários nutriam ainda pelo czar, no fundo de seus corações, um profundo respeito. Vimos como os dezembristas faziam a Nicolau I votos sinceros e completos; um exemplo mais brilhante nos é oferecido por Mikhail Bakunin, o indomável anarquista e apóstolo da destruição que, no dia seguinte à sua prisão, dirigia ao czar uma longa confissão. No final das contas, os niilistas terminaram por estabelecer um acordo com sua ética, sendo, no entanto, verdade que, antes de 1863 ou 1865, acreditavam declinar, mentindo: "O russo preso julgava-se obrigado a responder a todas as perguntas das autoridades e sabia que seus camaradas se comportariam da mesma maneira" (Vladimir Korolenko, 1890).

É também em 1861-1865 que surgiram as primeiras sociedades secretas que, além da agitação, projetavam trabalhar elas mesmas para a derrubada do regime. Convém mencionar primeiramente "Terra e Liberdade" (*Zemlia i Volia*), fundada no final de 1861 por um jovem nobre, Nikolai Serno-Solowievitch; mas tudo leva a crer que ela existia principalmente no papel. Provavelmente, estava destinada ao fracasso, pois seu fundador partiu para Londres para colocar-se à disposição de Herzen, que os niilistas autênticos começavam a considerar um traidor; o círculo de Herzen e de seu *Kolokol* estava eivado de espiões czaristas. Em suma, Serno-Solowievitch foi preso a 7 de julho de 1862 (no mesmo dia que Tchernichévski); depois do que, só restou de "Terra e Liberdade" o nome[20].

Uma outra organização secreta foi fundada, em Moscou, no ano de 1865, por homens muito diferentes, segundo princípios totalmente diversos. Quase todos eram estudantes de baixa extração social, que admiravam cegamente Tchernichévski. Para o principal animador da organização, Nikolai Ichutin, existiram "três grandes homens no mundo: Jesus Cristo, o apóstolo Paulo e Tchernichévski". Assim, pois, a inspiração cristã, evangélica ou apocalíptica, desses "homens novos" era abertamente confessada. Sua intenção primordial era armar o povo para a luta revolucionária educando-o e alfabetizando-o. Mas puseram-se logo a formar projetos muito diferentes. Pretendiam alimentar a caixa comum entregando-se à pilhagem; mais que isso, um membro do grupo assumiu a responsabilidade de envenenar o próprio pai, para colocar a serviço da causa sua parte da herança. Assim o conceito de niilismo encontrava ou reencontrava seu verdadeiro significado. O jovem Kliutchévski freqüentou inicialmente esse meio, mas Ichutin declarou: "Deixem-no em paz! Seu caminho é diferente, este será um sábio"[21]. Pouco faltou talvez para isso...

Nesse ambiente falso, Ichutin iria revelar seus consideráveis talentos de mistificador. Para se aureolar com uma autoridade maior, pretendeu representar uma poderosa organização internacional, o "Comitê Europeu". Pouco importa (os especialistas o discutem) se ele tinha então em mente a Iª Internacional. Diversos detalhes fazem supor que seus amigos e ele se inspiravam sobretudo em suas leituras, Weishaupt-Barruel, Babeuf-Buonarroti (*A Conspiração dos Iguais, Dita de Babeuf*, era bem conhecida na Rússia), o *Judeu Errante*, de Sue ou *As Memórias do Diabo*, de Soulié. Eles julgavam, entretanto, baseados no testemunho de Tchernichévski, que a Rússia devia seguir seus próprios caminhos históricos, evitando os engodos da civilização européia ou o palia-

---

20. O nome, sugerido por Herzen, renascerá no final dos anos 1870; a nova sociedade dará origem à célebre organização terrorista *Narodnaia Volia* (ver mais adiante).

21. Cf. Kliutchévski, *Cartas*..., p. 459.

tivo das reformas: a libertação dos servos não passava, a seu ver, de uma medida própria para "retardar a revolução na Rússia". Por conseguinte, viam nos nobres mais reacionários, os nostálgicos da servidão, seus aliados naturais[22].

Houve mais coisas. Ichutin e seus íntimos residiam em Moscou num apartamento coletivo (a "casa Ipatiev"); eles decidiram que esse núcleo se tornaria "o olho interno" da organização, encarregado de vigiar e espionar os outros membros, ou infiltrar-se nas organizações concorrentes. Para inspirar mais terror, esse grupo recebeu o nome de *Inferno*. Ichutin fixava seu estatuto como se segue:

> Um membro do Inferno deve viver sob um nome falso e romper todos os laços familiares; não deve se casar; deve abandonar todos os seus amigos e viver com um único e exclusivo objetivo: o amor infinito que dedica à pátria e a seu bem. Por ela, deve renunciar a toda satisfação pessoal e, em contrapartida, voltando-se sobre si mesmo, alimentar ódio contra ódio e maldade contra maldade. Ele deverá, durante sua vida, satisfazer-se com esse aspecto de sua existência[23].

Para exaltar ainda mais os espíritos, anunciava: "A hora solene vai soar: estamos todos condenados; é assim que se abrirá a era da felicidade"[24].

A Revolução, bem supremo oriundo do mal supremo, justifica todos os meios: daí em diante, encontraremos sem cessar esse tema apocalíptico, pensado de muitas maneiras, sendo sua característica comum o mal absoluto encarnado pela autocracia, e, portanto, esse maniqueísmo rígido que é um traço distintivo dos adeptos da causalidade diabólica. Mas não coube à organização de Ichutin concretizar essas opiniões. Com efeito, se o tiranicídio fazia naturalmente parte de seus projetos, ele não julgava que a hora tivesse ainda soado; seu primo e cúmplice Karakozov o tentará então a seus riscos e perigos. A 4 de abril de 1866, ele atira à queima-roupa em Alexandre II, mas no último momento sua mão treme. Sua prisão permite à polícia desmantelar toda a organização. Centenas de prisões se seguiram. O governo foi modificado; o novo ministro da Educação mandou substituir as ciências naturais pelo latim e pelo grego nos programas escolares; as

---

22. Cf. Venturi, *op. cit.*, pp. 586 e ss.
23. Cf. R. V. Filippov, *A Organização Revolucionária de Ichutin*, Petrozavodsk, 1964, p. 89.
24. Ver as *Lembranças (Vosspominania)* de Vera Zassulitch, Moscou, 1931, p. 17.

obras de Buckle, de Darwin e de Moleschott foram confiscadas nas livrarias[25].

Por outro lado, a popularidade do czar *"miraculado"* subiu como uma flecha em todos os meios; em Londres, Herzen condenou o atentado; em Petersburgo, o poeta populista Nekrassov julgou-se obrigado a celebrar o milagre com uma ode. A indignação popular era unânime, e os estudantes serviram de bodes expiatórios (o tempo dos judeus não chegara ainda); alguns foram vaiados e molestados nas ruas.

Essas "perseguições", esse isolamento apressaram, como é quase de praxe, o surgimento de uma substituição. Dispomos a esse respeito do testemunho da célebre Vera Zassulitch, cuja vida percorre como um fio vermelho três gerações de revolucionários, de Ichutin a Lênin. Suas memórias nos informam que a desolação reinava em 1866-1868 nos meios estudantis:

> Depois do dinâmico movimento do início dos anos 1860, que fora sufocado pela violência, sente-se a necessidade de uma atividade qualquer, de modo que declarações do tipo "se pelo menos os estudantes se mexessem" eram freqüentes desde o verão, antes do início dos cursos.

Para dizer a verdade, a agitação limitou-se de início aos primeiranistas e aos provincianos que vieram se inscrever (era o caso de Vera Zassulitch): eles se reuniam para reclamar o direito de reuniões e a criação de uma caixa de socorro. Foi então que apareceu Netchaiev, o homem infernal:

> Ele fazia parte dos iniciadores. Falava raramente em público, e para isso quase nunca subia numa cadeira; mas sua força de vontade era percebida por todos. Ele cuidava para que os oradores que, principalmente no começo, não eram bastante numerosos, estivessem presentes em quantidade suficiente. Se uma personalidade emergia do lote, ele se apressava a travar conhecimento com ela e a levava à escola Sérgio, onde lecionava, para conversar sobre o discurso que ela faria.

De Dostoiévski a Camus, o caso Netchaiev foi objeto de inúmeras interpretações, mas para vê-lo com clareza, nada se compara ao relato sem afetação de nossa narradora. Ela conta como, tendo sido apresentada a ele, ficou comovida ao saber que ele era um autêntico homem do povo, filho de servo, ao mesmo tempo que um autêntico revolucionário; e como, no mesmo dia, ele lhe fez sua declaração:

25. *Idem*, p. 22 e *passim*.

" – Eu te amo..."
Aquilo era mais que inesperado. O que fazer? Estupefata e receando melindrá-lo, eu hesitava em responder. Disse-lhe finalmente: " – Prezo muito suas boas disposições, mas eu não te amo".
" – Boas disposições, isso é para dourar a pílula, não é?" Não respondi. Ele me cumprimentou e saiu da sala...

Em suma, as relações entre Zassulitch e Netchaiev limitaram-se a relações de negócios, a serviço da causa. Com o passar do tempo, ela chegou à conclusão de que ele pouco pensava no objetivo, preocupando-se apenas com os meios; e que a chave de sua personalidade residia num rancor sem limites. Ela se explica da seguinte maneira:

> Netchaiev não era o produto de nossa *intelligentsia*. Ela lhe era estranha. O fundamento de sua energia revolucionária não vinha de opiniões que a freqüência desses meios poderia ter originado, mas de um ódio candente que o preenchia inteiramente. Um ódio não contra o poder, não contra as instituições, não contra os exploradores do povo, mas contra toda a sociedade, contra todo o meio culto, contra todos os *barines*, ricos ou pobres, conservadores, liberais ou radicais. E se não sentia ódio dos jovens que ele havia treinado, pelo menos tinha por eles nem simpatia nem piedade. Desprezava-os. Desprezava os filhos daquela sociedade desonrada, que estavam ligados a ele por laços inumeráveis, todos esses revolucionários caseiros e teóricos, muito mais inclinados a amar do que a odiar. Eles podiam ser para ele "meios e armas", mas em caso algum cúmplices ou pares...

O próprio Netchaiev deu à organização, que avocava para si, um nome que era um programa: *Narodnaia Rasprava*, o que pode ser traduzido por "justiça sumária popular" ou, melhor ainda: "ajuste de contas popular". Dizia mais no *Catecismo do Revolucionário*, que redigiu com a ajuda de Bakunin. Bastará citar alguns parágrafos:

§ 1. – O revolucionário é um homem perdido. Não tem interesses próprios, nem causa pessoal, nem sentimentos, hábitos e bens, sequer tem um nome. Tudo nele é absorvido por um interesse único e exclusivo, por um único pensamento, por uma única paixão: a revolução. [...]

§ 3. – O revolucionário despreza toda doutrina; renunciou à ciência do mundo, que ele deixa para a próxima geração. Só conhece uma ciência: a da destruição. [...]

§ 25. – Reaproximando-nos do povo, devemos sobretudo nos unir a esses elementos da vida popular que, desde a fundação do Estado: a nobreza, a burocracia, os padres, os comerciantes e o cúlaques. Liguemo-nos a esse mundo livre dos bandidos, o único na Rússia verdadeiramente popular.

§26. – Reunir esse mundo numa força invencível que destruirá tudo: eis toda a nossa organização, todo o nosso trabalho.

Aí está, portanto, confessada a última verdade diante da qual tantos outros niilistas cobriram a face. Nesse sentido, pode-se falar da excepcional franqueza de Netchaiev. Só nos resta resumir sua incrível carreira, assim como o mefítico rastro que deixou atrás de si.

Nascido em 1847 no burgo industrial de Ivanovo-Voznessensk, o pequeno servo Serguei Netchaiev teve de ganhar a vida desde a idade de nove anos. Com uma energia sobre-humana, instruiu-se sozinho e passou com sucesso no exame para professor. Penetrou então nos meios niilistas; seu principal mentor foi Piotr Tkatchev, com o qual redigiu, no início de 1869, o manifesto "Programa de Ações Revolucionárias", que fixava a revolução para a primavera de 1870; o imortal Rakhmetov servia-lhes de modelo, de "protótipo"[26]. Tendo criado um embrião de organização secreta, resolveu em março de 1869 ir mistificar a emigração revolucionária no exterior. Para consegui-lo, procurou convencê-los de que, antes de sua partida, havia sido preso, mas que conseguira evadir-se, "graças a uma feliz audácia, dos muros da Fortaleza Pedro e Paulo e escapar às forças obscuras". Na Suíça, conseguiu efetivamente subornar uma parte da emigração russa. Uma captação da herança de Herzen (que acabava de morrer) permitiu-lhe tornar-se o editor do *Kolokol*. Bakunin foi, literalmente, um joguete em suas mãos; mesmo quando a rede de mentiras e de chantagens na qual o outro o envolvera foi revelada, o velho leão não teve outro recurso senão suplicar-lhe que se emendasse, achatando-se literalmente diante dele. Estava disposto a perdoar-lhe tudo, garantiu em conclusão, porque via nele "uma força enorme e, pode-se dizer, absolutamente pura, sem nenhuma mescla de egoísmo e de vaidade; uma força como jamais se encontrou em outros russos"[27].

No outono de 1869, Netchaiev voltava à Rússia, como representante da Iª Internacional (com quatro milhões de membros, garantia ele), para preparar a explosão geral, que previa a 19 de fevereiro, dia do aniversário da libertação dos servos. A 29 de novembro de 1869, ele organizava o assassinato do estudante Ivanov, um membro de sua "justiça sumária". Seus motivos permanecem obscuros; pode-se acreditar que Dostoiévski estava certo

---

26. Cf. M. Confino, "Bakounine et Netchaïev...", *Cahiers du monde russe et soviétique*, VII, 1966, p. 616.

27. *Idem*, pp. 624 e ss. A imensa carta contava 22 páginas in-4º.

ao imputar-lhe o desígnio de cimentar melhor sua organização, ligando as vítimas umas às outras pelo medo e pelo ódio. Esta é, em todo caso, a única explicação "racional". Uma vez descoberto o cadáver do desafortunado Ivanov, a polícia encontrou a pista certa. Netchaiev voltou então à Suíça, mas o governo czarista conseguiu extraditá-lo, como criminoso de direito comum. Sua atitude durante o processo foi firme e desdenhosa, à sua vontade. Mais espantosa ainda foi a continuação.

Condenado à prisão de forçados para o resto da vida, Netchaiev não foi levado para a Sibéria, mas posto, secretamente, na Fortaleza Pedro e Paulo, sob o nome de "prisioneiro nº 5". Mesmo assim, conseguiu subornar seus guardas a tal ponto que, em 1879, estes conseguiram estabelecer o contato entre ele e a organização terrorista *Narodnaia Volia*, que na época preparava o assassinato de Alexandre II. Tornou-se então o conselheiro, embora seus conselhos de *expert* nem sempre fossem seguidos: assim, os terroristas se abstiveram de recorrer ao processo experimentado que consistia em amotinar os camponeses mediante um falso manifesto czariano. Exigiu também que lhe dessem fuga, fornecendo, para isso, instruções precisas; a organização prometeu-lhe tomar providências, mas julgou que o czaricídio continuava a ser prioritário.

Depois do assassinato de Alexandre II e do desmantelamento da *Narodnaia Volia*, a última façanha de Netchaiev foi denunciada por um dos terroristas presos. Setenta e nove guardas foram a julgamento. "Tentem então desobedecer a suas ordens", pleiteavam, "ele só precisa olhar para vocês." As autoridades resolveram livrar-se a qualquer preço do indomável niilista, mas, não ousando assassiná-lo sem julgamento, preferiram deixá-lo morrer lentamente de fome.

A história de Netchaiev não pára aí. Seu processo causou sensação e paralisou a ação revolucionária por alguns anos, mais severamente do que o tiro de Karakozov. *Netchaievchtchina* acabou por tornar-se na Rússia um termo genérico para designar os crimes cometidos sob o manto da ação política. É também verdade que *Os Demônios* de Dostoiévski, publicado logo após o processo, chocou a imprensa liberal e que, em conseqüência, uma parte da *intelligentsia*, e mais especialmente as grandes testemunhas revolucionárias, hesitaram em fazer um julgamento totalmente negativo sobre Netchaiev. As condenações eram antes do tipo "Sim, mas..." – certamente, ele tinha sido um criminoso, mas era tão dedicado à causa comum... Só os marxistas-leninistas se distinguiam: só podiam aprovar sem reservas o antigo companheiro de Tkatchev. De resto, os velhos bolcheviques, como o historiador oficial Pokróvski, o guardião da ortodoxia Riasanov e muitos outros concederam a Netchaiev um lugar de honra entre os "grandes ancestrais". Só foi destituído quando, com os processos de Moscou e os grandes expurgos, a *netchaievchtchina* estendeu-se a toda a Rússia. Desde então, ele foi relegado à categoria das personagens negativas de segundo nível.

Acrescentemos que, imediatamente, o caso Netchaiev levou o governo a tomar uma decisão que, no decorrer do tempo, revelou-se desastrosa: a instrução de todos os delitos "políticos" foi subtraída ao processo de direito comum, para cair sob a alçada exclusiva da gendarmeria[28].

O LOUCO VERÃO DE 1874

Após o caso Netchaiev, os projetos de organizações terroristas e de ditaduras revolucionárias caíram em descrédito, durante alguns anos. Não que o sonho de uma sociedade idealmente justa e de uma era de felicidade tivesse deixado de obsedar os jovens intelectuais sedentos de ação e de sacrifício. Mas se o objetivo final permanecia o mesmo, eles se indagavam sobre os caminhos a seguir e procuravam outros. De resto, escolheram novos mentores. Bastará citar aqui Piotr Lavrov (1823-1900), que ensinara matemática na Academia Militar de Petersburgo, e que, por ocasião dos distúrbios de 1861, tomou partido a favor dos estudantes. Isso lhe valeu o exílio na província. Para concluir, refugiou-se na França. Suas *Cartas Históricas* (1870) ridicularizavam o cientificismo dos niilistas e enfatizavam o problema dos valores e da dignidade humana. Pode-se dizer que julgava com acerto e via longe: "Não, não queremos uma nova força coercitiva que substitua a antiga, seja qual for a origem desse novo poder"[29]. No que se refere à missão da "classe civilizada", descrevia o papel de um jovem apóstolo da seguinte maneira:

Ele pode, munido da instrução requerida e familiarizado com as necessidades populares, ir até o povo, recusando qualquer participação no regime da Rússia contemporânea, e juntando-se às fileiras dos trabalhadores, às fileiras daqueles que sofrem e lutam por sua existência. Se tiver apenas força para isso, oferecerá à causa popular toda a sua bagagem intelectual, utilizando-a para explicar a seus irmãos trabalhadores aquilo a que eles têm *direito*; aquilo a que têm o *dever*

---

28. Cf. A. F. Koni, "Nota Política de 1878. A Lei de 19 de maio de 1871"; *Obras*, ed. Moscou, 1966, t. I, pp. 329-347. Esta nota era destinada ao czar.

29. Cf. Venturi, *op. cit.*, p. 771.

de aspirar em nome de sua dignidade humana; enfim, o que *podem* obter se simplesmente o quiserem de verdade e souberem se unir para impor sua vontade[30].

Se essa mensagem "populista" de Lavrov não eclipsou a glória de Tchernichévski, o fato é que suas *Cartas Filosóficas* desempenharam por revezamento o mesmo papel de *O que Fazer?* para a geração de 1860. "Elas não foram apenas o breviário da juventude dos anos de 1870", escrevia o populista Ossip Aptekman; "não, elas foram o livro de nossa vida, nosso evangelho revolucionário, nossa filosofia da revolução!"[31] Mas, se assim foi é porque a juventude contestatária ingressava doravante por si mesma nesse caminho. Um traço distintivo dos populistas (*narodniks*) era o alto sentimento de responsabilidade que fundamentava sua ação, subentendendo-se que idealizavam exageradamente o povo, embora o subestimassem de um certo modo, pois esperavam *esclarecê-lo* de pronto, como missionários do progresso e da ciência. Essa juventude, por outro lado, aumentava, tanto mais que suas novas atividades, fundamentalmente não violentas, não possuem um caráter subversivo, a não ser de forma marginal. E sobretudo, ela se diversificava. Entre os primeiros apóstolos, encontravam-se aristocratas de posição elevada, como o príncipe Piotr Kropotkin, cuja linhagem era mais antiga que a dos Romanov, e Sofia Perovskaia, filha do governador-geral da região de Petersburgo. Ali também se encontravam representantes das nacionalidades oprimidas: inúmeros georgianos, e um número ainda maior de judeus[32].

Os estudantes georgianos criaram um círculo de estudos populistas em Petersburgo, enquanto pequenas organizações revolucionárias surgiam em Tbilissi, Batumi e Dzaudkikau (Vladikavkas). Quanto aos judeus, uma parte das elites burguesas encarava favoravelmente a russificação. Com efeito, no início do reinado de Alexandre II, a opinião pública russa elevava-se contra a discriminação contra os judeus. O governo, por seu lado, abrandava

---

30. Extraído de "Avante! – Nosso Programa", de Lavrov; cf. B. S. Itenberg, *O Populismo Revolucionário dos Anos 70 do Século XIX*, Moscou, 1964, pp. 32-33. É dessa coleção de documentos que (salvo indicação contrária) são extraídas as citações que se seguem.

31. Citado por Tibor Szamuely, *The Russian tradition*, Londres, 1974, p. 274.

32. Os alógenos das províncias ocidentais não contavam, pois o campesinato gozava ali de uma condição relativamente privilegiada, sem falar da russofobia das elites polonesas. Por outro lado, a anexação de parte da Armênia, assim como do Turquestão, estava apenas começando, na época.

o regime de exceção. Os judeus esperavam portanto tornar-se em breve "cidadãos como os outros", e os estudantes oriundos desses meios começavam a militar ao lado dos jovens russos. No domínio das atividades clandestinas, beneficiavam-se de um trunfo não desprezível, pois dispunham de facilidades especiais para contatar os contrabandistas judeus e estabelecer trâmites para a passagem da literatura subversiva ou a fuga para o estrangeiro dos ativistas acossados.

É assim que o primeiro e mais influente dos círculos de estudos populistas, destinados a "desafiar os métodos netchaievianos", foi fundado em 1869 em Petersburgo, por Marc Natanson, talmudista de formação. Ali se estudava Lavrov e Tchernichévski, mas também Spencer, J.-S. Mill, Karl Marx e sobretudo Ferdinand Lassalle; quase dois mil exemplares de seu *Capital e Trabalho* foram adquiridos e distribuídos pelo grupo. Do mesmo modo, Nikolai Utin, filho de um rico negociante de Petersburgo e um dos estudantes rebeldes do outono de 1861, tornou-se na emigração o representante da Rússia na Iª Internacional de Marx – e a ovelha-negra de Bakunin.

Mas não nos enganemos: nenhuma distinção vinha ainda complicar as relações entre os russos e os judeus, ou os russos e os georgianos, num ambiente que era quase o de uma ordem religiosa; "uma ordem sem regras escritas, sem ritos e sem hierarquia", como escrevia Nikolai Tchaikóvski, que substituiu Natanson quando, em 1871, este foi preso. Ele dizia também: "Devemos ser limpos e reluzentes como um espelho, devemos nos conhecer uns aos outros a fim de estar em condições, nos momentos difíceis das perseguições, de saber como cada um de nós se comportará"[33]. Após os reveses do verão de 1874, Tchaikóvski aderiu à pequena seita "teo-humanista" e foi fundar uma comunidade modelo nos Estados Unidos, mas essa busca terminou, igualmente, fracassando.

A título individual, centenas de estudantes "iam até o povo" desde 1870-1873, a fim de partilhar sua existência – "simplificar-se" (*oprostit'sia*) – e aprender a conhecê-lo, antes de educá-lo. Mas é em 1874 que esse movimento se tornou maciço, transformando-se numa cruzada pacífica:

> No fim da primavera de 1874, milhares de rapazes e moças instruídos deixaram as cidades para juntar-se ao povo. Partiam sozinhos ou em pequenos grupos, indo de aldeia em aldeia, com seus pertences e livros às costas, vestidos à camponesa, fazendo o possível para falar e agir como aldeões. Assim eles iam, a pé ou aproveitando a carroça de um camponês compassivo, com o coração cheio de

---

33. Venturi, p. 793.

esperanças e de alegria, esperando um milagre: partiam para pregar o evangelho do Socialismo e da Justiça aos aldeões que há muito esperavam sua mensagem; os muros da tirania só poderiam desabar. Na verdade, não se tratava de um movimento político, mas de uma cruzada de crianças...[34]

Mas os camponeses não eram crianças, e se apegavam a suas tradições seculares. Aos leitores desta obra, os avatares do louco verão de 1874 ensinarão muito mais sobre o povo russo daquela época do que sobre os próprios cruzados. O lamentável fim da empresa adveio da oposição de duas culturas, que só tinham em comum a língua (como logo o entendeu Turguêniev, em seu último romance *As Terras Virgens* (1877)). Mas aqui estão, para começar, os conselhos de um estudante a um aldeão "esclarecido" em Petersburgo, e que acabava de voltar para sua aldeia:

> Doravante, você se encontra entre pessoas que têm necessidade de instrução, e que devem ajudar-se a si mesmas. Por isso, deve chamar sua atenção sobre a situação delas, falar-lhes de suas leituras, ensinar-lhes o alfabeto, lutar contra seus preconceitos e, sobretudo, incitá-los a tomarem seus destinos em suas mãos. Aquilo de que precisam, vocês encontrarão nas pessoas que dispõem de recursos. Assim, pois, dirijam-se a nós; faremos o possível para satisfazê-los, e sobretudo, não pensem que nos deverão obrigações: todo homem nos é precioso, nosso trabalho não nos pertence, todas as nossas posses pertencem a todos os homens. Por conseguinte, aquele que deseja o bem dos homens e que compreende o ensinamento de Cristo pode recorrer a nosso trabalho, a nossos bens e a nós mesmos; se ele agir de outro modo, é porque não ama seu próximo.

Vêem-se os auspícios evangélicos (ou rousseaunianos). Quanto aos resultados possíveis, uma história muito sombria é contada num relatório de um coronel de gendarmeria, que foi submetido ao próprio czar. Um proprietário da região de Tver, o tenente Iartsev, decidiu "simplificar-se"; distribuiu então suas terras aos camponeses, e quis registrar-se como tal. A opinião local julgou-o louco – ou pior. Dois estudantes populistas, Kravtchínski e Rogatchev, foram instalar-se em sua casa, e foram contratados como serradores na casa de um aldeão abastado ao qual comunicaram, entre outras coisas, que os franceses tinha despachado seu czar, e que isso não deixaria de acontecer na Rússia.

> Essa conduta dos pretensos serradores e sua evidente inaptidão para os trabalhos braçais [continua o relatório] suscitou as suspeitas e a desconfiança da aldeia, e resultou em sua prisão. [...] O rumor local assegurava que um sorteio tinha designado Iartsev para atentar contra a vida do imperador, e que por isso ele distribuíra suas terras, indo para Petersburgo.

---

34. Szamuely, p. 280.

No final das contas, Iartsev livrou-se com uma prisão domiciliar numa cidade de província, Rogatchev morreu numa prisão de forçados, Kravtchínski tornou-se um temível terrorista, assim como, sob o pseudônimo de Stepniak, um escritor de renome.

Um outro populista, Ossip Aptekman, evocava em suas memórias a surpresa desagradável que o esperava numa aldeia ucraniana. Ele acabava de falar com os camponeses, sem dúvida sobre a fé de Marx, sobre o destino trágico dos aldeões ingleses, espoliados por seus lordes. Comentário do *starosta*:

> Sim, maltrataram o povo inglês. Arruinaram-no. Tudo isso foi feito pelos lordes, eles se apoderaram de todas as terras. Tinham o poder para isso, pois são eles que dirigem o país. A mesma coisa poderia ter acontecido entre nós; mas o czar não o permitiu. Evidentemente, não possuímos muitas terras; o suficiente para alimentar um pintinho. Mas o czar nos dará as terras. Certamente ele o fará; não se pode viver sem terras. Quem então pagará os impostos? Quem encherá o tesouro público? E sem tesouro, como governar o país? Dar-nos-ão as terras, fiquem certos disso.

Os outros aldeões aquiesceram: "A situação é bem melhor sob o czar do que em qualquer outro país, onde os lordes dirigem tudo"[35].

Essas palavras atestam a permanência da antiga xenofobia camponesa que, após a Guerra da Criméia, se voltava contra a "pérfida Albion". Nos dias atuais, igualmente, tende-se a acreditar, na Rússia, que, no berço do capitalismo, é "pior do que em outras partes".

São abundantes os documentos sobre os fracassos de todo tipo, fazendo por vezes contrastar as naturezas fracas e as naturezas fortes. Assim, uma adolescente relata como, desesperada com a incompreensão dos aldeões, abandonou seu projeto de abrir uma escola e voltou para casa; uma revolucionária célebre, Catarina Brechko-Brechkovskaia, chamada a "avó da revolução russa", foi incitada por um fracasso semelhante a se tornar a apóstola da ação direta. Notemos sua coragem por ocasião de seu interrogatório, no dia seguinte a sua primeira prisão, em janeiro de 1875:

> Antes, eu não cultivava opiniões revolucionárias, mas os fracassos que meus amigos e eu conhecemos quando tentamos ser úteis ao povo pela via legal me exasperaram, por assim dizer, demonstrando-me a impossibilidade de seguir esse caminho. Só me restou, portanto, abandonar minhas convicções e renunciar a servir ao povo, ou então perseguir esse objetivo por meios que se podem qualificar de criminosos...

35. Szamuely, p. 282.

Como não destacar a ingênua franqueza dos principais atores do louco verão de 1874? E, num segundo plano, as qualidades profissionais dos novos servidores da justiça, reformada em 1863? Mas depois do tiro de Vera Zassulitch, essa justiça será questionada, como veremos, pelo próprio governo.

Um dos principais objetivos dos jovens propagandistas era a ação anti-religiosa. Tiveram de verificar *in loco* que era quase impossível abalar as crenças recebidas; eis portanto, para concluir, extratos do depoimento de um aldeão evoluído – e prudente:

> Conheço o doutor Kazatchok, e conheço Nikolai Makhaiev, pois eu me tratava com o doutor. Visitava-o com freqüência, às vezes três vezes por semana. Encontrava em sua casa muitos dos nossos rapazes. Ele nos falava da terra, nos dizia onde estão as terras férteis, e não me lembro de outras conversas a respeito de terras. Ele também nos dizia que não existem ícones milagrosos, que tudo isso é lorota e passes de mágica; falava-nos, por exemplo, da Santa Virgem que chora; explicava-o dizendo que há atrás do ícone uma esponja com molas, que se aperta para fazer as lágrimas escorrerem. Dizia também que todos os livros da Igreja foram escritos por popes e que só contêm bobagens; que só devemos ler os Evangelhos; que todos os ricos são bandidos, e todos os popes ladrões. Kazatchok e Makhaiev nos liam alternadamente não sei mais quais livros, e os explicavam. [...] Além disso, Kazatchok e Makhaiev nos diziam, a mim e a nossos rapazes, que as santas relíquias não existem; que se podem fabricá-las com o corpo de qualquer um, pois um cadáver não apodrece, se o embalsamarmos; as santas relíquias não passam de trapaça (outubro de 1874).

E nosso homem passa a tratar o médico, seu amigo, de todos os nomes... Assim, portanto, no plano da propaganda anti-religiosa também, "ir até o povo" revelava-se um fiasco[36].

Mas, num prazo mais longo, a cruzada dos estudantes teve muitas conseqüências. Se se ignora quantos rapazes e moças dela participaram, sabe-se que quase mil deles foram presos, e que sua indignação se transmitiu, pouco a pouco, a uma parte da boa sociedade.

> As investigações estabeleceram [escrevia o ministro da Justiça ao czar] que muitas pessoas, que não são tão jovens, pais e mães de família da classe abastada, que ocupam posições honrosas na sociedade, não apenas não procuraram se opor a essa juventude, mas chegaram até a prodigalizar-lhe ajuda e assistência. Em seu fanatismo cego, parecem não se dar conta de que seus atos poderiam causar sua perda e a da sociedade. [...] Os êxitos dos propagandistas são devidos menos as suas próprias empresas e esforços do que à facilidade com que sua doutrina penetra em certos setores da sociedade e à simpatia que aí encontra[37].

36. Florinsky, *Russia, a History and Interpretation*, p. 1 077.
37. Cf. Szamuely, *op. cit.*, pp. 283-284.

Vê-se o paradoxo de uma boa sociedade em parte favorável aos apóstolos do populismo, enquanto uma classe de camponeses hostil continuava a venerar seu czar. De resto, o único sucesso de envergadura dos propagandistas foi obtido na região de Kiev graças a um falso manifesto czariano, que permite a criação de uma "Legião Secreta" (*Tainaia Drujina*) que contava com um bom milhar de camponeses (caso de Tchiguirin, 1875-1877).

Quanto aos populistas presos em 1874, o governo levou três anos para organizar um gigantesco processo ("o processo dos 193"), mas resultou em apenas trinta e sete condenações. Entretanto, cerca de mil jovens idealistas tinham apodrecido na prisão, durante meses ou anos. Dentre eles, um grupo de colegiais ucranianos que tinham formado um círculo de leituras; ou certo camponês acusado de crime de lesa-majestade, porque falara sem reverência da imperatriz Catarina I, a viúva de Pedro o Grande. É que os velhos demônios ainda rondavam, pois personagens positivamente gogolianos, formadas sob Nicolau I, continuavam a povoar todas essas administrações[38].

As conseqüências dessas contradições não se fizeram esperar.

VERA ZASSULITCH E OS CZARICIDAS

Certos populistas tiveram a idéia de se entregar à propaganda nas cidades, mas sem perder de vista os camponeses. Como escrevia o príncipe Kropotkin: "Dado que os operários das fábricas não romperam de forma alguma suas ligações com suas aldeias, e que em nada modificaram seu modo de vida camponês, será tanto mais fácil encontrar entre eles elementos que poderão em seguida se tornar as células de grupos locais"[39]. Efetivamente, logo pareceu que esse terreno, sobretudo em Petersburgo, onde o proletariado industrial contava já cerca de quarenta mil trabalhadores, era menos desfavorável. Pequenos grupos de operários se constituíram, e foi decidido, em dezembro de 1876, organizar (a pretexto de um serviço fúnebre), uma reunião pública perto da catedral de Nossa Senhora de Kazan. Algumas centenas de militantes se reuniram, a maioria dos quais, aliás, estudantes ou *intelligents*. A polícia tratou logo de dispersar a manifestação e levar quem bem entendesse, ajudada pela arraia-miúda dos cocheiros de fiacre e dos lojistas.

38. Cf. Koni, *op. cit.*, pp. 341-343.
39. Cf. Venturi, p. 850.

Em julho de 1877, um dos estudantes que foram levados, Aleksei Bogoliubov, deixou de saudar no pátio da prisão o governador de Petersburgo, o general Trepov. Não contente de esbofeteá-lo, o general ordenou que o açoitassem[40]; infligir-lhe portanto uma punição corporal, desprezando o estatuto judiciário de 1863. A emoção da *intelligentsia* foi grande e duradoura; como não castigar tal barbárie?

Vera Zassulitch, em prisão domiciliar e atormentada pela polícia desde o processo Netchaiev, resolveu, sem consultar ninguém, assumir o papel de justiceira. Em janeiro de 1878, foi, portanto, a Petersburgo, dirigiu-se à casa de Trepov e o feriu gravemente com um tiro de revólver. Em suas memórias, reconstituía aquele momento:

> Um tiro, um grito... Agora, vão me matar de pancadas, anunciava a imagem de futuro que me perseguia. Seguiu-se uma pausa; provavelmente, durou alguns segundos, mas eu a percebi nitidamente. Eu jogara o revólver: isso também, eu o decidira antecipadamente para que ninguém mais fosse ferido, na inevitável confusão. "A criminosa permaneceu congelada no lugar", escreveram no dia seguinte nos jornais[41].

As autoridades resolveram que Zassulitch fosse julgada pelo tribunal do júri, na qualidade de criminosa de direito comum. O sensacional caso foi à audiência no dia 31 de março seguinte. A sala estava lotada: o chanceler Gortchakov, o Ministro da Guerra Miliutin, grande quantidade de generais e de escritores, dentre os quais Dostoiévski, estavam presentes. Por falta de lugar, a juventude se comprimia na rua. Quando da constituição do júri, a defesa recusou três altos funcionários e a maior parte dos comerciantes; os que o compunham eram principalmente funcionários de nível médio. A declaração da acusada foi breve e sóbria:

> Eu tinha resolvido, ainda que isso me custasse a vida, mostrar que não se está seguro da impunidade, espezinhando de tal modo a dignidade humana, e não encontrei, não podia encontrar outro meio para atrair a atenção sobre esse acontecimento. É terrível levantar a mão contra um homem, mas eu pensava que devia fazê-lo[42].

Esperava-se uma pena moderada, de acordo com circunstâncias atenuantes. Para surpresa geral, o júri resolveu pela absol-

---

40. A idéia estava então no ar, em certos meios governamentais; os jovens delinqüentes políticos deviam ser tratados como "escolares surpreendidos em falta". Cf. A. T. Koni, "Lembranças sobre o Caso Zassulitch", *Obras*, t. II, pp. 47-51.
41. Cf. as *Lembranças* de Vera Zassulitch, p. 67.
42. A. F. Koni, *op. cit.*, p. 13.

vição. Como o relatava Aleksei Koni, o presidente do tribunal, um tumulto indescritível se seguiu:

> Urros de alegria, soluços histéricos, aplausos desenfreados, gritos: "Bravo! Hurra! Vera! Verotchka!" fundiram-se num tonitruante alarido. Muitos faziam o sinal-da-cruz; na fila de cima, reservada a um público mais democrático, abraçavam-se; mesmo nos lugares de honra, atrás dos juízes, aplaudia-se. Lancei um olhar para trás. O general Barantsov, um veterano de cabelos brancos, aplaudia freneticamente. Ao encontrar meu olhar, interrompeu-se, enrubesceu de confusão, e recomeçou a aplaudir...[43]

Até Dostoiévski, apesar de ser um ideólogo da reação, aprovava a absolvição[44]. Assim, portanto, podia ser a boa sociedade russa daquela época, cuja revolta teria graves conseqüências.

Com efeito, naquela noite, o czar ordenou que fosse formada uma comissão encarregada "de elaborar novos meios para garantir a segurança do Estado". No dia seguinte, as autoridades tentaram em vão pôr a mão novamente em Zassulitch, que alguns estudantes tinham conseguido esconder num lugar seguro... Pouco depois, fizeram-na entrar na Suíça.

Imediatamente, Vera Zassulitch tornava-se, não apenas uma heroína russa, mas uma personalidade de estatura internacional. Como o escrevia a *Revue des Deux Mondes*, "em alguns instantes, ela se tornou uma celebridade. Durante quarenta e oito horas, a Europa esqueceu a guerra e a paz, Bismarck, Beaconsfield e Gorchakov, para só se preocupar com Vera Zassulitch e seu surpreendente processo" (maio de 1978). Na Rússia, Lev Tolstói opinava: "O caso Zassulitch não é uma brincadeira; ele me parece anunciar a revolução". E Turguêniev falava "de um sinal dos tempos... essa história revolucionou a Europa inteira"[45]. O Ministério do Interior observava ao czar: "em conseqüência da decisão judiciária no caso Zassulitch, quase todos os jornais petersburgueses adotaram em relação ao governo um tom hostil e provocativo, o que não deixará de ter as piores conseqüências para a opinião pública" (5 de abril de 1878).

Na Suíça, Vera Zassulitch integrou-se facilmente à emigração política russa, desempenhando um papel de primeiro plano. Em 1880, discutiu-se a questão de lhe confiar a direção do jornal hebdomadário o *Niilista*, no qual deviam colaborar Lavrov, Plekhanov, o príncipe Kropotkin e Karl Marx, mas, por falta de recur-

---

43. *Idem*, pp. 171-172.
44. *Idem*, p. 454.
45. Cf. S. Volk, *Narodnaia Volia*, Moscou, 1966, pp. 440-441.

sos, o projeto não se concretizou. Ela começou então a estudar o marxismo.

Como se verá mais adiante, Marx já gozava, na Rússia, de uma autoridade excepcional, mas sobretudo na qualidade de erudito, de teórico do socialismo demonstrando *cientificamente* o caráter inelutável da Revolução (de resto, a censura autorizou em 1872 a tradução para o russo de *O Capital*, como uma obra puramente científica). Nada é mais falso do que o ponto de vista elaborado pela historiografia soviética e comumente admitido, segundo o qual o populismo foi para os revolucionários russos uma espécie de "Lei antiga", de "Lei judaica", esclarecida e completada pelos Evangelhos de Marx. A divergência fundamental era de ordem prática: a nova doutrina condenava o terrorismo, cuja irrupção em nada podia modificar o curso desencarnado da história, enquanto para os populistas, ele chegou a representar a estrada real da Revolução. Por outro lado, uma interpretação rigorosa de *O Capital* levava a concluir que, na Rússia, onde a industrialização só estava começando, e onde não existia ainda uma verdadeira "classe burguesa", as condições requeridas para a Revolução não estavam reunidas.

Para tirar isso a limpo, Zassulitch escreveu a Marx, no início de 1881. Este levou uma semana inteira para redigir sua resposta, na qual se exprimia como um erudito pedante – e sibilino. Jamais ele sugerira que seu esquema historiosófico era aplicável universalmente. Entretanto, "as pesquisas de primeira mão às quais me entreguei me convenceram de que a *obchtchina* é um ponto de apoio para a regeneração social da Rússia. Mas para que ela exerça esse papel, é preciso primeiro eliminar as influências perniciosas às quais ela está submetida..."

Em suma, a resposta era encorajadora. Em 1883, Plekhanov, Zassulitch e seus amigos fundaram em Genebra o primeiro núcleo de propaganda marxista, o "Grupo de Libertação pelo Trabalho". Grupos semelhantes, mas mais ou menos clandestinos, constituíram-se no decorrer dos anos 1890 na Rússia, e foi assim que Lênin foi tocado pela graça marxista. Na Suíça, onde se sucediam polêmicas abstrusas, brigas pessoais e "quebras de alianças", Vera Zassulitch servia de paciente conciliadora, se não de tampão (especialmente nas relações tempestuosas entre Plekhanov e Lênin). Em 1900, o comitê editorial do jornal *Iskra (Faísca)*, atribuído a Lênin, era formado por Plekhanov, Lênin, Potressov, Martov-Tsederbaum, Axelrod e Zassulitch; mas o decano Plekhanov tinha direito a dois votos. No final das contas, quando do famoso cisma de Bruxelas entre bolcheviques e mencheviques (1903), nossa heroína tomou partido pelos últimos; por isso foi relegada pela historiografia soviética ao primeiro círculo do imenso inferno dos traidores. Não era ela uma herege?

Mas voltemos à Rússia. O processo Zassulitch orientou de pronto os dois campos antagônicos em direções diametralmente opostas. Enquanto o governo limitava a independência da justiça, aperfeiçoava seus métodos policiais e era esporeado pelas furiosas campanhas da imprensa reacionária, os anteriores propagandistas pacíficos puseram novamente as asas de fora. Decidiram devolver golpe por golpe. No dia 25 de maio de 1878, o populista Gregori Popko apunhalava em Kiev, em plena rua, o chefe adjunto da gendarmeria, o barão Gueiking, que conduzira a investigação sobre a conspiração de Tchiguirin. A 4 de agosto, Kravtchínski-Stepniak imitava seu gesto, apunhalando em Petersburgo o general Mesentsev, chefe da polícia política. Ele mesmo se fez o apologista desse ato, numa brochura intitulada: *Morte por Morte*. Inúmeras execuções se seguiram. Um punhado de homens e de mulheres (estas assumiram amiúde o papel dirigente como o fazem nos dias de hoje, no assunto) criavam dificuldades para a burocracia czarista e suas diversas polícias. Um homem novo, dotado de uma surpreendente capacidade de organizador e de conspirador, Aleksandr Mikhailov, tomava em mãos essa *Zemlia i Volia*, logo rebatizada de *Narodnaia Volia* (*Vontade do Povo*). Raramente se viu grupo terrorista tão bem encerrado e protegido. Mikhailov conseguiu até colocar um de seus fiéis no próprio coração da polícia.

Terá havido algum dia seres mais puros, mais heróicos – e mais livres? (pois eles só serviam à sua causa, contrariamente aos terroristas internacionais de nosso século). Os nomes de Andrei Jeliabov, de Sofia Perovskaia, de Vera Figner tornaram-se lendários. A partir do verão de 1789, uma única idéia os animou: executar o czar. Seis atentados sucessivos, cuidadosamente preparados, fracassaram, e Alexandre II adquiriu uma confiança sem limites na mão protetora de Deus: mas o sétimo teve êxito, a 1º de março de 1881.

Em *Os Revoltados*, Albert Camus evocava como moralista os últimos instantes dos czaricidas:

Jeliabov morreu sorrindo, enquanto Ryssakov, que falhara durante os interrogatórios, foi arrastado ao cadafalso, meio louco de terror. [...] Assim morreu ele, solitário, como maldito da nova religião. Para Jeliabov, a morte no meio de seus irmãos coincidia com sua justificativa. Aquele que mata só é culpado se consente ainda em viver ou se, para viver ainda, trai seus irmãos. Morrer, ao contrário, anula a culpabilidade e o próprio crime. [...] No momento dessa descoberta, mas somente então, vem para esses desesperados uma paz estranha, a das vitórias definitivas[46].

No dia seguinte às execuções, Marx fez também, à sua maneira cortante, um julgamento sobre aqueles terroristas. Ele escrevia à sua filha Jenny:

> Você acompanhou o processo dos autores do atentado? São pessoas fundamentalmente honestas, sem pose melodramática, simples, realistas, heróicas. Berrar e agir são contradições inconciliáveis. O Comitê Executivo de Petersburgo, que agiu tão energicamente, publica manifestos de uma moderação refinada. [...] Eles se esforçam por ensinar à Europa que seu *modus operandi* é uma maneira de agir tipicamente russa, historicamente inevitável; sobre o que se pode moralizar [*moralisieren*] tão pouco quanto sobre o tremor de terra de Quios...[47]

Trinta anos depois, Vera Figner chegava a outras conclusões. Aquela mulher de ferro, que, depois do enforcamento dos czaricidas, tornou-se chefe da *Narodnaia Volia*[48], foi por sua vez traída, e condenada a vinte anos de detenção na Fortaleza Pedro e Paulo. Ela retomou em seguida suas atividades revolucionárias: a pureza de seu ideal permanecia intacta, mas, numa passagem significativa de suas memórias, ela falava de *desmoralização*:

> É preciso dizer aqui algumas palavras sobre a desmoralização causada na sociedade pela luta do governo e do partido revolucionário. A violência provoca a sanha, desenvolve os maus instintos, incita à hipocrisia. Desse ponto de vista, o governo e o Partido, incitando seu corpo-a-corpo, concorriam para a desmoralização do meio social. O Partido proclamava todos os meios legítimos contra o inimigo; dava a auréola aos terroristas; o crime e o cadafalso adquiriram uma atração sedutora no espírito da jovem geração. A repetição dos acontecimentos fazia com que parecessem normais.

Vera Figner falava em seguida da dureza da repressão, mas sobretudo da traição de inúmeros revolucionários, "devolvidos" um após outro pela polícia czarista:

> Assim nos era desferido o golpe mais grave. Nossa fé nos homens era inabalável. Era menos cruel perder a liberdade do que perder algum antigo camarada pelo qual você teria arriscado a vida na véspera, no qual você confiava, e que encontrava ao lado do policial que vinha prendê-lo, proferindo a frase cínica: "Então, não esperava por isso?"[49]

---

46. Camus, *L'homme révolté*, Gallimard, col. "Idées", pp. 207-208.

47. Carta de 11 de abril de 1881 (cf. K. Marx e Fr. Engels, *Werke*, ed. Berlim, 1967, t. XXV, p. 179).

48. Na qualidade de único membro do Comitê Executivo que permaneceu em liberdade, de abril de 1881 a fevereiro de 1883.

49. V. Figner, *Mémoires d'une révolutionnaire*, trad. Victor Serge, Paris, 1930, pp. 188-190.

A REAÇÃO: A SANTA LEGIÃO E OS JUDEUS

Depois da Guerra da Criméia, a história da autocracia russa se torna ciclotímica. A fase depressiva acusou-se com o processo Zassulitch, para atingir o ápice após o czaricídio. O grão-duque Konstantin, um sobrinho do novo czar Alexandre III, anotava, uma semana depois, em seu diário:

Vivemos a época do terror, com a diferença, todavia, de que os parisienses viam então seus inimigos de frente, enquanto nós não os vemos, não os conhecemos e não temos sequer idéia de seu número. [...] O pânico é geral: as pessoas perderam definitivamente a cabeça e dão ouvidos aos rumores mais absurdos.

A aflição do campesinato parece ter sido quase geral. Só uma minoria de estudantes e de *intelligents* se rejubila[50]. Apavorados e escandalizados, um grupo de aristocratas decidiu então imitar os terroristas, e fundou uma "Santa Legião" (*Sviachtchennaia Drujina*), "a fim de agir do mesmo modo dissimulado e traiçoeiro", como formulava o autor da idéia, o conde Witte[51] (o futuro homem de Estado).

Quanto a Alexandre III, ele se refugiou em sua residência de verão de Gatchina, seu lugar de descanso preferido. Atormentado por idéias negras[52], via inimigos em toda parte: com o auxílio de seus conselheiros e da Santa Legião, essas disposições o tornavam receptivo ao espectro da "ameaça judia". Tanto mais que, desde o aumento do terrorismo, e ainda que ele se mantivesse puramente russo, o velho espectro era evocado com uma inquietação crescente.

O que se censurava exatamente aos judeus? Os agravos eram de ordem diversa, ao mesmo tempo antigos e modernos, e vinham sobretudo, excetuando-se a Igreja, do campo eslavófilo ou ex-eslavófilo. Citemos os irmãos Aksakov: o mais velho, Konstantin, que se celebrizara, em outros tempos, vestindo-se como um mujique (mas Nicolau I lhe proibiu essa mascarada), atribuía à Rússia uma missão quase divina, enquanto o caçula, Ivan, encabeçava a campanha antijudia. Desde 1867, ele parafraseava Karl Marx: "A verdadeira questão", escrevia, "não é emancipar os ju-

---

50. Cf. P. A. Zaiontchkóvski, *A Comissão Executiva Suprema*, Moscou, 1961, pp. 17 e ss.; Volk, *Narodnaia Volia*, Moscou, 1966, pp. 120 e ss.

51. Cf. S. Witte, *Lembranças*, ed. Moscou, 1960, t. I, p. 129.

52. "Meu desespero é às vezes tão grande", queixava-se em dezembro de 1881 Alexandre III, "que se eu não acreditasse em Deus e em sua infinita bondade, só me teria restado meter uma bala na cabeça".

deus, mas emancipar a população russa dos judeus"[53]. Em seguida, um judeu converso convenceu Ivan Aksakov de que a Aliança Israelita Universal dirigia de Paris o complô mundial judeu. Eis portanto o anti-semitismo moderno, com sua demonologia leiga. Mas passemos a dois amigos que foram os guias espirituais de Alexandre III, Dostoiévski (1818-1881) e Pobiedonostsev (1827-1907). Ambos tinham sido, em outros tempos, convencidos pelas novas idéias. Dostoiévski, como se sabe, pagou o preço. Pobiedonostsev, sucessivamente encarregado da educação de Alexandre III e de Nicolau II, era uma personagem singular, fanática, cínica e imperiosa, além de muito inteligente: em suma, uma personagem dostoievskiana, que exercia sobre o espírito de seus pupilos um forte domínio.

No verão de 1879, Dostoiévski, que fazia sua cura anual em Ems, queixava-se a seu amigo do afluxo de doentes vindos de todos os cantos da Europa: "...tudo é estrangeiro, completamente estrangeiro – isso é insuportável. E pensar que isso deve durar seis semanas! E note bem: a metade literalmente são judeus. De passagem por Berlim, observei que a Alemanha, pelo menos sua capital, se judaíza". Em sua resposta, Pobiedonostsev acusava os *jids* de todos os males do gênero humano:

> O que você escreve a respeito dos judeus é perfeitamente justo. Eles invadiram tudo, minaram tudo, mas *o espírito deste século*[54] trabalha a favor deles. Eles estão na raiz do movimento social-democrata e do czaricídio, são os donos da imprensa, o mercado financeiro se encontra em suas mãos, reduzem à escravidão financeira as massas populares, determinam os princípios da ciência contemporânea que tende a se colocar fora do cristianismo. E com isso, quando se trata deles, um coro de vozes se eleva em seu favor, pretensamente em nome da civilização e da tolerância, mas de fato, no da indiferença à fé. E ninguém ousa dizer entre nós que os judeus têm tudo. Eis que nossa imprensa já se judaíza...

Vê-se essa teologia, familiar a muito doutor medieval: tudo o que não é *cristão* é *judeu*. No entanto, Pobiedonostsev não tinha do que se queixar da imprensa: naquele mesmo ano de 1879, o *Novoiê Vremia*, o maior diário russo, traduzia o panfleto de Wilhelm Marr, *A Vitória do Semitismo sobre o Germanismo*; no ano seguinte, ele soava o alarme, sob o título de *Jid idëtt* ("O Judeu Está em Marcha"), e concluía: "Onde vai parar esta ameaça?"

---

53. Marx escrevera: "A emancipação *social* do judeu é a *emancipação de sociedade do judaísmo*". É com esta fórmula que concluía *A Questão Judaica* (1844). Cf. "A História do Anti-Semitismo", t. IV, *A Europa Suicida*, 1985, pp. 82 e ss.

54. Sublinhado no original.

No dia seguinte ao atentado de 1º de março, ele emprestava ao assassino um fácies judeu ("tipo oriental, nariz adunco"), enquanto o relatório da polícia falava de um indivíduo "de rosto redondo e cheio, de nariz grande". Muitos jornais de província foram mais longe.

Pobiedonostsev, que fazia e desfazia os ministros, não teve qualquer dificuldade para erguer um monarca tão limitado quanto devoto contra os *judeus cristicidas*. É a propósito dos Velhos--Crentes que se revelou a extensão de seu domínio. Para Alexandre III, depois para Nicolau II, esses cismáticos encarnavam por excelência o fiel povo russo[55]. Mas seu preceptor comum, que se tornara em 1880 o chefe da Igreja ortodoxa (o procurador-geral do Santo Sínodo), atormentava doravante os *raskolniks* por uma política de conversões forçadas, não recuando, se fosse preciso, diante das provocações policiais. Em 1901, o Ministro do Interior advertia sorrateiramente Nicolau II: "Os missionários ortodoxos ultrapassam amiúde os limites estabelecidos pela lei, e recorrem às autoridades civis em casos em que sua intervenção não é justificada". Desde 1885, um observador francês, Anatole Leroy--Beaulieu, anotava:

> Os Velhos-Crentes têm o direito de celebrar seu culto, mas com restrições desconhecidas pelos judeus, muçulmanos e pagãos. Toda cerimônia pública lhes é proibida; seus padres não podem sequer conduzir os mortos ao cemitério. Os *raskolniks* não têm o direito de erguer capelas às suas custas. A administração se reserva o direito de recusar-lhes a abertura ou o reparo de seus oratórios; ela pode expulsar seus padres ou seus *leitores*, impedir a impressão ou a venda de seus missais. Depois disso, pode-se dizer que o cisma conquistou a liberdade religiosa?...

Ademais, continuava Leroy-Beaulieu, "não se deve perder de vista que os direitos concedidos aos *raskolniks* só o são a uma ínfima minoria. Mais de nove décimos dos Velhos-Crentes, inscritos à sua revelia como ortodoxos, continuam a ser tratados como desertores da Igreja e permanecem passíveis de condenações judiciárias ou administrativas"[56]. Esse comportamento contraditório permite compreender por que seu número foi estimado, segundo os autores, em dez ou vinte milhões.

Mas o que eram, então, realmente os Velhos-Crentes? Citemos agora dois historiadores recentes: nos campos afastados,

---

55. Cf. Witte, *Lembranças*, t. II, p. 361.
56. Cf. Leroy-Beaulieu, *L'Empire des tsars et les Russes*, ed. Paris, 1898, t. III. pp. 563-564.

"havia entre eles características que lembravam o judaísmo, entre outras, a doçura e a segurança de um rito minucioso que ordenava a vida cotidiana" (Pierre Pascal). "A suspeição do Estado, se não a deslealdade em relação a eles, estava profundamente enraizada na filosofia dos Velhos-Crentes" (Aleksander Gerschenkron). Mas os *raskolniks*, que não se imolavam mais nas fogueiras, tinham adquirido o hábito de sofrer em silêncio.

Apesar das aparências, e mesmo da fidelidade ao czar, tratava-se, pois, de um barril de pólvora, mas do qual o único agitador "esclarecido" não soubera acender a mecha (não era por falta de esforços). Nos debates públicos impostos pela Igreja, certos *raskolniks* não sustentavam que o reino do Anticristo tinha começado, ainda que não chegassem a afirmar que ele se escondia sob a figura do czar? A ardente esperança da vitória final de Cristo sobre seu antagonista animava, portanto, essa família espiritual, assim como nos tempos de Pedro o Grande.

É necessário dizer que não se tratava, para a Igreja oficial ou para as administrações cúmplices, de tocar nos grandes comerciantes, nem nos protegidos dessas dinastias manufatureiras que já descrevemos[57]. E que esta imunidade estendia-se aos banqueiros judeus Guinzburg ou Poliakov, ou à dinastia açucareira dos Bródski assim como a seus próximos. É evidente que Pobiedonostsev desejava com um fervor talvez desigual o desaparecimento dos *jids* e dos *raskolniks*, sendo sua fórmula, a propósito dos primeiros: "Um terço se converterá, um terço emigrará, um terço perecerá".

Voltemos agora às conspirações e às mistificações da Santa Legião, da qual certas iniciativas, retomadas em seguida pela Okhrana oficial, tiveram efeitos de longo alcance[58]. A idéia do conde Witte foi acolhida nas altas esferas com entusiasmo. O ministro da corte imperial, Vronstsov-Dachkov, e o ajudante-de-

---

57. Cf. acima, p. 25. Ao trabalho de Gerschenkron pode-se acrescentar, no que se refere à personalidade do petroleiro Kokorev, Witte, *Lembranças*, t. I, p. 354.

58. As principais fontes concernentes à Legião são: P. Sadikov, "A Sociedade *Sviachtchennaia Drujina*" (Relatório de atividades para 1881-1882); *Krassny Arkhiv*, 2(21), 1927, pp. 200-217. Além disso, quando, em 1906-1907, a censura foi temporariamente suspensa (no dia seguinte à "primeira" revolução russa), as lembranças de antigos revolucionários e de seus simpatizantes, que por vezes evocavam a Legião, foram publicadas pela revista *Byloiê*. Reter-se-á sobretudo N. Nikoladzê, "A Libertação de N. Tchernichévski" (*Byloiê* n. 9, 1906, pp. 242-281). Sobressai desse testemunho que um primeiro-ministro do Interior, o conde Ignatiev, trabalhava de mãos dadas com a Legião, mas, no outono de 1882, foi substituído por um ministro mais legalista, o conde D. Tolstói.

-campo pessoal do czar, Chuvalov, encarregaram-se do caso. Tudo leva a crer que se inspiraram muito numa literatura rocambolesca que permanecia sensivelmente a mesma que aquela que inspirava, em outros tempos, um Pestel ou um Ichutin. Triarquias (*troikas*) e pentarquias surgiram nas grandes cidades, cada membro das quais se tornava por sua vez um recrutador, tudo isso sob promessa de segredo. Contudo, vias transversais conduziam à corte imperial e à Okhrana. Os objetivos da Legião, que contava com mais de setecentos membros e, garantia ela, quase vinte mil "auxiliares", eram muito diversos. No que concerne ao contraterrorismo, Witte relata que ele foi enviado a Paris para vigiar um outro cúmplice, encarregado de mandar assassinar o célebre escritor Henri Rochefort, que fazia campanha a favor dos emigrados políticos russos. Mas, continua ele, o caso se transformou em *vaudeville*, tanto mais facilmente pelo fato de que não se poupavam fundos. Ao que tudo indica, os empreendimentos desse tipo limitaram-se a isso.

Um outro objetivo da Legião consistia em espionar os estudantes e infiltrar-se em seus círculos, não sem êxito, como ficou estabelecido no caso da Universidade de Petersburgo[59]. De resto, ela insistia muito, em seu "relatório de atividades", na participação de seus auxiliares na proteção do autocrata contra os atentados terroristas. Esse relatório, destinado provavelmente ao czar, tornou-se um balanço de encerramento; com efeito, tendo o pânico se apaziguado nas altas esferas, um novo ministro do Interior mandava dissolver a Legião, em novembro de 1882. O que não impediu que tivesse deixado um longo rasto na história, e isso de duas maneiras.

Em primeiro lugar, é a Santa Legião que (no lance de Netchaiev?) elaborou, e até inventou, as técnicas modernas de desinformação, nas quais, passado um século, os *experts* da KGB permanecem virtuoses? Para desencorajar e extraviar os revolucionários e seus simpatizantes, lançou três órgãos periódicos. Um, que retomava o título outrora glorioso de *Moskovskii Telegraf* (revista na qual colaboraram Púchkin e Bielinski), pretendia ser seu continuador; na realidade, estava destinado a semear a discórdia entre as diversas tendências liberais; ademais, lê-se no relatório de atividade: "a intenção era produzir um choque, revelando que o *Moskovskii Telegraf* servia aos objetivos da Santa Legião". Dois outros órgãos eram publicados no exterior. Um, o *Volnoiê Slovo*, dedicava-se a uma crítica "moderada" da *Narodnaia Volia*, "a fim

---

59. Cf. Volk, *op. cit.*, pp. 349-350.

de fornecer argumentos aos membros hesitantes desse partido, para dividi-los de modo natural". O outro, o *Pravda*, caricaturizava o programa da *Narodnaia Volia*, "levando-o ao absurdo, mesmo aos olhos das pessoas politicamente extraviadas". Esse *Slovo* e esse *Pravda* não paravam de polemizar entre eles. Tratava-se, portanto, de desorientar a *intelligentsia* e de fazer os mal--pensantes perder o pé, sobretudo os emigrados políticos. Os resultados parecem ter sido medíocres, tanto mais que essa desinformação se encerrou com a extinção da Legião[60]. Mas já a Okhrana fará muito mais.

Foi ainda a Legião que modernizou o antigo pára-raios do judeu, bode expiatório. As circunstâncias prestavam-se a tanto: as Páscoas cristãs, tão amiúdes fatais aos judeus, vieram logo após o czaricídio, e a Rússia ainda não se recuperara do choque. Foi então que nossos aristocratas, acobertando-se com o nome abençoado do czar, fomentaram uma série de *pogroms*. Seu objetivo era evidente: castigar os judeus enquanto tais, e desse modo desviar de si mesmos, suspeitos em vários lugares de ter participado no atentado, o ressentimento popular. É evidente que Alexandre III, que tinha horror aos distúrbios públicos, não devia ser posto a par: de resto, o "relatório de atividades" se calava sobre aquelas atividades. Cedamos a palavra a Leroy-Beaulieu:

> As revoltas anti-semitas ocorreram em dia fixo, quase em toda parte, segundo os mesmos procedimentos, para não dizer segundo o mesmo programa. Começaram pela chegada de bandos de agitadores trazidos pelas ferrovias. [...] Para levantar as massas, esses líderes liam, nas ruas ou nos cabarés, os jornais anti-semitas cujos artigos eles davam como ucazes que ordenavam que surrassem e pilhassem os judeus. Tinham o cuidado de acrescentar que, se os ucazes não tinham sido publicados, a culpa cabia às autoridades, que tinham sido compradas por Israel. [...] E, de fato, espalhou-se por toda parte o rumor de que uma ordem do czar dava três dias para pilhar os judeus.

Mais adiante, o mesmo observador descrevia o comportamento popular, notando que "o sangue não correu. A multidão se mostrou bárbara sem se mostrar feroz. Não houve carnificinas. [...] Até no meio das cenas de horror, israelitas observaram traços da nativa bondade e ao mesmo tempo da credulidade do russo"[61].

E, efetivamente, a maioria dos pogromistas era pessoas de boa fé que, alegremente certas, acreditavam estar cumprindo um dever: "O czar o quer". Houve também casos em que os campo-

---

60. Ver sobretudo o relatório publicado por Sadikov, *op. cit.*, pp. 209-210 ("As Lutas Literárias Clandestinas").
61. Leroy-Beaulieu, *op. cit.*, vol. II, pp. 616 e 618.

neses pediram um certificado por escrito de que tinham o direito de *não* atacar os judeus; por outro lado, a noção de judaicidade e seus limites não era problema para o povo; em Kiev, a multidão se atirava sobre os transeuntes "vestidos à européia" e não os largava enquanto eles não fizessem o sinal-da-cruz[62].

É fácil imaginar o terror e a indignação dos judeus, pequenos ou grandes, que compreenderam o que os esperava sob o novo czar. A primeira reação foi uma onda de emigração; houve outras, mais militantes. Quanto a Alexandre III, ele começou por atribuir os distúrbios aos revolucionários. A 11 de maio, assegurava a uma delegação de notáveis judeus que os distúrbios eram obra dos "anarquistas" e que saberia acabar com eles; mas falava também da exploração das massas populares pelos judeus. Paralelamente, apressava a investigação administrativa em curso. Esta o mais das vezes concluiu pela total espontaneidade da explosão popular. Atendo-se o relatório ministerial de síntese a isso, o czar anotou à margem: "Isso é muito preocupante, mas não vejo seu fim, pois esses *jids* são por demais odiados pelos russos, e enquanto continuarem a explorar os cristãos, esse ódio não se desarmará". Pouco depois, estimulado por Pobiedonostsev, decidiu proteger o povo cristão castigando os judeus, "que tinham matado Cristo".

Tornaremos a encontrar em muitos livros de história os detalhes das novas leis de exceção, cujo número, nas palavras do Ministro da Justiça, aproximava-se de seiscentos e cinqüenta[63]. Bastará indicar aqui as duas medidas principais: urbanização forçada (proibição de se instalar nos campos) e limitação do acesso aos colégios e às universidades (*numerus clausus*). No que se refere ao segundo ponto, os judeus não foram os únicos: um decreto de

62. Cf. *A Europa Suicida*, p. 87.

63. Esse ministro, o conde Pahlen, pensava o seguinte: "Devemos nos espantar se os judeus, submetidos a uma legislação repressiva secular, constituam uma categoria de súditos insuficientemente respeitosos da ordem estabelecida, que elude o cumprimento de seus deveres com o Estado e que não se integrou completamente à vida russa? Em nosso Código, o número das leis de exceção concernentes aos judeus se aproxima de seiscentos e cinqüenta, e os entraves e limitações que impõem tornam muito penosa a existência da enorme maioria dos judeus. [...] Não se pode deixar de concordar que os judeus têm o direito de se queixar de sua situação. Os judeus não são estrangeiros, fazem parte da Rússia há mais de um século. A tarefa principal do legislador consiste numa fusão tão íntima quanto possível dos judeus com a população cristã. O sistema das medidas repressivas deve dar lugar a um sistema de leis de isenção igualitária progressiva..." (fevereiro de 1883). Contradições da Rússia czarista: esse lúcido ministro não era de forma alguma um "liberal". É preciso dizer que ele não foi ouvido? (cf. *A Europa Suicida*, pp. 88 e s.).

1887 prescrevia "desembaraçar os colégios e os ginásios dos filhos de cocheiros, domésticos, cozinheiros, lavadeiras, pequenos lojistas e outros. Pois, excetuando-se os excepcionalmente dotados, não é bom que os filhos dessa gente mudem de posição na existência". Esse decreto provocador permaneceu gravado nas memórias russas sob o nome de "circular das cozinheiras" (daí a famosa fórmula de Lênin, em 1918: "Entre nós, cada cozinheira poderá governar o Estado"). Essa circular ia também voltar-se contra seus autores, fornecendo inúmeros recrutas ao campo revolucionário.

A REAÇÃO: A OKHRANA E A AUTOCRACIA

Quando, em 1878-1879, os atentados da *Narodnaia Volia* se multiplicaram, uma nova polícia antiterrorista, com escritórios em Petersburgo e em Moscou, foi criada sob o nome de *Okhrannoie Otdieleniê* (Seção de Salvaguarda); esse foi o ato de nascimento da famosa *Okhrana*, destinada a tornar-se a polícia política mais moderna e, de longe, a mais ramificada da Europa; basta indicar aqui que, três anos depois, ela dispunha de uma rede de cerca de trinta mil agentes e espiões. Seus verdadeiros criadores foram dois completos e duros reacionários, o conde Dmitri Tolstói, Ministro do Interior de Alexandre III, e seu adjunto, o procurador Viatcheslav Plehve. Sob sua direção, a Okhrana veio a obter direitos exorbitantes, dentre os quais o de mandar julgar os crimes políticos por um órgão administrativo, a "Conferência Especial" (*Ossoboiê Sovietchtchaniê*, ou *Osso*; este órgão foi reconstituído na Rússia stalinista, no tempo dos grandes expurgos)[64]. Acrescentemos que, diferentemente dos especialistas de Stálin, os de Alexandre III não recorriam à tortura física: estava-se no século XIX, e a Rússia pretendia ser um país europeu.

Desde o início, a tarefa principal da Okhrana consistia em fazer os terroristas pegos em flagrante *virar a casaca*, e, antes mesmo do czaricídio, ela registrou dois bons resultados, sem conseguir, no entanto, desbloquear a Narodnaia Volia. Em janeiro de 1880, Grigori Goldenberg, o assassino do governador-geral de Kharkov, casualmente preso após o atentado, deixava-se convencer por seus interrogadores de que eles também desejavam o bem

---

64. Cf. L. Menchtchikov, *Okhrana i revolutsia* (3 vols.), Leningrado, 1925-1932; vol. I, p. 12. Sob o regime czarista, esse procedimento só era aplicado em casos excepcionais. Menchtchikov pretendia ter-se empregado na Okhrana, em 1888, para descobrir seus métodos; o que ele fez efetivamente, em 1911.

da Rússia, e que a suspensão do terrorismo seria seguida da outorga de uma Constituição. Assim, foi levado a revelar tudo o que sabia; mas, semanas depois, compreendendo ter sido enganado, suicidava-se em sua cela. Ivan Okládski, preso em novembro de 1880, confessou em condições análogas; ele se resignou à sua sorte, e acabou por se tornar, com o passar do tempo, um espião modelo. No mundo cruel do terrorismo, o contraste entre o heroísmo e a vilania depende muitas vezes de pouca coisa.

O czaricídio de 1º de março de 1881 teve conseqüências diametralmente opostas àquelas que seus autores esperavam: desferiu um golpe fatal na Narodnaia Volia. Graças às imprudências de Sofia Perovskaia, mais as confissões de Ryssakov, a Okhrana conseguiu capturar, no espaço de algumas semanas, quase todos os membros do Comitê Executivo Revolucionário. No entanto, ela levou algum tempo, quase dois anos, para perceber inteiramente a amplitude de sua vitória. Com efeito, a indomável Vera Figner, que permanecera em liberdade, circulava de cidade em cidade, reamotinava energias, e fazia novos recrutas, de modo que as autoridades continuaram a temer pela vida do czar. Negociações chegaram a ser esboçadas, por iniciativa da Santa Legião, para que os terroristas renunciassem a um atentado previsto por ocasião das festas de coroação, em troca de uma série de libertações. No final das contas, só foi libertado o velho Nikolai Tchernichévski, que estava morrendo em seu exílio siberiano[65].

É em fevereiro de 1883 que foi desferido o último golpe na Narodnaia Volia: Vera Figner e seus amigos foram entregues por seu adjunto, Serguei Degaiev. Nesse meio tempo, a Okhrana, cultivando o legado da Legião, aperfeiçoara seus métodos e seus fichários, e sobretudo policiais de um tipo novo começavam a se multiplicar: muitas vezes, antigos estudantes que se haviam comprometido no campo revolucionário durante os anos de 1870. Citemos, primeiramente, o caso do primeiro chefe da Okhrana de Petersburgo, Sudeikin que, dizendo-se socialista, conseguiu convencer Degaiev. Parece que ele soube acenar-lhe com um projeto megalômano: "afastar, com a ajuda da Okhrana, os velhos revolucionários, reorganizar a Narodnaia Volia e tornar-se desse modo seu ditador. Em seguida, eles governariam de fato a Rússia [só eles dois], assegurando a docilidade dos meios dirigentes median-

---

65. Sobre essas negociações, que aconteciam em Genebra e Paris, ver "Notas Inéditas de Lev Tikhomirov", *Krassny Arkhiv* 4(29), 1928, pp. 142 e ss; e N. Nikoladzê, "A Libertação de N. Tchernichévski", *Byloiê*, n. 9, 1906.

te o terror, e a dos terroristas mediante a Okhrana"[66]. Exaltado, assim, à loucura, Degaiev partiu em missão para o exterior, onde os meios revolucionários russos logo o colocaram sob suspeita: chegou então a se confessar em Paris ao mentor da Narodnaia Volia, Lev Tikhomirov, que lhe ordenou que voltasse à Rússia, matasse Sudeikin – e desaparecesse. Degaiev executou a ordem ao pé da letra; morreu obscuramente nos Estados Unidos, por volta de 1920.

Abria-se assim uma era de interpenetração dos terroristas e da polícia. Outros policiais de alto vôo souberam agir mais e melhor que Sudeikin: citemos Serguei Zubatov, excluído em 1882 da Universidade, onde aderira a um círculo clandestino. Por volta de 1888, empregou-se na Okhrana de Moscou, onde logo se distinguiu por seus talentos de interrogador. Os procedimentos habituais – longas conversas em torno de uma xícara de chá, protestos de amizade entrecortados de ameaças – confundiam tanto mais as vítimas pelo fato de Zubatov lhes falar a linguagem de um antigo revolucionário. Voltarei posteriormente a essa personagem, íntegra à sua maneira, ao mesmo tempo que tratarei do temível provocador Piotr Ratchkóvski, um antigo estudante, também politicamente comprometido, que em 1879 preferiu uma carreira na Okhrana a um exílio na Sibéria. Ele foi, se não o autor, pelo menos o comanditário dos célebres *Protocolos dos Sábios do Sião*[67] (1897), e a provocação anti-semita permaneceu como uma de suas especialidades quando se tornou, em 1904, o chefe da Okhrana de Petersburgo. Mas todos esses *experts* foram obnubilados pelo engenheiro-eletricista Evno Azef, que se tornou espião *antes* de entrar numa organização terrorista para ali fazer carreira – e se tornar, como se verá, o mais extraordinário agente duplo de todos os tempos. Assim, em sua própria realidade, a causalidade diabólica começava a superar as ficções com que se nutrira: nem Adam Weishaupt, nem Barruel, nem Eugène Sue conseguiram imaginar isso.

Sob o reinado de Alexandre III, a Okhrana parecia, portanto, ter ganho definitivamente a partida. Mesmo Tikhomirov, o implacável juiz de Degaiev, declarava em 1888 que não acreditava mais na Revolução[68]. A opinião russa em seu conjunto aspirava à

---

66. Cf. o artigo "Degaiev" da *Grande Enciclopédia Soviética*, 1ª ed., assim como as "Notas Inéditas de Lev Tikhomirov".
67. Cf. Norman Cohn, *Histoire d'un mythe...*, Gallimard, Paris, 1967.
68. Cf. a brochura de Tikhomirov, *Pourquoi j'ai cessé d'être un révolu-*

calma. Nas universidades, as últimas franquias tinham sido suprimidas, e os estudantes tinham renunciado às manifestações. A verdadeira ação revolucionária situava-se doravante no exterior, e tratava-se sobretudo de discussões doutrinárias. Na Rússia destaca-se apenas um complô de alguma envergadura, o de uma dúzia de estudantes de Petersburgo que, no início de 1887, projetaram assassinar Alexandre III. O atentado foi marcado para a data aniversário do 1º de março; mas os conspiradores foram presos antes de terem podido levar adiante seus preparativos. Um dos estudantes enforcados (ele recusou-se a assinar um pedido de indulto) chamava-se Aleksandr Ulianov. Filho de um alto funcionário, ele tinha um irmão caçula, um colegial conhecido no mundo inteiro, depois de 1917, sob o nome de Lênin. Mas, na época, essas execuções não despertaram uma emoção especial, nem na Rússia, nem no estrangeiro (na França, o único órgão a falar sobre o assunto foi o socialista *Grito do Povo*, que destacava em seu artigo o admirável comportamento de Aleksandr Ulianov sob a forca).

É bem verdade que a *intelligentsia* russa permanecia fiel a suas tradições liberais e oposicionistas. Mas a juventude parecia procurar outros caminhos: os da não violência, de inspiração tolstoiana, conjugada com a ajuda filantrópica (especialmente por ocasião da grande fome de 1891) – ou os do marxismo, uma orientação que, naqueles tempos, não era necessariamente criminosa no império dos czares.

Entretanto, a autocracia continuava a cavar sua sepultura. Não se poderia sublinhar suficientemente a influência de Konstantin Pobiedonostsev, esse partidário desesperado da política do pior. Para ele, os verdadeiros inimigos da Rússia tinham o nome de liberalismo e reformismo. É típica a carta que dirigia, a 14 de dezembro de 1879, a seu augusto pupilo:

O que ouço dizer aqui, em São Petersburgo, por homens de alta posição e cultos, me deixa doente, como se eu estivesse entre idiotas ou entre macacos perversos. Ouço em toda parte esta palavra vulgar, mentirosa e maldita que é Constituição. Esta palavra penetrou nos meios mais elevados e aí se enraizou. [...] Mas acontece-me também falar com russos sadios, cujos corações estão cheios de apreensão. Neles desenvolve-se a seguinte idéia: uma revolução russa, uma rebe-

tionnaire (Paris, 1888, 2. ed., Moscou, 1898). No essencial, ele desenvolvia ali a idéia de que na Rússia, nem a acepção terrorista, nem, de forma geral, a ação violenta, ofereciam daí em diante qualquer perspectiva, e que era preciso colocar todas as esperanças num despertar do povo russo.

lião elementar, é preferível a uma Constituição. A primeira poderia ser reprimida, e a ordem seria restabelecida através do país; a segunda envenenaria o organismo todo, destruindo-o pela força de uma mentira com a qual a alma russa jamais se acomodaria[69].

Para satisfazer essa alma, tal como a concebia Pobiedonostsev, a nova política governamental foi especialmente marcada por uma russificação desmedida das populações alógenas submetidas. Em primeiro lugar, os poloneses: mesmo nas escolas primárias, o ensino se efetuou em russo desde 1885, e sanções severas incidiam sobre o ensino da língua nacional. Apagaram-se as inscrições polonesas: os nomes das ruas, as tabuletas das lojas, os cardápios dos restaurantes foram russificados; os jornais tiveram de substituir o qualificativo de "polonês" pelo de "local"; nos mapas, a Polônia tornou-se a "Região do Vístula". Em 1887, as populações bálticas, que não manifestavam qualquer veleidade de independência, foram submetidas a medidas análogas: trinta anos depois, vamos reencontrar esses homens no olho do furacão. Foram igualmente esboçadas tentativas para russificar as populações muçulmanas, numerosas e variadas. Em contrapartida, não se cogitou mais, sob o reinado de Alexandre III, em assimilar os judeus, a ponto de o ensino da língua russa ter sido proibido nas escolas judias; mas os próprios excluídos encarregaram-se de sua russificação, pode-se adivinhar com que intenção. Pode-se acrescentar que todas as tentativas de russificação fracassaram na Finlândia, onde a população mostrava já a heróica disciplina nacional que lhe permitiu conservar sua independência em 1945.

Quanto ao próprio povo russo, os camponeses foram oprimidos ou postos sob tutela de diversas maneiras novas. Certamente, não se tratava mais do restabelecimento da servidão. Fora isso, o princípio geral foi (para citar um vice-ministro do Interior) "restaurar tudo o que tinha sido destruído" pelas reformas liberais de Alexandre II[70]. Elas foram, portanto, anuladas ou revistas: os juízes de paz rurais foram suprimidos; os presidentes dos conselhos rurais (*zemstvos*), anteriormente eleitos por um colégio tripartite, foram substituídos por nobres locais, nomeados pelo governo. Uma parte das escolas primárias foi subtraída à autoridade do Ministério da Instrução e colocada sob a do Santo Sínodo. Não se poderia citar tudo.

69. Citado por M. Florinsky, *op. cit.*, p. 1089.
70. *Idem*, p. 1093.

Essa política era praticada sobre o fundo de uma luta incoerente, que dividia em dois campos todas as camadas sociais. Com efeito, o governo se empenhava por todos os meios em reforçar a posse comunitária das terras camponesas que dominava especialmente na Rússia central, às custas da propriedade individual. No caso em questão, os velhos sonhos dos eslavófilos justificavam oportunamente, sob a capa da justiça distributiva, o desígnio de consolidar a tutela administrativa: em outros termos, a intenção de impor aos aldeões um estatuto próximo daquele das crianças menores. (Essa *infantilização* se estenderá durante os anos 1920 a todos os cidadãos soviéticos; do ponto de vista teórico, ela se deixava justificar pelo conceito leniniano de "culpabilidade objetiva"[71]). Na época mais complacente dos czares, não faltaram discussões e polêmicas sobre esse tema – tanto no campo governamental como no da *intelligentsia*. Mas tratava-se de uma espécie de desencontro. Aos partidários capitalistas da industrialização, da qual o conde Witte era o grande porta-voz, faziam eco os primeiros marxistas, para os quais a Revolução só podia estourar no dia seguinte à proletarização geral, enquanto os populistas, preocupados em poupar à Rússia essa praga, colocavam suas esperanças na *obchtchina*, exatamente como os piores reacionários. Assim, o capitalismo emergente era, numa certa medida, refreado por um paternalismo desusado que, considerando a miséria e a ignorância do povo assim como a indivisão das terras aráveis, não era propício, para dizer o mínimo, ao desenvolvimento de um campesinato consciente de seus direitos e de seus interesses reais. Como o resumia brutalmente Witte, às vésperas da Revolução de 1905: "O camponês russo foi sistematicamente educado, durante duas gerações, na ignorância de toda noção de propriedade e de legalidade".

Contra o fundo dessas contradições especificamente russas do fim do século XIX, é de admirar que a opinião esclarecida demonstrasse ao modo nacional de governo um crescente desafeto? Longe iam os tempos em que um Púchkin ou um Gógol celebravam a pessoa do czar autocrata. E se se procurar nos meios literários, especialmente entre os mestres do pensamento, admiradores da política nova, só se encontrarão, após a morte de Dostoiévski, alguns nomes – Danilévski, Leontiev – relegados a

---

71. Sobre o conceito, cujo germe se encontra na historiosofia de Karl Marx, ver *A Causalidade Diabólica I*, pp. 174-175; assim como, mais recentemente, M. Helier, *La Machine et les Rouages...*, Calmann-Lévy, 1985, pp. 41-52 ("A Infantilização").

um esquecimento quase total, a ponto de não figurarem sequer na maioria das grandes enciclopédias.

Nikolai Danilévski, muito em voga na época da Alexandre II, publicava em 1869 *A Rússia e a Europa*, obra cuja verdadeira popularidade remonta à sua reedição de 1888. Ela procura estabelecer os tipos e as leis do futuro das grandes culturas humanas; como filho de sua época, ele pretendia uma classificação científica. Desta resultava que ao tipo germano-romano se opunha um tipo eslavo-finês. Ao final de seus raciocínios, ele exortava os eslavos ou os eslavo-fineses a se federarem sob a suserania russa e a constituírem um império cuja capital seria Constantinopla. Em suma, modernizava o antigo messianismo russo.

Seu aluno Konstantin Leontiev publica, sob Alexandre III, *O Oriente, a Rússia e os Eslavos* (1885), uma visão lúgubre à Pobiedonostsev. Segundo ele, todo o Ocidente entrara em decadência; um homem político sensato só podia procurar retardar sua "corrida para o abismo". Quanto à Rússia, que pertencia ao tipo cultural bizantino, seu problema era evitar a podridrão do "progresso liberal e igualitário" ocidental. "É importante congelar a Rússia", na expectativa de dias melhores, que de resto poderiam jamais chegar, e todos os meios são bons para esse fim, especialmente a "luva de ferro" da Igreja ortodoxa. Em conclusão, o inimigo mais perigoso, contra o qual todos os elementos russos sadios devem se unir para constituir uma frente comum, é o liberalismo; até o socialismo é menos nocivo, "pois ele não é desprovido de elementos de organização e de disciplina"[72].

Numa conversa com o diplomata alemão Bülow, o conde Dmitri Tolstói, ministro do Interior, exprimia a quintessência dessa visão em duas palavras, afirmando que se a autocracia desmoronasse na Rússia, seu lugar seria preenchido pelo comunismo – "o comunismo puro e simples, o comunismo do Karl Marx de Londres, que acaba de morrer, e cujas teorias estudei com atenção e interesse (1884)"[73]. Esse homem de Estado via, portanto, longe; cerca de trinta anos depois, a aliança de fato entre os extremistas das duas pontas sugeria que ele vira com mais acuidade do que imaginava.

---

72. Cf. P. Miliukov, "A Decomposição da Eslavofilia", *Sobre a História da Intelligentsia*, Petersburgo, 1903, pp. 167 e ss.

73. Bernhard von Bülow, *Denkwürdigkeiten*, Berlim, 1931, vol. IV, p. 573.

O MARXISMO NA RÚSSIA

Durante a maior parte de sua vida, Karl Marx manifestou em relação à Rússia e aos russos uma sólida antipatia; a todos os russos, isto é, não só ao czar e aos proprietários, mas igualmente aos revolucionários (basta pensar em seus desentendimentos com Herzen e sobretudo com Bakunin), e até ao povo russo, "idiotamente" apegado ao czar, e cuja inferioridade racial admitia de bom grado[74]. Parece que se pode notar um início de reviravolta em outubro de 1868, quando um editor de Petersburgo, N. P. Poliakov, lhe pediu autorização para traduzir *O Capital*. A obra tinha sido publicada no ano anterior em Hamburgo, mas na Alemanha não interessou muita gente (foram precisos cinco anos para escoar a primeira tiragem de mil exemplares). Nenhuma tradução estrangeira estava, portanto, em vista (a edição francesa só apareceu em 1875, a edição inglesa, em 1887). Mas em 1869, desde a conclusão do contrato, Karl Marx começava a estudar russo...[75] Foi assim que nasceu seu tardio flerte com a Rússia, o país onde seus trabalhos eram (já) mais conhecidos.

A tradução russa de *O Capital* apareceu na primavera de 1872, com uma tiragem de três mil exemplares – novecentos dos quais foram vendidos nas cinco primeiras semanas. A censura imperial autorizou a obra, pela característica razão seguinte: "Ainda que o autor seja um socialista convicto e que seu livro se revista de um caráter socialista do início ao fim, convém levar em consideração que não é de fácil acesso e que, por outro lado, seu modo de demonstração é rigorosamente matemático e científico".

Ciência exata e doutrina de salvação: os censores eram os primeiros a capitular diante da fundamental ambigüidade marxista, e esse estado de coisas se perpetuou na Rússia, ao menos até o fim do século. Enquanto os terroristas eram ainda confortados se possível em sua resolução pela leitura de *O Capital*[76], os econo-

---

74. Em 1865, Marx escrevia, a propósito dos russos: "Eles não são eslavos, não pertencem à raça indo-germânica: são intrusos que é preciso repelir para lá do Dniepr!" No ano seguinte, escrevia a Engels que é "por causa da formação geológica que predomina na Rússia que o eslavo se tartariza e se mongoliza". Ver sobre esse assunto *O Mito Ariano*, São Paulo, Perspectiva, 1974, pp. 229-230.

75. Cf. R. P. Koniuchnaia, *Karl Marx e a Rússia Revolucionária*, Moscou, 1975, p. 96.

76. Assim é que Vera Figner escrevia: "*O Capital* [...] era, se ouso dizê-lo, meu segundo batismo socialista. [...] O fato de frágeis criaturas humanas serem apoiadas em sua luta por um poderoso processo histórico me extasiava, dava a todas as nossas atividades fundamentos de tal forma firmes e profundos que pa-

mistas ou sociólogos pacíficos ou bem pensantes iniciavam, desde a sua publicação, uma discussão sobre as perspectivas da industrialização na Rússia, à luz da nova teoria. Depois da Alemanha, a Rússia foi, no século XIX, o país onde os economistas profissionais estudaram Marx mais atentamente, prestando, como queria a tradição nacional, uma atenção especial na mensagem ética encriptada em seus escritos[77].

Esse marxismo recebeu na Rússia a denominação de "marxismo legal". Os revolucionários, por sua vez, raramente tinham a possibilidade, por falta de tempo ou de agilidade mental, de estudar a doutrina detalhadamente, para tirar dela conclusões pessoais. Bastava que ela fosse, a seus olhos, como aos olhos dos censores governamentais, "rigorosamente matemática e científica". Gheorghi Plekhanov, um espírito filosófico de qualidade, decidia imitar Tkatchev, que emigrara desde 1873; em 1879, ele se separava da Narodnaia Volia e partia para seu giro pela Suíça, para se tornar o mais ortodoxo e conseqüente exegeta russo do marxismo. Assim coexistiram, a partir dos anos de 1870, duas escolas marxistas: a dos emigrados, ilegal por definição, e a dos economistas legais na própria Rússia, aos quais o governo ou a Okhrana não procuravam de forma alguma questionar. A seu respeito, citaremos um comentário penetrante do conde Witte, servidor dedicado da monarquia que não acreditava muito na perfectibilidade humana:

> O único ideólogo sério do socialismo econômico, Marx, merece a atenção pela força lógica e a coerência de sua teoria, mas esta não é nem convincente nem realista [...]; pois o autor, forte como negador, é singularmente fraco no plano criador.

É admirável a justeza do diagnóstico – e, considerando bem, do prognóstico.

Witte concluía sua análise deplorando que inúmeras personalidades russas fossem contaminadas pelo marxismo ou pelo coletivismo, que se tornariam viáveis se os homens, mais do que perseguir seu bem-estar pessoal, procurassem de súbito, "milagrosamente, sua salvação na felicidade coletiva"[78].

---

recia certo que todos os obstáculos seriam superados". (Cf. J. Baynac, *Les socialistes révolutionnaires*, Paris, 1979, pp. 14-15).

77. Esse tipo de marxistas era qualificado de *Kathedersozialistes* ("socialistas de cátedra"); cf. o grande artigo "Marx", na *Enciclopédia Russa*, Brockhaus e Efron, t. XXXVI, Petersburgo, 1898.

78. Cf. Witte, *Lembranças*, t. II, pp. 493-494.

Voltemos agora aos reveses que não tardaram a conhecer Plekhanov e seus amigos de Genebra.

Uma vez que decorria dos escritos de Marx que a Revolução só se daria num futuro incerto, e que o terrorismo não poderia de forma alguma apressar o curso das coisas, Plekhanov entabulou uma polêmica com Lev Tikhomirov a esse respeito. A um panfleto deste ele replicava em 1885 com um livro intitulado *Nossos Desacordos*, onde demonstrava, apoiado em *O Capital*, que a Rússia, esse imenso país mal tocado ainda pela industrialização, tinha de percorrer um caminho muito longo antes de estar amadurecido para a luta final. Com a morte de Marx em 1883, Plekhanov pediu a Vèra Zassulitch para submeter seu livro a Friedrich Engels. Chocou-se com uma severa crítica, cujo principal interesse é nos lembrar que, antes de serem doutrinários, Marx e Engels eram homens que, desde 1848, comungavam na expectativa de uma Revolução que, em diversas ocasiões, lhes parecera iminente. De resto, em 1885, Engels não tinha papas na língua:

> Tudo o que eu sei ou penso sobre a situação na Rússia me faz acreditar que os russos se aproximam de seu 1789; a Revolução *deve* estourar num dado momento, mas ela *pode* estourar a qualquer momento. Nas circunstâncias atuais, o país se assemelha a uma granada carregada pronta para ser destravada. Sobretudo desde 1º de março de 1881. [...] Na minha opinião, a Rússia tem, essencialmente, necessidade de um novo empurrão, que detonará a Revolução. [...] Quando 1789 sobrevém num país desses, 1793 não tarda a seguir-se.

Em suma, o *alter ego* de Marx depositava todas as suas esperanças na lenda terrorista da Narodnaia Volia. Pode-se acrescentar que Plekhanov não se deixou impressionar, que continuou a se prevalecer da ortodoxia de *O Capital*, e que, em 1892, quando a reação parecia ter definitivamente triunfado na Rússia, Engels retratou-se publicamente. O fato é que, durante alguns anos, Marx e Engels tiveram, antecipadamente, uma posição... leninista, em relação ao império dos czares. As autoridades russas, por sua vez, continuavam a considerar o marxismo puro uma especulação inofensiva; uma reedição de *O Capital* era autorizada em 1885; em 1894, Plekhanov desenvolvia seu credo em Petersburgo (mas sob um pseudônimo, e sob o prudente título de *A Questão da Evolução de uma Visão Monista da História*).

Nessa época, o marxismo continuava a se propagar na Rússia, em dois níveis diferentes. Desde os anos de 1880, pequenos círculos de operários, animados por estudantes, surgiam em Petersburgo (em terreno russo) e na margem ocidental do país (em terreno polonês ou judeu). Essas atividades eram clandestinas, e a polícia, cedo ou tarde, acabava por grassar, sem no entanto considerar os culpados como perigosos criminosos do Estado. Para esses operários avançados, tratava-se sobretudo de melhorar sua condição; o que os marxistas ortodoxos qualificavam desdenhosamente por "economismo". No período que se seguiu, muitos desses pioneiros optaram, aliás, pelo sindicalismo policial de Zutatov, que prometia abrir-lhes os caminhos mais eficazes e mais rápidos para lutar contra a exploração patronal.

Por outro lado, a diferença entre marxismo "clandestino" e marxismo "legal" dependia então muito da condição social dos adeptos. E é assim que, por volta de 1890, uma nova geração de estudantes de espírito curioso, e que não podiam mais satisfazer-se com as trivialidades de Tchernichévski e de Pisarev, nem com o positivismo diluído ou o "subjetivismo" de Lavrov e Mikhailóvski[79], se interessaram pelo marxismo na perspectiva global de ali descobrir uma nova chave científica do devir humano. O impulso foi dado por um punhado de brilhantes espíritos petersburguenses, dentre os quais dois jovens pesquisadores promovidos a um grande futuro: Piotr Struve e Nikolai Berdiaev (o futuro filósofo existencialista). Esse novo interesse coincidia com as discussões em torno do economista Marx nas altas esferas. É por isso que o primeiro livro de Struve, *Observações Críticas sobre a Questão do Desenvolvimento Econômico da Rússia* (1894), era lido, ao que parece, em todos os gabinetes ministeriais[80]. Mas ele foi também devorado pelo jovem Lênin, que lhe dedicou sua primeira obra, *O Conteúdo Econômico do Populismo e sua Crítica no Livro de P. Struve* (1895), censurando ao autor ter ousado questionar certas posições marxistas e ter proclamado, desde o prefácio, que ele não era contaminado por nenhuma ortodoxia. É de se notar que o autor, assim como sua crítica, tinha na época apenas vinte e quatro anos. Assim, desde o seu primeiro contato, revelava-se um contraste mental e psicológico que levou, finalmente, Struve, ao termo de uma árdua análise, a se convencer das fraquezas e das contradições da teoria econômica de Marx, e portanto, de sua escatologia (apesar de manter intata sua admiração pelo sociólogo Marx). Aliou-se então, no plano político, à oposição moderada ou "constitucionalista", cujo peso específico na sociedade russa e cujo dinamismo vinham crescendo;

---

79. Nikolai Mikhailóvski (1842-1904), editor da revista *Russkoiê Bogatstvo*, era um populista moderado que a Okhrana teve a sutileza de não inquietar; ele chegou a desempenhar um certo papel nas negociações que resultaram na libertação de Tchernichévski.

80. Cf. Richard Pipes, *Struve: Liberal of the Left*, Harvard, 1970, pp. 115 e *passim*.

em 1902, aceitava o cargo de redator-chefe do novo órgão dessa oposição, *Osvobojdeniê (Libertação)*, que, por força das circunstâncias, só podia ser publicado no exterior, e emigrava, portanto, para a Alemanha.

LÊNIN

Oriundo de uma família miserável de Astracã, Ilia Ulianov, o pai de Lênin, conseguiu concluir, com o auxílio de bolsas, seus estudos secundários e universitários, e fez uma bela carreira no ensino: em 1874, foi nomeado diretor do ensino primário da província de Simbirsk, no Volga. Nessa ocasião, foi nobilitado. A família – Lênin teve cinco irmãos e irmãs – era unida e feliz. Até as sucessivas tragédias familiares; em 1886, a morte do pai, e, em 1887, o enforcamento, em Moscou, do irmão mais velho, que, ao que parece, colocou a família Ulianov à margem da sociedade provincial bem-pensante. Em todo caso, ela deixou Simbirsk, para nunca mais retornar. Foi então que o irmão caçula se fez revolucionário e marxista.

Excluído da Universidade de Kazan, por causa de seus propósitos subversivos, foi, no entanto, admitido ao exame final da faculdade de Direito. Em 1893, com vinte e três anos, partia para Petersburgo e se inscrevia na ordem dos advogados – por mera formalidade, pois já se comportava como revolucionário profissional, trabalhando em tempo integral na propaganda do marxismo entre os operários, ou em pesquisas e publicações de vários tipos. Seus primeiros trabalhos sobre os problemas agrários russos (que ficaram inéditos até 1923) são, na opinião dos especialistas, um modelo de investigação marxista[81]; mas em sua crítica do trabalho de Struve, já manifestava seu temperamento e suas idéias específicas. Com efeito, opunha ali ao "objetivismo científico" o materialismo, que era, a seu ver, o verdadeiro objetivismo científico. Por outro lado, segundo ele, "o materialismo supõe de certa forma o espírito do partido (*partyinost'*); ele nos obriga, em toda apreciação de um acontecimento, a nos agarrarmos abertamente e sem equívoco ao ponto de vista de um grupo social determinado"[82]. Como se sabe, esse *partyinost'* tornou-se

---

81. Cf. H. Willets, "Lenin and the Peasants", in *Lenin: The Man, the Theorist, the Leader*, Londres, 1967, pp. 211-233.

82. Cf. Lênin, *Obras Completas*, ed. Soc., Moscou-Paris, t. I, 1958, p. 426.

um critério supremo, notadamente por ocasião dos expurgos do Partido, na vida política da União Soviética.

Numa breve passagem de suas últimas páginas, Lênin, atacando dessa vez os populistas, ia mais longe. Segundo ele, os autores marxistas, mais do que encarar as coisas do ponto de vista da ciência ou da moral, como faziam os populistas, deviam procurar os desejos de classe (os *desiderata*) dos diversos elementos sociais. Lembremos que um ponto cardeal da doutrina de Marx era que a burguesia (por mais odiosa que pudesse ser) representava uma força histórica cega, inconsciente de seu papel histórico[83]. Ora, segundo Lênin, as classes dominantes eram lúcidas, e sabiam o que faziam. Para desmascará-las, bastava saber fazer as perguntas certas: "as respostas assim obtidas formularão os interesses vitais destas ou daquelas classes, e poderão ser praticamente utilizadas pelas classes em questão, e unicamente por elas"[84]. Assim, desde 1895, elementos característicos do leninismo já se esboçavam: os marxistas, e apenas eles, dispõem da chave das intenções secretas dos aproveitadores burgueses (o que já é uma certa visão política da história); esboça-se também, em seu germe, a noção complementar, igualmente maléfica, da "culpabilidade objetiva": a inocência, ainda que absoluta, não é, portanto, de forma alguma, uma desculpa.

Seguir-se-ão três anos de colaboração com Struve e outros "marxistas legais", assim como as atividades clandestinas que valerão ao jovem iconoclasta uma deportação administrativa para a Sibéria (1897-1900). Mas é em 1901 que Vladimir Ulianov adotava o nome de Lênin, e que, saindo de uma crise psicológica, se tornava o verdadeiro Lênin.

Certos "leninólogos", nomeadamente Leonard Shapiro, julgaram poder explicar essa crise pela penetração na Rússia do revisionismo de Eduard Bernstein, essa antítese da Revolução, à qual Lênin reagiu, em seu exílio, por uma onda de escritos furiosos (verão de 1899)[85]; outros, como Dominique Colas, atribuem uma importância bem maior a sua briga na Suíça, logo depois da volta do exílio, com seu ídolo Plekhanov (verão de 1900)[86].

O fato é que esse incidente, motivado por uma medíocre questão pessoal, foi acompanhado de imediato pelo *único* escrito

---

83. Cf. a este respeito *A Causalidade Diabólica I*, cf. pp. 169 e ss. De maneira geral, para Marx, é "o ser que determina a consciência" – mas os homens não sabem disso. Lênin julga dispor de um método infalível para esclarecê-los.
84. Cf. Lênin, *op. cit.*, pp. 545-546.
85. Cf. Shapiro, "Lenin after Fifty Years", in *Lenin: The Man...*, p. 14.
86. Cf. D. Colas, *Le léninisme*, PUF, Paris, 1982, pp. 21-27.

sentimental que se encontra na imensa obra leniniana; é um autêntico grito de amor frustrado, e que se transforma imediatamente em ódio. Nada lhe falta, nem os relâmpagos nem o céu tempestuoso. Para o leitor que se interesse especialmente por psicologia, esse longo manifesto é um documento único em seu gênero[87].

Voltemos agora às conseqüências da crise do verão de 1900. Doravante, Lênin *sabe* que não pode confiar em ninguém, que só a ele cabe a direção da luta revolucionária, e... que todos os meios são legítimos para esse fim (desde 1904, Rosa de Luxemburgo censurava-lhe o fato de se fazer êmulo de Netchaiev). Instintivamente, ele divide os marxistas russos em "aqueles que aceitam sua autoridade" e "aqueles que resistem a ela", isto é, a grande maioria, e em seu *Iskra* manifesta uma certa tendência a equilibrar seus ataques contra eles com cumprimentos dirigidos a certos burgueses ou aristocratas, de resto leais servidores do Império russo[88]. Em março de 1902, publica seu principal escrito estratégico, o célebre *O que Fazer?*, onde evoca a necessidade de criar um partido de revolucionários profissionais, pois as massas operárias, abandonadas a si mesmas, deslizarão inevitavelmente pela rampa do "economismo" ou do sindicalismo. É preciso, portanto, que a Verdade lhes seja inculcada "de fora"; aliás, "os próprios Marx e Engels eram, por sua situação social, intelectuais burgueses". Segue-se, no verão de 1903, o congresso de Bruxelas que resultará na cisão entre bolcheviques e os "renegados" mencheviques, que ele perseguirá por todos os meios até seu alento final. É no dia seguinte a esse cisma que proclama que "todos os órgãos do Partido conspiram contra o Partido". Sem dúvida, ele acreditava nisso; daí em diante, a obsessão pela traição torna-se sua idéia fixa – pelo menos, até a vitória final.

Vejamos Lênin na emigração um pouco mais de perto. Dir-se-ia que, doravante, nenhum sentimento um pouco profundo pode se conciliar em sua alma com sua missão revolucionária. Ele se despojou até do amor a si mesmo: se os testemunhos a seu respeito são muito variados, todos concordam em atestar sua ausência total de vaidade. Sua lendária simplicidade fundamenta-se na ausência de qualquer pose, de qualquer frase. A identificação entre o homem e a Causa parece ter sido total. Em termos

---

87. Cf. "Como o *Iskra* Quase se Extinguiu", *Obra Completas*, ed. cit., t. IV, pp. 342-346.

88. Cf. J. L. H. Keep, *The Rise of Social Democracy in Russia*, Oxford, 1963, pp. 138 e ss., assim como pp. 77-78 (para as citações precedentes).

freudianos: seu narcisismo terminara por investir totalmente seu ego idealizado; "Rakhmetov" encarna-se nele, colocando-o ao abrigo de qualquer escrúpulo de consciência. A esse respeito também, ele se distinguia do comum dos revolucionários ou dos doutrinários, e extraía dessa singularidade uma força de persuasão suplementar, quase hipnótica, segundo muitos de seus contemporâneos.

Mas esse hipnotizador fazia facilmente o vazio à sua volta, em virtude de sua crença dogmática de que, entre a verdade por ele mantida e a mentira, não poderia haver compromisso; só pode haver, sejam quais forem os desvios táticos, uma guerra mortal. Notar-se-á que esse dogma é o único do "marxismo-leninismo" que, nos dias de hoje, os dirigentes da União Soviética parecem seguir ao pé da letra... Todas as suas biografias não hagiográficas falam de sua extrema combatividade, quando dos conflitos doutrinais, e de suas crises de raiva; seu mecenas, o trágico milionário Savva Morozov, resumia à sua maneira o essencial, dizendo que o conjunto de seus escritos deveria ser intitulado "Curso de esgoelamento político" ou "Filosofia e técnica da algazarra"[89]. Ele passou por períodos muito duros, com querelas ininterruptas, e os nomes de seus adversários do momento, devidamente substantivados (*akimovismo, martinovismo, machismo*), transformavam-se em outras tantas injúrias dirigidas aos sequazes da burguesia. A isso se misturavam questões de dinheiro, de que precisava muito para suas publicações e divulgação, mas sobretudo para as necessidades de seu partido de revolucionários profissionais na Rússia. Para obtê-lo, todos os meios utilizados por seus homens lhe pareciam legítimos: chantagens, captações de herança, ataques a mão armada; tudo isso é conhecido.

Uma discordância ideológica com um dos dirigentes do partido bolchevique na Rússia, o físico Bogdanov (talvez baseado nos problemas colocados pela distribuição dos fundos do partido)[90], incitou Lênin a mergulhar, em 1907, num período de vazio, em pesquisas metafísicas. Com a obstinação que lhe era característica, começou a estudar a dialética hegeliana, mas também as discussões contemporâneas sobre o estatuto da ciência. Disso resultou sua grande obra filosófica, *Materialismo e Empiriocriticismo* (1909), na qual, para melhor desacreditar Bogdanov, ataca seu

---

89. Cf. M. Górki, "Savva Morozov", em *M. Gorki na Época da Revolução dos Anos de 1905-1907*, Moscou, 1957, pp. 12-35 (p. 21: a palavra russa que traduzi por "esgoelamento" é *mordoboï*).

90. Cf. G. Katov, "Lenin as a Philosopher", in *Lenin: the Man...*, pp. 71-86.

inspirador filosófico, Ernst Mach (1838-1916), o físico vienense que deu origem à revolução epistemológica do século XX, ilustrada pelos nomes de Bertrand Russell, Ludwig Wittgenstein, Karl Popper e seus continuadores. Ora, como no início do século XX, os melhores espíritos científicos meditam, já, após o desmoronamento do universo newtoniano, sobre a noção de "verdade científica" e seus limites, Lênin não hesita em atacar, ao mesmo tempo que Mach, Henri Poincaré, Paul Langevin, Wilhelm Ostwald, Abel Rey, e até, parece, Albert Einstein...[91] Aparentemente, leu tudo, mas o que reteve de tudo? Henri Poincaré suscita especialmente sua ira.

> A filosofia idealista francesa apoderou-se, com a mesma resolução, dos erros da física de Mach... O discípulo francês de Mach, Henri Poincaré, foi ainda mais favorecido nesse aspecto. [...] Estamos, diz Poincaré, no meio de "ruínas" dos velhos princípios da física, "face a essa degringolada geral dos princípios". [...] Conclusões idealistas. A reviravolta dos princípios fundamentais demonstra (este é o curso das idéias de Poincaré) que esses princípios não são cópias, fotografias da natureza, reproduções de coisas externas em relação à consciência do homem, mas produtos dessa consciência[92].

Ora, é evidente que para Lênin nossas percepções são mesmo reproduções fiéis, "fotografias" da natureza; como apoio, ele invoca seu primeiro mestre, Nikolai Tchernichévski:

> Aviso aos trapalhões discípulos de Mach: para Tchernichévski, como para todo materialista, as leis do pensamento não são unicamente uma forma subjetiva; elas refletem, em outros termos, as formas da existência real dos objetos; longe de diferir, elas têm uma perfeita semelhança com suas formas[93].

Assim, ancorado no velho desacordo entre Kant (incognoscibilidade da "coisa em si") e Hegel[94] ("não existe nada de oculto no universo que possa resistir à coragem do conhecimento") manifesta-se, mal dissimulado por citações de Marx e sobretudo de Engels, o cientificismo de carvoeiro dos "niilistas" russos. E eis a

---

91. O nome de Albert Einstein não aparece nas edições de *Materialismo e Empiriocriticismo* que pude consultar; mas sua presença é atestada em V. L'Vov, *A Vida de Albert Einstein*, Moscou, 1959, p. 371. Trata-se provavelmente de um prudente corte...

92. *Materialismo e Empiriocriticismo*. Ed. em línguas estrangeiras, Pequim, 1975, p. 362 e p. 314.

93. *Idem*, p. 452. (Suplemento: "De que Lado Tchernichévski Abordava a Crítica do Kantismo?")

94. Ver, a esse respeito, *A Causalidade Diabólica I*, cf. pp. 150-155. Ou então, isso é evidente, qualquer história séria da filosofia moderna.

conclusão, que nos esclarece sobre a "luta dos partidos na filosofia":

> A filosofia moderna está tão impregnada do espírito de partido como aquela de dois mil anos atrás. Sejam quais forem as etiquetas de que se utilizem os pedantes e os charlatães ou a medíocre imparcialidade de que a gente se serve para dissimular o fundo da questão, o materialismo e o idealismo são de fato posições em luta [...]95.

Vieram os anos do grande isolamento na Suíça, 1914-1916, quando Lênin se perguntava se algum dia veria a Revolução... Tornou a mergulhar em Hegel. Disso resultou uma nota *Sobre a Dialética*, onde a pretensão ao saber absoluto, à "árvore viva do verdadeiro conhecimento", é formulada num tom exaltado e quase místico:

> O saber do homem não é uma linha reta, mas uma linha curva, que se aproxima de uma série de círculos, de uma espiral. Um fragmento, um pedaço, um segmento dessa curva pode ser transformado (transformado unilateralmente) em linha reta, independente, integral, que (se as árvores impedirem ver a floresta) conduziria então ao pântano, ao misticismo clerical [...]. Ora, o misticismo clerical [= idealismo em filosofia] tem, certamente, raízes *gnoseológicas*; ele tem terreno, é uma flor *estéril*, incontestavelmente, mas que cresce na árvore viva do verdadeiro conhecimento humano, vivo, fecundo, vigoroso, todo-poderoso, objetivo e absoluto96.

Conhecimento todo-poderoso e absoluto... Um Lênin religioso? No século XVII, o arcipreste Avvakum, o indomável chefe do *raskol*, exprimia sua verdade de forma mais clara: "Como isto está escrito nos velhos livros, assim o creio e mantenho, e o mantenho agonizante. Mantenho-o até a morte como o recebi. E aquele que mudar-lhe nem que seja uma vírgula, que seja maldito"97. Reencontra-se assim um tipo de fé que, nos dias de hoje, só é dado a raras naturezas religiosas.

Quanto a Lênin, suas heresias pretensamente marxistas corriam o risco de se recobrirem com uma espessa poeira nas bibliotecas, se os acasos da guerra, secundados por uma série de surpreendentes golpes de sorte, não lhe tivessem permitido saltar airosamente para o Milênio russo. O acaso é um aliado poderoso da causalidade diabólica.

---

95. *Idem*, cf. pp. 448-449.

96. Nota "A Propósito da Dialética", em Lênin, *Marx, Engels, Marxismo*, Ed. em línguas estrangeiras, Moscou, 1947, p. 282 (redigida em 1915 ou 1916).

97. Citado por Nikolai Valentinov, *Mes rencontres avec Lénine*, Paris, 1964, p. 315.

O ÚLTIMO DOS AUTOCRATAS

Como uma história bem conduzida não arranjaria um lugar para o papel das tribos? Pois ainda existiam, no início do século XX, tribos que influíam de maneiras diversas no curso dos acontecimentos. É o caso da dos Rothschild, à qual tantas obras foram dedicadas. Os Romanov, em contrapartida – enquanto tribo – perderam seus memorialistas ao perder seu trono. É preciso dizer também que é uma tribo medíocre que, no tempo de Nicolau II, impressiona sobretudo a imaginação pela violência de seus ódios intestinos, nos quais as grã-duquesas, o mais das vezes de origem alemã, tomavam parte ativa. Houve, é verdade, na época, um Constantino Romanov poeta e um Nicolau Romanov aficionado por história, mas sua produção foi bem pífia, comparada, por exemplo, à dívida da Rússia para com a tribo dos Tolstói, que lhe forneceu diplomatas e generais, escultores e compositores, e três escritores célebres[98].

Os três czares que se sucedem no trono russo entre 1825 e 1894 dispõem, para enfrentar as responsabilidades de seu cargo, da principal qualidade requerida: um caráter firme e equilibrado. Nicolau II não é de forma alguma talhado para esse emprego. Certamente, é um filho respeitoso, e um pai de família irrepreensível; na opinião geral, teria sido um perfeito oficial subalterno. Mas raramente se viu à frente de um Estado personagem tão fraca e influenciável. Seus pais e preceptores (dirigidos por Pobiedonostsev) lhe inculcam os grandes princípios do czarismo: poder absoluto, união sagrada entre a coroa e o povo, defesa da fé ortodoxa, aos quais se juntam daí em diante a russificação dos alógenos e a perseguição aos judeus. O resultado mais claro desse adestramento foi o receio de precisar, quando fosse o momento, tomar o lugar do pai: "o pior receio de minha vida", escrevia ele[99]. A morte súbita de Alexandre III deixa-o, ele que era comumente tão impassível, completamente desamparado. Sua noiva, a princesa Alexandra de Hesse, à qual dedica um amor indefectível, procura então encorajá-lo. Quer fazer dele um homem

---

98. Se a glória de Lev Tolstói é mundial, a obra de Aleksei K. Tolstói (1817-1875) e de Aleksei N. Tolstói (1882-1945) permaneceu familiar aos russos; todos foram traduzidos para o francês.

99. Ver o *Diário* de Nicolau II, 31 de dezembro de 1894: "Com a ajuda de Deus, encaro sem receio o ano que vem – ainda que o pior me tenha acontecido, o que receei tanto a vida toda. Mas ao mesmo tempo que esse desgosto irreparável, o Senhor me gratificou com uma felicidade que sequer ousava esperar, dando-me Alix (Alexandra) por mulher".

livre: "Minha criança", escreve a ele, "manifesta tua vontade e não deixes os outros esquecerem quem tu és". Desastradamente paparicado desse modo a vida inteira, Nicolau II permanecerá o que sempre foi: um ser imaturo e fugidio, esmagado pela sombra colossal do pai, e que receava acima de tudo mudar uma vírgula na ordem das coisas estabelecidas.

Ele é incapaz de dizer "não" a seus interlocutores, sejam eles monarcas, cortesãos ou funcionários de todos os níveis; numa conversa particular, mostra-se amável com seus pares, benevolente com os outros mortais; eventualmente, desacordos ou afastamentos são comunicados por escrito. Segundo opinião generalizada, ele também é um sedutor, de humor aparentemente sempre igual – sob o qual recalca ódios de uma estranha ferocidade. Eles se voltam especialmente contra seus grandes salvadores, em primeiro lugar contra Witte (chamado o "judeu-maçom"), cuja morte proporciona a esse cristão místico uma felicidade suprema, uma "verdadeira paz pascal", como escreve à bem-amada esposa (carta de 13 de março de 1915). Ademais, ela nunca soube tampouco se adaptar a seu papel de imperatriz: temendo as funções representativas, evita, na medida do possível, mostrar-se em público, apesar de mandar no marido na intimidade, o que angariou a essa "alemã" uma sólida impopularidade. Doentia e devota até a superstição, caiu facilmente nas garras de taumaturgos e de charlatães, o último dos quais, o curandeiro Rasputin, considerado como o gênio do mal da família imperial, constituiu objeto de ataques e de conspirações que, como se verá, anunciaram o fim do regime.

Desde a sua primeira aparição pública, Nicolau II recomenda a seus súditos, a conselho de Pobiedonostsev, não alimentarem sonhos insensatos, em suma, renunciarem a qualquer esperança de reformas. Aliás, não faltavam ao jovem czar mentores ou figuras paternas dessa laia, em primeiro lugar seus tios Serguei e Vladimir e seu cunhado Alexandre; pode-se acrescentar que o "bando dos grão-duques", parasitas com rendas fabulosas ou detentores dos mais altos cargos públicos, mas todos oficialmente colocados acima das leis, elevava-se a pelo menos uma dúzia. Os anais do novo reino abrem-se com um incidente característico – e trágico. Por ocasião das festas ao ar livre, organizadas para o coroamento, na presença de meio milhão de espectadores, acontece um empurra-empurra, que, devido à má disposição dos lugares, custa a vida de mais de mil pessoas, que tinham acorrido para aclamar o novo czar (desastre da "Khodynka"). Outro mau sinal foi a semelhança que algumas altas personalidades, especialmente o príncipe de Gales, julgaram descobrir entre Nicolau II e o czar louco Paulo I[100].

Entretanto, os cinco primeiros anos do novo reinado foram pacíficos, marcados no máximo por algumas manifestações de estudantes e algumas greves de operários, ambas facilmente reprimidas. O campesinato, por mais miserável e explorado que fosse, não se mexeu, e continuou em sua grande maioria a colocar suas esperanças no czar. Witte, o homem mais perspicaz e mais bem informado da Rússia, fala assim a esse respeito:

> O campesinato permanecia fiel a suas opiniões tradicionais, segundo as quais o povo não pode existir sem o czar, enquanto o czar só pode se apoiar no povo; ele não sonhava com reformas políticas, mas constatava que a vida era cruelmente dura para os camponeses, e que deveriam ser os proprietários, se não de toda a terra russa, pelo menos da maior parte, em sua qualidade de principais produtores; e que, por conseguinte, seus exploradores, quer fossem nobres, comerciantes ou da *intelligentsia* em geral, eram no mínimo parasitas[101].

Alguns anos depois, em julho de 1902, o senador Polovtsov, presidente da Sociedade Imperial da História Russa, descreve a maneira como Nicolau II se adapta a seu papel de autocrata, e seu espírito é perpassado por um sombrio pressentimento:

> Todas as decisões são tomadas ao acaso, sob um impulso momentâneo, graças às providências de Fulano ou Sicrano, ou em conseqüência das intrigas dos eventuais cavalheiros que surgem de todos os cantos. O jovem czar se imbui de um desprezo crescente pelos órgãos de seu próprio poder e começa a acreditar na força benfazeja de sua autocracia, que ele manifesta esporadicamente, sem consultas prévias, sem relação com o andamento geral dos negócios. É terrível dizê-lo, mas sob a impressão da biografia de Childer, que acaba de ser publicada, começa-se a perceber alguma coisa que faz pensar na era do imperador Paulo...[102]

Todavia, essa era nova é também marcada por um crescimento considerável da indústria russa, sob o impulso de Serguei Witte e segundo um projeto maduramente concebido. Constatando que a Rússia é antes de mais nada uma potência militar, Witte

---

100. O futuro rei Eduardo VII fez em 1894 essa observação à imperatriz Alexandra, sua prima distante, que ele conhecia desde a infância; a gafe era tanto mais chocante porque, de acordo com rumor público, o embaixador da Grã-Bretanha tinha participado em 1801 da conspiração que resultou no assassinato de Paulo I. Cf. Witte, *Lembranças*, t. II, p. 7.

101. Cf. Witte, *Lembranças*, t. II, p. 482.

102. Cf. "O Diário de A. A. Polovtsov", *Krassny Arkhiv*, 4-5 (11-12)/1925, p. 99

procura remediar sua fraqueza industrial, recorrendo abundantemente aos capitais estrangeiros, franceses, belgas ou ingleses. Esses investimentos passam de cem milhões em 1890 e a novecentos milhões em 1900. Conseqüentemente, a produção do ferro-gusa, do aço, do carvão e do petróleo triplica entre 1890 e 1900, enquanto a rede ferroviária é duplicada. Inúmeras outras indústrias, protegidas por tarifas aduaneiras elevadas, surgem na Rússia Meridional assim como na periferia de Petersburgo e de Moscou. Uma colonização sistemática da Sibéria, facilitada pela construção da Transiberiana, é mobilizada.

A população urbana aumenta na mesma proporção: entre 1900 e 1910, a de Kiev dobra, a das duas capitais aumenta em cinqüenta por cento. A nova classe proletária, explorada pela ferocidade própria do capitalismo crescente, constitui evidentemente uma matéria mais inflamável que o campesinato. Entretanto, as tarifas protetoras e à oneração fiscal aumentada, em conseqüência dos empréstimos, pesam essencialmente sobre os camponeses, paralisando seu poder de compra e agravando as fomes endêmicas. O quadro de conjunto se esclarece melhor quando se sabe que, entre 1894 e 1902 – todo o período em que Witte permanece como o todo-poderoso Ministro das Finanças –, mais de dois terços das despesas do Estado são dedicados ao desenvolvimento da economia[103]. Vale dizer que, como na época dos planos qüinqüenais de Stálin – mas, evidentemente, sem fazer morrer milhões de inocentes –, o presente é deliberadamente sacrificado ao futuro, e que é o campesinato quem paga o preço dessa política.

Outra diferença radical entre as duas planificações: na época dos czares, a industrialização é um poderoso fator de desestabilização; pois o proletariado industrial, mas também a jovem burguesia tendem a se politizar num sentido antigovernamental. Como sempre, os estudantes são os primeiros a desafiar abertamente a autocracia.

A NOVA ONDA TERRORISTA

Durante os dois últimos decênios do século XIX, a Okhrana continua a tecer sua teia, ainda que o movimento terrorista pareça estar para sempre jugulado. Dotada de meios rudimentares,

---

103. Cf. Th. von Laue, "The State and the Economy", in C. E. Black, *The Transformation of Russian Society*, Cambridge, Mass., 1960, p. 217, nota 16.

mas de uma paciência infinita, ela se empenha em fichar e em tornar transparente uma parte notável da população urbana da Rússia. Em amplos gráficos, cada personagem de alguma importância é inscrita com todas as suas relações; os nomes dos "suspeitos", anotados em vermelho, são relacionados por sua vez aos das pessoas que freqüentam. Trata-se do terrorista executado Jeliabov? Seu gráfico contém os nomes de trezentas e vinte e sete pessoas, das quais ele só conhecia pessoalmente sessenta e uma; mas nunca se sabe... Trata-se de um primo do czar, o príncipe Feliks Yussupov? Suas relações diretas são quatrocentas e trinta e seis, noventa e duas das quais consideradas suspeitas; quanto a suas relações indiretas, como o príncipe poderia saber que um primo de seu cocheiro milita na Vilna, no nascente partido social-democrata?

O número total dos súditos russos assim fichados, do príncipe ao cocheiro, ultrapassa meio milhão[104].

Quanto aos "colaboradores secretos" e outros agentes, aos quais a Okhrana atribuiu muito mais importância do que a seus gráficos, seu papel é, o mais das vezes, ambíguo. Tomemos o caso de Leonid Menchikov, preso em fevereiro de 1887 por suspeita de ter participado da organização de uma tipografia clandestina, e que se deixa recrutar em outubro do mesmo ano. Ele só o aceita, como afirma em sua trilogia *Okhrana e Revolução* (publicada em Moscou, 1925-1932), para se iniciar no funcionamento da máquina anti-revolucionária, e servir assim à Causa; o fato é que, não contente em moderar na medida do possível seu zelo policial, ele denuncia na ocasião, com a devida prudência, certos traidores, como Azef; de resto, depois de vinte e cinco anos de serviço, viaja, em 1911, para o exterior, onde faz grandes revelações. Piotr Ratchkóvski, em contrapartida, grande especialista na ação anti-judia sob todas as suas formas, não manifesta nenhuma propensão em se constituir em agente duplo; preocupa-se apenas com seu interesse pessoal, que sabe perfeitamente dissociar daqueles do regime ao qual serve. Quanto a Azef, semelhante nisso a muitos outros espiões, ele oferece espontaneamente seus serviços à Okhrana, em 1893, enquanto, filho de um pobre alfaiate judeu, prossegue seus estudos na Alemanha. Provavelmente trata-se para ele de complementar seus rendimentos; resta que, em seguida, quando acumula suas funções de chefe terrorista com as

---

104. Cf. Maurice Laporte, *Histoire de l'Okhrana, la police secrète des tsars*, Paris, pp. 28-35.

de informante-chefe do czarismo, essa incrível personagem manda executar de preferência notórios anti-semitas.

Passemos agora aos estudantes russos. Uma lei de 1884 tinha-lhes impedido qualquer forma de organização corporativa; a longo prazo, o remédio revelou-se pior que o mal, pois associações ilegais, mesmo dizendo-se apolíticas, evoluíam facilmente para formas mais ativas de desafio, muitas vezes por instigação de elementos estranhos à Universidade. Tratava-se sobretudo da propaganda de idéias subversivas, populistas ou marxistas, mas as pequenas tipografias clandestinas, montadas com essa finalidade, acabavam quase sempre por ser conhecidas pela Okhrana.

Os violentos confrontos entre os estudantes e a polícia recomeçaram sob o reinado de Nicolau II. Pela primeira vez, em 1896, uma manifestação de comemoração das vítimas da "Khodynka" foi selvagemente dispersada pela polícia de Moscou, com um saldo de setecentas prisões. Depois do que, um aviso lançado em fevereiro de 1899 aos estudantes de Petersburgo levou-os a decretar uma greve geral, que se espalhou rapidamente por toda a Rússia; todas as universidades tiveram de fechar suas portas por vários meses. Seguiram-se inúmeras expulsões, com as subseqüentes sanções, especialmente a incorporação ao exército. Em fevereiro de 1901, um estudante expulso duas vezes, Karpovitch, que agia por conta própria, matou com um tiro de revólver o Ministro da Instrução Pública, Bogoliepov. Soava o sinal para o terror[105].

Todavia, os últimos sobreviventes da Narodnaia Volia tinham se reagrupado desde 1883 no estrangeiro, sobretudo na Suíça, e se esforçavam por estabelecer relações com os grupelhos que surgiam na Rússia. Os primeiros contatos foram estabelecidos em 1884 pela infatigável militante Sofia Guinsburg, filha de um banqueiro de Vitebsk, que fornecia aos clandestinos russos literatura revolucionária. Levando suas viagens até a Criméia, onde residia amiúde Alexandre III, foi presa, acusada de preparar um atentado, e morreu em 1889 na Fortaleza de Schlüsselburg[106]. Daí em diante, os filhos dos financistas judeus se sacrificavam à maneira dos jovens aristocratas russos de outrora.

Em 1894, o jornalista idiche Haim Jitlóvski fundava em Berna a União dos Socialistas Revolucionários, primeira célula do principal partido revolucionário russo. Logo se reuniram a ele

---

105. Cf. Florinsky, *op. cit.*, pp. 1163-1166 ("University students").

106. Cf. L. Menchikov, *Okhrana et Révolution*, t. I, pp. 89 e 389; t. II b, p. 55.

Viktor Tchernov, neto de servo e futuro teórico do movimento, Gregori Guerchuni, futuro fundador de sua "Organização de Combate", e Evno Azef[107]. Os *pogroms* e outras formas de perseguição aos judeus tiveram como conseqüência imediata seu crescente papel na luta comum, sobretudo no exterior, pois a maior parte dos estudantes judeus era doravante obrigada a continuar ali seus estudos. Na própria Rússia, o principal centro da renovação revolucionária foi primeiro Saratov, no Volga, onde tinham se instalado, em 1890, após sua volta do exílio siberiano, dois grandes sobreviventes do louco verão de 1874, Marc Natanson e Catarina Brechko-Brechkovskaia. Mas Saratov foi em seguida suplantado por Minsk na Bielo-Rússia, onde se realizaram, em 1897-1898, dois congressos fundadores: o do movimento judeu (marxista) *Bund* e o dos social-democratas russos. Com efeito, a densa população judia dessa cidade permitia resolver em grande parte os problemas de alojamento e de proteção. É que, daí em diante, quase toda a população judia, rica ou pobre, simpatiza secretamente com os revolucionários, num grau muito mais elevado do que o conjunto da *intelligentsia* russa. O que não quer dizer que os judeus tenham se tornado majoritários nas fileiras dos ativistas de todos os matizes; mas sua proporção passou de sete por cento em 1877 a vinte e cinco por cento em 1898[108]; todas as populações alógenas do Império, polonesas ou georgianas, finlandesas ou alemãs, exasperadas pelas campanhas de russificação, manifestam, aliás, tendências análogas.

O congresso fundador do Partido Social Revolucionário é realizado em Kharkov, no verão de 1901. Seu programa prevê a libertação política da Rússia, assim como uma socialização das terras. Face aos social-democratas, ele já previne contra o burocratismo e o "socialismo de Estado"; mas, do ponto de vista prático, está sobretudo convencido de que o terrorismo, aliado à propaganda, é uma arma útil, quando não indispensável. A execução de Bogoliepov leva o Partido a passar à ação. É criada uma "Organização de Combate", dirigida por Guerchuni, mas com Azef ao seu lado. É a Stepen Balmachev, filho de um antigo *narodovoletz*, que cabe a honra de abater o Ministro do Interior, Sipiaguin (abril de 1902). Viatcheslav Plehve lhe sucede, velho especialista da luta antiterrorista, que forjou uma reputação internacional de ferocidade. Talvez erroneamente, o *Times* de Lon-

---

107. Cf. Jacques Baynac, *Les socialistes-révolutionnaires de mars 1881 à mars 1917*, Paris, 1979, pp. 35-37.

108. Cf. *A Europa Suicida*, p. 98, nota 129.

dres acusa-o de ter inspirado, na Páscoa de 1903, o *pogrom* de Kichinev, primeiro grande pogrom do século XX. Pouco depois, Guerchuni, fortuitamente capturado pela Okhrana, é substituído por seu amigo Azef, cooptado nessa ocasião pelo Comitê Central do Partido. Respeitado por seus pares, ele é venerado pelos homens que envia para a morte. Plehve é assassinado em julho de 1904. Entre 1903 e 1908, Azef organiza assim a execução de uma dúzia de personagens de primeira linha. No total, isto é, incluindo os atentados locais cometidos por aqueles grupos semi-independentes, seu número se eleva a mais de duzentos[109]. Em comparação, os serviços que Azef prestou ao campo adversário são relativamente magros; ele só manda prender uma meia dúzia de terroristas. Mas a Okhrana não compreende coisa alguma de seu jogo, pois ele evita revelar sua verdadeira posição no seio do partido, contentando-se em dizer que conseguiu se aproximar do "coração do terrorismo".

O chefe da Okhrana de Petersburgo, o general Guerassimov, que dele se encarrega em abril de 1905, acaba por lhe dedicar uma estima verdadeira. Eis como ele descreve seus encontros, que se davam num "apartamento conspirativo":

> Habitualmente, a locatária nos preparava o samovar e, sentados em nossas poltronas, conversávamos tranqüilamente. Falávamos dos mais variados assuntos, além daqueles que se referiam diretamente à atividade de Azef. [...] Em suas conversas e nos retratos que traçava das pessoas, jamais se mostrava malévolo. Mas sentia-se que, salvo exceções, desprezava os homens. Por outro lado, era mais sensível aos defeitos e às fraquezas dos outros do que às qualidades.
> Conversávamos, naturalmente, sobre política. Por suas convicções, Azef era um homem muito ponderado, e sua orientação política correspondia à de um liberal moderado. Sempre criticava com vivacidade, e até às vezes com cólera, os métodos violentos dos revolucionários. No início, eu tinha uma confiança relativa naquelas declarações, mais tarde, adquiri a convicção de que correspondiam a suas opiniões reais. Opunha-se claramente à revolução, e era partidário de reformas que desejaria que fossem feitas progressivamente[110].

Sobre esse ponto, e por mais estranho que isso possa parecer, Azef não procura de forma alguma enganar seu interlocutor, pois, nas reuniões do Comitê Central do Partido, defendia pontos de vista análogos: o testemunho de Viktor Tchernov é formal[111].

109. Cf. J. Baynac, *op. cit.*, 71.
110. Cf. *Tsarisme et terrorisme, Souvenirs du général Guérassimov...*, ed. Paris, 1934, pp. 230-231.
111. Em suas lembranças, Viktor Tchernov escrevia: "Conforme seu emprego, Azef se conduzia como homem de ação. [...] Ele não dispunha de uma vasta visão política, mas nos limites de sua tarefa imediata, seu intelecto era podero-

A afeição de Guerassimov por Azef é incontestável. Ela corresponde a uma forma bem conhecida da relação carcereiro-prisioneiro, da qual todas as polícias e Inquisições da história souberam tirar proveito, e que, graças a Zubatov, serviu de regra de ouro à nova geração da Okhrana. Ademais, Guerassimov espera poder prevenir, graças a Azef, um atentado contra seu bem-amado czar. Um atentado que o infernal agente duplo – enquanto entregava à polícia seu adjunto e admirador Boris Savinkov – procurava então organizar, com sua habitual circunspecção...

Face ao Partido, Azef é perfeitamente protegido pela repercussão dos principais atentados que ele organizou. As suspeitas e as denúncias (que existiram) são tachadas de ignóbeis provocações, os fracassos atribuídos a outros espiões desmascarados ou desconhecidos. Ele não mandou executar o implacável Plehve, e depois, em fevereiro de 1905, enquanto as perturbações revolucionárias acabam de eclodir, o grão-duque Serguei, autor, em 1891, de uma espetacular expulsão dos judeus de Moscou?[112] Esses dois atos, sobretudo o segundo, não contribuíram fortemente para a Revolução Russa de 1905, primeira grande derrota do czarismo? O prestígio político de Azef é tal que ele representa, ao lado de Tchernov, os social-revolucionários na conferência que reuniu em Paris, em setembro de 1904, todas as tendências anti-governamentais russas (excetuando-se os social-democratas)[113].

No final das contas, será preciso que, em 1908, o antigo diretor do Departamento de Polícia, Aleksei Lopukhin, confirme que Azef é um agente da Okhrana, para que sua traição seja reconhecida pelo Partido. A divulgação desse segredo de Estado vale a Lopukhin uma condenação a trabalhos forçados, comutada em exílio administrativo. Ela servia, contudo, à autocracia mais do que desservia, pois semeava a desmoralização entre os social-revolucionários. Atacado por todos os lados, o Comitê Central é inteiramente renovado; e a ação terrorista, apesar de mantida no programa, não mais é utilizada. Dentre os revolucionários, o ceticismo é tão grande que, nas palavras do militante Sletov, "mesmo que o Partido conseguisse matar o próprio czar, a maioria de seus

---

so e ativo. Quanto a suas opiniões, ele adotara no Comitê Central uma posição de extrema direita; amiúde, qualificavam-no, gracejando, de "constitucionalista-terrorista". Assinalemos também a sugestiva comparação que Tchernov fazia entre social-revolucionários e social-democratas: "Éramos sobretudo pesquisadores; eles, confessores da verdadeira fé". (*Pered burei* [*Antes da Tempestade*], Nova York, 1953, pp. 55 e 177).

112. Cf. *A Europa Suicida*, p. 95.
113. Cf. Florinsky, *op. cit.*, p. 1 170.

membros suspeitaria de uma provocação". E com efeito: o único ato terrorista de envergadura, posterior a 1908, o assassinato, no outono de 1911, do enérgico Ministro Stolypin, é cometido por um espião, Dmitri Bogrov, com a conivência, segundo algumas versões, de seus superiores na Okhrana. Naqueles tempos, como diz Lopukhin, a Okhrana "tem ascendência sobre as autoridades"[114]. O sonho de Sudeikin?[115] A verdade é que a nova onda terrorista arrebentou do mesmo modo que a precedente, caindo no mesmo clima de confusão e de suspeita, mas suscitando uma reação ainda mais furiosa – da qual, dessa vez, a autocracia não se reabilitará.

A personalidade de Azef permanece enigmática. Certamente, era um homem duplamente venal, pois a seus gordos salários mensais de espião juntavam-se as somas que passavam por suas mãos, em sua qualidade de chefe terrorista. Teria sido um cínico absoluto? Mas seus dois golpes brilhantes, as execuções de Plehve e do grão-duque Serguei, eliminavam dois anti-semitas notórios: pode-se admitir que, para esse judeu, esse aspecto não era indiferente. Além disso, será que se comprazia com as homenagens que lhe eram prestadas em todos os lugares, ou sofria, tão vítima quanto culpado, as conseqüências de uma situação inextricável? As numerosas tentativas de compreender essa personagem fora do comum são insatisfatórias[116]. Se a reputação de Judas da Revolução Russa lhe permanece ligada, é também porque seu jogo infernal contrastava com o espírito de sacrifício dos jovens lançadores de bombas. Estes procuravam, como o atestam suas últimas mensagens, uma espécie de purificação na morte; houve também o gesto do poeta Ivan Kaliaiev que, em uma primeira vez, poupou o grão-duque Serguei, porque ele estava acompanhado por seus filhos. O executor de Plehve, Egor Sazonov, assim como o primeiro chefe da Organização de Combate, Guerchuni, sofriam com a idéia de atentar contra a vida de outrem, mesmo que fosse um carrasco, um servidor da tirania. E nenhum deles procurou preservar sua própria vida rebaixando-se a assinar um pedido de clemência que, em certos casos pelo menos, teria sido concedida[117]. Em contrapartida, o testemunho de Lopukhin, culto grão-se-

---

114. Cf. H.-D. Löwe, *Antisemitismus and reaktionäre Utopie*, Hamburgo, 1978, p. 98.

115. Cf. mais adiante, p. 39.

116. Ver, especialmente, o clássico trabalho de B. Nicolaiévski, *Azeff the spy...*, Nova York, 1934; Victor Tchernov, *op. cit.* e J. Baynac, *op. cit.*

117. Sobre os costumes heróicos dos social-revolucionários, popularizados

nhor que transgrediu os deveres de seu cargo, também reflete, à sua maneira, as tradições da *intelligentsia* russa.

Enquanto o Comitê Central fazia seu *mea culpa*, e desse modo se desacreditava, Azef, uma vez mais, conseguia desaparecer, passando a levar, doravante, com sua amante Hedy de Hero (uma antiga cortesã que lhe permanecia dedicada), uma vida pacífica em Berlim, sob o nome de Aleksandr Neumayer. Até o fim de seus dias, protestou inocência. Morreu de doença em abril de 1918, e foi enterrado no cemitério de Wilmersdorf, sob uma lápide sem nome, de número 446.

Mas em matéria de controle dos partidos revolucionários, a Okhrana acabou por capitalizar um golpe ainda maior que o de Azef: o caso Roman Malinóvski. Este operário, que ofereceu seus serviços em 1906, depois de ter sido condenado por roubo, recebeu a ordem de se inscrever no partido bolchevique. Sua ascensão foi fulgurante, e, em 1912, a Okhrana organizava sua eleição para a Quarta Duma, no momento em que os sete deputados mencheviques e os seis deputados bolcheviques (estes últimos, contra a vontade de Lênin, que vivia então na Áustria) decidiam reunir-se num só partido social-democrata. Ao mesmo tempo, Malinóvski era cooptado para o Comitê Central bolchevique e se tornava o líder do grupo bolchevique na Duma. Desde então, foi fácil a esse "Bebel russo", de renomada eloqüência, servir a seus dois verdadeiros mestres, Belétski (o chefe da Okhrana) e Lênin, pois eles visavam o mesmo objetivo, e exigiam dele a mesma coisa: romper a aliança de 1912, o que Malinóvski, teleguiado por Lênin, conseguia no outono de 1913. Não se sabe se as anotações que usava em seus discursos lhe eram fornecidas por Belétski ou por Lênin, mas, através dele, a relação simbiótica entre a Okhrana e os bolcheviques foi total. Apurou-se também que entregou à polícia vários mencheviques – e dois bolcheviques cuja identidade permanece incerta (segundo certas fontes, tratar-se-ia de Stálin e Sverdlov)[118], tanto mais que, o depoimento feito por Lênin sobre Malinóvski, no dia 26 de maio de 1917, diante de um subcomitê

---

na França por *L'homme révolté*, de Albert Camus, ver sobretudo Tchernov, *op. cit.*, pp. 166-185 e p. 271.

118. Cf. L. Shapiro, *The Communist Party of the Soviet Union*, pp. 120, 126, 134-138; M. Heller e A. Nekrich, *L'Utopie au pouvoir, Histoire de l'URSS*, Paris, 1982, pp. 17-18; *Padeniê tsarskogo regima* (*A Queda do Regime Czarista*), 7 vol., Leningrado, 1924, *passim* (sob o nome "Malinóvski"). Os nomes de Stálin e Sverdlov são indicados por H. Salisbury, *La Neige et la Nuit, la Révolution en marche...* (trad. fr., Paris, 1980, p. 268), uma obra bastante segura em seu conjunto; mas L. Shapiro, mais prudente, prefere falar de "dois bolcheviques".

da comissão de investigação do governo provisório, que detinha os arquivos policiais, não foi publicado *integralmente* na União Soviética até hoje.

O verdadeiro papel de Malinóvski foi objeto de suspeitas na Duma desde o outono de 1913, mas o escândalo só estourou em abril de 1914, quando um novo supervisor da Okhrana, o general Djunkóvski, ordenou-lhe que se demitisse da Duma, mediante uma indenização de seis mil rublos. Todos os bolcheviques compreenderam então seu jogo, inclusive a fiel mulher e colaboradora de Lênin, Nadejda Krupskaia, que recomendava, a 14 de maio de 1914, ao escritório do Partido em Moscou, "mudar todos os endereços que fossem do conhecimento de Malinóvski". Mas o próprio Lênin continuou a defendê-lo, contra tudo e contra todos, sustentando em 1914 que ele fora caluniado pelos mencheviques. A 27 de maio de 1917, ele se explicava de outro modo:

> Quando a Okhrana conseguiu seus objetivos [fazer Malinóvski se instalar na Duma], Malinóvski tornou-se um dos elos da longa e sólida corrente que ligava nossa base legal aos dois órgãos do Partido mais bem situados para influenciar as massas, a saber, o *Pravda* e a fração social-democrata da Duma. O agente provocador tinha a obrigação de protegê-los a fim de justificar-se perante nós.
> Éramos nós que dirigíamos esses dois órgãos. Zinoviev e eu mesmo escrevíamos todos os dias no *Pravda*, cuja orientação respeitava totalmente as resoluções do Partido. Sua influência sobre quarenta a sessenta mil operários era, desse modo, garantida [...]
> Não ficaria surpreso se soubesse que a decisão da Okhrana de retirar Malinóvski da Duma foi motivada por seu engajamento, considerado demasiado estreito e inaceitável, com o *Pravda*, jornal legal, e uma facção política legal, cujo objetivo declarado era o despertar das massas para a revolução[119].

Era o mesmo que dizer que Malinóvski era mais útil do que nocivo ao partido bolchevique. Talvez Lênin ainda ignorasse, em maio de 1917, que em Petersburgo, assim como em Moscou, a *maioria* dos membros dirigentes dos comitês desse partido eram provocadores mantidos pela Okhrana. Mas a convergência entre ela e o partido bolchevique revelou-se em seguida às claras, sem suscitar escândalo, graças a essa faculdade de Lênin de escotomizar as lembranças comprometedoras, dom supremo dos grandes animais políticos.

O fim de Roman Malinóvski foi tão lamentável quanto o de Evno Azef. Mobilizado em 1914, foi feito prisioneiro, e passou

---

119. Citado por A. E. Badaiev, *Les Bolcheviks dans la Douma d'Etat*, Moscou, 1930, pp. 228-229; esse velho bolchevique conseguiu inserir em seu livro certos trechos do depoimento de Lênin.

três anos num campo alemão, onde se entregou abertamente à propaganda comunista, com a aprovação de seus guardiães. Após a paz de Brest-Litovsk, voltou à Rússia, contando ingenuamente com a amizade e a proteção de Lênin, mas este recusou-se a testemunhar em seu processo, e ele foi fuzilado em novembro de 1918.

RUMO À GUERRA RUSSO-JAPONESA

Eis que o jovem czar, ganhando autoconfiança, ou, retirando essa confiança de sua mulher, começa a voar com suas próprias asas. Sua primeira iniciativa internacional, cujos efeitos perduram, em princípio, até nossos dias, retoma um velho sonho da humanidade: prevenir as guerras ou, pelo menos, limitar algumas de suas conseqüências desastrosas. É, com efeito, o czar de todas as Rússias que, por uma nota circular de 12 de agosto de 1898, propõe às grandes potências civilizadas que se entendessem a fim de manter a paz universal e reduzir, na medida do possível, os armamentos. Envia, em seguida, seus ministros às grandes capitais, para tentar transformar o sonho em realidade e, um ano depois, os delegados dos Estados europeus, dos Estados Unidos e do Japão se reúnem em Haia. Alguma coisa desse grandioso projeto perdura ainda, a despeito das guerras totalitárias que, nesse tempo, ensangüentaram o planeta: por exemplo, a Corte Permanente de Arbitragem de Haia (1907) ou a Convenção de Genebra para a melhoria do destino dos prisioneiros de guerra e prisioneiros civis (1949). Mas na época a iniciativa do jovem czar foi atribuída a algum sombrio desígnio político, o que o deixou amargurado.

Restavam os objetivos imutáveis da autocracia russa desde Ivan o Terrível e Pedro o Grande: a russificação e a expansão territorial. No que se refere ao último, a autonomia de que gozava o grão-ducado da Finlândia desde a sua anexação em 1808, escrupulosamente respeitada por Nicolau I e Alexandre II, chocava ainda mais Alexandre III pelo fato de ele suspeitar que aquele território servia de ponto de referência aos revolucionários russos, perto de Petrogrado; decidiu, portanto, submeter a Finlândia ao regime geral, mas não teve tempo de pôr o projeto em execução. Para Nicolau II, tratava-se de um último desejo de seu pai; em 1899, portanto, suprimia com uma penada a Constituição finlandesa; em 1900, impunha o uso oficial do russo; em 1901, dissolvia a guarda finlandesa e impunha aos recrutas a conscrição geral. Como de costume, os finlandeses reagiram unanimemente com uma resistência pacífica: os pastores recusavam-se a anunciar as novas leis, e os magistrados – a aplicá-las, enquanto os conscritos fugiam para os bosques. Finalmente, em 1904-1905, a antiga autonomia finlandesa foi restabelecida.

Em política externa, Nicolau II por pouco não desencadeara, desde o verão de 1896, uma catástrofe européia, dando ouvidos a um velho projeto do estado-maior russo, que consistia em desembarcar, em caso de uma crise mais aguda, tropas às margens do Bósforo. Aos olhos de Nelidov, embaixador russo em Constantinopla, essa crise era uma realidade, desde o massacre dos armênios que, em 1894-1896, fizera quase cento e cinqüenta mil vítimas, e não teve nenhuma dificuldade em obter o apoio do alto-comando. O czar, para desespero de Witte e até de Pobiedonostsev, deu seu consentimento à empresa, pois tratava-se de socorrer cristãos; sabe-se, aliás, que a tomada de Constantinopla era um sonho moscovita imemorial. Felizmente para a paz européia, a resoluta oposição da França o fez mudar de idéia no último momento[120].

As aspirações imperiais de Nicolau II voltaram-se então para objetivos muito diferentes. A expansão russa para o sul atingira, em 1884, as montanhas do Afeganistão, atrás das quais os ingleses montavam atenta guarda. Mas restava o Extremo-Oriente, e a marcha para o Pacífico, cujo símbolo era a construção da Transiberiana. Witte esperava abrir desse modo à jovem indústria russa o imenso mercado chinês; o czar sonhava com anexações territoriais, com a aquisição, em alguma parte da China, de um porto aberto o ano todo à navegação[121]. Seu imperial primo, Guilherme II, encorajava-o por todos os meios, garantindo-lhe que eles dois saberiam vencer a pérfida Albion (ele assinava suas mensagens assim: "o almirante do Oceano Atlântico saúda o almirante do Oceano Pacífico"). Os dois primos, "Nicky" e "Willy", encontravam-se regularmente: a arrogância, e mesmo a mitomania do primeiro, contrastava singularmente com a reserva e a timidez do segundo. Numa carta à sua mãe, o czar dava a conhecer seus verdadeiros sentimentos:

Por mais desagradável que isso seja, serei obrigado a fazê-lo usar nosso uniforme, pois no ano passado ele me nomeou capitão de sua frota, e eu deverei saudá-lo nessa qualidade em Kronstadt. É de vomitar... (23 de julho de 1897).

120. Witte, *op. cit.*, t. II, pp. 99-110; Bernard Pares, *The Fall of the Russian Monarchy*, Londres, 1939, pp. 62-63.

121. O porto de Vladivostok era tomado pelo gelo, no inverno.

O que não o impede de mostrar-se muito acessível às exortações de Guilherme, que o pressionava a cumprir a missão do homem branco no Extremo-Oriente, a tornar-se "senhor de Pequim" e a erigir um dique contra o "perigo amarelo"; um perigo no qual os dois imperadores acreditavam, ao que parece, seriamente, mas que servia também de pretexto suplementar à expansão imperialista. É seguindo o exemplo alemão (a concessão de Kiao-Tcheou no mar Amarelo) que, em 1898, a Rússia obteve da China uma concessão na Península de Liaotung e no porto de Port-Arthur, situados bem em frente. Depois disso, Guilherme tentou convencer o primo a se apoderar da Coréia, um projeto que viria a se tornar a razão primordial da guerra russo-japonesa. O domínio que ele exercia na época sobre Nicolau se manifestou em toda a sua amplidão quando, em junho de 1905, arrancou-lhe o famoso "Tratado de Björkö", uma aliança germano-russa perfeitamente incompatível com a aliança franco-russa. O czar estava consciente dessa contradição, pois não falou desse tratado com seu Ministro dos Negócios Estrangeiros e o fez subscrever por seu Ministro da Marinha, sem lhe permitir que o lesse. Esperava, por seu lado, que a França terminasse por se juntar a essa aliança, dirigida sobretudo contra a Grã-Bretanha. Foi apenas ao voltar à Rússia que pôde se dar conta da enormidade de sua gafe, e, já que era impensável submeter à França um tratado eventualmente dirigido contra ela, resignou-se a renegar sua assinatura. Foi o fim da amizade ostensiva entre os dois monarcas.

Mas Nicolau II não tinha necessidade das bravatas do cáiser para ficar de olho nas imensidões do Pacífico. De todos os lados, insuflavam-lhe que a grandeza russa exigia a expansão na Ásia. Foi assim que, desde o início de seu reinado, um curandeiro que estava em moda em Petersburgo, o "doutor tibetano" Jamsaran Badmaiev, empenhava-se em suscitar uma rebelião no norte da China, preludiando sua anexação. O czar alocou-lhe uma subvenção de dois milhões de rublos, mas as coisas não passaram disso[122]. Outros aventureiros reanimaram suas esperanças. Segundo um testemunho do Ministro da Guerra, Kuropatkin, o imperador nutria, em 1903, os mais grandiosos planos, ainda que não se abrisse com seus ministros:

Eu disse a Witte [anotava ele em seu diário] que as ambições de nosso imperador são imensas: anexar a Mandchúria, e preparar a anexação da Coréia. Ele sonha em submeter o Tibete. Quer também ocupar a Pérsia, e apoderar-se não

---

122. Cf. Hugh Seton-Watson, *The Decline of Imperial Russia, 1855-1914*, Nova York, 1952, p. 201.

só do Bósforo, mas também dos Dardanelos. Ele considera que, por motivos de ordem profissional ou pessoal, nós ministros só o freamos ou o decepcionamos; julga compreender melhor do que nós as questões referentes à glória e aos interesses da Rússia. Conseqüentemente, seu favorito Besobrasov, que canta em uníssono com ele, parece-lhe captar melhor seus projetos que nós[123].

O favorito do momento pertencia a uma espécie nova na Rússia, a dos grão-senhores arruinados que colocavam suas relações a serviço dos homens de negócios. Ele se fez apresentar ao czar pelo grão-duque Aleksandr Mikhailovitch (suspeito, aliás, por sua família de ter sangue judeu nas veias)[124], seduzindo-o com um vasto projeto de concessões na Coréia, que permitiam incluí-la na esfera de influência russa. Esse projeto opunha-se diretamente aos de Witte, que tinha em vista um embargo russo na Mandchúria e cedia de bom grado a Coréia ao Japão; mas o bando de Besobrasov teve ganho de causa e, na primavera de 1903, ele foi nomeado Secretário de Estado dos Assuntos do Extremo-Oriente; pouco depois, Witte era convidado a apresentar sua demissão. Daí para a frente, a guerra era inevitável, tanto mais que o Japão era sustentado pela Grã-Bretanha, com a qual assinara uma aliança defensiva. Mas o czar estava convencido de que os exércitos russos não teriam qualquer dificuldade para recolocar em seus lugares esses presunçosos "macacos japoneses"; ademais, a se acreditar no Ministro do Interior Plehve, "uma pequena guerra vitoriosa" acalmaria a agitação revolucionária. Ao cabo de vários meses de estéreis negociações, o Japão, sem se preocupar com uma declaração de guerra, dava início às hostilidades, em janeiro de 1904. Para começar, sua frota, muito superior numericamente, destruía a frota russa do Pacífico. Seguiram-se várias batalhas terrestres, umas indecisas, outras ganhas pelo Japão, assim como o cerco de Port-Arthur, cuja guarnição capitulava em dezembro de 1904. Enfim, a frota russa do Báltico, após uma circunavegação de sete meses em torno do Antigo Continente, chegava a seus objetivos, em maio de 1905, para ser aniquilada em quarenta e oito horas. Só restava à Rússia, já ensangüentada pela Revolução, resignar-se a fazer a paz, o que obteve tanto mais facilmente porque o Japão estava, também, mili-

123. Cf. "Diário de A. N. Kuropatkin" (16.2.1903) *Krassny Arkhiv*, t. II (1923).

124. Cf. Witte, *Lembranças*, t. II, p. 228. A princesa de Bade, mãe dos grão-duques Alexandre e Nicolau, teria tido como pai natural um banqueiro judeu, Haber; Alexandre III chamava essa prima de *tante Haber*. Sobre Nikolai Mikhailovitch, historiador da família Romanov, ver mais adiante.

tar e economicamente esgotado. Aparentemente, a autocracia tradicional saía-se bastante honrosamente dessa guerra estúpida; com efeito, sua sorte estava selada.

O SOCIALISMO POLICIAL

No início, o socialismo policial de Zubatov desenvolvia-se de uma maneira promissora. Sobretudo em Moscou, o feudo de origem de seu criador, que em 1898 soubera ganhar para sua causa o grão-duque Serguei, um Romanov particularmente influente, pois era ao mesmo tempo tio e cunhado de Nicolau II. Como Zubatov escrevia em seu projeto inicial, destinado ao grão-duque, e aprovado pelo adjunto deste, o general Trepov o Jovem:

> Já que a miséria e as reivindicações dos operários são utilizadas pelos revolucionários com fins profundamente antigovernamentais, o governo não deve arrancar-lhes essas armas excelentes, para efetuar ele mesmo a tarefa que se impõe, tanto mais que isso não necessitará de reformas importantes: o aperfeiçoamento dos órgãos já existentes bastará[125].

Em abril de 1902, Zubatov exprimia-se num tom bem mais seguro:

> A atitude protetora do poder em relação às organizações operárias de Moscou não é motivada por uma hostilidade para com os capitalistas e pela complacência em relação aos operários, ela é um dever: um Estado autocrático ortodoxo tem o dever, com efeito, de evitar qualquer prevenção, e manifestar a mesma eqüidade para com os patrões e os operários, os ricos e os pobres.

Mas nosso homem exprimia-se também eventualmente de modo mais cínico, e escrevia que a autocracia devia se manter acima da luta de classes, a fim de "dividir para reinar"[126].

Em Moscou, esse socialismo autocrático chocava-se com a resistência obstinada dos capitalistas russos, que exploravam sem pudor os operários, à moda da época. Seu chefe de fila era o manufatureiro francês Jules Goujon, e o Ministério das Finanças, isto é, o poderoso Witte, os apoiava. Mas Zubatov pode pretextar uma manifestação grandiosa dos operários "leais" que, em núme-

---

125. Cf. *A Grande Enciclopédia Soviética*, 1ª ed. t. XXVII (1934), art. "Zubatovtchina".
126. Cf. *Krassny Arkhiv*, t. I (1922), pp. 309-314 "Novidade sobre a *zubatovtchina*"; assim como t. IV 19 (1926), pp. 210-211. "Dois Documentos sobre a História da *zubatovtchina*".

ro de, no mínimo, cinqüenta mil, reuniram-se no dia 19 de fevereiro de 1902, aniversário da libertação dos servos, diante do monumento de Alexandre II. E Goujon foi ameaçado pelo grão-duque de ser expulso da Rússia.

Na província, essa política, à qual as medidas sociais de Bismarck serviam de modelo, encontrou um terreno especialmente favorável entre os operários judeus, principalmente em Minsk e em Odessa. A esse propósito, Zubatov invocava a "sabedoria histórica" do judaísmo, que lhe permitia, escrevia ele, compreender que o progresso humano em geral era compatível com os princípios da autocracia ortodoxa. Avançando ainda mais, ele punha em dúvida, com a prudência de praxe, que os judeus fossem um povo de exploradores, e assinalava mesmo a esse respeito que a maioria deles vivia "numa miséria indescritível, próxima da indigência"[127]. É digna de admiração a engenhosidade de seu primeiro argumento; é evidente que a implantação do socialismo policial entre os *jids* representava um negócio particular delicado.

De fato, ele explorava os antagonismos que se haviam desenvolvido entre o "Bund" marxista e o movimento sionista; com a ajuda deste, conseguira criar um "partido independente dos trabalhadores judeus". Mas, na primavera de 1903, uma onda de greves espontâneas, iniciada em Baku, abrasou o sudoeste da Rússia, de modo que os "independentistas" judeus foram obrigados a participar delas a contragosto. Seu partido foi imediatamente proibido, e foi também o fim de Zubatov, afastado na primeira oportunidade por seu Ministro Plehve, e mantido em prisão domiciliar em sua residência, na província.

Entretanto, antes de ver sua grande obra arruinada, Zubatov registrou igualmente alguns sucessos em Petersburgo. No outono de 1902, quando de uma estada na capital, encontrou o padre Gheorghi Gapon, um jovem padre que fazia o ofício de capelão para os vagabundos e os detentos, e o convenceu a trabalhar pelos proletários. Ao que tudo indica, ele o soube seduzir; Gapon visitava-o todas as manhãs, como a um mestre; Zubatov lhe dava cursos (cujo conteúdo se ignora) e, a pedido de operários militantes, concedeu-lhe uma subvenção de cem rublos por mês. Como anotava, "a intimidade de Gapon com os operários podia ir longe; assim é que ele organizava partidas de canoagem, para se instalar na relva, beber, cantar e dançar com eles arregaçando a sotaina, com a vivacidade e a energia que lhe eram próprias"[128]. Contudo,

---

127. *Idem*, t. I (1922), p. 297.
128. Ver um artigo de Zubatov, de publicação proibida quando ele vivia, e

esse grande líder tinha necessidade de um inspirador intelectual; depois da exoneração de seu mestre, sua missão operária periclitou. Mas, em fevereiro de 1904, encontrou protetores de outro tipo, pertencentes à alta sociedade, que o incitaram a criar uma "Assembléia dos Trabalhadores da Usina de São Petersburgo", cuja audiência tornou-se rapidamente considerável. Entretanto, outros inspiradores, e em último lugar o social-revolucionário Piotr (Pinhas) Rutenberg, engenheiro numa fábrica de Petersburgo, tomaram logo o lugar de Zubatov em seu coração. Seguir-se-ia uma catástrofe, pior que o czaricídio de 1º de março de 1881. Desde então, a contagem regressiva começa para a Rússia.

O DOMINGO SANGRENTO

A 20 de dezembro de 1904, o general Stössel assinara a capitulação de Port-Arthur, sem consultar seus colegas (escapou de ir à corte marcial). Esse acontecimento suscitou comoção e perturbações através de toda a Rússia; na capital, os operários da grande usina metalúrgica Putilov entraram em greve no início de janeiro de 1905, em conseqüência de um conflito mineiro, e acarretaram muitas outras. Gapon e sua "Assembléia" decidiram então coroar o movimento, sendo a idéia caminhar em procissão até a casa do czar, tendo à frente o padre, os santos ícones e os estandartes religiosos, para lhe expor a situação impossível do mundo operário. Foi então preciso redigir uma petição, e Rutenberg encarregou-se de dar-lhe uma última mão, para lhe imprimir um tom, na verdade maquiavélico. O início era o mais humilde possível:

> Vossa Majestade: nós, os trabalhadores e os habitantes de São Petersburgo, nossas mulheres, nossos filhos e nossos velhos e despojados pais, vimos para encontrar justiça, verdade e proteção. Tornamo-nos mendigos; somos oprimidos e esmagados por um trabalho que ultrapassa nossas forças; somos humilhados; tratam-nos não como seres humanos, mas como escravos que devem suportar em silêncio os piores maus-tratos. [...] Não pedimos grande coisa. Queremos apenas ter o indispensável para viver, sem o que nossas vidas não passam de trabalho sem fim e de sofrimento [...]

Mas no final a petição reclamava, num tom firme, a outorga de uma Constituição, ou seja, uma limitação do poder czariano, o que, era público e notório, representava para Nicolau II um ataque ao legado dos ancestrais, a traição suprema:

que foi publicado após seu suicídio por *Byloiê*, n. 4 (1917), outubro de 1917, pp. 166 e ss.

A Rússia é vasta demais, e suas necessidades por demais numerosas para que a burocracia possa governar sozinha. O povo deve agir por si mesmo e se governar a si mesmo. [...] Que todos possam votar na liberdade e na igualdade, e para isso dar ordem para que se eleja uma assembléia constituinte baseada no sufrágio universal, secreto e igualitário.

A polícia e as autoridades logo tomaram conhecimento desse texto embusteiro, cuja natureza provavelmente não era compreendida por Gapon. Foi então resolvido que o czar iria, no sábado, para seu palácio de Gatchina, ao sul de Petersburgo, e que os operários seriam informados. O general Trepov, muito apreciado pelo czar por sua lealdade e seus méritos, foi chamado à capital. Visando maior segurança, um cordão de tropas foi disposto em torno do Palácio de Inverno, e, no sábado à tarde, os ministros, após deliberar por uma última vez, deitaram-se tranqüilos[129]. É de se acreditar que eles, tampouco, percebiam a gravidade da situação. O mesmo não acontecia com seu procurador-chefe de São Petersburgo, cujo relatório, redigido igualmente no sábado, merece ser lido atentamente, pois expressa bem a mentalidade dos operários russos, no início do século XX:

[...] O padre Gapon adquiriu um significado excepcional aos olhos do povo. A maioria o considera um profeta, enviado por Deus para proteger o mundo operário. A isso se juntam lendas sobre sua invulnerabilidade, sua inacessibilidade etc. As mulheres falam dele com lágrimas nos olhos. Apoiando-se na religiosidade da grande maioria dos trabalhadores, Gapon arrastou toda uma massa de operários e de artesãos. [...] Por ordem do padre Gapon, os operários expulsam os agitadores e destroem suas proclamações obedecendo cegamente a seu pai espiritual. Dado esse estado de espírito da multidão, não há como duvidar de que esteja firmemente convencida da legitimidade de seu desejo de apresentar uma petição ao czar e obter dele uma resposta, julgando que um ataque contra uma procissão que caminha para a casa do czar sob o signo da cruz e sob a direção de um padre seria uma prova evidente da impossibilidade para os súditos do czar de lhe dar a conhecer suas necessidades. É por isso, no caso de um choque entre a multidão e a polícia ou as tropas, que ocorrerá uma efusão de sangue, na qual provavelmente tomarão parte cerca de cem mil operários, com a participação dos revolucionários. O desemprego já suscitou uma certa irritação no seio das massas. Em conseqüência, convém levar em conta a opinião de que a presença no local de alguém próximo de Sua Majestade poderia deter o movimento, se o padre Gapon intervier junto aos operários no mesmo espírito de apaziguamento[130].

129. Ver as *Lembranças* de V. N. Kokovtzev, na época ministro das Finanças (ed. russa, Paris, 1933, t. I, pp. 52-58). No que se refere ao estabelecimento da petição, ver J. Baynac, *Les socialistes-révolutionnaires*, p. 120.

130. Cf. S. Piontówski, "Sur l'histoire du dimanche sanglant", *Krassny Arkhiv*, 1 (68), 1935, p. 48.

Esse alto funcionário estava longe de ser o único a ver claramente a situação. Edis, advogados, escritores faziam esforços desesperados para alertar os detentores do poder sobre o desastre que ameaçava; naquele mesmo sábado, uma delegação formada, especialmente, por Maksim Górki e por vários acadêmicos, dirigira-se à casa de Witte[131], o homem forte, para pedir-lhe que interviesse a fim de mandar retirar as tropas dispostas em torno do Palácio de Inverno. Em vão, havendo até quem repetisse de bom grado que a opinião pública pouco importava, o que expressa bem o isolamento do czar. Mas pode-se também admitir que alguém, talvez o grão-duque Vladimir, julgava ser preciso aproveitar a oportunidade para dar "uma boa lição" nos manifestantes. (É o que escrevia na época E. J. Dillon, o correspondente do *Daily Telegraph* na Rússia[132].)

Seja como for, incúria ou má vontade, as tropas não foram retiradas, e nenhum membro da família imperial foi encarregado de representar o czar; além disso, Gapon não foi avisado, ou não pôde ser encontrado. E no dia seguinte, quando começou a manifestação, é Rutenberg quem se encarrega do caso, estabelecendo um plano de marcha e encorajando Gapon – em suma, dirigindo o movimento. Ele também escreve em suas memórias[133] que os operários reprimiam os estudantes ou os revolucionários e rasgavam suas proclamações, instigados aliás por uma chusma de policiais à paisana. Segundo ele, a marcha podia também se transformar em manifestação patriótica, pois os manifestantes entoavam hinos em honra ao czar. Mas quando, vindos de diferentes partes, eles se aproximaram do dispositivo militar, as tropas, após as intimações de praxe – às quais a multidão, quase iluminada, não deu qualquer atenção – abriram fogo, e o massacre começou. Acrescente-se a isso que Rutenberg distribuíra aos operários os endereços dos armeiros vizinhos do Palácio de Inverno; mas estes, ensandecidos e atarantados pelo rumo que haviam tomado os acontecimentos, só pensavam em fugir. Rutenberg, que estava junto a Gapon, relata:

Alguns minutos depois da terceira salva, ergui a cabeça. À direita e à esquerda, vi cadáveres e poças de sangue sobre a neve. Gapon, encolhido, estava deitado ao meu lado.
– Padre, o senhor está com vida?

131. Cf. Witte, *op. cit*, t. II, p. 342; e Kokovtzev, *Lembranças...*, t. I, p. 53.
132. D. Floyd, *Échec au tsar*, Paris, 1971, p. 62.
133. Cf. P. Rutenberg, "L'Affaire Gapone", *Byloiê*, n. 2 (28), agosto de 1917, p. 11 e *passim*.

— Estou com vida.
— Então, vamo-nos! — E rastejamos em direção ao portal mais próximo.
O pátio no qual nos refugiamos estava lotado de feridos. Aqueles que não tinham sido atingidos gemiam também, com os olhos turvos, procurando compreender alguma coisa.
— Não existe Deus! Não existe mais czar! — clamou Gapon, com a voz embargada, arrancando sua peliça e a sotaina.
— Não existe Deus! Não existe mais czar! — ecoaram os outros.
Gapon fantasiou-se com o capote e o gorro de um dos operários...[134]

Qual foi o número de mortos? Cento e trinta, segundo a polícia, milhares, segundo os revolucionários; nunca se saberá. O essencial é que o massacre ocorreu em pleno dia, nos bairros nobres, notadamente sob as janelas da embaixada inglesa, o que suscitou uma indignação universal, tanto que um empréstimo que estava prestes a ser assinado na França foi bruscamente anulado[135].

Pela primeira vez, o diário mantido por Nicolau II refletia a emoção geral. À noite, ele anotava:

> Que dia penoso! Ocorreram sérios distúrbios em São Petersburgo, por causa de operários que queriam dirigir-se ao Palácio de Inverno. As tropas abriram fogo em vários pontos da cidade; há um grande número de mortos e feridos. Deus, como isso é triste e lamentável! Mamãe chegou da cidade, exatamente na hora da missa. Almocei com todos os outros. Fui dar um passeio com Micha. Mamãe ficou para passar a noite.

A última frase reflete a inquietação dos Romanov. E com efeito: o sinal da revolução fora dado. Não era a encenação inventada pelo general Trepov — a recepção pelo czar, dias após, de um grupo de operários escolhidos a dedo — que ia mudar alguma coisa.

Resta-nos fornecer algumas informações precisas sobre os destinos dos principais promotores do "domingo sangrento".

Gapon, abrigado primeiramente por Savva Morozov, o "milionário vermelho", foi retirado pelos social-revolucionários e levado para o estrangeiro, onde Édouard Vailland e Jean Jaurès o receberam e onde se encontrou com Lênin; na Suíça, pôde admirar, numa vitrina, cartões postais ornados com seu retrato. Transformado numa celebridade, perdeu rapidamente a cabeça, e começou a jogar nos cassinos da Riviera; finalmente, deixou-se subvencionar pela Okhrana, que lhe atribuiu a missão de fazer retornar Pinhas Rutenberg.

---

134. *Idem, ibidem.*
135. Cf. Kokovtzev, *op. cit.*, t. I, pp. 59 e ss.

Restabelecido dessa forma o contato, Rutenberg fez com que um improvisado tribunal de operários russos executasse Gapon. Em seguida, partiu para a Itália a fim de se especializar nas técnicas de irrigação. Na primavera de 1917 retornou à Rússia, e militou legalmente como social-revolucionário; comandou, como subordinado, por ocasião do golpe de Estado bolchevique, o último batalhão dos defensores do Palácio de Inverno. Não podendo acomodar-se com o regime de Lênin, emigrou em 1919 para a Palestina onde, homem de recursos aparentemente inesgotáveis, criou a primeira grande companhia de eletricidade, e estabeleceu relações amistosas com o rei Abdula da Transjordânia. Morreu em 1942.

Zubatov viveu dignamente, ao que parece, da pensão de antigo funcionário. Na primavera ou no verão de 1917, suicidou-se. Pode-se notar que os termos *zubatovtchina* e *gaponovtchina* suscitavam o horror geral, na Rússia dos czares, e que os reencontramos com o mesmo matiz nas enciclopédias soviéticas. Entretanto, Zubatov combinava uma inteligência notável e uma integridade incontestável com a dedicação ao regime que ele servia (afinal, sua revolta de estudante dos anos 1880 tinha sido efêmera).

A REVOLUÇÃO DE 1905

No mundo operário, a ingênua confiança no czar foi abalada para sempre. Mas em todos os meios, excetuando-se uma parte do campesinato, as idéias recebidas tomaram outro aspecto durante o ano de 1905; a Rússia, inopinadamente, *politizou-se* inteiramente, a começar pela família imperial e as altas esferas. O conde Bobrinski, no dia seguinte a um jantar em companhia de vários gão-duques e ministros, descrevia seu pânico:

> Os grão-duques, que temem terrivelmente a revolução, renunciam a qualquer orgulho e imaginam o fim. [...] Os ministros também têm medo e procuram uma saída. [...] As coisas vão mal no interior. Distúrbios agrários eclodiram. Queimam-se fábricas, saqueia-se. Os ministros se agitam, assim como o czar e a polícia. Todo mundo fala do massacre que se prepara...[136]

O czar, mais que nunca submetido a sua histérica esposa, não confiava em mais ninguém a não ser no general Trepov; como escrevia em seguida à sua mãe: "não restava outra saída senão fazer

---

136. Cf. "Diário de A. A. Bobrinski", *Krassny Arkhiv*, 26 (1928), p. 132.

o sinal-da-cruz e outorgar o que todo mundo pedia"[137]. Ele se refugiava, portanto, na inação. Trepov, devotado à família imperial como um cão, cultivava idéias simples e fortes. "Tudo lhe parecia simples: revoltam-se – é preciso bater; fala-se de liberdade – é preciso castigar... Não existe nenhuma complexidade das situações, tudo isso é inventado pelos intelectuais, pelos judeus e pelos franco-maçons" (Witte). Tornando-se ditador de fato, Trepov ia se matar na tarefa. Desde o início, multiplicou as gafes; assim, mandou prender os membros da delegação que, a 8 de janeiro, fora à casa de Witte. No início de fevereiro, os estudantes da capital votavam a greve, por 2 978 votos contra 66, greve que se estendeu rapidamente às universidades da província, para durar, como veremos, até o fim de agosto.

Sobre o fundo de uma guerra desastrosa, os alógenos oprimidos, isto é, quarenta por cento da população do Império, agitaram-se um pouco em toda parte. Na Polônia, onde o estado-maior russo mantinha, em sua fronteira oeste, trezentos mil soldados em pé de guerra, choques sangrentos ocorreram em maio, em Varsóvia e em Lodz, enquanto os chefes políticos, Pilsúdski e Dmóvski, partiam, em janeiro, para o Japão para tentar coordenar a luta anti-russa. Na Ucrânia, os primeiros partidos políticos apareceram: o "partido popular", o mais extremista, tinha como divisa: "os moscovitas, os judeus, os poloneses, os húngaros e os romenos são nossos inimigos"; o que era, portanto, um número elevado. Mas os acontecimentos mais sangrentos deram-se nas duas extremidades da Rússia européia: nos países bálticos, onde uma verdadeira guerra civil opunha os camponeses (lituanos, letões e estonianos) aos proprietários, quase sempre de origem alemã, e no Cáucaso, onde se matavam sobretudo tártaros muçulmanos e armênios cristãos, enquanto que Baku, com suas indústrias petrolíferas, era o epicentro das greves. Em Nijni-Novgorod (Górki) constituiu-se uma "Liga Muçulmana Panrussa", que reclamava a igualdade de direitos para os tártaros; na própria Sibéria, as tribos buriatas e iacutas, "instruídas" pelos deportados políticos, manifestaram algumas veleidades de independência. Os judeus serviam um pouco em toda parte, mas sobretudo em sua zona de residência, de "solda entre as organizações revolucionárias" – nas palavras de um general que, ao que parece, não era de forma alguma anti-semita[138].

137. Carta de 18 de outubro de 1905 (cf. *Lettres de Nicolas II à sa mère*, Paris, s.d., p. 80).
138. Cf. o relatório do general Panteleev, encarregado de reprimir, no ou-

Na Rússia propriamente dita, os operários, sem clara consciência disso, conduzem verdadeiramente o jogo. Se suas greves são quase sempre de curta duração (a de Petersburgo terminou em 18 de janeiro), é por falta de recursos, pois não dispõem de uma caixa de socorro, e porque afinal precisam viver. Entretanto, uma greve exemplar aconteceu em Ivanovo-Vosnesensk, um grande centro têxtil no nordeste de Moscou. Durou de 12 de maio a 1º de junho (segundo as fontes bolcheviques, até 23 de julho); os operários criaram uma milícia, estabeleceram um controle de preços e elegeram um Soviete (Conselho), aparentemente o primeiro no gênero, composto de cento e cinqüenta e um deputados, dentre os quais dezessete mulheres. Os revolucionários que acorreram imediatamente procuraram empolgar o caso; mas apesar de terem aberto uma "universidade popular", não conseguiram politizar a greve: a divisa "Abaixo a Autocracia" foi rejeitada pelos operários. Note-se que Lênin, que no início não compreendeu muito bem os acontecimentos, permaneceu na Suíça, onde continuou a polemizar com os mencheviques e outros *traidores*; só resolveu voltar à Rússia em novembro, quando a Revolução triunfara. Todavia, conforme testemunho de sua mulher, é no verão de 1905 que se convenceu da idéia de que os camponeses eram a grande alavanca de uma reviravolta social na Rússia – sem conseguir converter a essa opinião seus mais fiéis adeptos. Quanto ao jovem Trótski, ele tomou desde o dia 10 de janeiro o caminho de volta, para chegar a Petersburgo, depois de algumas peripécias, no início de fevereiro (sob a identidade do cabo Arbuzov).

A burguesia moderada agitava-se igualmente e se radicalizava; uniões corporativas surgiam constantemente; em maio, catorze delas, dentre as quais as dos advogados, médicos, engenheiros e professores, reuniam-se numa "União das Uniões", presidida pelo historiador e homem político Pavel Miliukov. A União para a Emancipação dos Judeus dela fazia parte também, evidentemente. A esse respeito, deve-se citar uma reflexão do conde Ivan Tolstói, membro pouco conhecido da ilustre dinastia senhorial, de uma integridade e de uma coragem excepcionais – e que sabia do que falava[139]. Ele escrevia que muitos militantes antigoverna-

---

tono de 1905, os distúrbios na Ucrânia, cuja responsabilidade ele lançava sobre os dirigentes dos *zemstvos* (*A Revolução de 1905 e a Autocracia*, Moscou, 1928, p. 104).

139. O conde I. Tolstói, que fora ministro da Instrução Pública no dia seguinte à Revolução de 1905, publicara em 1907 *A Vida dos Judeus na Rússia*, uma obra digna de nota; ver a esse respeito a "História do Anti-Semitismo", t. IV, pp. 75, 90, 96, 99, 112-113.

mentais são eles mesmos anti-semitas, mas que o dissimulam da melhor forma possível, pois, segundo eles, os judeus "formam uma contingente numeroso, ainda que de segunda classe, de lutadores enérgicos em prol da 'liberdade' ".

No *Osbojdeniê*, que continuava a aparecer na Alemanha, Piotr Struve escrevia, desde fevereiro: "Nenhum entendimento é possível com um governo de assassinos; todas as forças oposicionistas devem se unir para derrubar o czarismo". Decididamente, quase toda a Rússia letrada entrava na oposição ativa, servindo a outorga de uma Constituição como plataforma comum. Mas um novo tipo de uniões surgia. Desde abril de 1905, o judeu converso V. Gringmut, editor do jornal reacionário *Mosskovskia Vedomosti*, fundava um *Partido Monarquista Russo*. Outras organizações mais ou menos efêmeras foram fundadas pouco depois: *Bandeira Branca, União Popular, Liga de Luta pela Autocracia e pela Igreja, pelo Czar e pela Ordem*. Formaram, no final de 1905, uma federação sob o nome de *União do Povo Russo*, para se esfacelar novamente em organizações rivais.

Os camponeses, isto é, oitenta e cinco por cento da população russa, permaneciam afastados dessa agitação. Entretanto, na primavera, começaram a se mexer, atacando em primeiro lugar os grandes proprietários. Uma de suas divisas era "A terra é de Deus, não é, portanto, de ninguém". Ou seja, contrariamente às populações urbanas, aferravam-se no conjunto a seus erros antigos.

O mês de junho foi marcado pelo conhecido motim do encouraçado *Potiênkin*, e por alguns incidentes do mesmo tipo nas guarnições do exército, na retaguarda. Mas o grosso das tropas não seguiu o movimento. E, em julho e agosto, podia parecer que a revolução se sufocava, tanto mais que, a 23 de agosto, uma paz bem mais favorável que o previsto era assinada em Portsmouth entre o conde Witte e os emissários japoneses, uma paz inesperada, sem contribuições nem reparações: a honra nacional estava salva. Terá sido esse feliz acontecimento que inspirou a Trepov a idéia de acalmar os estudantes decretando, a 27 de agosto, uma ampla autonomia universitária? Imediatamente, novos males se seguiram. De volta à Rússia a 14 de setembro e festejado como vencedor, Witte descobria, estupefato, a seguinte situação:

[...] Todos os estabelecimentos de ensino superior serviam de locais para comícios revolucionários nos quais participavam estudantes, mas ainda mais, operários autênticos ou falsos, professores, funcionários, militares de todos os graus e até um público aristocrático, que vinha se regalar com um espetáculo inusitado, como se regalava com uma tourada ou uma representação escabrosa[140].

A se acreditar nos professores, esse espetáculo resultava do fato de os comícios públicos continuarem proibidos na Rússia; os estudantes, por seu lado, invocavam o dever de partilhar com os outros cidadãos um privilégio do qual eram os únicos beneficiários. Em Moscou, o comício universitário de 7 e 9 de setembro reunira mais de quatro mil pessoas; a moção reclamando a instituição de uma república democrática foi ali unanimemente adotada. Pouco depois, as greves recomeçaram. O sinal foi dado a 19 de setembro pelos operários tipógrafos de Moscou, seguido por aqueles de Petersburgo. A 6 de outubro, os ferroviários da linha Moscou-Kazan pararam o trabalho – uma greve muito séria, pois, no espaço de alguns dias, generalizava-se e, dessa vez, pretendia-se política: da União das Uniões aos bolcheviques, a Rússia urbana ou letrada reclamava uma Constituição. Na capital, onde um soviete, animado pelo jovem Trótski, começou a se instalar, no dia 13 de outubro, o ambiente tornou-se apocalíptico; Witte conta:

> Os jornais publicavam o que queriam. A circulação das carruagens pelas ruas tornara-se inexistente, as ruas não eram mais iluminadas, os habitantes receavam sair à noite, a água e o telefone não funcionavam mais, e a ligação com o czar, que estava próximo dali, em seu palácio de Peterhof, só podia ser mantida por via marítima. [...] A propaganda revolucionária penetrava nas tropas; em certas formações, houve perturbações, uma tripulação da frota se amotinou e precisou ser transferida para Kronstadt, mas em Kronstadt também a situação estava longe de ser animadora...[141].

Prevendo o pior, um torpedeiro mantinha-se a postos nas imediações de Peterhof, pronto para evacuar para o exterior a família imperial; Witte pensava também em deixar a Rússia. O czar, entretanto, continuava partidário de uma posição de força: uma repressão impiedosa. Por isso, Trepov publicava, a 14 de outubro, sua famosa ordem do dia: "Não atirem a esmo, não desperdicem munição!" No mesmo dia, seu velho cúmplice de Moscou, o metropolita Vladimir, brandia a arma espiritual:

> Se ao menos nossos infelizes operários soubessem quem os dirige, quem lhes envia agitadores e instigadores, eles se afastariam com horror. [...] Pois esses pretensos "social-democratas", esses revolucionários, há muito renegaram Deus,

---

140. Witte, *op. cit.*, t. II, pp. 542-543.
141. *Idem*, t. II, p. 554.

e talvez jamais tenham conhecido a fé cristã. Seu principal ninho está no estrangeiro, e eles sonham com reduzir à escravidão o mundo inteiro; em seus Protocolos secretos tratam-nos, a nós cristãos, como animais aos quais Deus, garantem eles, deu apenas uma aparência humana, a fim de que eles, os pretensos Eleitos, não tivessem repugnância de utilizar nossos serviços...[142]

Vê-se que os *Protocolos dos Sábios de Sião*, publicados em russo no ano anterior, tinham passado por ali.

Entretanto, um jogo bem diferente prosseguia nos bastidores, tendo como seu principal animador o conde Witte, que se tornara para as altas esferas russas, e muito além, o homem providencial. Pouco depois de sua volta à Rússia ele propunha este diagnóstico: ou instituir uma ditadura militar, com todos os riscos que isso comporta, ou dar satisfação ao país e restabelecer a paz cívica outorgando uma Constituição autêntica. Ao que parece, entretanto, ele não estava disposto a "bancar o bombeiro", levando em conta, especialmente, o ódio arraigado que lhe devotava o casal imperial. Teria mudado de idéia no início de outubro, devido ao pedido premente do conde Sólski, presidente do Conselho de Estado: "Está bem, parte, e deixe-nos perecer a todos, tantos quantos somos. Nós vamos perecer, pois sem o senhor, não vejo nenhuma saída"[143].

Ele se dirigiu, portanto, à casa do czar, reiterou seu diagnóstico, e as negociações começaram, cada vez mais acaloradas posto que os grão-duques, os mais "duros", os tios Nicolau e Vladimir, foram convidados a participar nelas e que a situação piorava. O czar, com efeito, sua família e Trepov estavam convencidos de que Witte queria afastar Nicolau II, e mesmo mandar assassiná-lo, para se tornar o presidente de uma república russa[144]. Além disso, tornava-se cada dia mais evidente que não se podia contar com o exército, pois a maior parte das tropas da ativa ainda se encontrava na Sibéria, e que era impensável, considerando-se a greve geral, mobilizar os reservistas. Essa era a opinião que dominava no seio do estado-maior, e que Trepov acabou por partilhar. Sobretudo quando o czar pediu ao tio Nicolau, considerado o melhor chefe de guerra da família, que se encarregasse de ins-

---

142. Cf. *O Czarismo em Luta contra a Revolução de 1905-1907* (coleção de documentos), Moscou, 1936, p. 121.

143. *Lembranças*, t. III, 32; aliás, o relato de Witte é confirmado pelo conjunto das fontes.

144. Essa convicção é atestada pelo conde Obolênski, chefe do gabinete do czar, numa nota redigida por ele imediatamente, e que como homem honrado ele não hesitou em comunicar a Witte quando, em abril de 1906, este teve de apresentar sua demissão.

taurar uma ditadura militar: este respondeu que preferia dar um tiro na cabeça, e essa reação determinou provavelmente a decisão. Havia ainda uma questão: sob que forma o projeto constitucional seria divulgado? Witte inclinava-se por um programa ministerial de medidas progressivas, mas a suspeita do czar o fez preferir um *manifesto* emanando diretamente dele.

Esse manifesto, promulgado a 17 de outubro, prometia a igualdade cívica a todos os súditos do Império, assim como a limitação constitucional do poder czarista, promessas que Nicolau II jurava a si mesmo que não cumpriria, se conservasse sua coroa (em dezembro de 1916, dois meses antes de abdicar, declarava novamente que continuava rigorosamente fiel ao juramento prestado ao ser coroado, nos termos do qual manteria durante toda a vida seu poder autocrático ilimitado)[145]. Na véspera, realizara-se uma conferência decisiva, num clima particularmente histérico, tropeçando em especial no problema da emancipação dos judeus. Numa nota destinada ao czar, Trepov defendia que isso equivalia a reduzir o povo russo à escravidão[146]. Quanto à assinatura do manifesto no dia seguinte, eis como a descrevia, dez anos depois, baseando-se num relato do grão-duque Vladimir ("Vladi"), seu filho Andrei:

Vladi contava que Niki estava sentado, cabisbaixo, chorando lágrimas sentidas. Quando Vladi entrou, ele lhe disse: " – Não me deixe hoje, estou muito angustiado. Sinto que, depois de ter assinado esse ato, perdi minha coroa. Agora, tudo está acabado". " – Não", respondeu Vladi, " – nada acabou. Basta reunir todos os homens de bom senso, e a situação poderá ser salva." Imediatamente, Vladi escrevia a Ratchkóvski, e assim foram lançados os fundamentos da "União do Povo Russo" que na época teve seu papel, mas que degenerou em seguida.

É preciso lembrar que o tenebroso Piotr Ratchkóvski, na época em desgraça, foi o campeão inconteste das ações e provocações anti-semitas, o artífice dos *Protocolos dos Sábios de Sião*? Os resultados não se fizeram esperar. Mas antes disso, impõe-se um retrospecto.

A MÍSTICA ANTI-SEMITA

Vimos que a Igreja ortodoxa cultivava uma judiofobia *sui generis*, que remontava, de um lado, à tradição bizantina, e, de ou-

---

145. Cf. V. S. Diakin, *A Burguesia Russa e o Czarismo no Período da Primeira Guerra Mundial, 1914-1917*, Leningrado, 1967, p. 21.
146. Cf. "A História do Manifesto de 17 de outubro", *Byloiê*, XIV (1919), pp. 110 e ss.

tro, à "heresia dos judaizantes" do século XVI. Pouco antes de 1900, um importante teólogo oficial, o professor Golubinski, autor de uma *História da Igreja Russa*, que se tornou clássica, perguntava-se se essa heresia não estava em parte na origem dos males que afligiam a Rússia. Ele observava, primeiro, que "os russos moscovitas e a segunda metade do século XVI odiavam e desprezavam os *jids* ao extremo, como sempre o fizeram, tanto antes como depois". Mas como, nessas condições, os judaizantes puderam se multiplicar? Para Golubinski, bastara que dois padres de Novgorod tivessem se deixado corromper por "Skharia"; o espetáculo de dois padres renegados teria siderado a tal ponto os homens do povo que muitos teriam se perguntado se o judaísmo não estaria certo[147]. É evidente, entretanto, que muitos pensadores ortodoxos (em primeiro lugar, o grande filósofo Vladimir Soloviev) condenavam o anti-semitismo com o máximo rigor, como é verdade que a tradição judiófoba atormentou as almas russas em todas as épocas e em todos os níveis. Assim é que o mais liberal dos ministros reformadores de Alexandre II, D. A. Milutin, era de opinião que, mesmo que os judeus fossem admitidos na função pública, toda promoção no exército devia permanecer proibida a eles, pois os soldados só poderiam desprezar um oficial judeu[148]. Pode-se pensar que esse grande senhor imputava ao povo seus próprios preconceitos de casta. De resto, vimos que, desde 1867, o primeiro anti-semita russo de envergadura, o eslavófilo Ivan Aksakov, satisfizera-se em copiar *A Questão Judaica* de Karl Marx[149].

Mas é ainda no fim do século XIX que se vê, independentemente da política oficial, e mesmo opondo-se em parte a ela, a angústia anti-semita apertar muitos corações no seio da nobreza declinante, hostil à industrialização. Um fenômeno idêntico àquele observado, na mesma época, na Alemanha e na França, mas também um protesto contra a política de Witte, que, para sanear o mercado financeiro, acabava de introduzir na Rússia o padrão ouro. A campanha processava-se sobretudo nas colunas de uma revista publicada em Moscou, *O Trabalho Russo (Russky Troud)*[150]. "O ouro é o dinheiro judeu", escrevia Aleksei Suvorin,

147. Cf. E. Golubinski, *História da Igreja Russa*, Moscou, 1897, t. II, pp. 591 e ss.

148. Cf. H. Rogger, "Russian Ministers and the Jewish Question, 1881-1917", *California Slavic Studies* VIII (1925), p. 72, nota 128.

149. Cf. mais acima, p. 111-112.

150. O que segue, segundo Heinz-Dietrich Löwe, *Antisemitismus und reaktionäre Utopie*, Hamburgo, 1978, pp. 17-28.

editor do oficioso *Novoiê Vremia (Tempos Novos)*. Outros colaboradores hauriam seus argumentos anticapitalistas em Karl Marx, e *A Questão Judaica* não lhes era desconhecida. Citemos o caso notável do economista amador G. V. Butmi, o campeão do bimetalismo em 1897 e primeiro editor dos *Protocolos dos Sábios de Sião*, em 1904. A Okhrana faz, aliás, circular outros escritos desse tipo, de inspiração teosófica, em especial *O Segredo do Judaísmo*, uma fantasmagoria completamente esquecida atualmente. Assemelham-se-lhe igualmente as publicações destinadas a insuflar o horror a um povo sem terra, um povo errante há quase dois mil anos. M. O. Menchikov, talentoso editorialista do *Novoiê Vremia*, dedica-se a isso nos seguintes termos:

[...] Uma nação sem terra é uma coisa terrível. Considerem um homem arrancado à terra. Psicológica e culturalmente, seu tipo contrasta com o do agricultor. O agricultor explora a natureza, o homem sem terra explora o homem. Tais são os fundamentos respectivos de duas culturas opostas em tudo, a agrícola e a industrial[151].

Observemos que, expresso de uma maneira ou de outra, esse ponto de vista era corrente na época, a ponto de vir a tornar-se um argumento de peso dos primeiros sionistas. Mas na Rússia, os judeus eram afastados da terra pelas leis em vigor; por outro lado, o universal simbolismo da terra era ali especialmente poderoso.

Censura-se também aos judeus – agravo recente, desconhecido na Alemanha ou na França – por fornecerem chefes ou animadores para a grande rebelião dos alógenos em geral. Desse ponto de vista, é interessante comparar a Rússia com a Áustria-Hungria, outro mosaico de povos que, na época, conta com mais de dois milhões de judeus. A situação é ali rigorosamente inversa: o velho imperador Francisco José testemunha-lhes uma extrema benevolência e, em seu conjunto, eles se tornaram, no início do século XX, seus súditos mais fiéis. Tanto é verdade que, para as questões desse tipo, as disposições pessoais dos monarcas eram um fator de importância.

Voltemos agora às condições nas quais o misticismo anti-semita de Nicolau II, que era compartilhado aliás pela maior parte dos Romanov, ativou-se e apareceu em plena luz após a publicação do manifesto de 17 de outubro. Tal como era de se esperar, houve imensas manifestações e contramanifestações através de toda a Rússia: os desfiles – bandeiras vermelhas e *Marselhesa*[152]

---

151. Menchikov, *Pis'ma (Cartas)*; cf. Löwe, *op. cit.*, pp. 27-28.
152. Em 1905, a *Internacional* era praticamente desconhecida na Rússia.

–, geralmente conduzidos pelos revolucionários, chocaram-se com aqueles – retratos do czar e hino nacional – conduzidos pelos legalistas e, freqüentemente, por policiais. O sangue logo correu: o incidente mais atroz ocorreu na Sibéria, onde dois ou três mil grevistas reunidos no teatro regional de Tomsk morreram num incêndio criminoso. Ao mesmo tempo, uma onda de *pogroms* inundou o país; enumeram-se quase setecentos que, entre 18 e 25 de outubro, fizeram cerca de oito mil vítimas. *Pogroms* de judeus ou, mais exatamente, de judeus-e-intelectuais. Numa longa carta à sua mãe, que se encontrava na Dinamarca, o czar os descrevia da seguinte maneira:

[...] Nos primeiros dias que se seguiram ao manifesto, os maus elementos da população levantaram altivamente a cabeça, mas em seguida uma forte reação ocorreu, e toda a massa dos fiéis se ergueu. O resultado disso foi compreensível e habitual entre nós, o povo se indignou com a insolência e a audácia dos revolucionários e dos socialistas, e como nove décimos deles são judeus, todo o ódio dirigiu-se contra eles – daí os *pogroms* judeus. É espantoso com que *unidade* e *conjunto* isso aconteceu em todas as cidades da Rússia e da Sibéria. [...] Mas não são apenas os judeus que tiveram contas a ajustar, os agitadores também sofreram com eles: os engenheiros, os advogados, e todo tipo de gente ruim[153].

Assim, portanto, no dia 27 de outubro, o czar, que continua convencido de que Witte quer instituir uma república, não imputa dúvida ainda a causa a uma conspiração judia, judio-maçônica ou outra qualquer. É corrente atribuir a responsabilidade da primeira onda de *pogroms* à Okhrana, mas isso é inexato, pois Ratchkóvski ainda não entrara em ação, e a União do Povo Russo não se formara ainda. No caos geral, as iniciativas eram tomadas pelos governadores-gerais, ou pela polícia local. Em Kiev, o general Bezssonov dizia aos pogromistas: "Podem destruir, mas não devem pilhar". Em Odessa, o general Kaulbarss declarava publicamente: "Internamente, todos nós simpatizamos com os *pogroms*". Os testemunhos dessa espécie são em grande número.

Entre os camponeses, rumores semelhantes àqueles de 1881 não tardaram a circular: "O czar partiu para o estrangeiro, e ele permitiu ajustar as contas com os judeus e os senhores antes do fim do ano"[154]. Verificou-se também que na localidade de Orcha – e provavelmente em outras – as autoridades pediam aos camponeses que fossem para as cidades, a fim de proteger o czar con-

---

153. *Lettres de Nicolas II et de sa mère*, trad. Paul Léon, Paris, s.d., pp. 84-85.

154. Cf. o relatório do general-ajudante Dubassov sobre os distúrbios no governo de Tchernigov, *Krassny Arkhiv*, 4-5 (11-12), 1925, p. 183.

tra os judeus[155]. Por um efeito de bumerangue, os senhores foram logo incluídos: em novembro-dezembro de 1905, cerca de quinze domínios foram destruídos, mais de duas mil mansões incendiadas, cujos proprietários fugiram para as cidades – ou foram degolados[156]. Esses distúrbios continuaram, espaçando-se, em 1906, 1907 e 1908; contrariamente aos *pogroms*, foram reprimidos pelo exército com a máxima severidade: *in loco*, milhares de camponeses são enforcados. Nas regiões habitadas por alógenos, esses confrontos tomaram ares de guerra civil, especialmente na Letônia e na Estônia, onde o campesinato quis acertar contas com os proprietários germano-bálticos: setecentos aldeões foram enforcados após simulacros de processos, e centenas de outros, sem formalidade de espécie alguma; os senhores alemães, por seu lado, perderam a fé na proteção russa, e alguns se converteram a um pangermanismo militante, de conseqüências catastróficas a longo prazo[157].

A *intelligentsia* esbravejava contra as "gravatas de Stolopin" (os nós corrediços das forcas) que, em maio de 1908, arrancaram de Lev Tolstói seu célebre grito *Não Posso mais Calar-me!*:

> Nos dias de hoje fala-se de enforcamentos, de assassinatos e de bombas como antigamente se falava do tempo. As crianças brincam de enforcamentos. Adolescentes, nos colégios, preparam-se para ir matar, por ocasião das expropriações, como antigamente se ia à caça...

Entretanto, durante os meses cruciais de novembro-dezembro de 1905, o czar e a família imperial são submetidos a uma doutrinação sistemática. O principal vibrião parece ser um pediatra, o dr. Dubrovin, fundador da União do Povo Russo, da qual o czar se tornava membro de honra, a 23 de dezembro. Dubrovin faz o cerco ao grão-duque Nicolau e a seu adjunto, o general Rauch; ele afirma que o chefe da conspiração judio-maçônica não é outro senão Witte, e que já mandaram vir a Petersburgo, em peças destacadas, a guilhotina que deve cortar a cabeça do monarca. Propõe mandar assassinar Witte e todos os dirigentes da União das Uniões, mas o grão-duque se opõe. Contudo, quando

---

155. Cf. Löwe, *op. cit.*, pp. 92-93.

156. Cf. Florinski, *op. cit.*, p. 1 181. Lênin escreveu na época que os camponeses "tinham destruído uma décima quinta parte apenas do que *deveriam ter* destruído para livrar a terra russa dessa ignomínia..." etc. (cf. *Oeuvres*, Ed. Sociales, Paris, 1958-1976, t. XXIII, p. 272).

157. Cf. C. Lundin, "The Road from Tsar to Kaiser...", *Journal of Central European Affairs*, out. 1950.

Ratchkóvski, que se tornara subitamente uma personagem importante, julga conveniente revelar a verdade ao general Rauch, que fora visitá-lo, e lhe declara que não existe conspiração judiomaçônica e que Witte não é um maçom, o general não acredita; ele pensa que, numa primeira abordagem, o astucioso policial prefere respeitar o segredo profissional, a propósito de uma matéria tão grave[158].

Encontra-se um primeiro reflexo dessas fábulas numa carta que o czar dirige à sua mãe, a 12 de fevereiro de 1906. Dessa vez, são os poloneses e os judeus (nesta ordem) quem ele responsabiliza pelas greves, em outras palavras, pela revolução, pois teriam colonizado a administração das ferrovias russas. Em seguida, passa a falar de Witte:

> Witte mudou completamente depois dos acontecimentos de Moscou; presentemente, quer mandar enforcar e fuzilar todo mundo. Nunca vi camaleão igual. Por isso, ninguém mais tem confiança nele, ele se arruinou completamente aos olhos de todos – salvo, talvez, aos da judiaria estrangeira.

Para concluir, Nicolau II confessa à sua mãe que não lê "os grossos memorandos" que Witte redige em sua intenção e que, às escondidas, pede a Trepov que os resuma para ele. É difícil imaginar o resultado... A 16 de janeiro, ele destina, de sua caixa pessoal, 75 mil rublos a Ratchkóvski. Ao mesmo tempo, considera – ou autoriza – uma medida em escala européia: seu Ministro dos Negócios Estrangeiros, o conde Lamsdorf, redige um memorando preconizando "uma ação comum internacional" contra os judeus. Depois do preâmbulo habitual, que toma por alvos Karl Marx, Ferdinand Lassalle e a Aliança Israelita Universal, o projeto recomenda entender-se com o Reich alemão e a Igreja católica:

> Não se poderia duvidar que um intercâmbio de opiniões confiante e cordial de nossa parte com as esferas dirigentes tanto de Berlim como de Roma é, no mais alto grau, necessário. Ele poderia ser o ponto de partida de uma ação comum internacional das mais vantajosas, com vistas primeiro à organização de uma fiscalização vigilante, depois a uma luta comum e ativa contra o inimigo absoluto da ordem cristã e monárquica na Europa.

"É preciso dar início, sem demora, às negociações", anota o czar à margem. Mas ignora-se tudo sobre os resultados desse projeto[159].

---

158. Cf. "O Diário de G. O. Ranch", *Krassny Arkhiv*, 19 (1926), pp. 85 e ss.
159. Cf. *Mercure de France*, t. X, 1918, pp. 546-551.

É evidente que tudo é feito para influenciar Nicolau. Eis o que se lê no diário do príncipe V. N. Orlov, cria de Trepov e interlocutor privilegiado do casal imperial, pois, condutor de um dos primeiros carros importados para a Rússia, serve-lhes de motorista:

> Expus a Sua Majestade minha opinião de que a revolução é um combate inspirado por forças ocultas. Estamos lidando com a franco-maçonaria aliada ao dinheiro judeu. Dei ao czar todos os detalhes sobre a influência política dos maçons e sobre os meios que utilizam, entre outros o assassinato, a fim de instaurar o poder de Israel em todo o universo. Observei que ele me concedia uma grande confiança. Parece-me que o czar e a czarina se afeiçoaram muito a mim, e tornei-me ainda mais o cão fiel de Suas Majestades[160].

Nessas condições, Nicolau II permanece daí em diante à espreita, até o último dia de vida, das *provas* da conspiração judio-maçônica. Contudo, ele se deixa às vezes ser chamado à razão: assim, em 1906, é convencido por seu fiel Ministro Stolypin que os *Protocolos* poderiam ser uma adulteração (à margem do relatório o czar anota: "não se defende uma causa pura com métodos inadequados"); e admite que existam judeus inocentes[161]. Nesse domínio, a czarina exerce sobre ele uma influência moderadora. Ao contrário, certos *okhranniks* multiplicam seus esforços para desencavar provas da grande conspiração. Citemos o caso do general P. G. Kurlov, membro igualmente da União do Povo Russo, e nomeado, em 1909, vice-ministro do Interior e chefe da polícia. Esse autêntico discípulo de Ratchkóvski envia em 1910 um universitário, B. K. Alekseiev, à Alemanha e à França, à procura da chave do enigma. A "chave" é fornecida pelo abade Tourmantin, secretário da "Associação Antimaçônica" e Kurlov submete imediatamente um relatório triunfal ao czar[162]. Todavia, desde 1908, o general Guerassimov (o protetor de Azef) prevenira-o contra pesquisas desse tipo!

As verdadeiras convicções de Nicolau II ressaltam com perfeição de uma carta dirigida a Stolypin, que se tornara presidente do Conselho dos Ministros, em julho de 1906. Em dezembro, ele

---

160. Cf. "O Diário de V. N. Orlov", *Krassny Arkhiv*, 5 (1924).
161. Cf. Norman Cohn, *La "Conspiration" juïve et les Protocoles des Sages de Sion*, Paris, 1967, pp. 119-120; e "História do Anti-Semitismo", t. IV, p. 103 (nota 142).
162. Cf. o copioso estudo "A Caça aos Maçons, ou As Aventuras do Assessor Alekseiev", *Byloiê*, 4, out. 1917, pp. 108-145; assim como os autos do processo da comissão de inquérito instituída em março de 1917 pelo "Governo Provisório" (*Padeviê tsarkogo regima*, Leningrado, 1925, t. III, pp. 333-334).

tenta obter a concessão de algumas satisfações à "parte não revolucionária do judaísmo", sob a capa de uma lei relativa à liberdade religiosa. Choca-se com um veto categórico:

> Não posso aprovar as idéias que o senhor me expôs sobre a questão judaica [escreve o czar]. Posso dizer que há muito tempo medito dia e noite sobre essa questão. Apesar dos argumentos mais convincentes em favor de uma decisão positiva nesse caso, uma voz interior me dita com uma insistência crescente para não assumir essa decisão. Até aqui minha consciência jamais me enganou. É por isso que, também desta vez, vou me dobrar a suas ordens. Sei que o senhor também acredita que "o coração do czar se encontra nas mãos de Deus". Que assim seja. Sou responsável perante Deus e perante o país, e a qualquer momento estou pronto para prestar contas disso. Só lamento uma coisa: que o senhor mesmo e seus colaboradores tenham trabalhado tanto tempo num problema cuja solução acabo de rejeitar[163].

Pode-se acrescentar que, na véspera, o czar recebera duzentos e cinco telegramas dos sequazes de Dubrovin, suplicando-lhe que resistisse[164].

Quanto a Ratchkóvski, que, como vimos, presidira à fundação da União do Povo Russo, ele mandava instalar, em janeiro de 1905, nos porões da Okhrana de Petersburgo, uma tipografia destinada a compor panfletos pogromistas expedidos para todas as províncias russas. Essa atividade foi de curta duração: algumas semanas depois, Witte, avisado, conseguiu acabar com ela. A manobra foi retomada no início de 1906 por um funcionário do Ministério do Interior, Lavrov; seus panfletos, feitos na tipografia do jornal do burgomestre de Petersburgo (o *Gradonatchalnik*), proclamavam que Witte era um amigo dos judeus e, por conseguinte, um inimigo da pátria; levavam como inscrição a fórmula bem conhecida: "Linchai os *jids*, salvai a Rússia"[165]. Autorizados pela censura, eram sobretudo distribuídos no exército. Mas existia na época, na Rússia, uma imprensa relativamente livre, e o caso foi denunciado pelo diário *Rietch*, órgão da oposição burguesa. Em setembro de 1906, Lavrov foi a julgamento; bem defendido pelos advogados da União do Povo Russo, foi condenado a uma multa de cem rublos[166].

A Revolução de 1905 transformara a Rússia num Estado semiconstitucional, mas que deixara de ser um Estado de direito;

---

163. Cf. "Correspondência entre N. A. Romanov e P. A. Stolypin", *Krassny Arkhiv*, 5 (1924), pp. 105-106.

164. Cf. V. A. Maklakov, *A Segunda Duma* (em russo), Paris, 1946, p. 40, nota.

165. "Bei jidov, spassai Rossiu".

166. Löwe, *op. cit.*, pp. 85 e 237, nota 28.

como escrevia Witte; "As autoridades policiais tinham definitivamente subordinado as autoridades judiciais"[167].

A NOVA REAÇÃO: A UNIÃO DO POVO RUSSO

A 1º de novembro de 1905, duas semanas depois de ter assinado o manifesto, Nicolau II anotava em seu diário: "Conhecemos o homem de Deus Gregório, nativo do governo de Tobolsk". Em outros termos, Rasputin. Pode-se acreditar que não se tratava de uma coincidência: o surpreendente curandeiro siberiano exercia seus talentos junto aos tios do czar desde o início do ano, mas as rudes provações do mês de outubro devem ter feito o casal imperial decidir-se a consultá-lo. Aliás, o herdeiro tão desejado, seguido por quatro filhas, nascera finalmente no dia 30 de junho de 1904 (aos dezoito meses, seu pai fazia esse bebê Aleksis ser cooptado pela "União" de Dubrovin). Por outro lado, a czarina aumentou o poder sobre seu esposo, tornando-se cada vez mais dominadora – e neurótica; passou a ser doravante uma mulher doente.

O essencial das promessas do manifesto de 17 de outubro, redigido afinal de contas por Witte, residia em duas alíneas:

> Outorgar à população os fundamentos invioláveis da liberdade cívica, baseados na intangibilidade da pessoa e na liberdade de consciência, de palavra, de reunião e de associação.
> Estabelecer que nenhuma lei será promulgada sem a aprovação da Duma do Estado, cujos eleitos deverão ter assegurado o poder de controlar a legalidade da ação das autoridades por Nós designadas.

Mas essas promessas foram pouco depois parcialmente anuladas pelas novas "Leis Fundamentais" do Império russo, que suprimiam os poderes de controle da Duma e especificavam que o governo era responsável diante apenas do czar.

As eleições para a Duma foram fixadas na primavera de 1906; a lei eleitoral, censitária e complexa, devia assegurar ampla maioria aos camponeses. Nicolau II estava convencido de que eles iriam ao encontro de seus desejos. Enquanto isso não acontecia, tratava-se de restabelecer a ordem pública. Durante as primeiras semanas, as greves tiveram altos e baixos. Na capital, a liberdade de imprensa permanecia total, e nos *Isvestia*, Trótski podia publicar sua célebre diatribe:

167. *Lembranças*, t. III, p. 71.

Witte veio, mas Trepov fica... O proletariado sabe o que quer e o que não quer. Ele não quer saber nem do gângster policial Trepov, nem do tubarão financeiro Witte; nem do focinho do lobo, nem da cauda da raposa. Ele proscreve o açoite policial envolto no pergaminho da Constituição.

Mas o proletariado famélico teve de retomar, uma vez mais, o caminho das fábricas; no fim de novembro, Witte conseguiu liquidar o soviete de Petersburgo e deter seus principais animadores. O soviete de Moscou tentou então uma insurreição; Witte conseguiu enviar para lá um regimento seguro que, ao preço de um milhar de mortos, restabeleceu a ordem. Dentre as tentativas desse tipo, distingue-se o caso de Tchita, cruzamento ferroviário a leste do lago Baikal, onde um soviete de deputados dos soldados e dos cossacos instituiu, no fim de novembro, uma república, liquidada após dois meses de existência por duas divisões siberianas.

À medida que as tropas eram dominadas, o czar via aproximar-se a hora em que poderia se desembaraçar de Witte, seu salvador e, por conseguinte, o objeto de seu ódio. Este previu a coisa, demitindo-se de seu posto de presidente do Conselho, a 14 de abril de 1906. A 27 de abril, Nicolau II abria solenemente a Duma de Estado. Percebeu imediatamente que se enganara em suas previsões; os refinamentos censitários tinham resultado numa representação na qual predominavam os intelectuais, que aspiravam, em sua maioria, a um regime constitucional verdadeiro. Não tardaram a surgir os conflitos entre a Duma e o czar, o que o levou, aproveitando-se da inexperiência daquele Parlamento recém-nascido, a dissolvê-lo no dia 9 de julho (foi trabalho perdido, porque a Segunda Duma ia se mostrar tão intratável quanto a anterior). Ao mesmo tempo, nomeava para presidente do Conselho Piotr Stolypin, homem de Estado de envergadura, mas que, contrariamente a Witte, não se incomodava com o respeito às leis, ainda que por devoção pessoal ao czar. Acontece que a Rússia dispunha doravante de uma tribuna onde os adversários da autocracia podiam falar alto e em bom som, assim como partidos políticos legais, e a liberdade de imprensa já não era uma palavra vã.

É então que a União do Povo Russo, com a ajuda da Okhrana, engajou-se no caminho do terrorismo. Três deputados foram assassinados, dois atentados contra Witte fracassaram. Stolypin fazia vista grossa; todavia, despediu Ratchkóvski. A União, mais conhecida pelo termo genérico de "Cem-Negros", passaria então a desempenhar um papel capital, pois o czar a apadrinhava e mandara financiá-la, julgando-a, erroneamente, a emanação de seu povo fiel. Na realidade, ela constituía um conjunto heteróclito, misturando pequenos proprietários, funcionários, padres, lojistas, assim como a escória da população urbana. O número de seus membros permanece indefinível[168], mas contava com mais de três mil seções, fazendo campanha contra a judio-maçonaria ou, de maneira geral, contra os alógenos, e organizando os *pogroms*. Partido fascista? O partido hitlerista seria, antes, seu simétrico – e, de certa maneira, tomou-lhe o bastão, pois emigrados germano-bálticos, assistidos por um punhado de anti-semitas russos, serviram-lhe, no início, de ideólogos-chefes ou de instrutores[169]. Exatamente como o partido nazista, a União gesticulava diante do palco, para grande satisfação da "direita" russa em geral, mas quase não atacava o campesinato. Uma outra diferença se devia ao papel hiperativo de uma parte do clero; foi preciso ainda que o regime césaro-papista exercesse seus efeitos, podendo o czar impor sua vontade pessoal a um sínodo amiúde reticente.

Citei acima o mandamento incendiário do metropolita Vladimir de Moscou, no momento em que a revolução parecia triunfar. Mas em seguida, é no governo da Volínia, cuja população era especialmente misturada – russos, rutenos, poloneses e judeus –, que se operou a fusão entre a União e o clero ortodoxo, sob os auspícios do arcebispo Anton. Este prelado escrevia, em seu relatório para 1907: "Os padres ortodoxos abrem seções da União e tomam todas as medidas úteis para que suas atividades pastorais orientem os camponeses..." O presidente da seção local da União, o irmão Vitali, da laura (convento) de Potchaiev, distinguiu-se especialmente: o barão Stakelberg, governador da Volínia, censurou-o por instigar os camponeses contra os poloneses e os judeus: "Ele diz que as hóstias de que se servem os católicos no sacramento da comunhão não passam de pão ázimo, e aconselha os ortodoxos a não porem os pés nas igrejas católicas, que compara às sinagogas e até aos estábulos"[170]. Mas o zelo do irmão Vitali foi superado pelo do irmão Iliodoro, que o arcebispo Anton escolhera como superior da laura e que, por sua vez, fulminava contra os judeus-e-intelectuais; ele entrou na história russa pela luta sem piedade que travou contra Rasputin (guerra essa que

---

168. Em 1917, diante da comissão de investigação do Governo Provisório, Evguêni Markov, o grande tribuno da União, falava de milhões de membros, embora acrescentasse que, por falta de meios, seu partido jamais conseguira fazer um cadastramento sistemático (cf. *Padeniê tsarkogo regima.*, t. VI, pp. 197-198).

169. Ver mais adiante ("Conclusão").

170. Cf. *A Luta do Czarismo contra a Revolução de 1905-1907*, Moscou, 1936, pp. 232 e 238.

perdeu)[171]. É evidente que se encontravam pastores desse tipo em todas as regiões russas; nos montes Urais, em Perm, um deles "organizava, aos domingos, manifestações patrióticas, que resultavam em *pogroms* de intelectuais, de colegiais e de judeus" (telegrama assinado por quatrocentos intelectuais e funcionários de Perm, 28.10.1908)[172].

Mas, em inúmeras dioceses, os bispos proibiam aos padres entregarem-se a atividades políticas – como em Elizavetgrad (Kirovograd), Taganrog, Astracã – e o Santo Sínodo as aprovava ou contemporizava, até que, em março de 1908, Nicolau o chama à ordem[173]. Do mesmo modo, no campo, certos padres, por sua própria conta, contrariavam os desígnios da União, recusando-se a celebrar as missas do dia, quando da criação dessas seções. Chegamos assim à atitude dos camponeses que, em sua maioria, compreendiam muito bem o que era a União!... Uma emanação dos malditos proprietários. Eles testemunhavam, quando havia oportunidade, um humor rústico: assim por ocasião de uma reunião camponesa na aldeia de Moskovskoiê, perto da Stavropol, os "unionistas" levaram seus estandartes para a igreja, mas os aldeões fizeram-nos retirá-los, pois, afirmavam, os emblemas heráldicos, "esses gatos, esses cachorros, esses macacos e esses cavalos chocam nossos sentimentos religiosos e servem de pretexto aos sectários para alcançar a fé cristã"[174] (8 de junho de 1908).

Em suma, a Rússia czarista não era um terreno favorável ao crescimento desse nacional-socialismo *sui generis*, que de resto não tinha qualquer programa socialista minimamente coerente (é significativo que o próprio nome de "Cem-Negros", sob o qual a "União" e outras organizações do mesmo tipo eram e continuam a ser genericamente designadas, é um derivado de "gentalha")[175].

Stolypin, por sua vez, tinha elaborado um vasto projeto de reformas sociais, voltado para o campesinato. Ainda assim precisava fazê-lo aprovar pela Segunda Duma, tarefa impossível, a menos que modificasse radicalmente sua composição. Com essa finalidade, não hesitou, com a entusiástica anuência de Nicolau II,

---

171. Ver mais adiante, p. 182-183.

172. Cf. *A Luta do Czarismo...*, p. 240.

173. *Idem*, pp. 236-237. A 15 de março de 1908, o Sínodo autorizava o clero, por ordem do czar, a participar das atividades da União e das outras organizações ou partidos monarquistas.

174. Cf. A. Tchernóvski, *A União do Povo Russo*, Moscou, 1929, p. 405.

175. "Cem-Negros" é uma contração de *Centúrias Negras* (*Tchernyia Sotni*); ora, *Tchërn'* designava na Rússia as massas populares inclinadas aos excessos em todos os campos, até no crime; "gentalha" é a tradução apropriada.

em pisar nas "Leis Fundamentais", mandando dissolvê-la em maio de 1907, com a ajuda de uma provocação policial, e impondo uma nova Constituição. Doravante, a lei eleitoral assegurava ao voto de um proprietário o mesmo peso que o de dois comerciantes da primeira "guilda", de duzentos votos de camponeses e de quinhentos votos de operários; a representação dos alógenos foi ainda mais drasticamente reduzida. Esse modo de escrutínio garantiu efetivamente à Terceira Duma, reunida em junho, uma maioria de direita, e ela se mostrou relativamente dócil; conseguiu, portanto, manter-se até seu final, em 1912.

Esse autêntico golpe de Estado a frio permitiu a Stolypin progredir rapidamente. Tomou, pois, um conjunto de medidas ousadas, varrendo os últimos vestígios da servidão, suprimindo as tutelas nobiliárias ou policiais assim como a propriedade comunitária que ainda cerceava mais da metade dos lares rurais, e impondo uma real igualdade jurídica entre os camponeses e os citadinos (supressão dos castigos corporais e dos "passaportes internos"). No entanto, não quis ou não pôde expropriar os proprietários, que continuaram a parasitar os campos. Seu princípio consistia em "apostar nas naturezas fortes", nos pioneiros capazes de se tornarem agricultores independentes e abastados; na véspera da Primeira Guerra Mundial, existia já na Rússia mais de dois milhões desses fazendeiros "à americana", e quase três milhões de outros tinham depositado um dossiê, a exemplo deles[176]. Mas a Rússia imperial não teve tempo de "alcançar os Estados Unidos"; seriam necessários cerca de vinte anos para isso, pelo que se diz.

O destino desse grande patriota que era Stolypin foi trágico. De pronto, os revolucionários o tomaram como alvo; algumas semanas depois de sua nomeação, um atentado a bomba, perpetrado em sua casa por "maximalistas", fazia cerca de cinqüenta vítimas, e mutilava gravemente seus dois filhos. E aconteceu o inevitável: Nicolau II antipatizou-se com ele e, ajudado pelo escândalo de Rasputin, decidiu sua demissão. Assim, durante o verão de 1911, sua sorte de homem de Estado estava selada, quando, numa Rússia aparentemente pacificada, um espião da Okhrana, o judeu converso Dmitri Bogrov, feriu-o mortalmente com um tiro de revólver, por razões desconhecidas. Seu "pequeno czar", a quem servira com tanta dedicação, não compareceu junto a seu leito.

176. Florinsky, *op. cit.*, pp. 1215-1217.

A União, nesse momento, estava em plena decomposição, em razão sobretudo de discórdias internas. Desde 1907, Purichkévitch (o futuro assassino de Rasputin) fundava uma União concorrente, a de São Miguel Arcanjo. No ano seguinte, um temido tribuno, o deputado Evguêni Markov, afastava Dubrovin. Segundo um relatório da Okhrana datado de dezembro de 1909:

[...] Atualmente, todas as organizações monarquistas desconfiam, mais que nunca, tanto do governo como de seus próprios chefes. O prestígio de Dubrovin reduziu-se a zero. Despreza-se Purichkevitch, tratam-no por Polichinelo. [...] Esse estado das organizações monarquistas reflete-se na fração de direita da Duma. Os dubrovinianos esforçam-se o mais que podem, por razões puramente pessoais, por minar a confiança que os monarquistas depositam em Markov, Zamyslóvski e Chulguin[177].

Mas como o dinheiro continuava a correr aos borbotões (Kokovtsev, o sucessor de Stolypin, fala de cifras astronômicas: "Todos passaram por ali, todos deixaram sua marca"[178]), a imprensa "unionista" era abundante, e as variações sobre o tema da judio-maçonaria, inúmeras. Ademais, na Terceira Duma, os grandes tenores "unionistas", o mais das vezes eleitos graças às subvenções ou pressões policiais, adquiriram o hábito de bradar contra os judeus em carne e osso (mais do que contra a judio-maçonaria). Como o escrevia o grande historiador Pavlov Miliukov, então um dos principais porta-vozes da oposição de esquerda:

Foi decidido pela extrema direita levantar a questão judaica a cada oportunidade. Markov, Zamyslóvski e Purichkevitch especializaram-se nessa tarefa. Falava-se do exército, eles propunham que se excluísse dele os judeus; tratava-se da auto-administração municipal ou rural, propunham também excluí-los dela; nas discussões sobre a escola [primária], exigiam que a admissão das crianças judias fosse limitada; em outras ocasiões, reclamavam a exclusão total dos judeus das profissões liberais...[179]

Além disso, não faltavam apelos a um *pogrom* universal. Eis aquele que lançava em 1913 Evguêni Markov, tomando o pretexto dos assassinatos rituais (alusão ao famoso processo de Mendel Beilis, absolvido pelo juri do Tribunal Judicial de Kiev). Ele se dirigia retoricamente à esquerda:

No dia em que, com vossa cumplicidade, senhores da esquerda, o povo russo se convencer definitivamente de que tudo é uma farsa, de que não existe mais

---

177. Tchernóvski, *op. cit.*, p. 104.
178. Kokovtzev, *Lembranças*, t. II, p. 11.
179. Cf. P. N. Miliukov, *Vospominania*, Nova York, 1955, t. I, pp. 77-78.

justiça, de que não é possível desmascarar perante um tribunal um judeu que degola uma criança russa e bebe seu sangue, de que nem a polícia, nem os governadores, nem os ministros, nem os legisladores supremos são de alguma valia – nesse dia, senhores da esquerda, haverá *pogroms* de judeus. Não sou eu quem o terá desejado, senhores, nem a União do Povo Russo: sois vós que tereis criado os *pogroms*, e esses *pogroms* não se parecerão com aqueles ocorridos até agora, não serão *pogroms* de edredons de *jids*, mas todos os *jids* serão propriamente degolados até o último[180].

OS CINCO ANOS GLORIOSOS

Em muitos aspectos, pode-se comparar a Rússia de 1909-1914 à Alemanha de Weimar. É que uma revolução passara por ali. Enquanto se amontoavam novas nuvens, a mentalidade da classe intelectual evoluía rapidamente, e as letras, as artes e a filosofia ganhavam um impulso extraordinário, favorecido aliás por uma liberdade de imprensa que podia ir longe: bastará indicar que, diante da imprensa "unionista", mencheviques e bolcheviques puderam publicar, a partir de 1912, seus jornais (o *Lutch* e o *Pravda* – controlado, é verdade, pela Okhrana)[181]. Mas comecemos pelo segundo plano sociopolítico. A aliança entre os ativistas de esquerda e a burguesia começou a se esfarelar desde 1906; o terrorismo de tipo social-revolucionário foi definitivamente desacreditado em 1909 pelo caso Azef. De uma maneira geral, "os heróis estavam fatigados", com exceção da fração bolchevique, confortada pela Okhrana. Uma outra exceção, esta de porte, era constituída pelos estudantes, transtornados, em 1910, pela abolição das liberdades corporativas concedidas sob a Revolução de 1905. Nessas condições, com a ajuda da contestação juvenil, esses rapazes e moças permaneciam fiéis à tradição da geração anterior: segundo uma pesquisa feita em 1910, noventa por cento dos estudantes queriam militar pela esquerda ou recusavam qualquer filiação, enquanto quatro por cento apenas se pronunciavam pela direita; cinco por cento recusavam-se a responder[182].

Mas um outro ponto de referência mostra bem a diferença entre o ano de 1904 e o de 1909. Em 1903, os ex-marxistas Piotr Struve, Nikolai Berdiaev, Serguei Bulgakov e dois outros autores

---

180. Cf. "História do Anti-Semitismo", t. IV, p. 120.

181. Sobretudo graças a Malinóvski (cf. mais acima, pp. 195-196).

182. 25% dos estudantes diziam-se social-democratas, 12% social-revolucionários, 3% anarquistas, 21% constitucional-democratas de esquerda, e 21% sem filiação definida (cf. L. Kochan, *Russia in Revolution*, Londres, 1970, p. 154).

publicavam uma coletânea intitulada *Problemas do Idealismo*, na qual rediscutiam o materialismo e o positivismo, crenças aparentemente intangíveis da *intelligentsia* militante. Esse volume passou completamente despercebido. Em 1909, a mesma equipe, um pouco ampliada, desenvolvia as mesmas críticas, numa coletânea intitulada *Viekhi (Marcos)*, que teve cinco reedições, e suscitou, de Miliukov a Lênin, o furor do arco-íris da esquerda oposicionista, assim como contestações em todos os níveis: um certo Fritsche opunha à indomável coragem de Tchernichévski a impotência senil dos colaboradores de *Viekhi*. A frase chave da coletânea era de Berdiaev: "O amor pela justiça igualitária, pela utilidade pública e pelo bem-estar nacional paralisou o amor pela verdade, ele destruiu, ou quase, todo interesse pela verdade"; e ele já falava de uma certa "escravidão interna" da *intelligentsia* russa; uma idéia que será desenvolvida a seguir (na emigração) pelo filósofo religioso Simon Frank, que tratava mais especialmente da atitude dessa *intelligentsia* que consistia em ver no governo o responsável por todos os males russos, como se não fossem os seus, como se só lhe dissessem respeito na medida em que lhe incumbia revoltar-se contra esse governo. Essa crítica radical visava, portanto, a secular dicotomia entre o *nós* e o *vós*, entre o *obchtchestvennost'* e o *vlast'*, evocada no início da presente obra. Nesse sentido, éssa problemática poderia, com efeito, remontar ao jugo mongol; mas como se escreve geralmente, é sobretudo desde Pedro o Grande que se definiam os múltiplos trâmites resultante na irresponsabilidade dos intelectuais e na alienação do povo russo, assim como em sua atitude, confiante e submissa, em relação aos czares (legítimos ou usurpadores).

É evidente que as teses sustentadas pelo grupo *Viekhi* tiveram precursores ou inspiradores, especialmente o filósofo religioso Vladimir Soloviev, considerado o pai do idealismo russo; mas o mais significativo foi, paradoxalmente, Anton Tchékhov. Originário do porto cosmopolita de Taganrog, Tchékhov era um santo leigo, o último deste gênero, em sua vida privada. Mas em sua obra ele veio sacudir, e de que maneira, o jugo ideológico que pesou, em graus diversos, sobre a obra de Gógol, de Dostoiévski, de Tolstói e até de Turguêniev; assim como sobre a de seus contemporâneos e amigos Górki e Korolenko. Nesse sentido, Tchékhov não terminava um brilhante período, mas inaugurava um novo, evitando os engajamentos políticos, e operando, portanto, entre 1890 e 1904, uma revolução que não era apenas literária. Sua total ausência de preconceitos manifestava-se especialmente no ecletismo de suas amizades, que iam do editor e publicista anti-semita Aleksei Suvorin ao neurastênico pintor Isaac Levitan, passando por Lev Tolstói. E quase tudo o que foi importante doravante para a jovem literatura russa seguiu, de um modo ou de outro, os caminhos que ele abriu: Ivan Bunin, Aleksandr Kuprin, Leonid Andreiev, Fedor Sologub, e o genial epígono Vladimir Nabokov.

Esse desabrochar, amaldiçoado pelo campo revolucionário (Maksim Górki tachava os anos de 1907-1917 de "década vergonhosa") teve, aliás, como tela de fundo uma vida singularmente turbulenta. Petersburgo foi então a cidade mais "moderna" do mundo, a mais permissiva, pois existia uma casta suspeita na qual a alta *intelligentsia* se misturava ao *grand monde* e ao *demi-monde*; nesse meio, o homossexualismo já era glorificado, assim como o crime gratuito, e os turiferários, em verso ou em prosa, não faltavam: o romancista da moda, Artsybachev, procurava exorcizar a sombra de "Rakhmetov" por seu *Sanin*, o libertino absoluto. Outros escritores devidamente franqueados tinham constituído no Café de Viena uma seita de "degoladores de gatos" (*Kochkodavakhi*).

Os cinco anos gloriosos foram também aqueles em que as letras e as artes russas conquistaram definitivamente a Europa. Cada grande país conhecia já seu autor predileto, Turguêniev para a França, Tolstói para a Grã-Bretanha, Dostoiévski para os países germânicos: após eles, Tchékhov vem reunir sem distinção todos os sufrágios. Mas não foram apenas as letras. É em maio de 1909 que, graças a Diaghilev, Paris descobre os balés russos, de Nijinski e de Ana Pavlova, e lhes faz uma ovação memorável, que repercutiu através de todo o Ocidente; esses triunfos permitem à obra de Mussórgski, de Rimski-Korsakov e de Stravinski rivalizar por algum tempo com a de Mozart, de Beethoven e de Richard Strauss, e mesmo suplantar a de Richard Wagner. Apenas a pintura russa permanece desconhecida, tanto mais que seus grandes inovadores, de Kandinski a Chagall, vão estudar ou se estabelecer em Paris (ou em Munique). Mas os grandes *marchands* de Moscou também afluem para lá, e arrematam os Picasso ou os Matisse às dezenas. Assim se constituem na Rússia as coleções privadas dos Chtchukin, dos Morozov, dos Mamontov e dos Tretiakov, tesouros que, após vinte anos de relegação stalinista nos porões, constituem, desde 1960, o orgulho da Galeria Tretiakov, em Moscou. Esse mecenato repousava em parte nos fabulosos enriquecimentos dos empresários nacionais, a partir de 1907-1908; a conjuntura econômica era tal que a Rússia era correntemente comparada aos Estados Unidos, e Aleksandr Blok via nas hulheiras e nas aciarias que se alinhavam desde há pouco nas estepes do Donetz "a imagem de uma nova América". Mas, no que se refere à vida propriamente cultural, parecia aproximar-se a hora em que os russos, realizando sonhos cultivados desde o fim do século XVIII, ultrapassariam enfim seus mestres europeus.

RASPUTIN

Houve também em Petersburgo um grupo místico ou místico-político no ambiente da corte imperial. Aliás, lembremo-nos das inclinações de Alexandre I, e de suas conversas com Selivanov, o fundador da seita dos *khlysty*. No fim do século XIX, uma mulher singular, Helena Blavatski, autora de *A Chave da Teosofia*, fundava nos Estados Unidos uma Sociedade Teosófica que existe até hoje. Blavatski foi apresentada, por volta de 1890, à sociedade petersburguense por Badmaiev, esse "doutor tibetano" que combinava medicina oriental e objetivos políticos. Por outro lado, de 1895 a 1904, o casal czariano preocupava-se com a ausência de um herdeiro homem, e especialistas de todo tipo desfilavam pela corte, especialmente o curandeiro "Philippe" (Philippe Vachod), que convenceu a czarina de que ela estava grávida; ora, essa gravidez era falsa, e Philippe teve de voltar para a França. Depois, nasceu o czarevitch Aleksis, tão ardentemente desejado: mas seus pais logo souberam que ele sofria de hemofilia. Em seguida, veio Rasputin. Esse mujique siberiano, nativo da aldeia subártica de Pokrovskoie, era um curandeiro excepcional, como as sumidades médicas encarregadas de cuidar do infante tiveram de reconhecer, e como o provam numerosos testemunhos reunidos pelo excelente historiador Andrei Amalrik[183]. Mas ele era bem mais que isso.

Verifica-se que seu simples contato suscitava nas naturezas sensíveis ou nervosas um estado de bem-estar maior. Dispõe-se a esse respeito da descrição de B. N. Smitten, um dos procuradores da comissão de investigação do governo provisório (um organismo em princípio hostil a Rasputin), e que interrogou centenas de pessoas que o conheceram:

---

183. O historiador "dissidente" A. Amalrik (1932-1980) residia no Ocidente desde 1974. Em novembro de 1980, foi morto num acidente de trânsito, sem ter acabado seu trabalho sobre Rasputin, notavelmente documentado, cujo texto francês foi publicado em 1982, nas ed. Seuil. Salvo indicação contrária, o conteúdo do presente capítulo baseia-se nesse livro. Uma edição russa mais completa, compreendendo especialmente o aparato científico, deve ser proximamente publicada nas edições Syntaxis, assim como amavelmente me informou, em fevereiro de 1984, Mme Marie Siniávski.

Quase sempre, a conversa com ele elevava e estimulava a alma, e àqueles que sofriam ele dava coragem, esperança, consolo e alegria. Homem inteligente e sensível, sabia decifrar os sofrimentos dos outros e às vezes, com a ajuda de uma comparação ou de algumas palavras oportunas, aliviava a dor ou até a afastava.

Esse hipnotizador era também dotado de uma extraordinária intuição; ademais, possuía um humor muito especial. Eis seu julgamento sobre Nicolau II: "Ele é um homem de Deus. Mas que tipo de czar ele representa? Seu negócio é brincar com as crianças, fazer jardinagem, e não governar o império".

Sua fé evangélica, que nada tinha em comum com o ensino da Igreja oficial, e da qual esse grande peregrino (que não pertencia a nenhuma seita) só era devedor a suas leituras do Novo Testamento, ou às conversas com peregrinos que encontrou, era simples e profunda. Seu fundamento era a convicção de que todos os homens (inclusive os judeus) eram irmãos e iguais diante de Deus. Quanto a suas célebres "orgias", complacentemente descritas, ou então fabuladas, nos relatórios de polícia, elas correspondiam na realidade a uma doutrina bastante pessoal do pecado:

> Não tendo a força de dominar sua concupiscência, Rasputin elaborou uma teoria da "despersonalização": ao tocar numa mulher ou dar-lhe um beijo, não provocava sua paixão mas desembaraçava-a dela. [...] Seus próprios beijos nas moças eram, dizia ele, um antídoto a esse tipo de sedução, e ele o dava até que elas estivessem completamente enojadas. Era uma espécie de "homeopatia sexual" ou de vacinação contra o amor. [...] Na idéia de Rasputin, ficar nu em meio a mulheres nuas e dominar-se constituía uma "façanha" maior do que fugir da tentação encerrando-se num mosteiro[184].

Mas é evidente que lhe acontecia ceder à tentação, e cada vez mais, com o passar do tempo. Ainda que, em 1916, no fim da vida, ele tivesse resistido, quando um grupo de damas pertencentes à alta sociedade foi procurá-lo em Pokrovskoie, pedindo-lhe que as reaproximasse de Deus. Pregou-lhes então a humildade, e ordenou-lhes, a título de teste, que se despissem, para o ensaboar em sua qualidade de homem de Deus, em sua sauna aldeã; o episódio percorreu toda a imprensa mundial[185].

Por ocasião de suas primeiras visitas a Nicolau e Alexandra, Rasputin, que os chamava de "papi" (*papacha*) e "mamie" (*mamacha*), reconfortava-os sobre si mesmos e orava com eles, assegurando-lhes a caução divina em suas decisões. Imediatamente,

---

184. Amalrik, pp. 37-38.

185. Cf. *Padeniê tsarkogo regima*, t. II, p. 36-37, depoimento de Ivan Manassevitch-Manuilov.

começaram os diz-que-diz-que; o comandante do palácio, Dediulin, desconfiava que o mujique era um revolucionário disfarçado; em 1908, os encontros foram transferidos para a casa da dama de companhia preferida da czarina, Ana Vyrubova. O dom misterioso de estancar as hemorragias do czarevitch despertou na mãe deste um amor místico pelo curandeiro. Ela lhe dirigia cartas apaixonadas, de que tomou conhecimento o irmão Iliodoro, o primeiro protetor e amigo de Rasputin, e que acabarão sendo divulgadas em circunstâncias que examinaremos mais adiante. Mas, desde o início, o círculo imperial, começando pelos grão-duques, tramou a perdição do intruso, o que é compreensível: um mujique mal letrado, um sub-homem, não dominava o casal imperial, aconselhando-o em todas as coisas e influenciando na escolha dos ministros? A isso se somava por sua vez a Okhrana, de modo que, desde 1909, Stolypin fez várias tentativas de colocar o czar contra o *czaretz*; foi sua perda.

O escândalo público em torno de Rasputin explodiria na primavera de 1910. Seu primeiro artesão foi um homem político, rubicundo, oriundo de uma rica família dos Velhos-Crentes, Aleksandr Gutchkov, que acabava de ser eleito presidente da Duma. Esse amigo de Stolypin tinha um ódio inesgotável pelo czar. Para atingi-lo, mandou atacar o santo homem, servindo-se do jornal *Rietch*, o órgão da esquerda moderada. A campanha começou no dia 20 de maio; visava, ao mesmo tempo que Rasputin, "os meios dinásticos", mas sem mais especificações. A 18 de junho, o oficioso *Novoiê Vremia* replicava com uma nota embaraçada, perguntando "em nome de quê um jornal judeu embarcava naquela cruzada". Essa notoriedade escandalosa aumentou a importância de Rasputin? Com efeito, o segundo ato ocorreu no dia seguinte à morte de Lev Tolstói, em novembro de 1910. O irmão Iliodoro instalou então em seu convento um retrato do ilustre ancião, sobre o qual todos os peregrinos deviam cuspir, pois "ele amedronta o mundo inteiro". Rasputin reagiu acusando os bispos, "que o amaram mal; tu também, teus próprios irmãos te criticam". Foi o começo da desavença. Ao mesmo tempo, ele criticava a União do Povo Russo: "Não gosto deles. Agem mal, e o mal é o derramamento de sangue".

No início de 1912, o escândalo público em torno de Rasputin tomou um novo rumo. Iliodoro, que dispunha de inúmeras proteções no seio do alto clero, desencadeou uma campanha contra seu antigo protegido, não recuando diante de nada, pois o acusava de ser amante da czarina, em sua qualidade de Anticristo: uma figura cujo reino era novamente esperado na Rússia, em razão da decomposição do regime e dos escândalos de todo tipo, por um número crescente de padres e de simples fiéis, ortodoxos ou místicos. Imediatamente, seus altos protetores debandaram, e ele mesmo teve de se refugiar na casa de Badmaiev, ao qual confiou as cartas da czarina – que aquele "médico tibetano" se apressou em comunicar a Gutchkov. Pouco depois, este último atacava Rasputin na Duma: quem era afinal aquele homem? Não era um matador ritual, saído da seita dos *khlysty*? Ou, simplesmente, um extraordinário aventureiro? Para concluir, arriscava uma alusão ao adultério da imperatriz.

Sendo, assim, a honra de sua mulher posta publicamente em jogo, o czar teve de capitular, e mandou deter Rasputin em sua casa em Pokrovskoie. Sobreveio então, em outubro de 1912, o "milagre de Spala"[186]; uma nova hemorragia do czarevitch agravou-se de tal forma que os médicos o davam como perdido, e os últimos sacramentos lhe foram administrados: mas um telegrama de Rasputin, aconselhando os pais a manter sua fé e afastar os médicos, fez elevar-se o moral da czarina – e baixar a febre de seu filho. É nessa ocasião que o czar, louco de preocupação, teria dito que preferia ter de lidar com vinte Rasputins a se haver com uma mulher histérica. O taumaturgo pôde voltar a Petersburgo.

No começo de julho de 1914, Rasputin estava em Pokrovskoie quando a vingança do irmão Iliodoro o atingiu: uma das adeptas desse monge enraivecido, disfarçada de mendiga, desferia no "Anticristo" uma facada no baixo ventre, e ele teve de ser hospitalizado. Entretanto, a guerra mundial aproximava-se a olhos vistos, e de seu leito de doente, ele dirigiu ao czar uma mensagem visionária:

> Eu sei que todos querem de ti a guerra, mesmo os fiéis; eles não sabem que ela seria tua perda. [...] Vencer-se-á a Alemanha; mas e a Rússia? Quando se pensa nisso, não há vítima mais desolada em todos os séculos, ela está afogada em sangue, grande é o desastre, desgosto sem fim. *Gregório*.

Desde os primeiros meses da guerra, Rasputin foi tomado pela superexcitação geral, tanto mais que estava aterrorizado pelas ameaças de atentado da Okhrana e de diversos aristocratas ou homens políticos. Começou então a beber, e a freqüentar cabarés ciganos da moda; participou também, inocentemente, nas intrigas políticas; em suma, tornou-se o Rasputin da lenda. Um jogador profissional, Aaron Simanovitch, servia-lhe de secretário – e de anjo da guarda[187].

---

186. Spala era uma residência imperial na Bielo-Rússia, na grande floresta de Bieloviège.
187. Cf. *Padeniê*..., t. IV, pp. 353-354 (testemunho de Belétski, na época diretor do departamento de polícia).

Quando ocorreram as grandes derrotas, a Rússia dividiu-se em dois campos: já que eram necessários bodes expiatórios, o exército escolheu os judeus, necessariamente espiões, a sociedade civil – os traidores, isto é, a czarina (a "alemã"), Rasputin, e, por conseguinte, seu joguete inconsciente, o czar. Mas certos meios, próximos da corte, a começar pelos grão-duques, acusavam os dois grupos ao mesmo tempo; como se sabe, os verdadeiros adeptos da causalidade diabólica não se incomodam com as contradições. Quando, em dezembro de 1916, Rasputin foi assassinado, não houve, para pranteá-lo sinceramente, na capital, senão a czarina, sua fiel Vyrubova, e Aaron Simanovitch.

4. A Guerra Total (1914-1920)

FRESCA E ALEGRE

A 30 de julho de 1914, Nicolau II, depois de ter hesitado muito, assinava a ordem de mobilização geral – à qual a Alemanha replicava com a declaração de guerra – porque se deixara convencer por seus generais, ou porque julgava ser este seu dever de czar, ou ainda porque pensava que seu primo Willy não ousaria pôr a Europa a ferro e fogo: como saber, com um ser tão imponderável? Sabe-se, em compensação, que naquele dia não avisou a czarina, que só soube a verdade à noite, por sua fiel dama de companhia Vyrubova; e que ela tentou, mas em vão, fazer o esposo voltar atrás em sua decisão.

Uma intensa febre patriótica apoderou-se então dos grandes países europeus. Foi a última desse tipo; em suma, a era dos nacionalismos militantes terá durado um século apenas... Ela se manifestou na Rússia, assim como na Alemanha ou na França, mas a Rússia se distinguia em muitos aspectos, porque era um mosaico de nações, e sobretudo porque os vestígios do "jugo alemão" eram ainda numerosos e espetaculares: os nomes germânicos eram uma legião no meio palaciano, no exército, na diplomacia e na administração. De pronto, os *pogroms* de alemães, sobretudo de lojas de propriedade de alemães, foram uma das expressões da exaltação patriótica, especialmente nas duas capitais: a embaixada alemã, na Praça Santo Isaac, foi inteiramente saqueada. Iniciaram-se demissões de pessoas com nomes alemães. Do lado das autoridades, os jornais em língua alemã foram proibidos, e o Sínodo proibiu as árvores de Natal, "costume alemão". Um programa de expropriação dos bens fundiários pertencentes a colonos alemães do Volga foi posto em execução pelo Ministério da Agricultura. As disposições chauvinistas desse tipo contribuíram em seguida para que um grande número de indivíduos de ascendência alemã, muitas vezes russificados há várias gerações, passassem a militar no partido bolchevique[1].

A partir de agosto de 1914, o nome da capital foi mudado para Petrogrado, antecipando assim o costume soviético das desbatizações e rebatizações. O visceral chauvinismo moscovita ressurgiu à luz do dia, sem distinção de ideologia ou de classe. A Rússia inteira exultava, comungando com o culto de Alexandre Névski, e preparando-se para dar um passo decisivo na luta secular entre eslavos e teutônicos. *Utro Rossii*, o órgão do grande comércio moscovita, falava a esse respeito de "uma guerra de raças". Com algumas exceções, a fina flor das letras russas, de Berdiaiev a Briussov e de Viatcheslav Ivanov ao jovem Vladimir Maiakóvski, partilhou passageiramente essa embriaguez. A 2 de agosto, centenas de milhares de manifestantes invadiam espetacularmente as ruas da capital e se ajoelhavam diante de um balcão do Palácio de Inverno, onde o casal imperial veio receber sua homenagem. O grão-duque historiador, Nikolai Mikhailovitch, escrevia a um amigo francês, em 39 de julho: "Constato que de Petersburgo a Tachkent, todo mundo é a favor das hostilidades. E até o presente não houve uma só nota discordante em parte alguma". E, a 6 de agosto: "Na Rússia, todas as nacionalidades, inclusive os judeus, caminham como um só homem e com uma disposição que não se imaginaria"[2]. O sintoma mais impressionante dessa aparência de unanimidade nacional foi a suspensão espontânea de todas as greves, através do imenso país.

Mas o que ela indicava na verdade? Na Europa propriamente dita, os gritos "Para Berlim!" ou "Nach Paris!" suspeita-se que mascaravam a angústia de milhões de corações. O Império russo tinha, além disso, o problema dos alógenos. Em primeiro lugar, o

---

1. Os russos de ascendência alemã de qualquer proveniência, que constituíam 1,6% da população, forneciam (antes dos Grandes Expurgos) mais de 6% dos quadros do Partido. Eles alcançavam, portanto, o segundo lugar, depois dos judeus, entre os quais essas proporções eram de 3,8% e de 16,6% (cf. Mosse, "Makers of the Soviet Union", *Slavonic and East European Review*, XLVI, 1968, pp. 141-153).

2. Cf. grão-duque Nikolai Mikhailovitch, *La fin du tsarisme. Lettres à Frédéric Masson*, Paris, 1968, pp. 20-21.

dos poloneses, colocados geograficamente nos postos avançados. De pronto, o comandante-chefe designado, o grão-duque Nikolai Nikolaievitch, prometia-lhes que eles "recobrariam suas liberdades", e a grande aristocracia polonesa, representada pelo conde Sigismundo Vielopólski, seguida pelo partido nacional-democrata de Roman Dmóvski, decidiu apostar no mapa russo; mas a burguesia de Varsóvia, quer fosse polonesa ou judia, não manifestou nenhum entusiasmo; as massas populares preocupavam-se ainda menos com o término dos combates, mas receavam o pior[3]. O mesmo aconteceu, sem dúvida, com as outras populações alógenas, menos diretamente envolvidas; e também, de certa maneira, com a maior parte dos camponeses russos. Em suas *Lembranças*, Pavlov Miliukov escreve a esse respeito que aquela guerra, no fundo, não era *sua* guerra, pois estavam convencidos de que o cáiser não viria tão longe. "Nós outros, nós somos de Kaluga..."[4] Eterna quietude da antiga Rússia?

Entretanto, na Duma, convocada especialmente no dia 8 de agosto, os representantes de todas as populações – polonesa, letã, judia, muçulmana, germano-báltica, alemã do Volga, e assim por diante – proclamavam solenemente "sua devoção ao Estado e ao povo russo, assim como sua vontade de defender a pátria comum". Os judeus russos mostraram-se particularmente entusiasmados. Dispõe-se sobre esse assunto do testemunho de V. V. Chulguin, o mais brilhante e o mais probo dos monarquistas ou anti-semitas russos, que declarava que o patriotismo demonstrado pelos dirigentes judeus durante a guerra tornara-o um "filo-semita". Existem muitos outros testemunhos nesse sentido[5]. Mas eles se referem apenas a uma burguesia profundamente russificada, por conseguinte uma minoria, que praticou até 1918 o encarecimento patriótico, a exemplo dos judeus franceses ou dos judeus alemães.

Sabe-se que, se a ofensiva de agosto de 1914 na Prússia oriental tornou possível, na opinião geral, o "milagre do Marne", ela resultou também, depois de alguns êxitos iniciais, na derrota catastrófica de Tannenberg, acompanhada pela invasão dos territórios poloneses e lituanos limítrofes. Mas, no fim de outubro, a entrada na guerra da Turquia ao lado das potências germânicas suscitou na Rússia uma nova vaga de entusiasmo: menos em

---

3. Indicações amavelmente comunicadas pelo professor Pavel Korjec.

4. *Op. cit.*, vol. II, p. 183 (Kaluga é uma cidade antiga, a cinqüenta quilômetros de Moscou).

5. Cf. *A Europa Suicida*, pp. 155 e ss.

razão das vitórias logo obtidas na frente secundária caucasiana, do que pelo fato de os objetivos russos terem se enriquecido de um visão prestigiosa e secular; a tomada da "cidade dos czares" (*Csargrad*), como se designava Constantinopla nas crônicas da Rússia kieviana. Esta lembrança, que suscitou no século XVI o mito de Moscou, terceira Roma, readquiriu todo o seu brilho e foi celebrada tanto pelo governo como pela Duma, tanto pela direita como pela esquerda. Assim, o mui liberal professor da Universidade de Moscou, Evguêni Trubetskói, escrevia que a principal tarefa da Rússia era daí em diante a restauração da cruz sobre a Basílica de Santa Sofia, "essa pérola do Evangelho pela qual a nação está disposta a sacrificar tudo o que possui"[6]. Mais presunçoso, Pavlov Miliukov, o líder da esquerda burguesa, declarava que a Rússia devia se apoderar do Bósforo e dos Dardanelos, assim como de Constantinopla e de uma porção do litoral do mar Negro suficiente para garantir a defesa de seus estreitos. Qualquer que tenha sido a terminologia empregada, um antigo sonho moscovita exaltava os corações russos em favor das paixões guerreiras, tanto mais que ele prometia tornar-se realidade. O patronato russo saudava por seu lado essa nova guerra, e seu órgão, o *Jornal da Indústria e do Comércio*, escrevia que todos os sacrifícios consentidos pela Rússia o seriam em vão, "se não obtivesse a solução do problema fundamental de sua existência política".

Entretanto, dissensões se manifestaram desde o início no mundo político russo, não menos fortes do que em todos os outros países beligerantes. Mas de outra forma, como na França ou na Alemanha, uma oposição de esquerda: se os social-revolucionários e os mencheviques pretendiam, em sua maioria, ser patriotas, os cinco deputados bolcheviques, intratáveis ou suspeitos de traição, foram encarcerados desde novembro de 1914. O que não impede que inúmeros devotados ao regime tivessem aprendido bem a lição de 1905 e as conseqüências catastróficas da guerra russo-japonesa. Muitos viam no novo conflito um perigo comum à dinastia Romanov e à dinastia Hohenzollern, o que um antigo ministro resumia nestes termos: "Uma guerra germano-russa será mortalmente perigosa seja qual for o vencedor, pois uma revolução social eclodirá inevitavelmente no país vencido, e se comunicará, por força das circunstâncias, ao país vencedor". Daí, na Duma, ataques à aliança com as democracias ocidentais "judaizadas" e, especialmente, à pérfida Albion. É por isso que, em abril de 1914, Evguêni Markov pôde vaticinar, pronunciando o discurso

---

6. Citado por Florinsky, *op. cit.*, p. 1 348.

anti-semita usual: "Todos vão sofrer, cada Estado corre o risco de arruinar-se, e Átilas cujo nome é social-democracia aparecerão em seu lugar e devorarão o gênero humano..." Em julho de 1914, os grão-duques Nikolai Nikolaievitch e Nikolai Mikhailovitch propunham uma visão radicalmente oposta, e mais otimista: "Se a Rússia não mobilizar-se, correrá grandes perigos, pois uma paz ditada pela covardia desencadeará a revolução no país".

Mas é ainda o conde Witte que, no segundo mês de guerra, fazia o melhor diagnóstico, expondo-o com sua brutalidade costumeira a Maurice Paléologue, o embaixador francês:

> Esta guerra é uma loucura. Foi imposta à sabedoria do imperador por políticos tão desastrosos quanto imprevidentes; só pode ser funesta à Rússia. Apenas a França e a Inglaterra têm fundamentos para esperar algum proveito da vitória. [...] O que se espera obter? Aumentos territoriais? O império de Sua Majestade não é, então, suficientemente vasto? Não tem, na Sibéria, no Turquestão, no Cáucaso, na própria Rússia, imensos espaços ainda inexplorados? [...] O que devemos esperar mais? Constantinopla, a cruz sobre Santa Sofia, o Bósforo, os Dardanelos? Isso é tão insensato que não merece atenção. Enfim, suponhamos a vitória completa de nossa coalizão: mas então, não é apenas a ruína da prepotência germânica, é também a proclamação da república em toda a Europa central. E, no mesmo lance, é o fim do czarismo... Quanto às previsões que nossa derrota me inspiram, prefiro mantê-las para mim[7].

É de se admirar a perspicácia com que o grande estadista denunciava o velho sonho estratocrático que subtendia o entusiasmo patriótico daquelas semanas. Mas ele fez mais: soube reatar seus contatos com von Jagow, o Ministro alemão dos Negócios Estrangeiros, na esperança de pôr fim rapidamente àquela confusão insensata. Não o conseguiu: sua morte súbita, a 13 de março de 1915, impediu-o dessa vez de salvar a Rússia imperial, e, talvez, de pacificar ao mesmo tempo toda a Europa.

A DEGRINGOLADA

Em agosto de 1914, achava-se que uma grande guerra européia só poderia durar algumas semanas: nenhum *expert*, nenhum general soube prever uma guerra de posições ou de trincheiras, e ainda menos o estabelecimento de uma economia de guerra. Sob este último aspecto, a Rússia estava especialmente mal equipada, e a penúria de munições se fez sentir desde o ou-

---

7. Cf. Maurice Paléologue, *La Russie des tsars pendant la guerre*. Paris, 1922, vol. I, pp. 119-121.

tono de 1914. Em visita ao quartel-general, Nicolau II descrevia à sua mulher, com sua impassibilidade habitual, como os soldados russos tinham já de combater com as mãos nuas, em razão da falta de munições (carta de 19 de novembro de 1914).

No fim de dezembro, o exército russo, que já perdera quase um milhão de combatentes, tinha esgotado todas as suas reservas em obuses e fuzis. A Grã-Bretanha, senhora dos mares, tentava abastecê-lo, mas os comboios eram dizimados pelos submarinos alemães. Eis como Winston Churchill julgava a situação, em março de 1915[8]: "[...] A Rússia, se não a ajudarmos, é uma potência com a nuca quebrada, e não terá outro recurso senão nos trair – e isso ela não pode fazer". Por que ela não podia? A Alemanha colocava suas esperanças em uma paz em separado, e já, na Rússia, era corrente ouvir-se que os Aliados fariam a guerra até a última gota de sangue russo. Contudo, a paz em separado estava fora de questão: para Nicolau II, a honra czariana estava em jogo, e para a opinião pública, cada vez mais crítica – a aparência de união sagrada não durou muito tempo –, a honra nacional, tal como a concebia na época. A diferença é que o czar, perdido em seu sonho místico, não via crescerem os verdadeiros perigos, enquanto a sociedade, mais prudente e informada, percebia, além desses, outros imaginários, e o espionismo escolhia como objetivos preferenciais, como vimos, a czarina e Rasputin.

O mês fatídico foi o de agosto de 1915. Os exércitos alemães ocuparam Varsóvia e Wilno; a estrada da capital parecia aberta, e já se pensava em pôr ao abrigo seus tesouros artísticos. Para retardar o avanço inimigo, o alto-comando russo recorreu à estratégia da terra arrasada, aplicando-a ao pé da letra, e evacuando à força os territórios ocupados; milhões de poloneses, lituanos, letões e judeus tiveram de recuar para o interior da Rússia, às vezes a pé. Essas deportações obstruíam as vias de comunicações, e sobretudo reanimavam, no interior da Rússia, ódios e suspeitas seculares, provocando os conflitos previsíveis: daí um aumento dos perigos na retaguarda, que o enérgico Ministro da Agricultura, Krivochein, o antigo braço direito de Stolypin, denunciava nestes termos:

De todas as penosas conseqüências da guerra, eis a mais ameaçadora, a mais irreparável. [...] Ora, ela não foi imposta pela necessidade, nem foi devida a um movimento popular espontâneo; ela foi inventada por nossos sábios peritos

8. Carta de 6 de março de 1915 a Sir Edward Grey, citada por Florinsky, p. 1 336. Na época, Winston Churchill era primeiro lorde do Almirantado.

militares. A grande migração organizada pelo quartel-general conduz a Rússia ao abismo, à Revolução, à subversão[9].

Estima-se em mais de três milhões o número desses refugiados involuntários, fermento de todos os distúrbios e de todas as provocações. O destino dos judeus, globalmente suspeitos de espionagem, foi particularmente penoso: às vezes, em vez de evacuá-los, empurravam-nos diretamente para as linhas inimigas; acusavam-nos também de introduzir na Rússia máquinas alemãs destinadas a incendiar as colheitas, e de arruiná-la de muitas outras maneiras; diziam que os judeus praticantes dissimulavam aparelhos de rádio sob as barbas (mas também a czarina era suspeita de ter instalado um posto emissor em seus apartamentos...). A esse propósito, o Ministro do Interior, Chtcherbatov, não tinha papas na língua:

> É em vão que procuramos aconselhar o alto-comando. Todos nós já interviemos, seja coletivamente, seja individualmente. Mas o todo-poderoso Ianuchkevitch [chefe do estado-maior] não leva em conta os interesses do Estado. O que ele quer é servir-se dos preconceitos de que os judeus são objeto, a fim de torná-los responsáveis por todos os fracassos. Essa política tem seus frutos, e as tendências pogromistas no exército se reforçam. Fico constrangido em dizê-lo, mas estamos aqui entre nós: suspeito que Ianuchkevitch quer se servir dos judeus como álibi.

E Chtcherbatov acrescentava que, na opinião dos próprios dirigentes judeus, o espírito revolucionário crescia rapidamente entre os desafortunados correligionários; e que a "judiaria internacional" ameaçava mobilizar-se por sua vez... Krivochein tirava disso esta irônica moral:

> Para mim também, a revolução identifica-se com os judeus, mas concessões em seu favor me parecem inevitáveis. Como já tive ocasião de dizer, não se pode fazer a guerra aos alemães e aos judeus ao mesmo tempo. Mesmo um país tão poderoso quanto a Rússia não está em condições de fazê-lo.

Pouco depois, esses excelentes servidores de Nicolau II recebiam uma informação ainda mais catastrófica: o último dos autocratas, encorajado por sua mulher e por Rasputin, decidia subitamente despedir o grão-duque Nikolai e assumir pessoalmente o comando do exército russo. Como quase sempre, seus motivos eram contraditórios: de um lado, a rivalidade com seu tio-avô, muito popular no exército; de outro, o desejo de partilhar tanto

---

9. Cf. Florinsky, pp. 1 330-1 331; e *A Europa Suicida*, pp. 161-162.

quanto possível os sofrimentos de suas tropas dizimadas e desencorajadas. Ele se instalou, portanto, acompanhado do czarevitch Aleksis, no grande quartel-general de Mohilev, a oitocentos quilômetros da capital. Mas isso significava também que a regência ia caber à "Alemã" ("tu serás meus olhos e meus ouvidos na capital", escrevia ele a Alexandra); isto é, por baixo dos panos, ao mujique siberiano. Compreende-se o terror de Krivochein e de seus colegas. Eles tentaram convencer seu soberano dirigindo-lhe uma carta coletiva onde evocavam a ameaça mortal que planava doravante sobre a pátria e a dinastia. De nada adiantou; o czar nem sequer leu a mensagem. Em contrapartida, ela suscitou uma viva emoção nos meios políticos, e mais especialmente na Duma, onde uma vasta coalizão, o "bloco progressista", constituiu-se imediatamente; compunha-se de partidários e de adversários da autocracia. É claro que a extrema direita não aderiu; um dos porta-vozes da União do Povo Russo escrevia que uma república, isto é, a vitória de Miliukov, seria pior que uma vitória alemã; um outro declarava que não valia mais a pena continuar a guerra, pois, de qualquer modo, a Rússia cairia sob o jugo dos alemães e dos judeus. A germanofobia concorrendo doravante com a judiofobia, o argumento não deixava de ser hábil[10]. A censura deixava passar essas provocações derrotistas, pois emanavam de fiéis oficialmente aprovados pelo czar. A incoerência reinava soberana. E, no outono de 1915, as seções provincianas da União eram reconstituídas, com a bênção do monarca.

Na capital, Rasputin fazia e desfazia daí em diante os ministros, inaugurando a era do "pula-sela ministerial": entre agosto de 1915 e agosto de 1916, o Ministro do Interior mudou cinco vezes, o Ministro da Agricultura, quatro vezes, o Ministro da Guerra, três vezes. Nas opiniões de testemunhas tão avisadas quanto Badmaiev e seus amigos da Okhrana, Nicolau obedecia, nesse domínio, ao próprio curandeiro, na ausência de Alexandra, "a tal ponto que isso nos dá medo"[11]. Nessas condições, o casal imperial, transformado em objeto de escândalo, isolava-se cada vez mais de tudo o que importava na Rússia, desde os dirigentes do bloco progressista – porta-voz da burguesia e da *intelligentsia* –, até a confraria, daí em diante solidária, dos grão-duques.

Um segundo limiar foi transposto em janeiro de 1916, quando um burocrata senil, Boris Sturmer, se fez nomear presidente

10. Citado por V. S. Diakin, *op. cit.*, p. 278.
11. Cf. *Padeniê...*, t. IV, p. 6 (testemunho de A. S. Protopopov, o último ministro do Interior).

do Conselho dos Ministros, reservando-se ademais a pasta dos Negócios Estrangeiros. A esse respeito, a czarina escrevia a seu esposo que se podia aceitar o risco de um nome germânico, pois se tratava de um dos mais fiéis servidores[12]. Mas o risco era grande: Sturmer não era uma criatura de Rasputin, à qual se ligava, ademais, uma sólida reputação de germanofilia? De resto, o futuro organizador do assassinato do malfadado taumaturgo, o príncipe Iussupov (primo por aliança do czar), não assegurava ter surpreendido na antecâmara de sua futura vítima um grupo de espiões judio-alemães? (Três semitas e quatro arianos loiros, especificava ele[13].) Desconfia-se que ele não guardou segredo dessa incrível visão. Os rumores desse tipo não paravam de aumentar: conseqüentemente, os projetos de revoluções palacianas multiplicaram-se desde a nomeação de Sturmer.

Não se poderiam enumerar todos, tanto mais que alguns não foram divulgados. O mais conhecido deles foi o do infatigável Gutchkov, que reclamava apenas a abdicação de Nicolau II em favor, seja de seu irmão caçula Miguel, seja do grão-duque Nikolai Nikolaievitch, nomeado, após sua expulsão, comandante-chefe do exército do Cáucaso (solução daí em diante aprovada no seio do alto-comando). Tratava-se, portanto, como o próprio Gutchkov esclarecia, de um complô de tipo "dezembrista", assegurando a manutenção do regime monárquico, a fim de que o golpe de Estado não degenerasse em revolução popular de final imprevisível e que faria, seguramente, o jogo da Alemanha[14]. Um outro projeto foi esboçado em Kronstadt, com o apoio de certos almirantes; um terceiro no meio civil e militar do grão-duque Nikolai. Diversos salões da capital afirmavam em voz alta que era urgente livrar-se (por bem ou por mal) do casal czariano, para grande espanto dos diplomatas ou visitantes aliados. É que não faltavam precedentes na história nacional... Só que, desta vez, o ato decisivo tardava a vir: aí também, a comparação com os dezembristas, vítimas de sua indecisão, parece se impor. Como o escrevia em seguida (em 1919) o impetuoso Chulgin: "A impotência das pessoas que me cercavam, assim como a minha própria, me olharam pela primeira vez nos olhos; e esse olhar era desdenhoso e terrível!"[15] Alucinação tardia, mas amplamente jus-

12. Carta citada por Diakin, *op. cit.*, p. 163.
13. Cf. príncipe Feliks Iussupov, *Comment j'ai tué Raspoutine*, éd. Complexe, Bruxelas, 1982, pp. 89-90.
14. Cf. *Padeniê...*, t. VI, pp. 277-280; assim como Diakin, pp. 298-310 (a descrição do conjunto dos complôs).
15. Citado por Diakin, p. 299.

tificada pela debandada da classe política russa, no decorrer do ano de 1917.

Um outro tipo de complô, menos perigoso, espreitava só Rasputin. Desde o fim de 1915, o Ministro do Interior, Khvostov, encarregara o chefe da Okhrana, Belétski, de liquidá-lo; mas o mesmo Belétski tinha sido encarregado pela Corte de protegê-lo. Assim, entre dois fogos, o *okhrannik* manifestava uma hesitação bem compreensível. Ele considerou, entretanto, diversas variantes, especialmente um veneno que um de seus agentes experimentou com excelentes resultados em gatos pertencentes a Rasputin. Mas, no final das contas, ele chegou à conclusão de que a eliminação do taumaturgo pouco adiantaria, pois ele não tardaria a ser substituído no coração da czarina por qualquer outro adivinho ou *iurodivy* que encarnasse para o casal imperial o verdadeiro povo russo. Os candidatos (Micha de Kozelsk, Vassia de pés descalços, ou o prior Martinian) não faltariam[16].

Entretanto, a decomposição do regime czariano era um coisa, e o desenrolar da guerra outra. O ano de 1916 foi no conjunto satisfatório para as armas russas. Os alemães, que tinham transferido a maior parte de suas tropas para a frente oeste, a fim de esgotar o exército francês em Verdun, pararam seu avanço na Rússia; em contrapartida, uma ofensiva russa na frente sul, que fez mais de meio milhão de prisioneiros, colocou virtualmente o exército austro-húngaro fora de combate. Empresários russos ou estrangeiros (sobretudo suecos e franceses) esmeravam-se na improvisação das indústrias de guerra; como nos ensinam, não sem certo orgulho, os historiadores soviéticos, a 1º de janeiro de 1917, as fábricas russas produziam mais obuses que as fábricas francesas, e quase o mesmo número de canhões[17]. Sob o impulso de Gutchkov e de outros patriotas enérgicos, diversos comitês foram constituídos, alguns mitigando na medida do possível o sofrimento dos soldados, dos feridos e dos refugiados, os outros contribuindo com a produtividade das indústrias de guerra, especialmente uma rede de comissões paritárias onde representantes dos operários sentavam-se ao lado dos industriais e do governo ("Comitês Militares Industriais"). Fábricas ultramodernas, instaladas, no essencial, em Petrogrado, empregavam centenas de milhares de operários; ocorre que estes eram explorados, segundo

---

16. Cf. *Padeniê...*, t. I, pp. 43-44 (testemunho Khvostov), p. 389 (testemunho Andronnikov) e t. IV, pp. 362-363 e 371-372 (testemunho Belétski).

17. Cf. A. L. Sidorov, *A Situação Econômica na Rússia durante a Primeira Guerra Mundial*, Moscou, 1973, pp. 5-6.

os costumes do capitalismo adolescente russo, com a máxima crueldade. Ademais, a desorganização geral, e em especial a dos transportes (prioritariamente destinados ao exército) comprometiam o abastecimento das cidades, e primeiramente da capital. Conseqüências inevitáveis da guerra, a especulação e a estocagem dos produtos de primeira necessidade arruinavam o imenso país; os açambarcadores, intermediários ou camponeses-produtores, eram uma verdadeira legião. Uma primeira onda de greves estourou em Petrogrado, em agosto-setembro de 1915 (os grevistas teriam sido quase cem mil)[18]. A safra ruim de 1916 agravou a situação; nas cidades, faltava, cada vez com maior freqüência, pão, longas filas de espera se formavam desde a madrugada, diante das padarias. Nessas condições, Petrogrado, com seu meio milhão de operários, ameaçava tornar-se um barril de pólvora. No outono de 1916, o próprio czar começou a se preocupar com a situação, ainda que seus ministros lhe mentissem, cada um mais que o outro, e ele, segundo ele mesmo confessava, não confiasse em ninguém[19].

Negros pressentimentos tomaram conta da opinião pública; a catástrofe, a confusão eram iminentes (e essas angústias – ou essas esperanças – acusavam também seu caráter inelutável). Até os mais velhos especialistas da Okhrana – os homens mais bem informados do país –, que manifestavam uma profunda inquietação: em outubro de 1916, não haviam, por iniciativa do general de polícia Globatchev, elaborado um relatório de síntese revelando o deplorável estado de espírito das populações e, em especial, das "classes inferiores"?[20] Esse relatório condensava informações recolhidas em todos os meios políticos e sociais. Assim, citava a seguinte advertência do constitucionalista moderado Chingarev, braço direito de Miliukov: "Acontecimentos de importância primordial estão bem próximos, acontecimentos que o governo não se preocupa de forma alguma em prevenir, acontecimentos deploráveis, terríveis, e ao mesmo tempo inevitáveis". Os social-revolucionários estavam, por sua vez, divididos: a maioria tornara-se derrotista; segundo um informante, a Revolução era iminente, e ela seria feita "por soldados saídos dos meios operários, ajuda-

---

18. Cf. Meller e Pankratova, *O Movimento Operário em 1917*, Moscou, 1926, pp. 16-17.

19. Cf. *Padeniê...*, t. I, pp. 308-309 *et passim* (testemunho Protopopov).

20. "Relatório da Okhrana de Petrogrado à Divisão Especial do Departamento de Polícia", outubro de 1916. Esse relatório contava cerca de quinze mil palavras (cf. *Krassny Arkhiv*, 4 (17) 1926, pp. 3-34). As citações que se seguem são extraídas dessa fonte.

dos pelos trabalhadores obrigados a fabricar balas e baionetas, sob a ameaça dessas mesmas balas e baionetas". Os social-democratas não ficavam atrás: um membro operário do "Comitê Militar Industrial" advertia que o proletariado da capital estava próximo do desespero, e que "não importa qual sinal, até uma provocação, arriscava-se a desencadear perturbações incontroláveis, acarretando dezenas de milhares de vítimas".

Os extremistas de direita julgavam também a conjuntura muito inquietante e prediziam perturbações em larga escala: "A guerra tornou-se impopular porque a Rússia autocrática luta em nome das liberdades republicanas ou constitucionais contra uma Alemanha cujo modo de governo é semelhante ao seu. Além disso, as massas, duramente atingidas pela inflação e pela penúria gerais, não ignoram que os grandes beneficiários da guerra são os judeus, às vezes camuflados atrás de testas-de-ferro cristãos. No final das contas, o povo se entregará a um *pogrom* cuja responsabilidade caberá ao governo" – que não tem outra solução a não ser concluir uma paz honrosa em separado com a Alemanha.

Os judeus contavam igualmente com os *pogroms*. É interessante notar que o relatório da Okhrana atribuía a seu juízo uma importância especial: "os judeus, muitos dos quais preparam discretamente a liquidação de seus negócios, para emigrar 'provisoriamente' para o estrangeiro, são o único elemento que prevê os acontecimentos futuros com uma precisão barométrica". Um informante judeu, ao que tudo indica um banqueiro, falava da pauperização de três quartos da população russa, e concluía:

> Não sei se os homens que logo virão destruir a ordem das coisas existente serão revolucionários ou reacionários, mas sei que alguém se encarregará disso. Começarão evidentemente pelos *pogroms* de judeus, que nos campos já começaram; mas se voltarão em seguida contra aqueles que possuem dinheiro ou mercadorias, e a vez da burocracia virá, cedo ou tarde.

Confiando em todos esses dados, o relatório lançava em conclusão um grito de alarme: levando em conta o estado de excitação das massas, as medidas administrativas, policiais e outras de que dispunha o poder corriam o risco de se mostrarem insuficientes para manter a ordem pública. O remédio?

> Tomando as medidas indispensáveis para a pacificação do país, o poder governamental mostraria o discernimento e o espírito de decisão que se impõem à cabeceira de um doente grave. O menor sinal de indecisão ou de hesitação poderá conduzir a um desastre, cujas consequências não se poderiam prever atualmente.

Mas o médico que Nicolau II acabava de chamar à cabeceira da Rússia doente não tinha nada de um Clemenceau ou de um Stolypin. A 18 de setembro, ele nomeara Ministro do Interior Aleksandr Protopopov, um ser desequilibrado e sujeito a estranhas ausências. Mas Rasputin não apreciava sua bondade de alma e sua sinceridade? Diversas vezes, Protopopov fizera curas na clínica "tibetana" de Badmaiev; ademais, ele se deixava guiar na vida por um vidente-hipnotizador americano, Charles Perrin, que a contra-espionagem russa suspeitava ser um espião alemão. Após a queda do czarismo, Protopopov fez seu *mea culpa* de uma maneira tipicamente russa, não parando de sublinhar sua imensa responsabilidade:

> Ela não reside nem no caso Perrin, nem na inação ou no excesso de poder; os culpados não são terceiras pessoas. A culpa é inteiramente minha. Eu sou culpado de ter querido assumir uma tarefa colossal para a qual não era feito. [...] Sou culpado de ter presunçosamente criticado meus predecessores, pensando que, por meu lado, eu poderia fazer o bem à minha volta...[21]

Essas confissões eram inteiramente espontâneas.

Entretanto, nos mais diversos meios, esforços desesperados eram enviados para salvar a situação. A 1º de novembro, Miliukov pronunciava, na sessão de abertura da Duma, um discurso memorável sobre o tema: "Besteira ou Traição?" Uma pergunta retórica visando evidentemente o casal Rasputin-czarina. A seguir, Miliukov esclareceu que, quanto a ele, inclinava-se por uma besteira criminosa, mas a opinião não desejava outra coisa para concluir pela traição; o texto do discurso, proibido pela censura, foi divulgado sob forma policopiada através de toda a Rússia. A 18 de novembro, o extremista de direita Purichkevitch, fundador da União do Arcanjo São Miguel, lançava as mesmas acusações, sob uma forma mais dura, pois designava por seus nomes e qualificações os dois suspeitos. Assim, portanto, aquela assembléia, pró-governamental em sua origem, pois fora eleita em 1912 conforme as disposições estabelecidas por Stolypin e pelo czar, acabava por unir-se, na hora do perigo, em torno de um programa, se não revolucionário, pelo menos decididamente anticzarista, sem poupar o próprio monarca, acusado pelo grupo. A inquietação geral só piorou.

Por seu lado, os Romanov se mobilizavam. Uma reunião de família foi feita em meados de outubro em Kiev, onde residia,

---

21. Cf. *Padeniê...*, t. IV, p. 19 (nota de Protopopov, datada de 8 de junho de 1917).

afastada para deixar clara sua reprovação à nora, a imperatriz dotada Maria Feodorovna: o czar foi apresentar suas homenagens à mãe, e a discussão começou; durou dois dias, e não deu em nada. Em seguida, o historiador da família Nikolai Mikhailovitch, cognominado "Filipe-Igualdade", devido a seu liberalismo, mas cuja reserva Nicolau II admirava, e que encarregava de bom grado de missões diplomáticas, foi visitá-lo no quartel-general. Depois de ter conversado com ele sobre isto e aquilo, estendeu-lhe um longo memorando, cuidadosamente meditado, tratando da situação geral, no qual lhe suplicava especialmente que admitisse que a czarina também podia ser falível, que podia deixar enganar-se por intrigantes ambiciosos. O czar beijou o grão-duque e se apressou a comunicar o memorando a sua mulher. Em resposta, recebeu uma carta viperina na qual os ressentimentos acumulados há anos pela "Alemã" subitamente explodiam; além disso, desde que exercia a regência, a infeliz se julgava enfim estimada e compreendida:

> Eu sentia que não foi por nosso bem que Nikolai foi ao quartel-general; ele é um homem mau, esse neto de judeu... Num momento como este, em tempo de guerra, arrastar-se atrás de tua mãe e tuas irmãs, não se levantar em defesa da mulher de seu imperador, é uma traição. Ele sabe que me consideram, que começam a me compreender e a se interessar por mim, e isso ele não pode suportar. [...] Minha alma, deves tomar minha defesa para teu bem e para o bem do Bebê. Se não fosse Ele[22], tudo estaria acabado há muito tempo, estou firmemente convencida disso.

O czar não teve dúvidas, e baniu o "neto de judeu" de suas terras. Os dados estavam lançados. O assassinato rocambolesco[23] de Rasputin, no fim de dezembro, por Purichkevitch e pelo príncipe Iussupov, não alterou nada no curso das coisas, apenas envenenou-as: no grande quartel-general, achava-se até que ele deu à revolução o impulso definitivo[24]. Entre os mujiques, dizia-se correntemente: "Um só dos nossos aproximou-se do czar, e *eles* o mataram". Reconhece-se a velha divisão entre "nós" e "eles", uma divisão que o czar ignorou até o fim. Quanto à czarina, ela superou rapidamente seu desgosto, pois o bom Protopopov empenhou-se em reconfortá-la organizando sessões espíritas para

---

22. "Ele", ou seja, Rasputin; com uma maiúscula de devoção. "Bebê" – o czarevitch Aleksis (carta da czarina de 4.2.1916).

23. Supomos que os mórbidos detalhes sejam conhecidos pelo leitor. Caso contrário, consultar o livro precitado do príncipe Iussupov, *Comment j'ai tué Raspoutine*.

24. Cf. *Padeniê...*, t. V, p. 330 (testemunho do general Ivanov).

entrar em contato com o espírito de Rasputin[25]. No final das contas, o prudente Belétski tinha razão.

O POVO ENTRA EM CENA

Fora-se o tempo da literatura espontânea, oral, o tempo das lendas e bilinas, nas quais o povo se expressava com toda a liberdade. Somos forçados a constatar hoje que, com exceção de alguns ritornelos irônicos datando de 1917-1920 (*O Comissário dos Galos* ou *A Maçãzinha*), quase todas as fontes de informação sobre o estado de espírito nos campos estão sujeitas a caução, quer se trate das convencionais descrições soviéticas, ou daquelas dos adversários do regime, quase sempre tendenciosas, também. Acontece que os anos de 1914-1917, durante os quais a mobilização atingiu quase dez milhões de jovens camponeses, parecem ter acarretado uma primeira mutação, marcada por uma descristianização pronunciada e o eclipse total ou parcial da *aura* czariana[26]. Sob vários aspectos, os camponeses beneficiavam-se então de uma condição bem melhor do que os proletários urbanos, e o documento de primeira ordem que constitui o relatório precitado da Okhrana fala mesmo, a esse respeito, de um antagonismo específico entre as cidades e os campos.

Com efeito, os camponeses, também desorientados pela inexorável inflação, recusaram-se a entregar seus produtos em troca do novo papel-moeda, e começaram a formar estoques de trigo e de outros produtos agrícolas.

Os camponeses, assustados pelas requisições e descontentes com o controle exercido pelo governo e pela polícia, não querem mais vender pão e outras mercadorias, temendo a taxação: não acreditam mais nas promessas de um preço justo e satisfatório. [...] Conseqüentemente, os preços aumentam e as mercadorias desaparecem. Ademais, os camponeses não querem mais arrendar as terras senhoriais, pois estão convencidos de que, depois da guerra, elas lhes serão distribuídas gratuitamente.

Nessas condições, agravadas pela desorganização dos transportes, o campo sofria uma carência cruel dos produtos fabricados nas cidades, pregos, ferramentas ou material agrícola. É evidente que o desaparecimento dos entes queridos, a falta de

---

25. Cf. *La fin du tsarisme*, pp. 144 e 148 (carta a Fr. Masson de 7.2.1917).

26. Cf. A. I. Denikin, *La décomposition de l'armée et du pouvoir*, t. I, ed. Paris, s. d., pp. 9-10 e *passim*.

mão-de-obra, ou medidas mesquinhas como a introdução da franquia para as cartas destinadas ao front, suscitavam um descontentamento geral. Além disso, os boatos faziam seus estragos: a Rússia está prestes a ser vendida aos alemães, as derrotas russas são devidas à traição dos generais: o administrador das terras patrimoniais czarianas, o velho barão Fredericks, torna-se então, por causa de seu nome, o principal bode expiatório[27]. Para citar, uma vez mais, o relatório de 1916: "Os campos são hostis não apenas ao governo, mas a todas as classes não camponesas: operários, funcionários, clero e assim por diante". E, o que é mais, esses humores se comunicam a um exército composto por mais de oitenta por cento de camponeses. O que o general Rúszki, comandante da frente norte, resumia em janeiro de 1917 nos seguintes termos:

> Nada desmoraliza mais o exército do que a voz de uma população que se queixa amargamente da carestia assustadora e incompreensível da vida, da desorganização total da economia, dos abusos de todo tipo e da especulação desavergonhada. O homem simples vê nisso o resultado da traição e de uma opressão alemã que perdura, assim como a conseqüência da imperícia de certos homens de Estado impopulares[28].

A secular aversão pelo jugo alemão conhecia, portanto, depois de mais de dois anos de desastrosos combates, um novo apogeu. A tal ponto que, no dia seguinte à revolução de fevereiro, os soldados do front voltaram-se primeiro contra os generais e oficiais de nomes alemães, contra "todos esses barões, esses 'vons' e esses espiões"[29]. Mas todas essas misérias pequenas e grandes não poderiam ser comparadas ao desespero da classe operária. A exploração capitalista tornara-se insuportável, tendo os salários apenas dobrado enquanto o preço dos gêneros de primeira necessidade tinha quadruplicado. O relatório de outubro de 1916 publica a esse respeito estatísticas eloqüentes. Já tinham ocorrido revoltas em certas regiões da província, mas, para o conjunto das razões já mencionadas, a capital era o lugar destinado à explosão popular. Ali se concentraram, diante de meio milhão de operários, mais de quinhentos mil reservistas e jovens recrutas, bem

---

27. Esse fiel servidor dos czares, na época octogenário, era de ascendência sueca.

28. Cf. "A Propaganda Revolucionária no Exército em 1916-1917", *Krassny Arkhiv*, 4 (17), 1926, p. 46.

29. Cf. S. Melgunov, *Martovskié dni 1917 goda*, Paris, pp. 290 e ss. Essas perseguições eram observadas sobretudo nos regimentos da guarda, onde esses oficiais eram muito numerosos.

mais desmoralizados que os combatentes de primeira linha: bastava que a faísca se acendesse. Ela brotou uma primeira vez, ao que parece, a 31 de outubro de 1916, no término de uma greve geral de dois dias. Nesse dia, às oito horas da noite, dois empresários franceses, Sicaud e Beaupied, que dirigiam a fábrica Renault de Petrogrado, irromperam na embaixada da França. Escutemos seu relato, registrado pelo próprio embaixador[30]:

> Esta tarde, em pleno horário de trabalho, um bando de grevistas, vindo das usinas Baranóvski, assaltou nossa casa, gritando: "Abaixo os franceses! Chega de guerra!" Nossos engenheiros e contramestres quiseram parlamentar. Responderam-lhes com pedradas e tiros de revólver. Um engenheiro e três contramestres franceses foram gravemente feridos. A polícia, que, nesse momento, havia chegado, logo reconheceu que não tinha condições de enfrentá-los [...] Dois regimentos de infantaria chegaram alguns minutos depois; mas, em vez de libertar a fábrica, atiraram na polícia! [...] Enfim, ouvimos o galope dos cossacos; eram quatro regimentos. Atacaram os soldados da infantaria e os levaram a golpes de lanças de volta à caserna.

Esse incidente foi o primeiro do gênero? Em todo caso, os elementos principais do roteiro já estão presentes; manifestação violenta dos grevistas; policiais e guardas (ou, como se dizia em Petrogrado, "faraós") arrasados; soldados tomando o partido dos grevistas. Um incidente análogo, mas mais grave, pois os grevistas se espalharam pelas ruas cantando a Marselhesa, ocorreu a 9 de janeiro, dia de aniversário do "domingo sangrento" de 1905. As recidivas pareciam inevitáveis, as autoridades militares e civis consideravam certas medidas preventivas: assim, no início de fevereiro, a Okhrana foi encarregada de provocar uma manifestação operária, a fim de sufocar no nascedouro a revolta ameaçadora. Mas essa manobra fracassou, pois os operários foram avisados a tempo[31]. E as coisas aconteceram de modo muito diverso.

Por volta de 20 de fevereiro, o pão desapareceu da maior parte das padarias, pois um frio de quarenta graus abaixo de zero paralisou mil locomotivas. Na sexta-feira, 23 de fevereiro, as donas-de-casa e as mulheres dos soldados, que batiam os pés de frio diante das padarias fechadas, deram o sinal da revolução, gritando sua cólera: "Pão! Pão!"[32] No sábado, 24 de fevereiro, os ho-

---

30. Cf. Maurice Paléologue, *La Russie des tsars*, Paris, 1922, t. III, pp. 66-67.

31. Cf. P. Miliukov, *História da Segunda Revolução Russa*, Sofia, 1921, t. I, pp. 38-39. É o próprio Miliukov que consegue denunciar aos operários o projeto em questão.

32. O relatório que se segue baseia-se no relato do melhor memorialista da revolução, o antigo social-revolucionário N. Sukhanov-Himmer (*Zapiski o revo-*

mens começaram a desempenhar o papel preponderante, sob a liderança de operários politicamente organizados de todos os matizes, e aos gritos de "Abaixo a autocracia! Abaixo a guerra!" os manifestantes puseram-se em marcha, apedrejando os "faraós", e matando ou ferindo cerca de trinta. Nesse dia, as tropas colocadas nas ruas, inclusive os cossacos, recusaram-se a intervir. No domingo, 25 de fevereiro, a multidão tornou-se mais numerosa e mais agressiva; armas de fogo e granadas apareceram. O comando militar mandou então retirar os odiosos "faraós" de seus postos e, por ordem do czar, ordenou à tropa que usasse suas armas: houve fuzilaria, fazendo uma ou duas centenas de vítimas. A indignação se generalizou: veteranos de 1905 e outros agitadores, aos quais se juntaram inúmeros estudantes, jogavam lenha na fogueira. Na segunda-feira, 26 de fevereiro, quase todos os regimentos, incluindo os mais gloriosos (Semionovstsy, Preobrajêntsy, Pavlóvtsy), recusaram-se a obedecer a seus oficiais, e se juntaram aos operários. A revolução triunfara.

Mas onde residia o poder revolucionário? No mesmo dia, a Duma formava um "Comitê para o Restabelecimento da Ordem", sediado daí em diante ininterruptamente no Palácio da Táurida, e ao qual se reuniu um soviete composto por delegados dos operários e dos soldados, assim como por alguns militantes revolucionários. Entre esses dois poderes, Aleksandr Kerênski, o homem de verbo mágico, convencido de encarnar a revolução popular, garantia a ligação. O embrião de um ministério provisório se formou, presidido pelo doce príncipe Lvov, e onde se encontravam Gutchkov, Miliukov e Kerênski. Os antigos ministros e altos funcionários czaristas, mas sobretudo os *okhranniks* e outros policiais, eram conduzidos pelos operários e pelos soldados à Duma, ou ali se refugiavam por iniciativa própria; no espaço de dois dias, seu número chegou a ultrapassar quatro mil. Em seguida, a maior parte dos *okhranniks* e dos "faraós", via de regra adeptos ou antigos adeptos da União do Povo Russo, foram enviados, com vistas a sua "regeneração", ou mais simplesmente para lhes permitir salvar sua pele, para a frente de batalha, onde muitos deles se apressaram a retomar, mas de uma nova maneira, suas atividades de agentes provocadores[33].

---

lutsii, 7 vol., Berlim, 1922), bem como em seu melhor historiador, o ex-trabalhista (*trudovik*) S. Melgunov (*Martovskié dni 1917 goda*, Paris, 1961).

33. Cf. L. Trótski, *Histoire de la Révolution russe*, ed. cit., t. II, pp. 87-88: "Após a insurreição de fevereiro, o governo lançara na linha de fogo um grande número de gendarmes e de guardas civis. Nenhum, evidentemente, queria combater. Tinham mais medo dos soldados russos que dos alemães. Para fazer es-

Em Petrogrado, e depois em outras cidades, os policiais foram substituídos por uma milícia operária formada às pressas; quanto à polícia política propriamente dita, ficou decidido, de uma maneira bastante característica para os utopistas do Soviete e da Duma, que a Rússia doravante livre não mais precisava dela; passou-se então a confiar na contra-espionagem militar, de fidelidades pelo menos incertas.

Os dois últimos dias de fevereiro foram também os do aumento dos detentos (políticos ou criminosos), dos grandes incêndios (o cerco da Okhrana e de uma vintena de delegacias de polícia, o Palácio da Justiça, os palacetes particulares de Protopopov e do barão Fredericks), das pilhagens (lojas, depósitos de bebidas, magazines de luxo, sobretudo de roupas, mas também os arsenais).

A 1º de março, os distúrbios começaram a amainar, e uma felicidade quase geral se estabeleceu na capital. Do monarquista Purichkevitch ao último dos soldados, as novas convicções – ou a prudência – recomendavam o uso de uma braçadeira vermelha. Essa felicidade, descrita por inúmeros memorialistas, impressiona sobretudo pela freqüência da expressão "uma alegria pascal"; as pessoas se congratulavam e se abraçavam nas ruas. "Nunca vi um número tão grande de pessoas de repente felizes, como se celebrassem seu aniversário", anotava o escritor Mikhail Bulgakov. O diário de Miliukov, *Rietch*, falava da "oitava maravilha do mundo"; o Santo Sínodo abençoava imediatamente a revolução, e o bispo Andrei d'Ufa chegava a proclamar que Deus acabava de fazer seu julgamento. Essa embriaguez milenarista propagava-se pelo país, às vezes numa velocidade vertiginosa: desde 1º de março, o general Nikolai Ivanov e seu batalhão de elite, enviados pelo czar para reprimir os "distúrbios", encontravam na estação Dno, a duzentos quilômetros da capital, um grupo de desertores meio bêbados, vestidos com roupas civis novinhas em folha, que urravam a quem os quisesse ouvir: "Liberdade! Todos são iguais! Não existem mais chefes! Não existe mais *vlast*'!"[34] O que faz lembrar a liberdade total imaginada pelos camponeses milenaristas de Tolstói, em 1812[35].

---

quecer seu passado, fingiam ter as opiniões mais extremistas do exército, incitavam às escondidas os soldados contra os oficiais, erguiam-se mais que ninguém contra a disciplina e a ofensiva e, freqüentemente, faziam-se de repente de bolcheviques. [...] Por seu intermédio, penetravam nas tropas, e rapidamente circulavam os mais fantásticos boatos, misturando termos ultra-revolucionários com a mentalidade reacionária dos Cem-Negros".

34. Cf. *Padeniê...*, t. V., p. 321 (depoimento do general Ivanov).
35. Cf. mais acima, p. 35.

É nessas condições que os novos poderes, que, contudo, tinham decidido unanimemente continuar a guerra até a vitória final, deslocaram em quarenta e oito horas as duas garantias da paz civil e da ordem, a polícia e o exército. Para este, alguns membros do Soviete, cercados por um grupo de soldados, tinham redigido, às pressas, desde 1º de março, o *Prikaz nº1*, um decreto prescrevendo a eleição de comitês de soldados em todas as unidades militares. Esses comitês eram encarregados da detenção das armas individuais e da proteção dos direitos políticos dos soldados, dispensados, de resto, da saudação militar e da ordem de sentido, fora do serviço. Diante desses fatos, esse *Prikaz*, que aos olhos de uma parte dos soldados instituía a eleição dos oficiais pela tropa, tanto mais que era interpretado nesse sentido por inúmeros provocadores, só podia conduzir à decomposição progressiva do exército – como o alto-comando militar compreendeu imediatamente[36].

Nas províncias longínquas do imenso país, ou nos povoados perdidos, a boa nova chegava às vezes com um atraso de duas ou três semanas; em toda parte, foi acolhida com alegria; ademais, o sangue não foi aí derramado. Inúmeros camponeses, talvez a maioria, contavam com uma paz iminente e com a divisão das terras senhoriais. Houve também aldeias (como, no governo de Moscou, nos arredores de Podolsk e de Dimitrovsk)[37] onde a outorga da liberdade foi atribuída à generosidade de Nicolau II... Depois de algumas semanas pacíficas, camponeses e soldados, operários e burgueses, iam, de maneiras diversas, tirar suas conclusões sobre a queda do czarismo, diante de uma situação econômica que continuava a se deteriorar; ou seja, o realismo retomava seus direitos. Nos meios políticos, o clima milenarista manteve-se por mais tempo. Foi assim que, no fim de abril, o lúcido Miliukov, evocando a guerra psicológica conduzida pela Alemanha, observava, numa sessão do governo: "Todos sabem que o dinheiro alemão encontra-se entre os fatores que contribuíram para a revolução". Imediatamente, Kerênski jogou sua pasta sobre a mesa e urrou: "Já que o sr. Miliukov ousou, em minha presença, caluniar a causa sagrada da grande revolução russa, não quero permanecer aqui nem mais um minuto"[38]. Ainda mais grandiloqüente era o discurso que o príncipe Lvov pronunciava na mesma semana, diante das quatro Dumas reunidas:

36. A. I. Denikin, *La décomposition de l'armée*..., pp. 51-55 e *passim*.
37. Cf. Melgunov, *op. cit.*, p. 388, e Trótski, *op. cit.*, t. II, p. 275.
38. Trótski, *op. cit.*, t. II, p. 120; e B. Nikitin, *Rokovyié*, Paris, 1937, pp. 75-76.

[...] a alma do povo russo revelou-se, por sua própria natureza, a alma democrática universal. Ela está pronta não só a se fundir na democracia do mundo inteiro, mas a tornar-se seu guia, para conduzi-la ao longo do caminho do progresso humano, inspirada pelos grandes princípios de liberdade, igualdade e fraternidade![39]

Desse modo, ressurgia a antiga idéia da Santa Rússia, detentora das supremas verdades, cara tanto aos eslavófilos como a Dostoiévski...

Resta-nos descrever o fim da dinastia dos Romanov. Nicolau II, que continuava no grande quartel-general, recusava-se a acreditar na extensão dos distúrbios, tanto mais que as cartas da czarina alimentavam suas ilusões: ele exigia, portanto, que a revolta popular fosse reprimida com força. O presidente da Duma, Rodzianko, telegrafara-lhe no dia 26 de fevereiro dizendo que a situação era desesperadora, ele recusou-se a responder àquelas "bobagens"[40]. Entretanto, decidiu voltar no dia 28 para Petrogrado, sendo essa viagem motivada sobretudo pelo fato de que sua mulher e seu filho tinham contraído sarampo. Uma onda de informações alarmantes que chegou ao quartel-general na manhã do dia 27, assim como as súplicas do general Alekseiev, chefe do estado-maior, incitaram-no a antecipar a hora da viagem. No dia 28, porém, a linha de Petrogrado já estava cortada, e o trem imperial tomou a estrada de Pskov, onde se encontrava o quartel-general da frente norte. Teve de enfrentar ali a dura realidade, pois aos chefes do exército se juntaram Chulgin e Gutchkov, que acorreram à capital, assim como mensageiros dos seus temíveis tios para exigir ou implorar sua abdicação. Entretanto, esse monarca, tão teimoso quanto fraco, hesitava: o que diria o exército do front, que ele julgava completamente dedicado à sua pessoa? E sobretudo, tinha ele o direito de trair seu juramento e, rebelando-se contra a sombra de seu pai, abandonar-se a seu destino? Essas tergiversações duraram quatro dias; apenas a 2 de março resolveu assinar o ato de abdicação.

Mas quem iria suceder a Nicolau II? Na época, a Duma e o Soviete julgavam que a forma definitiva do regime só devia ser fixada depois do fim da guerra, por uma Assembléia Constituinte eleita para esse fim. Entrementes, segundo as opiniões que predominavam no círculo do czar e na Duma, uma monarquia constitucional seria a melhor forma de transição. A coroa foi, portanto, oferecida a seu irmão caçula Miguel, um príncipe pacífico e

---

39. Cf. Florinski, *op. cit.*, p. 1 385.
40. O que se segue, segundo Melgunov, *op. cit.*, pp. 140-171.

correto; mas os socialistas do Soviete, indignados, brandiram ameaças que o fizeram renunciar ao trono. Nem por isso deixou de ser assassinado pelos bolcheviques, em julho de 1918, pouco depois do massacre da família imperial. Mas em 1918-1921, durante a guerra civil, correu um boato por toda a Rússia de que os Brancos eram condenados pelo czar Miguel II; na Criméia, houve até jornais para publicar seus manifestos apócrifos[41]. Foi-lhe então reservado figurar dessa maneira como o último falso czar da história russa: uma dignidade que os novos mestres do Krêmlin usurparão de toda maneira.

A CHEGADA DE LÊNIN

No dia seguinte à Revolução de fevereiro, a Rússia tornara-se, nas palavras de um observador americano, "uma nação de cento e oitenta milhões de oradores". Em algumas semanas, cobriu-se de uma rede de sovietes e de comitês civis ou militares onde agitadores saídos de todos os meios, mas sobretudo socialistas de todas as nuanças ou anarquistas, peroravam sem cessar. É evidente que o papel essencial era destinado ao Soviete de Petrogrado que, ao lado do governo, constituía um segundo poder em escala nacional. À medida que se formavam os outros sovietes, eles se federavam com o da capital; mas é apenas no início de junho que se pôde realizar um congresso geral dos sovietes. No início, o governo burguês do príncipe Lvov governava da melhor forma possível, enquanto o Soviete socialista de Petrogrado se arrogava um poder de controle. Outra diferença característica: o governo compunha-se unicamente de russos (mais exatamente, de grão-russos), enquanto as personalidades marcantes do Soviete eram, em boa parte, alógenos, sobretudo judeus e georgianos, assim como um punhado de irredutíveis bálticos. Assim, portanto, os antagonismos nacionais se juntavam aos antagonismos sociais para erguer o Soviete contra a tradição patriótica grã-russa – e esse rancor ia se tornar uma causa primordial do desmoronamento da república de fevereiro. Quando de sua primeira criação, o Soviete (ou "pré-soviete") contava duzentos e cinqüenta membros, em sua grande maioria social-revolucionários e mencheviques, encontrando-se os militantes bolcheviques quase todos no exílio ou na emigração (ao que convém acrescentar meia dúzia de agentes provocadores de alto nível que se apressaram a retornar

---

41. Cf. A. Denikin, *op. cit.*, pp. 48-49.

aos subterrâneos)[42]. De resto, na época, o número total dos membros do partido bolchevique panrusso não ultrapassava cerca de vinte mil. No início, os bolcheviques do Soviete eram, portanto, apenas uma ínfima minoria: a história reteve apenas os nomes de Chliapnikov, o homem de confiança de Lênin, e do jovem Molotov. À medida que militantes mais importantes, como Stálin, Kamenev ou Sverdlov, voltavam do exílio, ligavam-se às posições conformistas ("defensivas") do Soviete, hostil a uma paz em separado com a Alemanha: no máximo, preconizava uma "paz sem reparações nem anexações", enquanto o governo apegava-se secretamente aos objetivos elaborados em 1914, e especialmente à anexação de Constantinopla. Assim, desde a sua volta, Stálin lançava um apelo à disciplina militar, enquanto Kamenev escrevia, a 15 de março, no *Pravda* ressuscitado:

A palavra de ordem "Abaixo a guerra!" é absolutamente inaceitável. Enquanto o exército alemão obedecer às ordens do cáiser, o soldado russo permanecerá firmemente em seu posto devolvendo bala por bala e obus por obus[43].

Tudo isso iria mudar com a chegada de Lênin, que, desde 1914, sobrevivia na Suíça escrevendo ou polemizando, como de costume. Na época, ele não contava de forma alguma com uma revolução próxima. Diversos de seus escritos o testemunham; em janeiro de 1917 ainda, dirigindo-se a um grupo de socialistas suíços, dizia: "Nós, os velhos, não viveremos, talvez, até os combates decisivos da revolução por vir". Enquanto isso, esperava complementar seu orçamento com a redação, por sua mulher, Nadejda Krupskaia, de um "Dicionário Pedagógico"[44].

Mas é evidente que a Revolução de fevereiro mudou inteiramente suas disposições, como as de seu fiel acólito Zinoviev- Radomyslski e outros emigrados russos. O primeiro problema consistia em voltar imediatamente a Petrogrado, apesar da guerra, o que puderam fazer graças à habilidade de um "social-traidor" ao qual Lênin votava um ódio especial.

Israel Helphand-Parvus[45], o judeu-russo que organizou a passagem através da Alemanha e da Escandinávia de uns trinta emi-

---

42. Em especial, Tchernomazov, o antigo redator-chefe do *Pravda*, e Churkanov que, em 1907, fora eleito para a Terceira Duma.

43. Cf. Marc Ferro, *La Révolution de 1917...*, t. II, Paris, 1976, p. 12, e H. Salisbury, *La Révolution d'Octobre (La neige et la nuit)*, trad. Paris, 1980, p. 104.

44. Cf. M Ferro, *op. cit.*, t. I, Paris, 1967, p. 304, e H. Salisbury, *op. cit.*, p. 34.

45. Ver Z. Zeman e W. Scharlau, *The Merchant of Revolution. The life of Alexander Israel Helphand (Parvus), 1867-1924*, Oxford, 1965.

grados, e se tornou o grande argentário dos bolcheviques, era um velho marxista que contrastava com as pessoas comuns. Emigrado para a Alemanha desde o fim do século XIX, fizera-se primeiramente conhecer por seus brilhantes escritos, foi notadamente o mentor do jovem Trótski (a "teoria da revolução permanente"). Hoje quase totalmente esquecido, ou tratado com desprezo, ele merece, contudo, alguma atenção. Não era um militante como os outros: apesar de trabalhar pela revolução mundial, aspirava viver como grande senhor, e acabou por consegui-lo. Em 1910, estabeleceu-se em Constantinopla, onde fez rapidamente fortuna, servindo de agente para as grandes firmas européias, ou especulando por conta própria. Sendo o espírito do tempo como era, a maior parte dos socialistas russos e outros distanciaram-se então de seu meio, ainda que continuasse a ser um militante convicto, para o qual, como para tantos outros de seus amigos de juventude, a Rússia era o lugar natural da revolução. No início da Primeira Guerra Mundial, soube captar a confiança do governo alemão, e conseguiu que lhe confiassem alguns milhões de marcos-ouro para dirigir a propaganda revolucionária nas fábricas russas: o dinheiro era encaminhado por ordens de pagamento escandinavas, com as precauções que se impunham. Para cobrir essas atividades, criou na Dinamarca uma grande empresa de comércio internacional. A passagem de Lênin e de seus companheiros para a Rússia foi seu golpe de mestre: como conseqüência, os fundos que lhe eram confiados decuplicaram, sendo seu montante global, em março-outubro de 1917, da ordem de cinqüenta milhões de marcos. Essa foi "a chave de ouro dos bolcheviques"[46], uma chave muito secreta, mas que contribuiu incontestavelmente para lhes abrir o acesso ao poder. Lênin que, como vimos, não se incomodava de compactuar com o Diabo, era um dos raríssimos iniciados. Após o golpe de Estado de outubro, o governo alemão alocou aos bolcheviques uma última fatia de dois milhões de marcos. Nesse momento, Parvus forjou, nas pegadas de Lênin, o plano grandioso de uma paz "fraterna" geral, negociada numa con-

---

46. Cf. a obra de S. P. Melgunov assim denominada (*Zolotoi Kliutch bolchevisma*, Paris, 1940). A soma de cinqüenta milhões de marcos tinha sido indicada na época pelo célebre social-democrata revisionista Eduard Bernstein (cf. diário *Vorwärts*, 14.1.1921). Mas o ministério alemão dos Negócios Estrangeiros reagiu com um comunicado que contestava as revelações de Bernstein, e o escândalo internacional foi assim abafado. Foi apenas depois da Segunda Guerra Mundial que o exame dos arquivos alemães permitiu estabelecer definitivamente a realidade do concurso financeiro feito desse modo ao partido de Lênin, subsistindo entretanto certa oscilação a propósito da soma global – e de seus beneficiários exatos...

ferência internacional dos partidos socialistas. Mas isso era não levar em conta os objetivos dos dois parceiros reais: os apetites territoriais do grande estado-maior alemão, a convicção dos bolcheviques de ter ateado na Rússia um incêndio universal. Ademais, Helphand-Parvus estava doravante desacreditado em quase todos os meios (até sua velha amiga Rosa de Luxemburgo lhe voltava as costas); em dezembro de 1917, Lênin teve condições para proibir a seu êmulo sua ida à Rússia, *"pois a causa da Revolução não deve ser tocada por mãos sujas"*. Ele se retirou, então, para a Suíça. Morreu milionário, e, tanto mais arrastado de bom grado na lama pela imprensa internacional, mas cercado por um punhado de jovens discípulos[47], na Berlim de 1923-1924. Seu crime imperdoável foi talvez ter sido um precursor, levando uma vida suntuosa *antes* e não *depois* da tomada do poder...

Lênin, por sua vez, ao chegar a Petrogrado, estava longe de pensar em Parvus. Tinha em mente coisa bem diversa. A revolução mundial parecia-lhe daí em diante iminente. Com essa finalidade, e considerando que a Rússia se tornara "o país mais livre do mundo", ele revelava seu programa em suas famosas "Teses de Abril", onde preconizava a paz e a confraternização na frente de combate, a abolição do governo e do corpo dos funcionários nas cidades, a nacionalização das terras nos campos, e a instalação de uma "República dos sovietes de deputados operários, assalariados agrícolas e camponeses, no país inteiro, de alto a baixo". Antes mesmo de deixar a Suíça, telegrafara a seus fiéis na Rússia: "Nossa tática: desconfiança total, nenhum apoio ao novo governo. Kerênski particularmente suspeito. Única garantia: fornecer armas ao proletariado, nenhuma aproximação com os outros partidos"[48]. Assim pois, ele se preparava para enfrentar tudo o que não fosse o seu partido, tudo o que não fosse ele mesmo.

Em Petrogrado, aonde Lênin chegou no dia 3 de abril, ele era esperado na estação da Finlândia por milhares de ativistas e de simpatizantes. Discursou, anunciando-lhes o Apocalipse revolucionário: "A infame guerra imperialista preludia a guerra civil em toda a Europa..."[49]

---

47. Um deles, seu secretário Arno Scholz, foi o primeiro editor alemão a publicar, desde 1950, uma série de obras documentais sobre os crimes de guerra nazistas (cf. L. Poliakov e J. Wulf, *Das Dritte Reich und die Juden, Das Dritte Reich und seine Diener, Das Dritte Reich und seine Denker*, Arani-Verlag, 1956-1960).

48. Cf. M. Ferro, *op. cit.*, t. I, p. 305.

49. Cf. Sukhanov-Himmer, *op. cit.*, vol. III, p. 15.

No dia seguinte, desenvolvia e completava essa idéia no quartel-general dos bolcheviques, instalado no "Palácio Kchessinski". Eis o relato que Nikolai Sukhanov, o grande memorialista da revolução, fazia do primeiro confronto entre o chefe e seus fiéis:

> Jamais esquecerei aquele discurso tonitruante que surpreendeu e sacudiu, não apenas um herege da minha espécie, mas os próprios fiéis. Ninguém esperava por ele. Era como se todas as forças da natureza tivessem se desencadeado, como se o espírito da destruição universal tivesse se precipitado nas salas do palácio, por cima das cabeças dos discípulos enfeitiçados...

Era, portanto, Lênin, o hipnotizador, em sua melhor forma.

> Ele começou por anunciar a revolução socialista mundial, que decorria da crise do imperialismo suscitado pela guerra: "A guerra imperialista se transformará em guerra civil, e só terá fim com esta guerra civil!" Zombou da "política de paz" do Soviete: não, suas "comissões de contato" jamais poderiam liquidar a guerra mundial. Ele se distanciava formalmente e brutalmente do soviete, e o rejeitava em seu conjunto no campo inimigo. [...] "Não temos necessidade de uma república parlamentar, não temos necessidade de uma democracia burguesa, não temos necessidade de nenhum governo fora dos sovietes de deputados dos operários, dos soldados e dos trabalhadores agrícolas!" Ninguém, dentre os que escutavam o mestre naquela sala do Palácio Kchessinski, jamais ouvira algo parecido. Para todos os ouvintes um pouco cultos, a fórmula de Lênin, lançada sem comentário, pareceu um esquema puramente anárquico[50].

Por isso, muitos discípulos manifestaram imediatamente seu desacordo, já que o mestre lhes propunha saltar por cima da "etapa burguesa" da revolução, ou porque, segundo eles, caía na anarquia integral, ou porque, por qualquer outra heresia ideológica sobre quase todos os pontos, o novo programa se chocava de frente com os princípios elementares do marxismo. Segundo Sukhanov, "Lênin era um ser isolado, mesmo no seio de seu próprio partido. Apenas Aleksandra Kollontai, recente trânsfuga do marxismo, repudiando a unidade, apoiou Lênin, provocando risos, zombarias e tumulto". O comitê de Petrogrado rejeitou as "Teses de Abril" por treze votos contra dois, e o *Pravda*, apesar de publicá-las, comentava-as assim:

> No que se refere ao esquema geral do camarada Lênin, ele nos parece inadmissível, na medida em que considera a revolução burguesa e democrática como terminada, e conta com a transformação imediata dessa revolução numa revolução socialista (8 de abril de 1917).

---

50. Cf. N. N. Sukhanov, *La Révolution russe*, trad. Paris, 1967, pp. 138 e ss. (confrontado por mim com a edição original russa de 1922).

Mas se o programa parecia inadmissível aos doutores do marxismo de todas as tendências, sem falar dos outros intelectuais, o milenarismo leniniano encontrou adesão imediata de diversas minorias ativas. Para começar, a de uma parte dos operários e dos soldados que tinham feito a revolução, animados daí para a frente, como disseram muitos observadores, por um entusiasmo verdadeiramente religioso[51]; mas também, dos marinheiros de Kronstadt, de certos grupelhos anarquizantes, dos ativistas letões, e depois, de uma parte das centenas de milhares de desertores já disseminados através de todo o país. Ademais, diversas conferências bolcheviques regionais, especialmente nos Urais, em Moscou e em Kharkov, adotavam resoluções bastante próximas das teses de abril. De retorno da América no dia 4 de maio, Lev Trótski, com seu grupo "Interdistricts" subordinava-se a Lênin; pouco depois, os atiradores letões, a futura tropa de elite do bolchevismo, escolhiam-no como chefe e guia espiritual[52]. Assim, em algumas semanas, ele havia revertido completamente a situação. Todavia, a tomada do poder parecia ainda bem distante, pois, no Soviete de Petrogrado assim como no Congresso Geral dos Sovietes, os bolcheviques formavam apenas uma pequena minoria[53].

Em todo o caso, abril de 1917 é marcado pela revelação da ideologia leninista ao povo russo, sobre o qual acaba por exercer uma sedução invencível. Sukhanov melhor que ninguém explica-lhe as razões:

> O desavergonhado esquerdismo de Lênin, seu radicalismo desenfreado, sua demagogia primitiva, que não era detida nem pela ciência nem pelo bom senso, asseguraram em seguida seu êxito junto às grandes massas proletárias e camponesas, que não tinham conhecido até então outra pedagogia que o cnute dos czares. Mas essas mesmas características do leninismo seduziram também os elementos mais atrasados do próprio Partido. Pouco depois da chegada de Lênin, foram colocados diante de uma alternativa: seja conservar os antigos princípios social-democratas e a ciência marxista, mas sem Lênin, sem as massas e sem o Partido, seja unir Lênin e o Partido para conquistar as massas, pondo de lado os princípios marxistas, nebulosos e mal conhecidos. Sabe-se qual foi a escolha.

Esse mês de abril viu também a volta, em Petrogrado, dos distúrbios de rua. Os manifestantes, soldados e operários, protes-

---

51. Quanto aos observadores estrangeiros, ver especialmente John Reed, *Dix jours qui ébranlèrent le monde* (1919), trad. fr. Paris, 1958, p. 247, e Pierre Pascal, *Mon Journal de Russie 1916-1918*, Lausanne, 1975, *passim*.

52. Cf. as "Lembranças" do general Vatsetis, *Pamiat n. 2*, Paris, 1979, pp. 24 e 79, nota.

53. Em junho de 1917, o Congresso Geral contava 285 social-revolucionários, 248 mencheviques, 139 diversos e 105 bolcheviques (cf. L. Shapiro, *The Communist Party of the Soviet Union*, p. 164, nota 5).

tavam contra os objetivos invocados para continuar a guerra, e que o governo provisório, onde Miliukov dirigia os Negócios Estrangeiros, se esforçava por manter intangíveis. Vaiavam-se, portanto, os ministros burgueses gritando "Abaixo a política de agressão!", "Abaixo Miliukov!", mas também, aparentemente sob a inspiração dos bolcheviques, "Todo o poder aos sovietes!" Houve alguns choques sangrentos, provocados tanto por associações patrióticas como por elementos de extrema direita, que começavam a levantar a cabeça. Miliukov e Gutchkov tiveram de se demitir; foram substituídos por ministros socialistas, dentre eles Viktor Tchernov, o dirigente dos social-revolucionários, e Hirakli Tseretelli, o presidente menchevique do Soviete de Petrogrado, enquanto Kerênski sucedia Gutchkov no Ministério da Guerra. A nova coalização traduzia, portanto, uma brusca e ampla virada à esquerda.

Ao mesmo tempo, a agitação crescia em todo o país, sob inúmeras formas. Nos campos, tratava-se, o mais das vezes, de iniciativas locais, sobre o modelo de 1905-1907. Uma vez mais, os camponeses repetiam o que reclamavam há várias gerações: a terra devia pertencer àqueles que a cultivavam, cada um só devia possuir a quantidade de terra suscetível de ser cultivada por ele mesmo, com a ajuda dos seus. Terra de Deus, terra do czar, terra da nação, pouco importava[54]. Surgiam comitês nas aldeias, que passavam à ação. O número das expropriações crescia de semana em semana, de modo que, após a tomada de poder, Lênin teve apenas de ratificar o que parecia, no essencial, uma situação de fato. Os emissários do governo ou os propagandistas dos partidos políticos esforçavam-se por coroar ou por canalizar o movimento, mas os aldeões raramente o levavam em conta. Tinham para tal boas razões, pois os controles e as taxações em vigor desde 1914, e de um modo geral, o antagonismo entre campo e cidade, eram doravante agravados por comitês de reabastecimento devidamente "proletários", vindos dos centros urbanos, que capinavam as regiões férteis do país.

Certamente, o elementar bom senso dos camponeses tornava-os receptivos aos argumentos em favor de uma paz imediata. Mas quanto ao resto, mostravam-se mais desconfiados que nunca. O historiador Marc Ferro observa a esse propósito que a mentalidade camponesa confundia, como outrora, o estudante e o revolucionário; e relata o seguinte caso:

---

54. Cf. M. Ferro, *op. cit.*, pp. 191-229.

"Diz aí", exclama um mujique dirigindo-se a um jovem militante que viera organizar listas eleitorais, "Você tem umas unhas bem compridas... Será que não é o Anticristo?" Os campônios dão um grito, assaltam o infeliz para ver se ele não tem rabo e se não está coberto de pêlos[55].

O episódio desenrola-se no verão de 1917, no governo de Tambov. Eis agora a crítica mordaz de um jovem camponês autodidata da região de Kaluga, que quis estudar pessoalmente, como adepto de Tolstói, os programas propostos pelos ideólogos vindos da cidade:

[...] Comecei a prestar atenção. Vi como todos os partidos, um superando o outro, prometiam extraordinários benefícios aos camponeses e aos operários, ao mesmo tempo que pregavam o ódio entre as outras classes. Primeiro, quis estudar os social-revolucionários, que clamavam mais alto seu amor pelos camponeses. Freqüentei então o antro deles, cheio de todo tipo de papel impresso: revistas, jornais, panfletos. Pedi que me emprestassem uns livros. É possível, me responderam, mas é preciso inscrever-se em nosso Partido. Mergulhei naquela literatura que exalava ódio, e logo me cansei. Mas ainda acreditava que havia outros benfeitores dos camponeses e dos operários, e fui à casa dos bolcheviques. De novo, pus-me a ler, e de novo me desiludi. Acabei por dizer a mim mesmo que aqueles partidos tinham fabricado para uso próprio camponeses e operários imaginários que celebravam em palavras, enquanto tratavam os seres de carne e osso do mesmo modo que o fazia o poder czarista, baseando-se na violência e na obediência incondicional às ordens dos mestres, ou dos salvadores e benfeitores que acreditavam ser.

Esclarecido desse modo sobre os verdadeiros motivos das novas propagandas revolucionárias, nosso Candide lembrou-se do ensinamento tolstoiano e, no fim do ano, aderiu a um pacífico grupo anarquista[56].

OS DIAS QUENTES DO VERÃO

Por que a Rússia permanecia engajada na guerra? O grande Max Weber escrevia, em abril de 1917, que as camadas russas dominantes, que, no conjunto, tinham permanecido as mesmas, receavam as reivindicações do campesinato, e se empenhavam,

---

55. *Idem*, p. 223. "Pelo fato de pessoas da cidade, já suspeitas, formarem um comitê para garantir seu reabastecimento e pretenderem inventariar as colheitas, um grupo de camponeses imagina o pior", escreve M. Ferro nesse contexto.

56. Cf. V. V. Ianov (1897-1971), "Breves Lembranças de Juventude", *Pamiat*, n. 2, Paris, 1979, pp. 96 e ss.

portanto, em manter no front seus elementos mais jovens e mais dinâmicos[57]. Atualmente, aprendemos a ver além desses esquemas. Para os dirigentes, de Miliukov a Tseretelli, tratava-se, primeiramente, de uma questão de honra, de fidelidade aos pactos passados com as democracias ocidentais, mas também de um combate contra o imperialismo germânico; e depois, os alemães tinham se aproximado de Riga e de Petrogrado, a Rússia sacrificara milhões de seus filhos, o ódio aos teutônicos permanecia vivo nos corações. Restava que o *Prikaz* número um e a instituição de comitês de soldados tinham arruinado toda disciplina. Sob o Ministério de Kerênski, que esperava recompor um exército revolucionário de soldados-cidadãos, os comitês tornaram-se praticamente obrigatórios. Companhia por companhia, eles discutiam as ordens de seus superiores e obedeciam ou não, enquanto os assassinatos dos generais e dos oficiais impopulares tornavam-se cada vez mais freqüentes. A patriota siberiana Maria Botchkareva, que no verão de 1917 criou um "batalhão feminino da morte", relata em suas lembranças como se opôs à formação de um comitê, e como Kerênski ameaçou mandá-la fuzilar por recusa de obediência[58].

Com efeito, desde o mês de abril, os alemães tinham cortado rente seu avanço, a fim de não despertar o ardor guerreiro russo. Kerênski e o estado-maior quiseram, ao contrário, reanimar o impulso nacional, lançando uma ofensiva. O "persuasor-chefe" (*glavno-ugovarivaiuchtchti*) iniciou uma grande giro pelo front, durante o qual sua eloqüência fez, ao que parece, prodígios[59]. Provavelmente, inspirava-se em Danton e em Lazare Carnot; mas neste século XX mecanizado, de guerras exterminadoras, os efeitos mágicos do Verbo só podiam ser efêmeros. A ofensiva, iniciada a 18 de junho e promissora durante alguns dias, terminou com uma derrota completa e definitiva. No mesmo dia, ocorreu em Petrogrado uma manifestação descrita por quase todos os historiadores da Revolução como o primeiro triunfo público dos bolcheviques, na capital. Os gritos ou os *slogans* inscritos nas bandeirolas eram característicos: "Abaixo a ofensiva!", "Abaixo os seis

57. Cf. L. Kochan, *Russia in Revolution*, p. 216.
58. Cf. M. Botchkareva, *Yashka, ma vie de soldat...*, Paris, s. d., pp. 135-136.
59. Cf. M. Ferro, t. I, pp. 372-384. Mesmo o velho bolchevique Nikolai Krylenko, líder dos estudantes em 1905, e que no verão de 1917 dirigia a assembléia dos soldados numa cidade próxima ao *front*, foi subjugado pela eloqüência de Kerênski, e desmanchou-se em lágrimas. (Em seguida, tornou-se o predecessor de Vychinsky, na qualidade de procurador-geral da União, na época de Stálin.)

ministros capitalistas!", "Viva a paz dos povos!", "Paz nas choupanas, guerra nos palácios!", "Todo o poder aos sovietes!" Mas o caso parece mais complexo do que comumente se acredita. Ele marca, especialmente, o início de uma campanha convergente contra os judeus, sintomática para a inquietação das classes proprietárias. Com efeito, o *Novoiê Vremia*, que se tornara o órgão oficioso da grande burguesia, que tomava a defesa dos oficiais russos expostos aos ultrajes e às sevícias dos soldados sovietizados, denunciava alusivamente os verdadeiros responsáveis, "os Nahamkes-Steklov, os Rosenfeld-Kamenev, os Bernstein-Zinoviev" (*sic*). E o *Groza*, o órgão semiclandestino da União do Povo Russo, distribuído sobretudo no exército, descrevia de outro modo esse dia 18 de junho, e falava uma linguagem ao mesmo tempo muito antiga e muito nova:

> Os trabalhadores e os soldados da capital passaram em revista suas forças durante a manifestação anticapitalista de 18 de junho, na intenção de pôr fim à guerra e substituir os ministros de origem burguesa e mercantil por ministros oriundos de seu próprio meio. Os judeus tentaram opor-se apoiando os capitalistas e reclamando o prosseguimento da guerra. Os operários e os soldados precipitaram-se sobre os judeus, moeram-nos de pancadas e rasgaram suas bandeiras[60].

Essa descrição continha, aliás, uma parcela de verdade, pois inúmeros jovens burgueses sobrestimavam da melhor forma possível os oficiais e outros patriotas russos...

Os dias seguintes foram marcados por diversos incidentes bastante graves. Os anarquistas ou anarco-bolcheviques, entrincheirados em Petrogrado na "villa Durnovo", efetuaram um reide na prisão onde estavam detidos seus militantes, e libertaram uma dúzia deles. O Iº Regimento de Artilharia, destinado a ser enviado à frente de batalha sob ameaça de dissolução, fez uma assembléia geral que decidiu dissolver o governo. E assim por diante. Entramos doravante numa zona bastante conturbada por provocações e lavagem cerebral. Os extremistas de direita aproximam-se com naturalidade dos bolcheviques extremistas, o tempo das conspirações retorna: ao lado das associações patrióticas quase oficiais (União dos Cavaleiros de São Jorge, União do Dever Militar etc.), formam-se sociedades secretas monarquistas. Segundo rumores, elas nutriam o projeto de libertar Nicolau II, em prisão domiciliar em seu palácio de Tsarskoie Selo. Mas militantes do lado oposto ou agentes provocadores têm projetos bem diferentes.

60. Cf. História do Anti-Semitismo, *op. cit.*, pp. 167-168.

O futuro próximo será pesado de conseqüências. Assim, no domingo de 3 de julho, enquanto Lênin tirava alguns dias de repouso nos arredores de Petrogrado, um imenso cortejo, composto sobretudo de soldados, dirigia-se ao Palácio da Táurida. Os líderes, anarquistas ou dirigentes bolcheviques de nível secundário, queriam levar a bom termo a decisão dos artilheiros, mandar prender os membros do governo, e forçar o Soviete a tomar o poder. Mas não conseguiram encontrar os ministros, reunidos em conselho na casa do príncipe Lvov. Uma vez chegado ao seu destino, o cortejo ouviu discursos contraditórios, aplaudiu Trótski, ovacionou os mencheviques e os social-revolucionários, e se dispersou para o descanso da noite. Imediatamente avisado, Lênin voltava no dia seguinte de manhã e se apressava a frear o movimento, enquanto o cortejo se refazia. Os bolcheviques fizeram o possível para convencê-lo a renunciar à violência, pois a hora da tomada do poder ainda não chegara. Horas depois, houve um confronto sangrento entre as tropas fiéis ao governo e os manifestantes; o número de vítimas elevou-se a várias centenas. Segundo o testemunho de Trótski, no dia seguinte, 5 de julho, Lênin temia o pior: "vão fuzilar todos nós", dizia, "é o melhor momento para eles"[61].

Com efeito, o governo resolveu esmagar os bolcheviques. Para começar, fez anunciar pela grande imprensa que Lênin era um agente alemão, o que mudou o humor inconstante dos soldados e dos proletários. As prisões se multiplicaram; foi a "caça aos bolcheviques". Perquirições no Palácio Kchessinski e na Villa Durnovo tiveram resultados surpreendentes. Descobiram-se especialmente estoques de literatura anti-semita e mapas rasgados da União do Povo Russo[62].

Uma coisa puxa a outra, e patenteou-se que os ex-unionistas tinham se reagrupado, sob o nome de Santa Rússia, numa organização clandestina, financiada por Jamsaran Badmaiev. Ela agia na difusão do *Groza* e recomendava a seus membros que se inscrevessem no partido bolchevique[63]. Houve outras tentativas desse tipo: foi assim que um grupo de jornalistas Cem-Negros invadiu, no fim de julho, a redação do *Pravda*, para oferecer-lhe sua colaboração. "A aliança dos leninistas e desses 'bandos negros' se confirma", escrevia a esse respeito a testemunha francesa Pierre

---

61. Cf. Ferro, t. II, pp. 38-47; e Heller e Nekrich, *op. cit.*, p. 26.

62. *Novoiê Vremia* de 22 de julho, "Docúmentos e Lênin e Companhia" (cf. História do Anti-Semitismo, *loc. cit.*).

63. *Russkaia Volia* de 19 de julho, "Descoberta de uma Organização Revolucionária" (cf. *ibid.*).

Pascal[64]. Esse "entrismo" dos extremistas de direita no partido de Lênin se ampliará aliás, por razões diversas, após o golpe de Estado de outubro[65]. Quanto ao "médico tibetano", ele projetava, ademais, de comum acordo com outros ativistas, publicar seu jornal intitulado *O Socialista*[66]. É evidente que todos esses desígnios foram reduzidos a nada, e que no dia seguinte à vitória de Lênin, ele mesmo e seu grupo tiveram de sumir.

Entretanto, desde o dia 4 de julho, o governo decidia agir. Após prender os principais dirigentes bolcheviques (com exceção de Lênin e de Zinoviev, que se apressaram a correr para a Finlândia), instaurou um processo judicial, baseado essencialmente em dados reunidos pelo serviço de contra-espionagem. O ato de acusação, divulgado a 22 de julho, inculpava por cumplicidade com o inimigo os cidadãos Ulianov-Lênin, Ovsei Herch-Aronov, Apfelbaum-Zinoviev (sic), Helphand-Parvus, Furstenberg e Koslóvski, assim como as senhoras Kollontai e Surenson: seguiam-se quatro nomes autenticamente russos. Esse ato, de que, como é de se imaginar, os jornais mal intencionados conseguiram tirar partido, continha uma nota lamentável: o cidadão Ovsei Herch-Aronov era uma personagem imaginária; seu nome era, de fato, a judaização de V. A. Antonov-Ovseenko, perito militar dos bolcheviques. Essa nota falsa, única no gênero, foi o sinal anunciador de grandiosas ações desmoralizadoras policiais, logo retomadas, com a ajuda dos laços fraternos atados em 1914, pelos serviços de informação das democracias ocidentais.

Entretanto, o braço da justiça foi rapidamente reduzido à impotência, por duas razões principais. De um lado, era evidente para todos os espíritos sensatos que Lênin, quaisquer que fossem seus patrocinadores, não podia ser um "agente alemão"; de outro, a solidariedade socialista, diante do aumento das ameaças reacionárias, funcionou plenamente: os mencheviques especialmente tomaram a defesa dos indiciados. Uma comissão de investigação para a reabilitação de Lênin foi constituída, mas, como

---

64. Cf. P. Pascal, *Mon journal de Russie (1916-1918)*, Lausanne, 1975, p. 175 (a nota em questão é datada de 29 de julho). Na época, o grande eslavizante fazia parte de uma missão militar francesa na Rússia.

65. Esse fenômeno tornou-se em seguida objeto de freqüentes denúncias. O próprio Lênin não parava de fulminar contra "os guardas brancos e outros canalhas" que tinham se insinuado entre os bolcheviques. É claro que, durante anos pré-stalinianos, esses trânsfugas eram prioritariamente procurados, quando dos expurgos periódicos do Partido. Mas esse zelo contínuo indica que uma certa proporção conseguia passar através das malhas da rede.

66. Cf. História do Anti-Semitismo, *loc. cit.*

nos informa o malicioso Sukhanov, verificou-se que ela era composta por cinco judeus[67], e pensou-se em constituir uma outra – que não se reuniu, pois, em agosto, às vésperas do golpe de Estado do general Kornilov, todos os culpados foram anistiados[68].

Uma outra conseqüência, esta imediata, das "jornadas de julho", foi o remanejamento do governo. A nova equipe era dirigida por Kerênski, que sucedia ao displicente príncipe Lvov na presidência do Conselho, conservando ao mesmo tempo o Ministério da Guerra. Ela foi ampliada tanto à esquerda como à direita. De um lado, o menchevique Tseretelli encarregava-se do Ministério do Interior, enquanto o célebre social-revolucionário Savinkov tornava-se o vice-ministro da Guerra. Por outro lado, certas pastas foram confiadas a moderados, especialmente ao grande industrial Terechtchenko e ao procurador do Santo Sínodo Kartachev. Durante algumas semanas, esse gabinete, de União nacional, e sobretudo seu chefe, gozaram de imensa popularidade, através de todo o país.

Para começar, Kerênski tomou duas decisões destinadas a impressionar as imaginações. A sede do governo foi instalada no Palácio de Inverno, provavelmente para sublinhar a majestade do poder (mas logo correu o rumor de que o "ditador" dormia na cama de Nicolau II...). O czar deposto e sua família foram relegados à Sibéria (em Tobolsk, a cidade de Rasputin: que símbolo!)[69]. Ao mesmo tempo, por precaução, os jornais e outros órgãos de propaganda bolchevique, cujo número não parava de aumentar, foram proibidos; o Soviete de Petrogrado foi transferido do Palácio da Táurida, situado no centro da cidade, para o Instituto Smolny, pouco acessível aos cortejos revolucionários.

Além disso, Kerênski decidiu, sem esperar, convocar em Moscou uma "assembléia de Estado", reunindo personalidades que refletissem todos os setores da opinião pública. Ela começou a se instalar a 12 de agosto, e acabou por contar mais de dois mil participantes de todos os horizontes: generais ou sindicalistas, pa-

---

67. O que se explicava sobretudo pelo fato de que, na época, a maioria dos dirigentes mencheviques era de origem judia.

68. Cf. Melgunov, *Zoloti Kliutch bolchevisma*, pp. 124 e ss.; Sukhanov ed. cit., pp. 233-234. Sobre o caso Kornilov, ver mais adiante.

69. As interpretações da escolha de Tobolsk foram múltiplas. Nos meios favoráveis ao imperador deposto, acusava-se Kerênski de querer dar satisfação à vindita popular. Muito mais difundida era a idéia de que se tratava de opor-se à propaganda pró-monarquista; ou ainda, de contentar desse modo inúmeros espíritos de diversas investiduras. O próprio Kerênski não deu qualquer explicação (cf. S. P. Melgunov, *Sudba imperatora Nikolai vtorogo posliê otretchenia*, Paris, 1951, p. 192).

dres ou ex-terroristas, magnatas das finanças ou representantes dos camponeses e das populações alógenas. Só os bolcheviques brilhavam por sua ausência: o Comitê Central do Partido denunciara essa conspiração contra "os operários ameaçados pelos *lock-out* e pelo desemprego, contra os camponeses 'privados' de suas terras, contra os soldados despojados das liberdades obtidas durante as jornadas da revolução".

Entrementes, a situação se agravara: a economia periclitava, o valor do dinheiro não parava de diminuir, as greves recomeçavam, os patrões replicavam por *lock-out* – fornecendo um argumento de primeira à propaganda bolchevique. Como resultado, os complôs contra-revolucionários inspirados por grandes burgueses ou por oficiais se multiplicaram, e enquanto as massas urbanas, decepcionadas e famintas, voltavam-se para a esquerda, o governo e os dirigentes mencheviques e social-revolucionários viravam no sentido oposto. Quando se abriu a conferência de Estado, os bolcheviques conseguiram provocar em Moscou uma greve geral de dois dias, de modo que ela teve de se reunir à luz de velas. No final das contas, ela resultou numa justa entre o general Kornilov, novo comandante-chefe, que reclamava a militarização das ferrovias e das fábricas de armamentos, e Kerênski, obrigado nessas condições a se fazer o paladino da esquerda. Kornilov e seus inspiradores tiraram suas conclusões: a 26 de agosto, no dia seguinte ao encerramento da conferência, eles tentavam um golpe de Estado.

Os conspiradores tinham decidido tomar Petrogrado, onde podiam contar com a ajuda de diversas organizações patrióticas, autorizadas ou clandestinas. Kornilov enviou suas tropas mais seguras, especialmente a "divisão selvagem", composta de caucasianos e de tártaros. Mas a expedição não atingiu seu objetivo, tal como a do general Ivanov, seis meses antes. Em Luga, a cem quilômetros da capital, os ferroviários, devidamente avisados, tinham desmontado os trilhos. Os soldados desceram dos vagões e foram passear pela cidade, onde foram abordados por militantes bolcheviques, que os persuadiram de que seus oficiais eram traidores, e incitaram toda a tropa, incluindo a divisão selvagem, a se rebelar. O general Krymov, adjunto de Kornilov, que a comandava, suicidou-se no local. A rígida disciplina do Partido e seu serviço de informações tinham funcionado às mil maravilhas.

O NEGRO MÊS DE SETEMBRO

As conseqüências da jornada de 27 de agosto foram imediatas – e trágicas. O horror da *contra-revolução*, sinônimo efêmero de *czarismo*[70], apertava quase todos os corações russos, da maior parte da *intelligentsia* e da burguesia[71] ao conjunto dos militantes de esquerda, seguidos, se não precedidos, pelas massas proletárias e camponesas. No espaço de uma noite, Kerênski perdia seus principais apoios políticos. Os ministros moderados se demitiram; o estado-maior retirou-lhe sua confiança, tanto mais desesperado porque os alemães, julgando aparentemente que Kornilov ia ter êxito e retomar o controle do exército, lançavam uma ofensiva preventiva, tomavam Riga e abriam desse modo o caminho para Petrogrado.

No campo oposto, os proscritos de ontem cantavam vitória; desde os primeiros dias de setembro, os bolcheviques obtinham a maioria nos sovietes de Petrogrado e de Moscou, que se transformavam em "fortalezas proletárias"[72]. As massas populares tomavam muitas vezes a iniciativa. Os incidentes significativos e por vezes sangrentos multiplicavam-se através do país, e inicialmente na região de Petrogrado. Em Tsarskoie Selo, a população saqueou o palácio de Nicolau II, desabitado desde a partida da família imperial; em Gatchina, o comitê militar prendia o grão-duque Mikhail; em Kronstadt e em Helsinki, oficiais eram novamente massacrados. De conseqüências mais graves foi a decisão dos comitês das fábricas da capital de armar os operários, aos quais puderam distribuir mais de vinte mil fuzis.

No que concerne aos dirigentes bolcheviques, Trótski, preso em julho, e cooptado pelo Comitê Central *in absentiam*, era liberado no dia 4 de setembro; Lênin, em seu refúgio na Finlândia, saltitava de impaciência, sem saber que decisão tomar. Sua primeira intenção foi concluir um compromisso com a ala esquerda de uma "Conferência Democrática" convocada por Kerênski[73].

70. Sobre a rejeição do czarismo na época, cf. *La fin du tsarisme*, pp. 218-226; e especialmente (p. 225) a carta do grão-duque Nikolai Mikhailovitch a seu amigo Fr. Masson: "Se você pensa que, apesar do charivari atual, alguém na Rússia desejaria a volta do imperador Nicolau ou mesmo de seu irmão Miguel, isso seria pura ilusão" (carta de 22 de setembro).

71. A esse respeito, posso invocar meu próprio testemunho. Com sete anos de idade nessa época, lembro-me da emoção de minha família, que residia numa estação de veraneio próxima de Petrogrado, quando do anúncio de uma contra-revolução. Mas como eu ignorava o sentido dessa palavra, concluí que haviam instalado em Petrogrado a "sucursal da Revolução" (cf. minhas *Mémoires...*, Paris, 1981, pp. 23-24).

72. Cf. M. Ferro, *op. cit.*, t. II, p. 91.

73. Cf. V. I. Startsev, "Sobre Alguns Escritos de Lênin..." em *Lenin v Oktiabriê...*, Leningrado, 1970, pp. 28 e ss.

Foi apenas na manhã de 13 de setembro[74] que tomou a decisão histórica de *"mudar a face do mundo"*. Precisava ainda obter a concordância de seus colegas do Comitê Central, onde só podia contar firmemente com Trótski e algumas figuras menores. Com essa finalidade, redigiu sua carta: *Os Bolcheviques Devem Tomar o Poder*.

> *Deviam fazê-lo* [escrevia ele] pois o governo provisório é incapaz de impedir a rendição de Petrogrado, diante dos exércitos do cáiser. [...] E *podiam*, pois a maioria revolucionária do povo das duas capitais bastava para arrastar as massas, para vencer a resistência do adversário, para aniquilá-lo. [...] Propondo imediatamente uma paz democrática, dando logo a terra aos camponeses, restabelecendo as instituições e as liberdades democráticas, os bolcheviques formariam um governo que ninguém derrubaria[75].

Ao mesmo tempo, Lênin enviava a seus colegas, sob promessa de segredo, uma outra carta, redigida num tom muito diferente. As injúrias derretiam sob sua pluma, as mesmas que ele dirigia publicamente a seus adversários mencheviques.

> Sereis traidores e miseráveis [escrevia notadamente] se não enviardes o grupo bolchevique às fábricas, para cercar a Conferência Democrática e colocar toda essa gentalha na prisão.

Os destinatários decidiram, por maioria de votos, queimar imediatamente aquela missiva histérica – e comprometedora. Assim começavam, no seio do Comitê Central, três semanas após o golpe de Kornilov, as manobras secretas que, no espaço de um mês, iam terminar com a vitória de Lênin.

Kerênski, por sua vez, continuava a governar assistido por uma equipe profundamente remanejada, pois, na nova conjuntura, era importante conciliar a direita moderada: os Cadetes. Na Rússia, daí em diante, reinava uma anarquia que piorava semana a semana; as autoridades locais ou regionais eram escarnecidas em todas as províncias. No exército, o número dos desertores aproximava-se de dois milhões no fim de setembro; ao mesmo tempo, quarenta mil oficiais se demitiam, não querendo mais servir sob Kerênski. Quanto ao resto, pilhagens, assaltos a mão armada e incêndios devastavam o país, amiúde agravados por uma onda de anti-semitismo popular. Outra praga, esta tipicamente

---

74. Esta data, assim como todas aquelas que se referem às atividades de Lênin, são aproximadas, por razões explicadas em Startsev, *loc. cit.*

75. Cf. Ferro, *op. cit.*, t. II, p. 388.

russa: os reides às lojas ou depósitos de bebidas. Uma vez embriagados, os saqueadores entregavam-se aos piores excessos, arrombavam às casas particulares ou os edifícios públicos, quebravam os móveis, acendiam fogueiras e cometiam os crimes mais abomináveis, de modo que o alto-comando da região de Moscou teve de publicar uma ordem do dia, a fim de chamar à razão os soldados que participavam desses *pogroms*[76]. É evidente que todas essas desgraças eram atribuídas pela população ao novo governo, odiado sobretudo pelos extremistas dos dois lados, os bolcheviques e os ex-monarquistas. Nos muros de Petrogrado, lia-se: "Abaixo o judeu Kerênski, viva Trótski!"[77] O corpo dos pajens[78] exprimia um sentimento análogo, votando pelo partido de Lênin.

Entretanto, Kerênski não permanecia inativo. Dispunha ainda de inúmeros apoios políticos: podia contar especialmente com os mencheviques, os social-revolucionários e os populistas, assim como com uma minoria de cadetes. Estes detinham no novo gabinete dois postos chaves: o industrial Terechtchenko era encarregado dos Negócios Estrangeiros, enquanto o general Verchkóvski, um antigo anarquista[79], substituía Savinkov no Ministério da Guerra.

Desde 1º de setembro, Kerênski tomava três decisões capitais. Rompendo com o modo "provisório" de governo, ele proclamava uma *República russa*, anunciava o estabelecimento de um Parlamento, e suprimia as instituições herdadas do regime czarista, tais como a Duma e o Conselho de Estado. No mesmo dia, fixava para 25 de novembro a data das eleições para a Assembléia Constituinte, as quais, como devemos estar lembrados, só eram previstas por seus predecessores para um futuro indeterminado, posteriormente ao fim das hostilidades. Enfim, fixava para 14 de setembro a abertura da Conferência Democrática, na qual deviam participar todos os partidos, incluindo o de Lênin. Essa conferência reuniu mil e quinhentos participantes, e resultou na

---

76. Cf. *Russkia Viedomosti*, 17 de setembro, "Ordem do dia do comando do exército acerca dos *pogroms*". Esse *prikaze* descrevia os excessos acima descritos e denunciava seus instigadores criminosos (antigos forçados e outros personagens sem eira nem beira, e mesmo agentes alemães). O *prikaze* introduzia o estado de sítio nos governos de Orel, Tambov e Koslov.

77. Cf. Ferro, *op. cit.*, t. II, p. 385 (encontro com Kerênski).

78. Cf. P. Pascal, *Mon Journal de Russie 1916-1918*, Lausanne, 1975, p. 214. O corpo dos pajens, reservado sob o regime czarista aos aristocratas, foi rebatizado como Escola dos Alunos Oficiais.

79. Verchkóvski fora excluído em 1905 do corpo dos pajens, em razão de suas tendências anarquistas (cf. *La fin du tsarisme*, p. 181).

criação de um "pré-Parlamento", que os bolcheviques deixaram no início de outubro.

Vê-se que o "persuasor-chefe" sabia ver rápido e grande. Mas na dramática conjuntura daqueles dias, face à irresistível ascensão dos bolcheviques, à qual se juntava a pressão militar alemã, que incitava certos ministros a encarar a evacuação de Petrogrado, as cizânias logo se multiplicaram no seio do governo. Giravam sobretudo em torno da conclusão de um armistício, o grande problema do momento. O clã pacifista era representado por Terechtchenko, que tentava convencer os aliados de que a Rússia não tinha outra saída a não ser a cessação das hostilidades, e sobretudo por Verchkóvski, aterrorizado pela bolchevização rápida do exército.

Essa era também a principal preocupação do próprio Kerênski. Ele retomou suas visitas ao front, mas a magia de seu verbo já não arrastava as tropas; os soldados não queriam mais lutar, só pensavam em voltar o mais rápido possível para casa. Quanto à guarnição de Petrogrado, espantada com as lutas que não entendia absolutamente, ela se inclinava cada vez mais pela *neutralidade*, uma palavra de ordem ditada pelo bom senso popular.

No final das contas, a 25 de setembro, Kerênski decidiu reformar uma última vez seu governo. Deixou saírem Tseretelli e Tchernov, mas recrutou o menchevique independente Skobelev e o cadete Konovalov, este último na qualidade de vice-presidente. De fato, esta última virada à direita não mudou nada no curso das coisas: a nova equipe mostrou-se tão impotente e tão desunida quanto a precedente, tanto mais que um conflito surgiu no seio dos social-revolucionários, uma minoria dos quais, os "social-revolucionários de esquerda", começou a se aproximar dos bolcheviques.

No campo oposto, 25 de setembro é igualmente uma data memorável, pois, nesse dia, Trótski foi eleito presidente do Soviete de Petrogrado. Desde então, Lênin e ele dividiram a tarefa de preparar o golpe de Estado. Os dois homens se completavam à perfeição, um adepto da estratégia da conspiração, o outro, da ação direta. Trótski, que ia dirigir as operações militares, era um demagogo de carisma irresistível, cuja popularidade crescia dia a dia; Lênin, em seu refúgio na Finlândia, assumia a direção política, bombardeando o Comitê Central de instruções adaptadas à conjuntura do momento, e conseguindo sempre reduzir todas as resistências e varrer as objeções.

Comecemos por Trótski, o porta-voz oficial do Partido que, deixando o pré-Parlamento, "inaugurava o primeiro ato da Revolução de Outubro" (Marc Ferro). Ele proclamava que a política estrangeira do governo era criminosa e, multiplicando as provocações, acusava-o de querer entregar Petrogrado aos alemães:

[...] a idéia de uma rendição da capital da Revolução não desperta a mínima indignação nas classes burguesas. Ao contrário, ela é aceita como a trama de uma política que deve facilitar a contra-revolução. [...] o governo provisório, sob as ordens dos contra-revolucionários e dos imperialistas aliados, prolonga sem razão esta guerra devastadora. Ele prepara a rendição de Petrogrado e o fracasso da Revolução...

Terminada esta filípica, todos os bolcheviques levantaram-se e deixaram a sessão.

Mas Trótski, o demagogo, sabia também ser um organizador prudente. Desde que assumira suas funções, preocupou-se com a proteção externa do "Smolny", assegurada até então por jovens guardas-vermelhos que ele substituiu por um destacamento de elite de atiradores letões. Foi assim que estreou a formação dos "janízaros do regime bolchevique"; são esses homens, "disciplinados e duros que, crescendo em número, guardarão o Krêmlin e se tornarão a ponta-de-lança do Exército Vermelho..."[80]

Voltemos agora a Lênin. É em vão que os fiéis que o visitavam em seu refúgio, especialmente peritos militares, o alertavam contra uma insurreição prematura. Instruções secretas, artigos incendiários seguiam-se dia após dia. Assim como este apelo de 15 de setembro:

[...] Todas as condições objetivas de uma insurreição coroada de êxito estão reunidas. Temos a vantagem excepcional de uma situação [...] em que *apenas* nossa vitória na insurreição dará a terra ao campesinato; em que *apenas* nossa vitória na insurreição fará com que fracassem as manobras de paz em separado contra a Revolução...[81]

Vê-se que o "agente alemão", seguido nesse ponto unanimemente por seu partido, transformara-se da noite para o dia em "defensista", fundando-se no visceral patriotismo russo, e especialmente ligando a ele inúmeros oficiais e soldados. "Os bolcheviques arrastaram-se para o poder cobrindo-se com a bandeira da

---

80. Cf. a coletânea de escritos dos antigos atiradores letões, *Latychskiê strielky v bor'biê za sovietskoyu vlast' v 1917-1920 godakh*, Riga, 1962, pp. 43-47. O antigo comandante do Krêmlin, Mal'kov, pergunta-se quem (Djerjinski? Sverdlov? o próprio Lênin?) teve a idéia de mandar os atiradores letões guardarem o Smolny. É evidente que não podia indicar o nome do presidente do Soviete.

81. Lênin, *Oeuvres*, t. XXVI, p. 16 ("O Marxismo e a Insurreição").

defesa nacional", comentava o coronel Obrutchev, um antigo populista[82].

Dentre os outros escritos daquele período, é importante destacar um aditamento secreto ao artigo "A Crise Está Madura"[83]. Os argumentos permanecem ali os mesmos, só as últimas linhas importam, pois Lênin, que ficara furibundo com a má vontade de seus companheiros, lamenta-se e... ameaça demitir-se.

Elas nos esclarecem, portanto, sobre as tensões reinantes no Comitê Central, onde uma maioria, arrastada por Kamenev e Zinoviev, aproveitando-se da ausência de seu chefe, lhe parece tomar o caminho de uma rebelião aberta.

[...] Não tomar o poder agora [escreve ele nesse aditamento] é *causar a perda* da Revolução. Tendo *mesmo* o Comitê Central deixado sem resposta minhas instâncias a esse respeito, e como o órgão central [*Rabotchi Pout'*] risca nos artigos as indicações que eu dou sobre os erros gritantes dos bolcheviques, [...] vejo-me forçado a ver nisso uma alusão "delicada" ao amordaçamento e ao convite para que eu me retire.

Devo *apresentar meu pedido de demissão do Comitê Central*, o que faço, reservando-me fazer propaganda *nas fileiras* do Partido e no Congresso do Partido. [Fixado para 25 ou 26 de outubro]

Parece que essa ameaça não foi levada a sério. Segundo as lembranças de Bukharin, publicadas em 1921, essa "carta estava escrita num tom muito resoluto e nos ameaçava com todos os tipos de sanções. Estávamos todos estupefatos [...] O Comitê Central decidiu por unanimidade queimá-la". E passaram à ordem do dia[84].

Foi com esse episódio tragicômico que se encerrou, no quartel-general dos bolcheviques, o mês de setembro.

O GOLPE DE ESTADO

Assim, em outubro, Lênin ainda não conseguira impor sua vontade a seu partido. Não tardou a fazê-lo; a partida travou-se em seguida entre ele e "o governo da República", isto é, Kerênski. Os dois homens tinham nascido na mesma cidade de Simbirsk; tinham também em comum uma identificação total com a causa; pois Kerênski também, como vimos, estava conven-

---
82. Citado por Melgunov, *op. cit.*, p. 68.
83. Esse artigo foi publicado a 7 de outubro no *Rabotchi Pout* (cf. *Oeuvres*, t. XXVI, pp. 68-76).
84. Cf. Michel Heller, *L'utopie au pouvoir*, p. 39.

cido de encarnar a Revolução: a de fevereiro, evidentemente, generosa e pacífica...

Falamos bastante de Lênin; detenhamo-nos na tragédia de seu antagonista.

Historicamente, essa tragédia estava enraizada naquela da *intelligentsia* russa. Lembremo-nos dos *santos leigos* e de sua progenitura, daqueles estudantes que "iam ao encontro do povo"; pensemos nas ilusões pueris, em sua fé na bondade natural dos camponeses, assim como nos adeptos da violência, naqueles terroristas social-revolucionários e outros, que sacudiram a autocracia pelas bases. Nascido em 1881, Kerênski foi um filho daquela geração. Sua carreira de jovem rebelde foi clássica: estudante, quis se inscrever na organização de combate dos social-revolucionários, mas parece que não tinha o temperamento de um verdadeiro terrorista. Escolheu então o ofício de advogado, consagrando-se de preferência às causas políticas; chegou a fazer a defesa de trabalhadores grevistas ou de marinheiros insurretos. Sua extraordinária eloqüência assegurou-lhe notoriedade e uma rápida promoção: em 1912, foi eleito deputado na lista populista da Quarta Duma[85].

Veio a Revolução de fevereiro, e a tragédia coletiva do governo provisório. Antes de fazer parte dele na qualidade de ministro da Justiça, Kerênski distinguiu-se no Palácio da Táurida protegendo "seus próprios carrascos", os policiais ou os ministros trazidos pela multidão: "a Revolução não derrama sangue". Não sei se foi a esse incorrigível frasista que se deveu a decisão de não constituir uma polícia política que substituiria a Okhrana, de sinistra memória. Desde o início, esse governo estava desarmado...

Kerênski, em todo caso, partilhava com quase todos os homens de fevereiro um defeito imperdoável num homem político: a inexperiência nos negócios de Estado, que, agravada pelo irrealismo tradicional da *intelligentsia* russa, resultou nos catastróficos acontecimentos do verão de 1917.

Eis-nos portanto às vésperas das jornadas decisivas. Para os partidos de esquerda, sobretudo os mencheviques, o dilema é o seguinte: a paz ou Lênin; e eles encontram eco no seio do governo. A confusão reina tanto que os jornais bolcheviques podem publicar com toda a liberdade os apelos de Lênin à insurreição. A burguesia fica inquieta; os embaixadores aliados pedem esclarecimentos; a esquerda, escaldada pelo golpe de Kornilov, só vê, naturalmente, o perigo de direita. Em contrapartida, certos minis-

---

85. Cf. J. Baynac, *Les socialistes-revolutionnaires*, pp. 283-285.

tros burgueses chegam até a desejar a insurreição, convencidos de que será reprimida rapidamente, como em julho. Mas a debandada começa. Sinal característico, a onda de *pogroms* através do país se amplia a tal ponto que uma delegação judia pede ao governo autorização para formar destacamentos de autodefesa[86].

Entretanto, no Comitê Central, nada está ainda acertado. A 3 de outubro, este pede a Lênin para vir a Petrogrado, para estabelecer com ele um contato direto e permanente. Depois de ter, por uma última vez, insistido na necessidade de mobilizar as massas e frustar os complôs (todos os complôs: o de Kerênski-Kornilov--Rozianko, o dos imperialistas anglo-franco-alemães[87] [!] etc.), Lênin toma sua decisão e, sob um disfarce improvisado, dirige-se à capital. É a 10 de outubro que acontece a conferência capital, ao término da qual o Comitê, decidindo por maioria de votos (10 contra 2, o dos temporizadores Kamenev e Zinoviev) que chegara o momento da insurreição, elege uma mesa de sete membros para garantir sua direção política. No mesmo dia, Trótski é encarregado da supervisão de um Comitê Militar Revolucionário (CMR), dirigido por Antonov-Ovseenko. Mas nada parece definitivamente acertado, pois, no dia 18, os dois oponentes protestam publicamente, na *Novoia Jisn* de Górki, contra uma decisão que qualificam de catastrófica.

Diante disso, a incúria é espantosa, o poder não dá nenhuma importância a essas discussões; Kerênski assegura que é inútil fazer virem as tropas do front; ele sabe que Lênin está em Petrogrado, mas nada é tentado contra ele. As exortações cada vez mais numerosas em favor de uma paz em separado permanecem sem efeito, a despeito das lamentáveis disposições dos soldados. Na capital, a maior parte tinha daí em diante optado pela neutralidade, mas suas simpatias difusas vão para o CMR, que dispõe de uma vintena de milhares de guardas vermelhos, indisciplinados mas fanáticos. Face a isso, o estado-maior, comandado pelo coronel Polkovnikov, julga que pode contar com algumas centúrias de cossacos, assim como com uma dezena de milhares de oficiais e de alunos-oficiais. Os efeitos parecem, portanto, equilibrados.

---

86. Cf. *Russkoieê Slovo*, 4.10.1917, "Uma Delegação Judia à Casa de A. Konovalov e N. Tchkheidzê".

87. Cf. *Carta à Conferência de Petrogrado, Documento Interno* (t. XXVI, pp. 44-147). Lênin retornava ali por duas vezes à idéia do conluio anglo-alemão, falando do complô dos "capitalistas anglo-franceses para entregar Petrogrado aos alemães", e dos rumores de "uma paz em separado entre a Inglaterra e a Alemanha às custas da Rússia".

A insubordinação de Kamenev e de Zinoviev logo reprimida, só resta ao campo de Lênin fixar a data precisa da insurreição e acertar uma tática. Do lado de Kerênski, em contrapartida, o tumulto é completo. Verchkóvski, que prega num tom desesperado em favor da paz imediata e suplica ao governo que se mostre forte, é suspeito por todos os lados; para os cadetes, ele faz o jogo dos bolcheviques; no círculo de Kerênski, pergunta-se se aquele militar de carreira não aspira à ditadura por interesse próprio[88].

Nesse clima, que mobiliza fracamente a massa da população e os soldados "neutros", um vento de pânico começa a soprar na alta sociedade. O sinal parece ter sido dado pelos estrangeiros residentes em Petrogrado, especialmente os franceses e ingleses, aos quais os embaixadores aconselham que deixem um país dominado pela anarquia. O exemplo é seguido por suas relações aristocráticas, por "tudo o que é sociedade, altas finanças, burguesia abastada etc."[89], que viajam para o sul da França ou para os países escandinavos. Outros ainda esperam que os alemães virão colocar ordem na capital. Mas a maior parte, enojada ou horrorizada com o confronto inevitável, permanece imóvel à espera dos acontecimentos. O grosso da *intelligentsia* partilha essa atitude; tem por principal porta-voz Maksim Górki, velho amigo e admirador de Lênin, que nem por isso deixa de publicar na *Novoia Jisn*, o órgão dos social-revolucionários, um veemente artigo antibolchevique intitulado "Não se Pode mais Calar-se" (18 de outubro). Ele espera, ou finge esperar, que os distúrbios iminentes serão uma repetição das "jornadas de julho". "Uma multidão ignorante", escreve ele, "que não sabe muito bem o que quer, sairá às ruas e, abrigando-se atrás dela, aventureiros, ladrões, assassinos profissionais, começarão a 'fazer a revolução russa'. " E conjura o Comitê Central a desmentir os projetos que lhe imputam, e a não tomar parte na "aventura projetada"[90].

Um novo passo é dado a 20 de outubro. Lênin, talvez avisado por sua irmã de que sua presença em Petrogrado é conhecida, corta todos os contatos com o Partido, abstendo-se até de lhe mandar suas instruções ou suas habituais exortações. A ação é portanto dirigida em sua ausência pelo Comitê Central e pelo

---

88. Ver, na obra principal de S. Melgunov, *Kak bolcheviki zakhvatili vlast* (subtítulo francês: "Coup d'État d'Octobre 1917"), Paris, 1953, o capítulo sobre « "Prétendant" (Kandidatt v Napoleony), pp. 57-67.

89. Cf. *La fin du tsarisme*, pp. 228 e 231.

90. Cf. M. Górki, *Pensées intempestives 1917-1919*, ed. Lausanne, 1974, pp 144-146.

CMR No mesmo dia, uma reunião dramática acontece no Conselho dos Ministros. Uma última vez, Verchkóvski reclama medidas de urgência, especialmente uma declaração que faça o exército e o povo compreenderem que o governo está firmemente decidido a pôr fim à guerra, e que não hesitará, se for preciso, em romper com os Aliados. Um incidente explode em seguida à sua intervenção, e ele deixa o gabinete. Não se sabe se ele apresenta sua demissão ou se é destituído, ele mesmo se contenta em anunciar que seus colegas julgam impossível divulgar as razões de sua partida. Kerênski atribui sua conduta à fadiga, e o faz jurar que deixará Petrogrado[91]. Na realidade, é Kerênski que está a um passo de adoecer, esgotado pela tensão nervosa, as noites em claro, a alternância cotidiana das esperanças e dos abandonos. Aparentemente, sua equanimidade permanece inteira: a todas as perguntas e a todas as acusações ele se contenta em responder que nada vai acontecer, que os bolcheviques não têm de forma alguma a intenção de iniciar uma insurreição. Talvez ele se encontre então numa espécie de sonambulismo. O fato é que, entre 20 e 23 de outubro, comete três erros de monta. Substitui pessoalmente Verchkóvski no Ministério da Guerra, outorgando-se o título de *Glavkoverkh* ("grande comandante supremo"), o que, nas circunstâncias dadas, só pode se prestar à zombaria. Rejeita em seguida a proposta do general Alekseiev, comandante-chefe do exército russo em 1915-1917 e dispensado em maio, de reunir sob suas ordens alguns milhares de oficiais espalhados por Petrogrado, para defender o governo provisório. Enfim, proíbe uma procissão religiosa cossaca, fixada para 22 de outubro, apesar de autorizar, no mesmo dia, uma manifestação pró-bolchevique. Essa discriminação fez transbordar o descontentamento cossaco, que aumentava dia a dia. E a trincheira mais segura e mais disciplinada do antibolchevismo declara-se, também, neutra[92].

E eis ainda uma diferença característica entre os dois protagonistas. Kerênski, mal informado sobre os preparativos dos adversários, passa a maior parte do dia 23 no Palácio de Inverno, onde anuncia ao pré-Parlamento (aliás, "Conselho da República") que está doravante decidido a concluir a paz e a "acabar com

---

91. Cf. Melgunov, *op. cit.*, pp. 64-65.

92. Os cossacos, que tinham prestado seu tradicional juramento de fidelidade ao governo provisório, censuravam a Kerênski seu enfeudamento na esquerda; um litígio particular girava em torno do caso de seu comandante (*ataman*), o general Kaledin, que fora destituído de seu posto. No dia 17 de outubro, Kerênski prometera a uma delegação cossaca restabelecê-lo em suas funções, mas tardava a cumprir essa promessa (cf. Melgunov, *op. cit.*, pp. 89-91).

a anarquia". Mas a esquerda majoritária continua a recear a "contra-revolução", e lhe recusa confiança; nessas condições, ele parte, no dia seguinte de manhã, para procurar hipotéticas tropas fiéis em Poskov, sede do estado-maior do exército do Norte. Lênin, em seu esconderijo, é admiravelmente informado por seus inúmeros agentes militantes de base, colocados nos lugares estratégicos, soldados de serviços de transmissão, contínuos ou empregados dos ministérios, servidores ou motoristas das notabilidades próximas do governo. Todos os dados assim recolhidos são triados no "escritório 75" do Smolny, dirigido por Feliks Dejerjinski. A *Tcheka* antes da *Tcheka*...

Os preparativos do golpe de Estado começam na tarde de 24 de outubro, às vésperas da reunião do II Congresso dos Sovietes. Grupos de guardas vermelhos barram o acesso a certos pontos, mas não atacam aqueles que são guardados por piquetes de alunos-oficiais. À noite, Lênin, informado não se sabe bem por quem, decide por conta própria sair de seu esconderijo e, com a maior naturalidade, dirige-se de bonde ao Smolny. Louco de impaciência, começa imediatamente a bombardear com bilhetinhos os responsáveis pelo CMR, ameaçando fuzilá-los se o assalto final fosse protelado. Na manhã do dia seguinte, outros grupos são enviados pelo CMR para ocupar as estações ferroviárias, as estações elétricas e os postos telegráficos. O Palácio de Inverno, no qual está reunido o governo, é completamente isolado do resto da cidade. Ao partir, Kerênski delegara suas funções de *glavkoverkh* a Kichkin, o Ministro da Segurança Social, assistido por dois militantes social-revolucionários, Paltchinski e Rutenberg. Para sua proteção, dispunham ao todo de mil e quinhentos alunos-oficiais e de um destacamento do "batalhão feminino da morte": cerca de dois mil combatentes no total.

O ataque ao Palácio de Inverno começou na quarta-feira, 25 de outubro, por volta das quatro horas da tarde[93]. Petrogrado conservava seu aspecto normal. Os jornais de todas as tendências apareciam como todos os dias, os telefones funcionavam, os bondes circulavam, as lojas estavam abertas, na Perspectiva Névski e nas outras grandes artérias a multidão era densa como de hábito. Os operários tinham se dirigido a seus locais de trabalho, e até a grande maioria dos guardas vermelhos, optando no último mo-

---

93. O que se segue, segundo Melgunov, pp. 119 e ss. ("O Cerco do Palácio de Inverno").

mento pela neutralidade, permaneceu diante de suas bancadas. Assim, na grande fábrica Putikov, onde o CMR julgava poder contar com mil e quinhentos combatentes, apenas noventa se reuniram a seus efetivos, compostos por um terço de marinheiros de Kronstadt, e quanto ao resto, por uma tropa heteróclita de guardas vermelhos e soldados; sete a oito mil homens ao todo começaram a ofensiva. Em suma, a confusão reinava entre os sitiantes assim como entre os sitiados.

Eis aqui uma descrição característica, devida a um coronel que permaneceu fiel a Kerênski:

Como todos os dias, um carro veio me pegar. Dirigi-me ao palácio com um mau pressentimento, mas não percebi nada de especial: a rua era aquela de todos os dias [...] não se percebia em parte alguma movimentos não habituais, tropas ou homens armados. Foi apenas nas proximidades do palácio que percebi uma agitação incomum. Ele apresentava um aspecto militarizado: todas as entradas e as saídas que davam para o Neva estavam guardadas por alunos-oficiais. Eles cochichavam, riam, passeavam ao longo das calçadas.

Encontra-se uma descrição semelhante sob a pena do jornalista francês Claude Anet (do *Petit Parisien*), falando de "garotos imberbes; é lamentável e comovente, esse desfile de moleques que querem ser heróicos".

Pode-se notar que, conforme os costumes ou preconceitos da época, os testemunhos não dão muita importância ao batalhão feminino que, em definitivo, parece ter se comportado melhor que aqueles "garotos imberbes". Pelo menos ele fornece a alguns cossacos, que observavam como basbaques os acontecimentos, a oportunidade de fazer gracejos fáceis: "Que se pode esperar de uma tropa composta de mulherzinhas (*babas*) e de judeus" – sendo estes, com efeito, muito numerosos entre os alunos-oficiais[94].

O ataque foi precedido por uma chamada com um tiro de pólvora seca dado pelo cruzador *Aurora* (que passou despercebido pelos defensores). Esse tiro serviu de sinal para um bombardeio ao palácio pela artilharia da Fortaleza de Pedro e Paulo, situada do outro lado do Neva, mas duas ou três balas apenas atingiram o alvo. Em seguida, grupos desordenados de marinheiros, soldados e guardas vermelhos, comandados por Antonov-Ovseenko, precipitaram-se ao ataque, mas foram, muitas vezes, rechaçados pelo fogo dos defensores. Nesse momento, alguém avisou

---

94. Cf. Trótski, *Histoire de la révolution russe*, ed. cit., p. 636. Mais acima (p. 568), Trótski testemunha o afluxo massivo dos jovens judeus às escolas de cadetes após a Revolução de Fevereiro.

por telefone (que não fora cortado...) que o general Alekseiev, que se encontrava no cerco do estado-maior, estava ameaçado de ser capturado pelo CMR O destacamento feminino decidiu ir em seu socorro; mas a informação era falsa; essas amazonas foram rapidamente desarmadas, e, contrariamente à lenda, tratadas com honra (houve apenas três estupros e um suicídio). De uma maneira geral, a fúria assassina foi acrescentada posteriormente pelos primeiros memorialistas, seguidos por cineastas; de um lado como do outro, procurava-se evitar derramamento de sangue. Pouco a pouco, uma parte dos cadetes, desmoralizados, foi autorizada a deixar o palácio; e quando os atacantes conseguiram penetrar ali, por uma entrada de serviço mal guardada, inúmeras discussões, grupo por grupo, iniciaram-se nas não menos inumeráveis salas do imenso palácio. Ambiente muito propício aos saques; e também aos episódios insólitos: assim é que um marujo quis apunhalar o ministro dos Cultos, Kartachev; um outro marinheiro interveio, salvou-lhe a vida, e iniciou com ele uma discussão teológica...

Enquanto se eternizavam essas parlamentações, os ministros não paravam de telefonar a seus amigos ou colegas, mas, como socorro, obtinham apenas encorajamentos ou votos de êxito. Cansado de lutar, o Ministro – cadete Konovalov comprometeu-se a assinar, pouco após a meia-noite, o ato de capitulação. Para concluir, pode-se dizer que a atitude de Antonov-Ovseenko foi humana e digna, e que os ministros, imediatamente conduzidos à Fortaleza Pedro e Paulo, sob os apupos da multidão, que ameaçava linchá-los, deram prova de uma coragem cívica acima de todos os elogios. Não se saberá jamais o número das perdas em vidas humanas: os historiadores soviéticos falam de uma dezena, e isso poderia ser exato. Mas do ponto de vista operacional, esse célebre caso, que suscitou uma hagiografia prodigiosa, foi sobretudo caracterizado pela "mediocridade da ação", como o observa um historiador francês[95].

Lênin, por sua vez, sabia desde as dez horas da manhã que tinha ganho a partida. No Congresso dos Sovietes, que se abriu no Smolny na hora fixada, a maioria (os mencheviques e os social-revolucionários de direita) apressara-se a deixar o local, e é diante de um auditório conquistado de antemão que ele pôde anunciar aos representantes dos "cidadãos da Rússia" seu triunfo

---

95. Dominique Venner, *Histoire de l'Armée rouge*, Paris, 1981, p. 117.

"A causa pela qual o povo combateu: proposta imediata de uma paz democrática, abandono da grande propriedade de terras, controle operário sobre a produção, criação de um governo soviético, esta causa está ganha"[96]. A discussão foi no entanto longa e tumultuada, tanto mais que foi preciso adaptar às circunstâncias novas os poderes exorbitantes do Partido, e ela só terminou tarde da noite, depois que, por uma proposta de Kamenev, a pena de morte foi suprimida[97]. Após o que, Lênin e Trótski, lado a lado, tiraram algumas horas de repouso, no próprio assoalho do Smolny. *"Es schwindelt..."* (minha cabeça está girando) teria dito o primeiro ao segundo, e lhe ofereceu a presidência do futuro governo bolchevique, em sua qualidade de grande vencedor do dia.

No dia seguinte começou a instauração do novo regime e a formação de seu governo, isto é, do soviete dos comissários do povo (*Sovnarkom*), chamado a governar o país até a reunião da Assembléia Constituinte: vê-se que a grande miragem de fevereiro tinha sido mantida. Esse governo era constituído apenas por bolcheviques. Tendo Trótski se apagado diante de Lênin, este se tornou presidente do novo soviete; por seu lado, aceitou os Negócios Estrangeiros, pois a negociação com os alemães era o grande problema do momento; Stálin foi encarregado do comissariado das "Nacionalidades". Estes serão os três grandes comissários inamovíveis (com exceção de Trótski, que, após a assinatura do Tratado de Brest-Litovsk, se tornará o comissário da Guerra); quanto aos outros, demitiram-se quase todos antes do fim do ano, chocados com os excessos do terror. E um dos primeiros decretos assinados imediatamente, que reatava com os tempos czarianos, restringindo a liberdade de imprensa, pressagia também um futuro sombrio.

Desses dois primeiros dias, é preciso sobretudo destacar que o ponto principal para Lênin e para sua equipe era o estabelecimento de uma paz em escala européia, obtida graças ao triunfo internacional do socialismo; e que esses objetivos, na vertigem do momento, pareciam-lhes exeqüíveis rapida e pacificamente. Mas, desde o fim do mês de outubro, tiveram de reduzir suas pretensões.

Certamente, as massas camponesas, em sua grande maioria, estavam de acordo com o novo programa. Mas o grosso da popu-

---

96. Cf. Heller, *op. cit.*, p. 33.
97. Cf. E. H. Carr, *La formation de l'URSS*, trad. fr., Paris, 1969, p. 160 (abolida já em março, a pena de morte foi restabelecida no exército do *front* por Kerênski, por ocasião da ofensiva abortada de junho de 1917.

lação urbana, inclusive proletários, só o aprovava integralmente na medida em que ia ao encontro do campo bolchevique, o que era o caso de uma minoria. Núcleos de resistência formaram-se logo nos meios políticos, na burguesia e no exército, este decapitado desde o início de novembro pelo assassinato de seu último comandante-chefe, o general Dukhonin.

A primeira tentativa de combater os bolcheviques foi do próprio Kerênski que, conseguindo reunir um destacamento de cossacos estacionado perto de Gatchina, tentou retomar Petrogrado, mas foi derrotado, a 28 de outubro, perto de Tsarskoie Selo, por uma tropa heteróclita composta de marujos e de guardas vermelhos. Do mesmo modo, uma insurreição dos cadetes do grande subúrbio de Petrogrado foi esmagada de maneira semelhante no domingo, dia 29; esse caso levou Lênin, que o atribuía às intrigas dos Cadetes, a colocar o partido deles, já no dia seguinte, na ilegalidade. Mas já havia começado a resistência armada mais dura que os bolcheviques tiveram de enfrentar em 1917: a insurreição de Moscou, organizada por um "Comitê de Segurança Pública" (KOB = *Komitett Obchtchestvennoi Besopassnosti*), animado sobretudo pelos social-revolucionários.

Em Moscou[98], a situação dos bolcheviques era mais precária que em Petrogrado, pois não podiam contar ali com os marinheiros de Kronstadt, esses "leões da Revolução", e porque o exército regular observava a neutralidade de uma maneira mais uniforme. Entretanto, desde o dia 26 de outubro, um segundo-tenente letão, Ian Berzin, ajudado por alguns militantes locais, conseguiu apoderar-se do Krêmlin – para ser desalojado horas depois por duas centúrias de cossacos e algumas centenas de cadetes. O VRK de Moscou iniciou então negociações, pois o KOB parecia ter ganho a partida. Mas Berzin conseguiu reunir novamente algumas centenas de compatriotas, atiradores insubmissos, que tinham sido libertados da prisão da Butyrka no dia seguinte ao golpe de Kornilov, enquanto que, no subúrbio, no campo de Khodynka, a cumplicidade de um oficial bolchevique permitia ao VRK tomar uma bateria de artilharia. O bombardeio ao Krêmlin (ainda que os danos ou destruições tenham sido de pouca importância, em razão da imprecisão do tiro), assim como o de outros edifícios públicos, produziu um efeito aterrador sobre a população moscovita e ecoou através de toda a Rússia; Anatoli Lunatchárski, o comissário da Educação Pública, demitiu-se de seu posto no ato.

---

98. Sobre tudo o que se segue, ver Melgunov, Parte III, "A Semana de Moscou", pp. 277-375.

Esse vandalismo chegou até a abater o moral de uma parte dos cadetes, que, aliás, não tinham estatura para se medir com veteranos letões, em emboscadas e combates de rua. Nessas condições, iniciaram-se novas conversações; fora um punhado de extremistas, todo mundo aspirava à paz e, a 2 de novembro, um protocolo foi assinado assegurando às tropas do KOB as honras da guerra e a livre retirada. Mas o compromisso não foi cumprido. Como conclui Melgunov, "o papel de primeiro violino das tropas revolucionárias coube ao destacamento [*drujina*] da guarda vermelha junto ao Comitê Executivo da seção letã dos bolcheviques", a qual, "em nome dos soldados da revolução, protestou publicamente nas colunas do *Social-Democrata*, exigindo não apenas a prisão mas também o julgamento dos cadetes prisioneiros"[99]. No final das contas, seu último destacamento, composto de quinhentos homens, tomou o lugar dos letões na prisão da Butyrka: seu destino permaneceu desconhecido.

Depois da sangrenta semana de Moscou, os bolcheviques tiveram alguns meses de relativa paz. Essa atonia de seus inúmeros adversários explica-se por múltiplas razões. A primeira é de ordem geral: depois de mais de três anos de uma guerra assassina, duas revoluções e uma série interminável de rebeliões excessivas ou de *pogroms* de todas as tendências, o país estava imensamente cansado dos confrontos violentos. Para quem estuda os humores russos do outono de 1917, é evidente que, num plebiscito, noventa e oito ou noventa e nove por cento das massas populares, se tivessem sido realmente consultadas, teriam votado a favor de uma pacificação geral, pelo viés de um compromisso entre os socialistas de todos os matizes.

Uma segunda razão procedia, é preciso sempre repeti-lo, do temor obsessivo da contra-revolução característica para "a esquerda". Sob esse aspecto, os dirigentes mencheviques distinguiam-se especialmente, os papéis dos primeiros violinos eram mantidos pelos georgianos e os judeus. Numa reunião que houve no início de novembro, Hiracli Tseretelli resumiu essa posição proclamando: "o socialismo perecerá se os bolcheviques forem esmagados pela força"[100]. Abramovitch, membro do Bund*, de-

---

99. Cf. Melgunov, *op. cit.*, p. 372.

100. Citado por Melgunov, *op. cit.*, p. 256 (e de um modo geral, o cap. VI, "A Decomposição", pp. 244-276).

* Forma abreviada da Federação Geral dos Trabalhadores Judeus da Lituânia, Polônia e Rússia, partido socialista judeu fundado em 1897. Opunha-se

senvolveu essa fórmula, com os seguintes argumentos: Lênin conseguiu arrastar atrás de si uma parte das massas operárias imaturas e inconscientes; nessas condições, os mencheviques arriscavam-se a cair no esquecimento da história, aliando-se à classe burguesa para lutar contra o bolchevismo. Por conseguinte, com efeito, essas massas perdoarão aos bolcheviques seus pecados, retendo apenas seu papel iniciador, e se tornarão os inimigos implacáveis dos outros socialistas, "ainda que tenhamos *incondicionalmente* razão opondo-nos a essas massas, de comum acordo com seus inimigos de classe"[101]. O raciocínio marxista era impecável, e Abramovitch via longe: não se poderia censurá-lo por não ter previsto a reescritura lenino-staliniana da história, nos termos da qual, ainda em nossos dias, os mencheviques são comumente diabolizados na União Soviética, na qualidade de seguidores de Trótski.

Quanto à "direita" tomada na acepção ampla – industriais, negociantes, oficiais, funcionários – em suma, a "burguesia" – ela raciocinava de uma maneira muito mais simplista e, aparentemente, mais realista. Estava convencida, em sua imensa maioria, de que a vitória de Lênin era um *pronunciamiento* (golpe) sem futuro, uma "bolha de sabão", segundo a expressão consagrada. Conseqüentemente, bastava cruzar os braços, à espera de que a bolha estourasse.

Chegamos assim à quarta razão, historicamente a mais profunda, da passividade das elites russas no outono de 1917. Tudo advém da visão, contrastada até a caricatura, que tinham então da Rússia os dois campos oponentes, que se destacavam, aliás, um do outro, de múltiplas maneiras. Os antibolcheviques desunidos encarnavam, querendo-o ou não, uma tradição multissecular enraizada em práticas governamentais que remontavam a Ivan o Terrível e Pedro o Grande, e que se alimentara, mais ou menos inconscientemente, da visão imperial de Moscou "terceira Roma", como vimos. Tratava-se, portanto, de uma tradição expansionista, marcada por um realismo sem complacência, e de um modo de governo que só começou a ser abalado no início do século XX: mas uma queda final não tardaria a ocorrer, e o legado ancestral, ajudado pela discórdia, a se evaporar, ao menos aparentemente.

Lênin e seus fiéis eram homens de uma formação bem diferente, também eles enraizados numa antiga tradição, a dos reli-

---

ao sionismo, sustentando as ligações definitivas com os países onde vivem e trabalham. (N. da T.)

101. *Idem*, p. 257.

gionários da ciência, neognósticos para quem o devir humano não tinha segredos; essa tradição, codificada por Marx, inspirava-lhes uma certeza total. Lembremo-nos da prece cientificista de Lênin, detentor "do verdadeiro conhecimento humano, vivo, fecundo, vigoroso, todo-poderoso e absoluto". No dia seguinte à tomada do poder, essa lei permitia-lhe retorquir a alguns velhos amigos, que lhe censuravam estar ele conduzindo a Rússia à sua perda:

> Nosso negócio é a criação de um Estado socialista. Não é da Rússia que se trata, a Rússia, meus caros senhores, estou pouco ligando para ela; trata-se da etapa que transporemos para alcançar a Revolução mundial[102].

É sob esses auspícios que se iniciava o regime de Lênin e de Trótski. Não é de admirar que seu milenarismo, que se propunha sacrificar a pátria crucificada no altar da Revolução, representasse para o "inimigo burguês" uma provocação sacrílega sem futuro. O paradoxo é que, ainda em nossa época, e embora Stálin tenha, nesse meio tempo, conseguido fazer a perversa fusão da tradição moscovita e da escatologia marxista, esse inimigo tenha desistido apenas parcialmente, tanto é que são poucos os poderosos deste mundo que desconfiam que as duas tradições conquistadoras formam doravante uma só, muito mais aguerrida.

AS SEMANAS IDÍLICAS[103]

Uma vez no poder, os dirigentes bolcheviques, convencidos de ter "ateado um incêndio mundial", multiplicavam as declarações apocalípticas, fundamentando-se sobretudo na antropodicéia de Karl Marx: os termos da "ditadura do proletariado" por si sós eram cheios de ameaças. Mas remontavam de bom grado a bem antes à Revolução Francesa, e sob esse aspecto, Trótski distinguia-se de modo especial. Assim, após colocar fora da lei os cadetes, ele declarava: "Na época da Revolução Francesa, pessoas mais honestas que os cadetes foram guilhotinadas pelos jacobinos. Nós não executamos ninguém, mas há momentos em

---

102. Cf. Melgunov, *op. cit.*, p. 246, nota 3 (baseada na obra de G. A. Salomon, *Sredi Krassnykn vojdei...*, Paris, 1930, t. I, p. 17).
103. A 31 de janeiro de 1918, o governo soviético colocava a Rússia "na hora européia", substituindo o velho calendário juliano pelo calendário gregoriano; o dia 1º de fevereiro tornava-se, pois, 14 de fevereiro. As datas a seguir estão de acordo com esse critério, sendo indicadas apenas excepcionalmente as duas datas ao mesmo tempo.

que o furor do povo é difícil de controlar" (5.1.1918). Lênin tratava do assunto de maneira mais melíflua: "Acusam-nos de ter recorrido ao terror, mas não é o terror dos revolucionários que guilhotinavam pessoas desarmadas, e espero que não cheguemos a isso" (14.11.1917). Contudo, ele também indagava a seguir: "É possível que não tenhamos entre nós um Fouquier-Tinville que faça voltar à razão a contra-revolução desencadeada?"[104]

E com efeito. Em novembro, os bolcheviques tinham fincado pé firmemente nas duas capitais, mas o resto do país permanecia praticamente inconquistado. Embora não se tratasse de regiões propriamente russas, pois do mar Báltico ao mar Negro, os alemães tinham ocupado todas aquelas povoadas por alógenos, e a Ucrânia e o Cáucaso tinham praticamente feito a secessão. Assim, portanto, o regime de Lênin não se exercia nem em Kiev, nem em Odessa, nem em Rostov, nem em Tbilissi, e quanto ao santuário grão-russo, isto é, a antiga Moscóvia, Novgorod, Górki (a antiga Nijni-Novgorod) e Kostroma só foram "sovietizadas" no início de dezembro, e Kaluga, Rybinsk e Voroneje no começo de janeiro. Para tomá-las, o governo enviava comissários acompanhados de destacamentos armados, e a transmissão dos poderes suscitava por vezes choques sangrentos.

Ademais, durante os três ou quatro meses que teremos de passar em revista, o novo regime teve de enfrentar certos problemas específicos, o mais grave dos quais – de longe – se devia aos objetivos dominadores dos alemães, que procuravam escravizar a Rússia impotente alternando presentes e ameaças[105]. Os Aliados, aliás, especialmente os ingleses, projetavam fazer o mesmo; mas suas ações, esporádicas, mostraram-se ineficazes (em linhas gerais, os primeiros jogavam com boas cartas, as dos bolcheviques, e os segundos com as cartas perdidas, dos social-revolucionários). No que se refere às dotações finançeiras, em 1918 a ajuda alemã não parou de crescer: na primavera, várias dezenas de milhões de marcos-ouro foram destinadas por Berlim para manter o regime de Lênin vivo, mediante diversas concessões, especialmente a cessão ao Reich alemão da Criméia e do Cáucaso:

---

104. Cf. Heller, *op. cit.*, p. 44.

105. Tudo o que vem a seguir, segundo Leonard Shapiro, *The origin of communist autocracy*, Londres, 1955, cap. VI ("The peace of Brest-Litovsk"); D. Venner, *Histoire de l'armée rouge*, pp. 131-136. Para os pormenores, ver os documentos publicados por Z. A. B. Zeman, *Germany and the Revolution in Russia (1915-1918)*, Oxford, 1958, especialmente os documentos 128 a 134.

"isso custará dinheiro, provavelmente somas enormes"[106]. Na opinião de Ludendorff, a Geórgia devia tornar-se a base avançada do exército alemão a leste, com a ajuda dos turcos – e dos cossacos[107]. Por conseqüência, em junho de 1918, o governo de Guilherme II tencionava atribuir uma nova fatia de pelo menos quarenta milhões de marcos-ouro, "destinados à propaganda política na Rússia".

Quanto à pressão militar, ela foi precedida por negociações preliminares com vistas a um armistício, iniciadas no início de novembro, por iniciativa de Trótski. Interrompidas várias vezes, terminaram, no início de janeiro, com uma declaração prevendo "uma paz sem anexações": excelente pretexto para que a Alemanha conservasse os territórios poloneses e bálticos, já em seu poder. Seguiram-se negociações de paz propriamente ditas entre o próprio Trótski e o secretário de Estado von Kühlmann que, não contente de estabelecer condições draconianas, insistiu em tratar seu interlocutor de cima, como um funcionário subalterno. Nessas condições, a ruptura não demorou a se dar; a 18 de fevereiro, o exército alemão retomava a ofensiva e ocupava, sem disparar um tiro, a maior parte da Bielo-Rússia, assim como a cidade-chave de Pskov. Um violento conflito estourou então no Comitê Central, a maioria do qual, aliando-se a Trótski, votava pelo prosseguimento da "guerra revolucionária", que conduziria ao "incêndio mundial". Mais realista, Lênin argüia que uma resistência desesperada só se justificava num único caso: se os alemães exigissem a abolição do poder bolchevique. Ao mesmo tempo, ridicularizava, no *Pravda*, a fraseologia revolucionária[108], lançando ao mesmo tempo seu apelo: *"A Pátria Socialista Está em Perigo"* (20-26 de fevereiro).

Uma vez mais, ele teve ganho de causa. No mesmo dia, os bolcheviques decidiam evacuar Petrogrado: tais foram, portanto, as circunstâncias nas quais Moscou, "a mãe de todas as Rússias", reencontrou seu estatuto original. A transferência do *Sovnarkom*, que exigia imensos preparativos, só ocorreu a 10 de março (isto é, depois da capitulação de Brest-Litovsk), e a crer no comandante militar do comboio, Reinhold Berzin, a viagem não deixou de ter perigos[109]. Durante essas semanas todas, Lênin oscilou entre a es-

---

106. Cf. Zeman, doc. 133 (relatórios do ministério dos Negócios Estrangeiros, assinados por von Kühlmann e Trautmann, 5 e 8 de junho).

107. Memorandum de Ludendorff, 9 de junho (doc. 134).

108. Cf. *Oeuvres*, T. XXVII, Paris-Moscou, 1976, "Sobre a Frase Revolucionária", pp. 11-22.

109. Reinhold Iossifovitch Berzin (1888-1939) não deve ser confundido com

perança e o receio: a Revolução mundial não tardaria a chegar, seja: mas ao mesmo tempo, ele se felicitava pelo fato de seu regime haver batido o recorde de duração da Comuna de Paris...

O bom povo russo, em sua grande maioria, não partilhava dessas dúvidas. Tanto mais que, na época, a imprensa e a opinião pública, contanto que fossem de esquerda, eram ainda livres, e os principais mestres mentores do campesinato eram os social-revolucionários, dos quais Lênin emprestara seu programa agrário. Esse povo acreditava, portanto, nas promessas do regime, e vivia num sonho desperto, como se sua secular espera da "supressão de todas as leis", marcada, no século anterior, pelas loucas esperanças de 1812 ou de 1863, finalmente se tivesse cumprido. Pierre Pascal descreveu muito bem esse estado de espírito, no dia de Natal de 1917:

> Os bolcheviques [...] são teóricos, mas o povo russo, que é socialista e bolchevique só de nome, segue-os porque também vive no futuro. Quer a cessação da injustiça e da infelicidade na terra.[...]

E predizia:

> A Revolução russa [...] terá tanta repercussão quanto a de 1789, e até mais: não é um acidente, é uma época, e Bossuet começaria aí um capítulo de sua *História Universal*[110].

Entrementes, uma avalanche de decretos adotados às pressas eram destinados a instaurar a ditadura do proletariado. Os relativos à laicização – separação da igreja e do Estado, secularização do estado civil, supressão das escolas religiosas que remontavam a Pobiedonostsev – não apresentaram grandes problemas. O clero conservava na época sua liberdade de expressão: no *Sobor* (concílio) de janeiro de 1918 em Moscou, o arquimandrita Vostokov podia declarar impunemente: "Derrubamos o czar e nos sujeitamos aos judeus"[111]. É que, contra ventos e marés, a Rússia permanecia um país profundamente cristão. Mesmo o jovem rebelde americano John Reed, o autor dos famosos *Dez Dias que Abalaram o Mundo*, teve a revelação disso, no início de novembro:

Ian Berzin, o primeiro comandante do Krêmlin de que se falou acima. Segundo o relato do segundo, um comboio suspeito transportando homens armados teria precedido o trem governamental; esse comboio teria sido disperso, por ocasião de uma parada, pelos atiradores letões. Cf. *Latychskiê strielki v borbiê za sovietskuiu vlast'...*, pp. 45-47 (cap. "Do Smolny ao Krêmlin").

110. Cf. Pascal, *op. cit.*, p. 247.
111. Cf. *A Europa Suicida*, p. 300.

Compreendi de repente que o religioso povo russo não tinha mais necessidade de padres para lhe abrirem o caminho para o céu. Ele estava edificando sobre a terra um reino mais esplêndido do que o dos céus, e pelo qual era glorioso morrer[112].

Dessa fé, qualquer que fosse a forma sob a qual ela se exprimisse, Pierre Pascal nos fornece muitos exemplos. Ele anota que a maior parte dos soldados continuava a usar uma cruz pendurada no pescoço; e cita o caso de um soldado, cavaleiro de São Jorge, que, atacando um oficial que usava a mesma condecoração, contentou-se em obrigá-lo a uma troca de medalhas, gesto simbólico perfeito[113].

E isso nos conduz a dois aspectos fundamentais daquelas semanas idílicas: de um lado, a *pianka*, um porre à moda russa do povo em regozijo, do outro, uma greve geral da burguesia. Se, no início, o sangue não correu aos borbotões, é que o poder, por mais que invectivasse, demonstrava uma fraqueza notável: durante vários meses, não teve condições de empreender a "construção do socialismo", e especialmente, "o controle dos operários sobre a produção". Mas comecemos pelo caso dos privilegiados de ontem. Sua "greve dos braços cruzados" estendia-se ao conjunto do país, na expectativa do estouro da bolha de sabão bolchevista, que esperavam acelerar dessa maneira. Dela participaram em primeiro lugar todos os altos ou médios funcionários e os engenheiros, assim como uma parte da corporação dos médicos e dos docentes (a greve dos professores primários de Moscou durou três meses). Uma categoria especial de desempregados, grevistas a contragosto, era constituída pelos comerciantes, pois nas cidades de alguma importância suas lojas foram requisitadas. Os fura-greves foram pouco numerosos: encontravam-se sobretudo no campo dos *intelligents* criadores, escritores ou artistas. Assim é que o grande poeta Blok tornou-se, ao lado de Vladimir Maiakóvski, e do jovem Iessenin, o poeta da Revolução em seu poema *Dvenadsat* (*Os Doze*); ainda assim, o fez como cristão visionário, fazendo um bando de guardas vermelhos ser conduzido por Jesus em pessoa.

A greve da burguesia foi qualificada pelos bolcheviques de *sabotagem*; o VRK e, depois de sua supressão, a Tcheka, acuava os faltosos, de modo que boa parte dos suspeitos entraram na clandestinidade. "Em Petrogrado", anotava Pascal a 20 de no-

---

112. Cf. *Dix jours qui ébranlèrent le monde*, ed. Paris, 1958, p. 247. John Reed acabava de assistir aos funerais dos bolcheviques mortos durante a insurreição de Moscou.

113. Cf. Pascal, *op. cit.*, p. 304.

vembro, "a metade da população está disfarçada e não dorme mais em sua cama"[114]. Pode-se acreditar nisso, pois, no decorrer de novembro, as novas autoridades ordenaram aos burgueses que deixassem seus apartamentos, que foram postos à disposição dos operários merecedores; segundo as fontes soviéticas, dezenas de milhares de famílias teriam sido realojadas dessa maneira[115]. Entretanto, houve acomodações: lembro-me que nossa família manteve seu belo apartamento, situado à beira do Neva, até o verão de 1918. Suponho que, tal como na época dos czares, meu pai soube engraxar certas patas[116]. A velha prática das propinas ressurgia, da noite para o dia, na época de Lênin: Jacques Sadoul, o adido militar francês, descrevia em suas *Anotações*[117] "os rapazes, de origem burguesa, de inteligência viva, arrivistas e negocistas, que não pareciam ter outro ideal que não fosse o de encher rapidamente os bolsos. Eles desenvolveram o regime das propinas [...] e, por sua culpa, a corrupção se estende cada vez mais nos meios maximalistas [isto é, bolcheviques]" (carta de 18.1.1918).

É evidente que essas práticas contribuíam para paralisar a vida econômica e financeira do país, e para retardar a instauração do socialismo. Espalhavam-se por todos os meios. Do mesmo modo que a *pianka*, essa orgia de que o mundo moderno não conheceu similar. Segundo o testemunho de Pascal, a instalação do *Sovnarkom* em Moscou foi celebrada durante vários dias no Yar, o cabaré predileto de Rasputin. Vinte e sete quilos de caviar foram encomendados para a ocasião, apesar da fome reinante. Dessa vez, o animador teria sido o velho bolchevique Muralov, que se tornara comandante militar regional[118]. Jacob Peters, vice-presidente da Tcheka, fala de maneira muito sugestiva sobre a *pianka*

---

114. *Idem*, p. 244.

115. Cf. Naida, Obychkin *et al.*, *Istoria grajdanskoi voiny*, Moscou, 1957-1960, vol. III, p. 12. Segundo testemunho do observador francês Jacques Sadoul, "em Moscou, quase todas as casas burguesas foram invadidas pelos proletários" (abril de 1918).

116. Sob o regime czarista, meu pai, editor por profissão, devia, na qualidade de judeu, pagar um dízimo regular para a polícia, para poder permanecer em Petrogrado. Ver a descrição que faço disso em minhas *Mémoires...*, Paris, 1981, p. 17.

117. Cf. *Notes sur la révolution bolchéviste* (out. 1917-jan. 1919), Paris, 1919, p. 271. Jacques Sadoul era um amigo de Pierre Pascal, e partilhava suas simpatias pelo regime bolchevique no início – pelo que esses dois notáveis observadores tiveram de padecer, de volta à França.

118. Cf. Pascal, p. 263.

em suas *Lembranças*[119]. Depois de ter esbravejado contra a "sabotagem", ele continua como segue:

> O segundo perigo que, no início da organização da Tcheka, contribuía para desorganizar o poder soviético era – a *pianka*. Para lutar contra os *pogroms* causados pela embriaguez, o VRK já constituíra uma comissão dirigida pelo camarada Bontch-Bruievitch. E eu devia tomar parte nessa ação. Lembro-me da maneira como esses *pogroms* eram utilizados pelos guardas brancos (*bielogvardeitsy*), a fim de enfraquecer o poder proletário. Bastava um *pogrom* estourar para ver afluir uma multidão imensa; os guardas-brancos se aproveitavam para se entregar à sua propaganda: "Aí está, os bolcheviques lhes prometem a igualdade, e dizem que após a Revolução tudo pertencerá ao povo, e eis que os dispersam, impedindo-os de beber vinho, que querem guardar só para eles".

Abstraindo-se as provocações dos guardas brancos, pois era espontaneamente que o bom povo reclamava o que lhe era devido, o quadro é autêntico. E Peters conclui: "Enfim, o banditismo, cujos autores eram muitas vezes anarquistas, dava-nos igualmente muito trabalho". Já evoquei a ligação entre o banditismo destruidor, e as bebedeiras; mas no dia seguinte a 25 de outubro, a situação piorou sobremaneira, pois os bolcheviques tinham suprimido a milícia e a justiça ditas burguesas, para substituí-las por "tribunais revolucionários", cujos membros não desdenhavam por sua vez "a divina garrafa"...

A *pianka* do outono de 1917 é um fenômeno de importância primordial, comumente negligenciado pelos historiadores; ela foi um fator importante na paralisia do país, e mais especialmente, na debandada dos guardas vermelhos e outras formações encarregadas de manter a ordem bolchevique. Esse fenômeno era previsível: o prazer de beber foi resumido pela sabedoria popular no provérbio *"Vesseliê Russi iest' piti"* (Beber é a alegria da Rússia); mas dessa vez, as libações celebravam uma imensa festa da liberdade, pois o novo poder anunciara ao povo que o havia libertado de seus seculares grilhões, e que o exortava a se apoderar de todos os bens de que fora despojado, sob a divisa *"Grab' nagrablennoiê!"* (Pilhai os pilhadores), forjada pelo próprio Lênin.

O povo podia pois tirar sua desforra. Atacou em primeiro lugar as adegas dos burgueses, para beber seu vinho, ficando entendido que essa recuperação estava longe de se limitar às bebidas alcoólicas. Examinadas de perto, as festas da liberdade apresentam muitos aspectos inquietantes.

---

119. Jacob Peters, "Vospominania o rabotiê v VTchK v pervyi god revolutsii", *Byloiê*, N. S., nº II, Paris, 1953, p. 95.

A *pianka* começou, como era de se esperar, pela pilhagem da adega dos czares. Antonov-Ovseenko, que se tornara comandante militar de Petrogrado, deixou esta clássica descrição:

> O regimento Preobrajênski, que montava guarda diante do Palácio de Inverno, e que até então observara a disciplina, caiu na bebedeira. O regimento Pavlóvski – nosso sustentáculo revolucionário – tampouco resistiu. Mandamos que companhias mistas, formadas por soldados de corpos diferentes, montassem guarda... elas beberam até não mais poder. Colocamos guardas "de comitês"; elas sucumbiram à tentação. Enviamos carros de assalto para dispersar a multidão; depois de um pequeno passeio, suas tropas começaram a vacilar de um modo suspeito. Assim que caía a noite, começavam as furiosas bacanais. A multidão repetia o alegre refrão: "Esvaziaremos até o fundo os restos dos Romanov". Quisemos afogar a adega na água, mas durante seu trabalho os bombeiros também se embebedavam. [...] Os vapores da embriaguez tinham enfebrecido a cidade inteira. O *Sovnarkom* acabou por designar uma pessoa dotada de poderes especiais e acompanhada por um forte destacamento para resolver o problema. Mas essa mesma pessoa pareceu pouco segura sobre esse ponto...[120]

A se acreditar em Maksim Górki, essa orgia ainda continuava no começo de dezembro; assaltos e outros crimes de direito comum se multiplicavam:

> Todas as noites, multidões pilham as despensas de vinho, se embebedam, brigam a garrafadas, cortam as mãos com os cacos, se espojam como porcos na lama e no sangue. [...] No *Pravda* dizem que esses atos de pilhagem são "provocações burguesas", o que, evidentemente, não passa de mentira, uma dessas "engabelações" que só servem para aumentar os derramamentos de sangue[121].

O grande escritor Vladimir Korolenko, que vivia então na Poltava, anotava dia a dia incidentes desse tipo. A 15 de novembro, ele denunciava os intrépidos "semi-intelectuais" de Bakhmatch, postalistas ou ferroviários, que compravam o produto dos saques, para estocá-lo ou vendê-lo. No dia 24, descrevia as conseqüências de uma bebedeira em Vassilievka, por ocasião de um *pogrom* de uma propriedade modelo: três pilhadores asfixiados na cisterna, oito mortos em conseqüência da bebedeira, e vinte e dois feridos conduzidos ao hospital. A 28 de novembro, "a coisa" começou em Poltava, com a chegada de um destacamento de guardas vermelhos. "Tudo é nosso", gritavam os soldados, "os burgueses já beberam o suficiente, agora é nossa vez." Um edil

---

120. Cf. *Notes sur la guerre civile*, Moscou, 1924, t. I, pp. 18-20 (traduzidas por J.-J. Marie, *Les paroles que ébranlèrent le monde, anthologie bolchévique 1917-1924*, Paris, 1967, pp. 135-136).

121. Cf. *Pensées intempestives*, ed. cit., pp. 172-173.

corajoso, Liakhovitch, que tentou esvaziar as adegas mandando verter seu conteúdo nos esgotos, foi ameaçado de morte pelos soldados enfurecidos: "Estão destruindo *nosso* vinho!"[122]

Vê-se que a festa da liberdade acabou suscitando as primeiras fúrias contra o regime libertador...

Aqui está, descrito por S. M. Pugatchévski, um bom bolchevique, um último caso: o de Kostroma, uma cidadezinha histórica no Volga. Encarregado de "sovietizá-la", esse comissário quis prevenir a *pianka*, e encarregou um engenheiro de derramar o depósito de álcool no rio. O engenheiro ligou os reservatórios na adutora de água, mas parece que as conexões deixavam escapar o precioso líquido. Um ajuntamento formou-se em volta, e começou o empurra-empurra. O comissário interveio, mandou prender o engenheiro por sabotagem e encarregou alguns proletários da tarefa. Mas estes também se saíram mal, de modo que as bebidas se espalharam sobre a superfície gelada do Volga. No dia seguinte, nuvens humanas engoliam a neve impregnada de álcool ou lambiam o gelo...[123]

Redigindo, no dia seguinte ao golpe de Estado, um posfácio a *O Estado e a Revolução*, Lênin concluía: "é mais fácil e mais agradável fazer uma revolução que escrevê-la". De fato, ele era um autor compulsivo, cuja pena jamais folgava. Assim é que, no Natal de 1917, que ele passou numa *villa* na Finlândia, para tirar um repouso de três dias, compôs seu curto tratado *Como Organizar a Emulação*, para exortar as massas a "trabalhar para si mesma", a "ousar". Não usava de meias palavras:

> Não será possível vencer essas sobrevivências da maldita sociedade capitalista, esses resíduos da humanidade [...] a não ser que a *massa* dos operários e dos camponeses colabore livremente, com a consciência e com o entusiasmo revolucionário, no recenseamento e no controle dos *ricos*, dos *gatunos*, dos *parasitas* e dos *malandros*.

E apelava às massas para que procurassem "*organizadores de talento*: eles são numerosos no povo. Mas eles são recalcados. É preciso ajudá-los. Pois eles, e *apenas eles*, ajudados pelas massas, podem salvar a Rússia e salvar a obra socialista"[124].

---

122. Cf. "Extraits du journal de V. G. Korolenko", revista *Pamiat*, nº 2, Paris, 1979, pp. 378-380.

123. Resumido do diário mantido por Pugatchévski; cf. *Grajdanskaia voina 1918-1920*, Moscou, 1923, t. II, pp. 357-358 (anotação de 16 de dezembro).

124. Cf. Lênin, *Obras Escolhidas*, ed. em línguas estrangeiras, Moscou, 1948, t. II, pp. 304-309.

É inútil dizer que essa pedagogia desesperada permaneceu no papel. De volta a Petrogrado, Lênin a completava, mandando publicar um decreto visando organizar um exército soviético. Com essa finalidade, decidiu introduzir ali um regime parlamentar, sendo as eleições feitas por sufrágio indireto: os soldados elegeriam seus oficiais, estes, seus generais, cujo conclave elegeria o comandante-chefe do exército[125].

Mas acontece que a demagogia cedia lugar à política. Foi assim no que se refere à espinhosa questão da Assembléia Constituinte. Todas as populações russas queriam a criação desse órgão: os burgueses, porque, à medida que os dias passavam, desesperavam de ver o desmoronamento espontâneo do regime, e esperavam da Assembléia seu amadurecimento; os proletários, em virtude de um elementar senso de justiça, uma aspiração com que não se preocupava muito Lênin. Eis por que fez o possível para subordinar de antemão a Assembléia ao "poder dos sovietes", ou seja, a ele. Mas ele não chegou a suspender, pura e simplesmente, sua abertura.

A Assembléia reuniu-se, portanto, como previsto, a 5 de janeiro de 1918, no Palácio da Táurida. Os resultados das eleições foram desastrosos para Lênin: 168 bolcheviques eleitos (207, acrescentando seus aliados, os "social-revolucionários de esquerda"), ao passo que os "social-revolucionários de direita" contavam por si sós 380[126], isto é, a maioria absoluta! Nessas condições, ele resolveu deixar funcionar a "fábrica de parlengas" só um dia, e dissolvê-la naquela mesma noite. Tudo já estava, portanto, programado, quando começaram os debates. O discurso mais emocionante e mais aplaudido foi o do velho dirigente social-revolucionário Viktor Tchernov que tinha sido eleito presidente da sessão. Em seguida, Nikolai Bukharin, a jovem esperança do Partido e seu melhor teórico, tomou a palavra para ridicularizar a Assembléia e anunciar o Milênio: "E agora, camaradas, quando da noite para o dia vai se inflamar o incêndio da Revolução mundial, declaramos à república parlamentar uma guerra sem quartel!"[127] Ele também foi ruidosamente aplaudido, sobretudo pelo serviço de ordem, composto de marinheiros de Kronstadt, que encerraram os debates com a fórmula histórica: "a guarda está fatigada". A farsa fora bem representada.

---

125. Sobre esse decreto, cf. Christopher Hill, *Lenin and the Russian Revolution*, Londres, 1971, p. 127.

126. Dos 703 eleitos, a Assembléia contava, ademais, 81 "sem partido", 18 mencheviques e 17 cadetes.

127. Cf. *Les paroles qui ébranlèrent le monde*, p. 154.

Lênin estava inquieto por outra razão[128]. À tarde, ele era informado de que uma grande manifestação – segundo ele, cem mil "contra-revolucionários" – dirigia-se para o Palácio da Táurida. Convocou imediatamente Trótski, Stálin e Antonov-Ovseenko. Trótski reconfortou-o assegurando-lhe que os manifestantes eram apenas vinte mil. Antonov-Ovseenko foi encarregado de dispersá-los; seus letões utilizaram a força: ignora-se o número exato de vítimas, mas ultrapassou uma centena. No dia seguinte, Górki comparava aquela jornada de janeiro de 1918 com o "domingo vermelho" de janeiro de 1905: as mesmas bandeiras revolucionárias, os mesmos cantos, e a mesma salva homicida...[129]

O que não podia escrever é que, naquela tarde, os social-revolucionários poderiam ter derrubado o regime[130]. Com efeito, dois regimentos estavam com eles, e queriam participar da manifestação. Mas Tchernov, receando uma guerra civil, negou-lhes o direito de irem armados: "nem uma só gota de sangue popular deve ser vertida". Os soldados replicaram que não eram crianças e, decepcionados, mudaram de lado. Os escrúpulos do velho chefe, que se coadunavam com as tradições da *intelligentsia* russa, selaram seu túmulo (Trótski dizia em tom de troça que, em matéria de programa político, os social-revolucionários só possuíam sua nobreza de alma). Os caminhos do futuro radioso estavam desimpedidos.

A GUERRA CIVIL

As semanas idílicas terminaram com a instalação do poder soviético em Moscou. Com efeito, após a paz de Brest-Litovsk, esse poder decidia atacar o verdadeiro problema: o desmoronamento de toda autoridade. As quimeras sobre o declínio do Estado, a procura de organizadores de talento saídos do povo e o slogan *Grab nagrablennoiê* deram lugar, sob a denominação de capitalismo de Estado ou "Estado da Comuna"[131], a uma ditadura que

---

128. Sobre o que se segue, cf. *idem*, p. 134 (extraído das *Notas sobre a Guerra Civil*, de Antonov-Ovseenko).

129. Cf. *Pensées intempestives*, pp. 198-202.

130. Cf. o clássico trabalho de Leonard Shapiro, *The origin of communist autocracy, political opposition in the Soviet State*, Londres, 1955, pp. 150-151 e *passim*.

131. Lênin preconizava um capitalismo de Estado num discurso de maio de 1918; cf. Heller, *op. cit.*, p. 131. Em abril, dizia a Bukharin que era preciso criar um "Estado da Comuna"; cf. Carr, *op. cit.*, p. 251.

não foi a do proletariado, mas a do Partido guiado por Lênin, chefe único *de facto*; uma fórmula que, de Benito Mussolini ao coronel Khadafi, conheceu inúmeros imitadores. Em abril de 1918, Jacques Sadoul falava a esse respeito de "uma nova revolução, mais dura que a de Outubro", que conduzia à "colaboração de classes"[132]. Ao mesmo tempo, Trótski, que se tornara, no dia seguinte a Brest-Litovsk, comissário para a Guerra, revelava sua vocação de *condottiere* moderno: ele teve a audácia de recorrer, a exemplo de Lênin[133], aos oficiais czaristas, vigiados a mando dele pelos *politruks* ("guias políticos"), que tinham direito de vida e de morte sobre esses especialistas. Quanto aos soldados, até o verão de 1918, eles quase sempre eram de origem alógena: letões, poloneses, fineses e até voluntários "internacionalistas" de todas as origens: em primeiro lugar, prisioneiros de guerra austro-alemães, mas também, chineses e outros asiáticos: no fim da guerra civil, as "unidades internacionais" contavam quase duzentos e cinqüenta mil combatentes[134]. Entretanto, a conscrição obrigatória tinha sido restabelecida na Rússia desde o mês de maio de 1918.

O conjunto dessas medidas suscitou o descontentamento geral da população, tanto mais que os agravos se multiplicavam, pois os males causados em 1915-1916 pela guerra se agravavam. Nas cidades, a começar por Petrogrado, a penúria se transformava em fome (a inflação mensal era da ordem de quinhentos por cento); para remediar a isso, o poder organizava expedições paramilitares, a fim de requisitar cereais. Os camponeses souberam então que não eram, de forma alguma, livres, e sua fúria provocou uma primeira onda de *bounts*; mais de cem rebeliões estouraram entre julho e novembro de 1918; atribuídas, evidentemente, aos cúlaques e outros inimigos de classe.

É sobre esse pano de fundo que se iniciou a guerra civil. Em que data? Segundo a história como é ensinada em Moscou, ela acompanhou, sem transição, a tomada do poder, tendo como primeiro episódio a proeza de Kerênski; e adveio da obstinação dos burgueses aliados ao capitalismo internacional, por aquele complô "anglo-franco-alemão" que Lênin denunciava no início de

---

132. Cf. Sadoul, *Notes...*, p. 291 (carta de 6.4.1918).

133. Cf. Heller, *op. cit.*, p. 68. Em março de 1919, Lênin pediu a Tróstki que expulsasse do exército todos os oficiais czaristas; Trótski revelou-lhe que trinta mil já serviam ao poder soviético e o convenceu imediatamente sobre a correção de sua política.

134. *Idem*, p. 76.

outubro de 1917[135]. Paranóia: tendo declarado uma guerra mortal à sociedade burguesa, os bolcheviques imputavam-lhe uma conspiração universal. Os pretextos, aliás, não faltavam, ainda que seja necessário diferençar entre alguns complôs bem reais, dentre os quais o que, incitado pelo infatigável Boris Savinkov, levou a uma sublevação na região de Iaroslavl, e as quimeras inumeráveis produzidas pelos restos dos antigos partidos políticos, alimento seleto para as provocações da Tcheka. Todos esses conspiradores improvisados baseavam-se numa ajuda estrangeira: suas esperanças eram alimentadas por agentes aliados que imaginavam chegar desse modo à reconstituição de um segundo front antialemão – e que, no final das contas, levavam água ao moinho ideológico de Lênin. Entretanto, um segundo front delineou-se de uma maneira que ninguém esperava.

A ODISSÉIA TCHECA

A guerra civil propriamente dita começou em maio de 1918. Paradoxalmente, ela opôs tcheco aos bolcheviques, e não outros russos. Com efeito, desde o inverno de 1917, um exército tchecoslovaco, composto de prisioneiros de guerra que aspiravam a libertar sua pátria, estava em formação na Ucrânia; estava destinado a ser transferido, *via* Vladivostok, para a França. Essa "Legião Tcheca" estava a caminho pela Transiberiana, quando os bolcheviques tomaram o poder; alguns regimentos já haviam atingido o Pacífico, outros se encontravam ao sul de Moscou. Na desordem geral, o avanço diminuiu o ritmo, tanto mais que muitos sovietes locais o sabotavam, pois se tratava de "mercenários da França", e mesmo de espiões. Essas suspeitas foram pagas na mesma moeda: os bolcheviques não estavam a soldo dos alemães? Os setenta mil tchecos, isolados por regimentos no oceano russo, "atormentados" quer por antibolcheviques, quer por agentes aliados, quer por agitadores do Partido, desconfiavam de todo mundo, de modo quase psicótico, e se agarravam a suas armas. No fim de maio, seus delegados fizeram um congresso na cidade siberiana de Tcheliabinsk, onde conseguiram interceptar um telegrama de Trótski ordenando que fossem desarmados. Decidiram então atacar primeiro. Raramente se viu um exército tão autenticamente

---

135. A exposição que se segue baseia-se em D. Venner, *Histoire de l'Armée rouge*, e nos trabalhos de J. F. N. Bradley, *La Légion tchécoslovaque en Russie*, Paris, 1965, e *Civil War in Russia, 1917-1920*, Londres, 1975.

democrático: soldados militantes pesavam nas decisões dos oficiais, e esse estado de espírito se comunicava ao alto-comando. Por conseguinte, a Legião tomou a ofensiva na direção de Moscou, para poder em seguida enfrentar diretamente os alemães. Em julho, apoderava-se do curso médio do Volga, de Saratov a Kazan, permitindo a instauração, à sua passagem, de governos provisórios antibolcheviques. O Comitê Executivo Central (TsIK) proclamou então que a República estava em perigo, e o *Pravda* publicou: "Operários, soldados, camponeses pobres, abandonareis Kazan, Nijni e Moscou? Em armas e no front todos aqueles que sabem atirar! Não deixeis os palermas se embalarem com as doces palavras dos agitadores franco-ingleses!" (31.7.1918). O estado de sítio foi declarado em Moscou.

Somente no decorrer do mês de agosto é que Trótski conseguiu dominar a situação, demonstrando desse modo suas qualidades de chefe militar. Seu trem blindado parou em Sviajsk, último bloqueio defensivo na linha Kazan-Moscou. Mandou de volta a locomotiva, impossibilitando a retirada e, ajudado por um punhado de seguidores, improvisou uma corte marcial. Durante a noite, o pânico apoderou-se de alguns destacamentos recrutados diante dos tchecos. A corte pôs-se em ação: um coronel, um *politruk* e vinte e sete soldados foram fuzilados ali mesmo. Esse espetáculo macabro continuou nos dias seguintes; unidades inteiras foram dizimadas; "em quatro semanas, o rigor, o terror, o exemplo e a atividade organizadora de Trótski reverteram a situação"[136]. No dia 10 de setembro, Kazan foi retomada.

Os tchecos retiraram-se então para a Sibéria. Entretanto, num momento em que a Alemanha caía de joelhos e os Aliados se preparavam para partilhar uma boa parte do Velho Continente, enquanto brigavam entre si, inúmeros olhares voltaram-se para a Legião, única força antibolchevique de valor. Desde outubro, os britânicos tentaram colocar à sua frente um russo, o almirante Koltchak, monarquista megalômano que se engajara, no início de 1918, na Royal Navy. Mas os primeiros comanditários franceses forjaram outros planos, enquanto um corpo expedicionário japonês pareceu querer se instalar permanentemente na Sibéria. Diante desses apetites desencadeados, os tchecos, desprovidos de tudo, exceto de suas armas, decidiram voltar a qualquer custo para sua pátria, que acabava de ser libertada. Os oficiais resistiram a todas as tentativas de corrupção; os soldados, com poucas exceções, mostraram-se insensíveis à propaganda comunista. Para

---

136. D. Venner, *op. cit.*, p. 193.

abrir caminho para Vladivostok, entregaram aos bolcheviques, em dezembro de 1919, o lamentável Koltchak; mas foi-lhes preciso esperar ainda mais de um ano antes de poder retornar, pelo canal do Panamá, à Tchecoslováquia.

No final das contas, pode-se comparar a aventura tcheca à aventura bolchevique. Pouco importa que uns tenham sido revolucionários utópicos, e os outros patriotas devotados: o problema, o da sobrevivência num meio hostil, era o mesmo, e ele foi resolvido de maneira análoga. Nos dois casos, um punhado de chefes decididos dirigiam algumas dezenas de combatentes exaltados, dominados tanto uns como os outros por uma idéia fixa. Mas apenas os tchecos voltaram a bom porto...

A TCHEKA

A "Comissão Extraordinária de Luta contra a Contra-Revolução e a Sabotagem", chamada a Tcheka, foi criada a 7 de dezembro de 1917. Ela sucedeu ao "Burô 75" do Smolny, à frente do qual Feliks Djerjinski, um membro do Comitê Central, substituíra Bontch-Bruievitch. Especificando-lhe suas tarefas, Lênin acusava a burguesia de todos os pecados, e primeiramente, "de assoldadar a ralé, a canalha, e alcoolizá-la para preparar *pogroms*"[137].

Pouco se sabe sobre a composição da Tcheka, a não ser que os alógenos, a começar por Djerjinski, um polonês, eram ali mais numerosos que os russos. O excelente historiador Melgunov escrevia que três quartos dos tchekistas de Moscou eram letões, mas trata-se, quase com certeza, de exagero[138]. Entre as outras nacionalidades, destacam-se os húngaros, ex-prisioneiros de guerra, e chineses, trazidas em 1915-1916 para a Rússia, para remediar a falta de mão-de-obra. Os judeus tampouco faltavam, mas, contrariamente ao caso geral, não se encontra nenhum, com exceção de Uritski, nos postos de comando. Quanto aos tchekistas de origem russa, pode-se considerar certo, levando em conta a antiga interpenetração da Okhrana e do Partido, que um certo número de especialistas em informação e provocação voltaram à ativa. Tanto mais que os arquivos tinham sido queimados.

---

137. Cf. *Oeuvres*..., ed. cit., t. XXVI, p. 392 (nota a F. Djerjinski).

138. Com efeito, a primeira edição do estudo de Melgunov sobre a Tcheka remonta a 1922, e ele se refere ali a um boletim dos social-revolucionários de esquerda, isto é, a uma fonte polêmica. Cf. Melgunov, *Krassny terror v Rossii*, ed. Nova York, 1975, p. 177.

A Tcheka só se tornou realmente o que foi no verão de 1918, cheio de perigos mortais para o regime. Para começar, os "social-revolucionários de esquerda", aliados intransigentes sobre os princípios, insurgiram-se contra a colaboração dos bolcheviques com os imperialistas alemães. A 6 de julho, mandavam assassinar o embaixador von Mirbach, capturavam Djerjinski e Latsis, e se apoderavam de diversos edifícios públicos. Os destacamentos de marinheiros e outros guardas vermelhos, convencidos pela propaganda anarquista, os sustentavam. Os bolcheviques só podiam contar com os letões. Iokums Vatsetis, seu comandante, foi convocado por Lênin, que não ocultou sua preocupação: "Camarada, agüentaremos até o dia amanhecer?"[139]

Mais uma vez, alógenos salvaram o regime bolchevique – o que muitos dentre eles pagarão com suas vidas, por ocasião dos expurgos "russificadores" de Stálin. Isso posto, a vingança de Djerjinski foi terrível, as campanhas punitivas através do país se multiplicaram. O avanço dos tchecos, que em julho tinham atingido os montes Urais, era outro motivo de preocupação. Sua aproximação motivou o massacre da família imperial e de seus fiéis domésticos, dando nascimento à mais sangrenta lenda de todos os tempos.

Em setembro, os furores tchekistas redobraram. A 30 de agosto, no mesmo dia do assassinato de Uritski, a socialista Fanny Kaplan feria gravemente com um tiro de revólver o próprio Lênin. A propaganda bolchevique superou-se: a *Krassnaia Gazeta* reclamava "rios de sangue, o máximo possível de sangue!"[140] Nem a imprensa do Terceiro Reich, nem outra qualquer, jamais atingiram esse lirismo. Dessa época datam as execuções de milhares de reféns, os campos de concentração (ou "da morte lenta"), em suma, o sistema de Gulag. Ou seja, a Tcheka tornara-se um Estado dentro do Estado, dispondo de suas próprias indústrias, de suas próprias empresas. Em conseqüência, corrupção e tráfico de todo tipo floresciam. Eis um indício: em Moscou, quase vinte mil pessoas recebiam as rações alimentares privilegiadas reservadas aos tchekistas.

A 1º de outubro de 1918, Latsis reclamava, em *O Terror Vermelho* de Kazan, a exterminação total da burguesia:

> Estamos empenhados no extermínio da burguesia enquanto classe. Não temos necessidade de provas de que este ou aquele cometeu um ato nocivo ao poder soviético. A primeira pergunta que fazemos a um indiciado é: a que classe

---

139. Cf. Heller, *op. cit.*, p. 57.
140. Cf. Melgunov, *Krassny terror...*, p. 40.

você pertence, quais são tuas origens, como foi educado, qual é teu ofício? As respostas decidirão a sorte do réu. Esta é a essência do terror vermelho.

Em nossos dias, tal método é qualificado de autogenocídio. Na época, Lênin considerou que Latsis ia longe demais, mas manteve esse juízo para si[141]. Nada foi, portanto, mudado, a não ser que, em 1921, a Tcheka foi rebatizada de GPU (*Gossudarstvenoie Polititcheskoie Upravlenie*, Administração Política Estadual).

OS BRANCOS

A guerra civil propriamente dita opôs aos bolcheviques em 1918-1919 três exércitos brancos, comandados respectivamente pelos generais Denikin, Iudenitch e pelo almirante Koltchak. No início, todas as potências beligerantes interessaram-se de perto por essa guerra. Vimos o que aconteceu, especialmente, com a Alemanha. Sua queda criou uma situação muito diferente: os Aliados já estavam alistados na Rússia, mas seu ardor aumentou, pois, da noite para o dia, Lênin substituiu o cáiser na qualidade de inimigo número um das democracias burguesas. Entretanto, a desunião instalou-se então em seu campo. Na Conferência de Paris, Clemenceau lutava contra os anglo-saxônicos, a respeito do destino da Alemanha e da partilha dos despojos; esse confronto era ainda complicado pelo desacordo entre Lloyd George, que queria participar da divisão, e o presidente Wilson, que aspirava a uma paz ideal sem vencedores nem vencidos. No final das contas, apenas os franceses e os ingleses praticaram uma intervenção ativa, para baixar progressivamente o pavilhão, pois, em toda parte, as populações estavam cansadas da guerra. Ademais, não faltavam simpatizantes dos bolcheviques no Ocidente: os socialistas lhes eram, quase sempre, favoráveis, e um grande número de grandes intelectuais manifestava seu interesse pela imensa "experiência" tentada por Lênin. Alguns deles, depois de ter feito a peregrinação a Moscou, declaravam que ela tivera êxito... É sobre esse pano de fundo internacional que se constituíram na periferia da Rússia histórica os exércitos brancos.

---

141. Trata-se de um artigo inacabado de Lênin, que só foi publicado dois anos após sua morte. Nesse esboço de artigo, ele aprovava os tchekistas por "vigiar com atenção os representantes das classes, das camadas ou dos grupos que gravitavam em torno dos guardas brancos", mas censurava a Latsis, "um dos melhores comunistas, um comunista experiente", o fato de ter escrito no *Krassny Terror* que convinha proceder à execução dos burgueses, na ausência de qualquer prova (cf. *Oeuvres*, t. XXVIII, p. 406).

O primeiro, o único também a ameaçar seriamente o santuário de Moscou, formou-se desde o início de 1918 no sudeste da Rússia, no litoral do mar de Azov. Seu núcleo era composto pelos oficiais de todos os níveis que, desde o outono de 1917, tendo visto surgir a tempestade, haviam deixado Petrogrado. Tornaram-se mais numerosos depois do golpe de Estado de Lênin, e dirigiram-se, via de regra, para o território semi-autônomo dos Cossacos do Don, para ali formar um "exército de voluntários", sob a direção dos generais Kornilov e Denikin. Esse pequeno exército contava no início mais oficiais do que soldados; foi progressivamente reforçado por um afluxo de novos patriotas, em especial o destacamento do general Drosdóvski, vindo da Romênia com seu regimento. Chegou então a contar mais de dez mil combatentes. Mas na primavera, o exército alemão, retomando seu avanço atingiu o mar de Azov, estabelecendo seu quartel-general em Rostov. Os voluntários decidiram então retirar-se para uma região mais distante e independente, a dos Cossacos do Kuban, no norte do Cáucaso. Foi a heróica "marcha do gelo"; ela fracassou, e Kornilov foi morto. Denikin, que o sucedeu, era um general moderado, partidário de um regime constitucional, mas devia compor com seu círculo, constituído em grande parte por monarquistas, que queriam ressuscitar o regime czarista e retomar seus privilégios de antes da guerra. De resto, em todos os exércitos brancos, encontravam-se extremistas desse tipo, que por vezes ditavam a lei.

Imediatamente após o armistício de novembro de 1918, os franceses e os ingleses intervieram na Rússia meridional, que dividiram em "zonas de influência". O general d'Anselme desembarcou em Odessa, mas suas tropas, perseguidas pelos nacionalistas ucranianos, e expostas ademais à propaganda soviética, não quiseram combater. Pior ainda, a frota estava prestes a se amotinar, impelida por ardorosos militantes socialistas, como André Marty e Charles Tillon. Só restava ao comando francês ordenar, em abril de 1919, uma evacuação geral.

Os ingleses saíram-se melhor, o general Poole desembarcou em Rostov no dia seguinte ao armistício, acompanhado apenas de uma ou duas centenas de oficiais e instrutores. Tomou Denikin e seus voluntários sob sua proteção, fornecendo-lhes artilharia e munições em abundância; supervisionou a reorganização do exército branco, e conseguiu convencer os cossacos a se integrarem a ele. Na primavera de 1919, cerca de cem mil homens bem equipados tomaram a ofensiva. Apoderaram-se da maior parte da Ucrânia, e, em setembro, um reide de cavalaria, penetrando profundamente no território russo, pareceu prometer uma vitória próxima. Uma parte da nova oligarquia de Moscou ficou aterrorizada, certos dirigentes ou tchekistas muniram-se de documentos falsos ou providenciaram refúgios[142]. Mas o pânico não durou muito: em outubro, a cavalaria vermelha de Budienny abalou os brancos, conseguiu uma brecha e atingiu Rostov no fim do ano. Era a degringolada, o fim estava próximo, tanto mais que os ingleses resolveram por sua vez retirar-se do jogo.

Fizeram-no ao término de debates agitados. Na Câmara dos Comuns, Winston Churchill denunciou os objetivos de Lênin, como iria fazê-lo em relação aos de Hitler, mas Lloyd George, o primeiro-ministro, segurava as rédeas. Notando a derrota dos brancos, pôs fim à ajuda militar, na esperança de "apaziguar" os bolcheviques; seguiram-se negociações com vistas a um acordo comercial.

Entre os brancos, que viam sua causa perdida, o extremismo ganhava terreno, e Denikin foi superado por suas tropas que, como outrora, culparam os judeus. A situação piorou quando se conheceu o destino trágico da família imperial, e se soube que a czarina guardava em seu quarto dois objetos carregados de significado; uma cruz gamada que ela mesma tinha desenhado, e um exemplar dos *Protocolos dos Sábios de Sião*[143]. Para muitos oficiais brancos, as verdadeiras razões da derrota se esclareceram, e os propagandistas tiveram com que excitar os espíritos: um novo órgão intitulado *A Moscou!* resumia na primeira página os *Protocolos* republicados, pois os verdadeiros Sábios, de Trótski a Uritski, tinham se desmascarado. Essas revelações tiveram grande repercussão, e certos órgãos de reputação, britânicos, americanos e franceses, tornaram-se finalmente seus divulgadores mundiais. No exército branco, a raiva foi tão grande que se expulsaram os voluntários judeus que tinham participado da legendária "marcha do gelo"; Denikin não pôde fazer nada. Quanto aos *pogroms*, não tiveram nada em comum com os dos tempos czaristas; o número total das vítimas elevou-se a quase sessenta mil, embora a maior parte deles fosse cometida por bandos autônomos ucranianos; mas os generais brancos não intervieram.

Como sempre em casos semelhantes, a desmoralização foi geral. Citemos o general Drosdóvski: "Nossos costumes são bestiais; nossos corações cheios de uma vindita e de um ódio mor-

---

142. Cf. G. A. Salomon, *Sredi krasnykh vojdei*, Paris, 1930, t. I. pp. 215-221. O autor escreve que, quanto a ele, tinha conseguido, a exemplo de alguns amigos seus, um frasco de cianureto.

143. Cf. Norman Cohn, *Histoire d'un mythe, la "conspiration" juive et les Protocoles des Sages de Sion*, Paris, 1968, pp. 121-122.

tais; nossa justiça sumária é atroz, assim como o são as voluptuosas matanças com que se comprazem inúmeros de nossos voluntários". Ou o general Wrangel, que sucedeu a Denikin: "Um exército habituado à arbitrariedade, às pilhagens, às bebedeiras, e dirigido por chefes que lhe dão o exemplo dessas práticas – um exército assim não podia salvar a Rússia"[144].

Em março de 1920, o general Denikin, desesperado, passou as rédeas do poder ao general Wrangel, e se exilou na França. Wrangel conseguiu manter-se alguns meses na península da Criméia, estando o grosso do exército vermelho engajado na guerra russo-polonesa; além disso, ele contava com a ajuda dos franceses. Mas no outono de 1920, o último ponto de apoio dos brancos teve também de ser evacuado.

Do general Iudenitch, há pouco o que dizer. Ele operava no sudeste de Petrogrado, esforçando-se por reunir em torno de sua pessoa os poucos milhares de oficiais brancos ou de ativistas dispersos na região. No início de 1919, os ingleses tinham enviado uma frota ao Báltico, e tentado unificar todas as forças antibolcheviques que operavam nas redondezas: estonianos, finlandeses e tropas alemãs independentes. Mas foi impossível estabelecer um acordo entre elas, e Iudenitch teve de operar sozinho. Por duas vezes, em maio e em outubro de 1919, lançou seus magros efetivos sobre Petrogrado. Da primeira vez, não pôde se aproximar da cidade, mas da segunda, penetrou em seus subúrbios. A situação parecia grave. Trótski acorreu imediatamente para dirigir a defesa, organizou um levante em massa e mandou cavar trincheiras. A batalha decisiva ocorreu nas colinas de Pulkovo: os brancos foram derrotados e, de etapa em etapa, recuaram para a Estônia, onde se refugiaram; Iudenitch, assim como Denikin, morreu no exílio na França.

Podemos nos deter um pouco mais em Koltchak, nem que seja pelo fato de, apoiado pelos ingleses, ele ter se proclamado, pouco após sua chegada à Sibéria, comandante supremo de todas as forças antibolcheviques. Denikin e Iudenitch reconheceram essa supremacia, que aliás permaneceu teórica, uma vez que os problemas de comunicações tornavam impossível qualquer coordenação verdadeira.

A população siberiana possuía sua fisionomia própria: o campesinato, na ausência de grandes proprietários, não tinha rei-

---

144. Cf. *A Europa Suicida*, p. 175.

vindicações especiais, e o proletariado das fábricas era pouco numeroso. No início de 1918, os bolcheviques só conseguiram tomar pé em algumas cidades siberianas, de onde foram expulsos pela Legião tcheca. Sob sua proteção, ali se formou um governo de coalizão, onde estavam representadas todas as tendências antibolcheviques; ele nutria o projeto de formar uma república siberiana independente, com Omsk como capital. Koltchak conseguiu tomar o poder, e tentou, por sua vez, a partir de Omsk, reconquistar a Rússia inteira. Suas tropas transpuseram os Urais e tomaram as cidades de Ufa e de Perm. Não conseguiram, entretanto, ou não quiseram, ir além, em virtude da discórdia entre elas. Excelente soldado, mas político deplorável, arrogante e frágil, Koltchak conseguiu inimizar-se com todo mundo: os tchecos, os Aliados, os social-revolucionários, e principalmente, a população local, à qual tentou impor a conscrição obrigatória. Sua particularidade era, contrariamente a Denikin, atribuir todas as desgraças da Rússia aos Sábios do Sião, fazendo dos *Protocolos* seu livro de cabeceira[145], mas como, na Sibéria, não havia judeus residentes, ali não ocorreram *pogroms*.

Desprezando os conselhos dos Aliados, Koltchak proclamava abertamente sua intenção de restabelecer o regime czarista, e procurava instaurar a disciplina de outros tempos no seio de seu exército. As deserções se multiplicaram; algumas unidades passavam para o lado inimigo com armas e bagagens. Os generais faziam intrigas uns contra os outros; alguns só procuravam encher os bolsos de dinheiro. Nessas condições, a contra-ofensiva do general Vatsetis, arrefecida pelo clima e pelas distâncias, sofreu apenas fracos contra-ataques dos brancos. Em julho de 1919, sobrava apenas uma divisão de infantaria e algumas centúrias cossacas a Koltchak, tendo o grosso de seu exército se evaporado na imensidão siberiana. Mais algumas semanas, e foi o fim: entregue pelos tchecos, Koltchak foi fuzilado no dia 4 de fevereiro de 1920.

Atribui-se, o mais das vezes, a vitória dos exércitos vermelhos à posição central que ocupavam, num território bem provido de transportes, que permitiam deslocar as tropas de uma frente de batalha à outra e que asseguravam a rapidez das comunicações. Acredita-se também que as populações camponesas temiam o restabelecimento do regime czarista, favorecendo, portanto, os bolcheviques. A primeira proposição é verdadeira; a segunda só o

---

145. Cf. o testemunho de G. E. Guinns, chefe da administração civil do general Koltchak, em suas *Memórias (Sibir', Soiuzniki i Koltchak,* Pequim, 1921, p. 368).

é parcialmente; vimos como o campesinato reagia às requisições de cereais e a outras ingerências do poder central. O historiador Martin Malia exprime talvez a nuance correta escrevendo que "aos olhos da população, os brancos logo se mostraram tão maus, se não piores, que os bolcheviques". O mesmo autor testemunha o reflexo nacionalista russo que, por força das circunstâncias, só podia ser favorável aos vermelhos; não era sem boas razões que Lênin e os outros dirigentes não paravam de denunciar o "complô imperialista", as "tramóias da burguesia internacional", e assim por diante. E Malia insiste no papel primordial da *ideologia*:

> Entre brancos e vermelhos, uma diferença essencial é criada pela ideologia. Os vermelhos sabem que eles agem em nome da ciência e não ao nível de um vulgar empirismo. Os vermelhos agem em nome da marcha da História, e não por um vulgar interesse de classe. Os vermelhos agem pela justiça e pelo bem da humanidade, e não por uma vulgar restauração dos antigos privilégios. [...] Assim, é a ideologia que dá o piparote final no sistema e impele o partido bolchevique a querer englobar tudo num só sistema de burocracia universal ideocrática[146].

Já abordei esse aspecto exaltante do "marxismo-leninismo". Certamente, houve nos exércitos brancos dezenas de milhares de combatentes magníficos. Mas seu dinamismo não era comparável ao impulso messiânico dos militantes bolcheviques, convencidos de estarem construindo a cidade ideal, sob os aplausos de seus inúmeros e amiúde ilustres admiradores internacionais. Ademais, em 1919, sovietes à moda russa surgiam na Europa central, e efêmeras repúblicas socialistas se criavam na Baviera e na Hungria. A revolução mundial não estava batendo à porta? Deste ponto de vista, a primavera de 1919, durante a qual as tropas de Denikin se lançavam em direção a Moscou, não deixava também de justificar todas as esperanças, e a 1º de maio de 1919, Lênin podia celebrar uma tripla vitória: "Diante das forças unidas da Rússia, da Hungria e da Baviera soviéticas, será impossível ao imperialismo franco-inglês resistir. O abandono de Odessa e da Criméia demonstra que os soldados franceses e ingleses não desejam combater a Rússia dos Sovietes"[147]. Mas a revolução bávara foi esmagada na mesma semana, suscitando uma furiosa reação, e a da Hungria teve a mesma sorte, no outono de 1919. Em 1920, a guerra russo-polonesa também terminou com a derrota do exérci-

---

146. Cf. M. Malia, *Comprendre la Révolution russe*, Paris, col. "Points", 1980, p. 152.

147. Cf. *Oeuvres*, t. XXIX, pp. 331-332 (discurso pronunciado na Praça Vermelha, a 1º de maio de 1919).

to vermelho, e a esperança de estender a revolução aos países vizinhos viu-se transferida para um futuro indefinido.

Esses anos de guerra civil foram decisivos para o desenvolvimento ulterior da União Soviética. Com efeito, a extensão dos combates e a ferocidade da Tcheka contribuíram para a rápida eliminação da ex-burguesia e dos antigos quadros administrativos; para substituí-los por elementos seguros, o regime recorreu ao reservatório dos membros do Partido, que, no fim de 1919, contava com seiscentos e cinqüenta mil membros. Essa "ideocracia" virá a dominar progressivamente todas as atividades culturais ou intelectuais, com a distinção staliniana entre verdadeira cultura socialista, e falsa cultura burguesa. Na época de Lênin, ainda não chegamos a isso.

Quanto à própria guerra civil, a propaganda bolchevique apresentava-a como uma luta mortal entre a Rússia soviética e o capitalismo internacional, e os brancos ali figuravam apenas a título de lacaios ou de mercenários do imperialismo; com freqüência, nem sequer eram nomeados. Assim é que, em maio de 1918, às vésperas das operações militares, Lênin explicava a inação do campo imperialista por suas dissensões internas, pelo antagonismo entre a Grã-Bretanha e a Alemanha de um lado, entre os Estados Unidos e o Japão, do outro: "A ferocidade desses conflitos torna muito difícil, quase impossível, uma aliança das grandes potências imperialistas contra a União Soviética"[148]. Do mesmo modo, em dezembro de 1919, quando os brancos foram derrotados em todas as frentes, ele dava graças à Rússia por haver resistido ao imperialismo mundial unificado:

Tivemos de assumir a pesada e gloriosa tarefa de sermos os iniciadores da luta mundial contra o imperialismo. Eis por que toda a marcha dos acontecimentos anuncia uma luta ainda mais feroz contra o imperialismo mundial, luta que será inevitavelmente ligada à luta da União Soviética contra as forças do imperialismo unificado: a Alemanha, a França, a Inglaterra e a América[149].

Sabe-se que essa concepção continua a ser cultivada em nossos dias. Talvez se trate do único ponto da dogmática leniniana levado a sério pelos mestres atuais do Krêmlin; ele o é, certamente, por uma parte da população, subjugada por uma propaganda martelada em seus ouvidos desde o berço até o túmulo.

---

148. Cf. *Lênin sobre a Intervenção*, Moscou, 1931, p. 31 (discurso de 14 de maio de 1918).

149. Cf. *idem*, pp. 93-94 (discurso de 27 de novembro de 1919).

Uma outra conseqüência da guerra civil foi a exportação do anti-semitismo russo: derrotados militarmente, os brancos conseguiram propagar passageiramente através de todo o Ocidente sua mitologia que, no final das contas, teve Hitler como legatário universal. Essa filiação por excelência da causalidade diabólica é pouco conhecida, e seu exame nos servirá de conclusão.

Conclusão

Vou examinar sucessivamente o caso geral, e o caso da Alemanha.

Todos os países burgueses estavam expostos à propaganda dos brancos, que se reduzia, em última análise, à equação "bolchevismo = judaísmo"; a demonstração mais simples apoiava-se em nomes próprios, de Trótski = Bronstein a Kamenev = Rosenfeld, completada pela judaização dos nomes puramente russos (assim, o verdadeiro nome de Lênin teria sido Zederbaum, e não Ulianov). A indústria dos falsos documentos era florescente; tratava-se seja de travestimentos originais, seja de uma republicação dos *Protocolos dos Sábios de Sião*, efetuada em alguma oficina, em Rostov ou em Kiev, e que se encontrava alguns meses depois no *Morning Post* em Londres, no *Chicago Tribune*, ou na *Documentation catholique* em Paris. Em minha História do Anti-Semitismo, forneci vários exemplos desses remanejamentos; na presente obra, contentar-me-ei com uma única amostra, extraída dos arquivos do State Department, onde fora depositada em novembro de 1917 pelo antigo funcionário czarista Boris Brasol, sob o título de *Bolshevism and Judaism*. Esse documento era um complemento dos *Protocolos*. Revelava em especial que a decisão de derrubar a autocracia russa fora tomada em Nova York, em fevereiro de 1916, por iniciativa do banqueiro judeu Jacob Schiff; os sábios judeus vangloriavam-se de esmagar a rebelião dos *goyim* russos, "com a ajuda dos canhões americanos, chineses e japoneses". O documento compreendia, em anexo, uma lista de trinta e um nomes judeus, autênticos ou inventados, supostos de serem os dos verdadeiros dirigentes da Rússia dos sovietes. Uma comissão senatorial encarregada, no começo de 1918, de uma investigação sobre o bolchevismo garantiu a essa adulteração uma vasta publicidade. A comissão procedeu igualmente à audiência de uma vintena de testemunhas, cada uma das quais interpretava o novo regime russo à sua maneira. Para uns, o verdadeiro ideal cristão estava prestes a ser realizado na Rússia, enquanto outros afirmavam que dois terços, e até três quartos dos novos senhores do Krêmlin eram judeus. O pastor Simons, delegado da Igreja Metodista na Rússia, chegava a afirmar que eles eram noventa e cinco por cento, e que a maior parte deles era originária do bairro judeu de Nova York[1]. Tais exageros contribuíram para fazer a comissão recusar a tese de uma conspiração judia, mas a dúvida fora semeada em inúmeros espíritos, especialmente no de Henry Ford I, que se comprouve, durante alguns anos, em difundir nos Estados Unidos e no estrangeiro os *Protocolos* sob o título *The International Jew*; todavia, segundo ele, a maior parte dos judeus era inocente, só alguns iniciados faziam parte da grande conjuração.

Sob uma forma ou outra, a mistificação da Okhrana, traduzida na maioria das línguas européias, permanecia como o documento de base, às vezes utilizado para fins de alta política. Assim é que, na Grã-Bretanha, ela serviu à ala dura do partido conservador, para se opor ao projeto de Lloyd George, o primeiro-ministro, que desejava concluir um acordo comercial com Moscou, na esperança de associar os bolcheviques ao concerto das nações. Era preciso, portanto, provar que o regime soviético servia de anteparo a uma conspiração internacional. Com esse objetivo, o *Times*, jornal respeitável por excelência, publicava a 8 de maio de 1920, sob o título "The Jewish peril", o artigo seguinte:

> É certo que o livro foi publicado em 1905. Ora, certas passagens têm o aspecto de profecias, a menos que se atribua a presciência dos *Sábios de Sião* ao fato de serem efetivamente os instigadores secretos daqueles acontecimentos. Quando se lê "que é indispensável para nossos planos que as guerras não acarretem modificações territoriais", como não pensar no grito de "Paz sem anexação" lançado por todos os partidos radicais do mundo, e especialmente na Rússia. O mesmo acontece em relação a: "provocaremos uma crise econômica universal por todos os meios possíveis com a ajuda do ouro cuja totalidade se encontra em nossas mãos" [...].

1. Para os detalhes dos debates dessa comissão senatorial, ver *A Europa Suicida*, pp. 220-223.

Não se pode tampouco deixar de reconhecer a Rússia soviética no que se segue:

> "Para governar o mundo, os melhores resultados são obtidos pela violência e pela intimidação". "Em política, devemos saber confiscar os bens sem a menor hesitação." [...] O que significam esses *Protocolos*? São eles autênticos? Um bando de criminosos elaborou realmente tais projetos, e será que nesse exato momento se rejubila com sua realização? Trata-se de uma adulteração? Mas como explicar então o terrível dom profético que predisse tudo isto? Não teríamos lutado durante anos passados contra a dominação mundial da Alemanha apenas para enfrentar presentemente um inimigo bem mais perigoso? Não teríamos escapado, à custa de enormes esforços, à *Pax Germanica*, apenas para sucumbir à *Pax Judaica*? [...] Vamos despachar o caso sem proceder a uma investigação?

Esse artigo não deixou de suscitar uma viva emoção, e os *Protocolos* viram-se promovidos, da noite para o dia, ao nível de *best-seller* internacional: afinal eles forneciam uma explicação simples e exaustiva do desastre que se abatera sobre o Ocidente cristão. Na própria Inglaterra, o jovem Winston Churchill distinguia naquela época judeus leais e judeús "terroristas", cujo complô remontava, segundo ele, pelo menos à Revolução Francesa. Outros autores reclamavam o restabelecimento dos guetos medievais para os judeus. Mas essa agitação e essas suspeitas, postas em evidência por uma parte da imprensa conservadora, duraram apenas cerca de quinze meses. Com efeito, em agosto de 1922, o *Times* arrefecia ele mesmo as paixões que havia suscitado, revelando que *Os Protocolos* repousavam numa adulteração grosseira, pois plagiavam, palavra por palavra em certas passagens, um panfleto antibonapartista publicado em 1867: o *Diálogo no Inferno entre Maquiavel e Montesquieu*, de Maurice Joly. Como e por que tantos autores e seu público tinham caído na armadilha, é uma questão que não abordaremos aqui[2]; o que importa é que o escrito, daí em diante, só foi levado a sério por alguns leitores ingênuos, iludidos por incorrigíveis adeptos da causalidade diabólica.

A vaga anti-semita que arrebentou sobre a Alemanha depois da guerra foi de outra forma violenta e duradoura, pois, depois de uma guerra perdida, era preciso arranjar um bode expiatório. Os verdadeiros responsáveis pela derrota, isto é, o alto-comando e os meios pangermanistas, proclamaram então que "os judeus" tinham apunhalado pelas costas o invencível exército alemão. Essa

---

2. Tratei dela em minha *A Europa Suicida*, especialmente pp. 56-60.

lenda (*Dochstosslegende*) podia invocar uma pequeníssima parcela de verdade, pois alguns judeus tinham desempenhado em 1918-1919 um papel dinâmico na organização dos Conselhos de operários e de soldados do tipo russo, que se formavam aqui e ali. Ademais, o primeiro chefe do governo revolucionário da Baviera foi o pacifista judeu Kurt Eisner; entre seus sucessores, encontravam-se três judeus russos (Tobias Axelrod, Max Levin e Evguêni Levin). Quando, em maio de 1919, esse regime foi varrido com a ajuda do exército, Munique tornou-se naturalmente o lugar privilegiado do anti-semitismo e dos sonhos de revanche germânicos. O minúsculo Partido Nacional-Socialista, fundado por um certo Anton Drexler, surgiu nesse clima. O exército se interessou, e encarregou o cabo Adolf Hitler de inscrever-se nele; foi assim que esse "instrutor político" (*Bildungsoffizier*) encontrou sua vocação... Em algumas semanas, aprendeu a galvanizar as multidões, e julgou-se promovido a um papel providencial; na primavera de 1920, ele afastava Drexler, tornando-se o chefe inconteste de um partido bávaro que contava com dois mil membros[3].

Desde o início, filiados russos, especialmente germano-bálticos, desempenharam no surto do hitlerismo um papel de primeiro plano. É provável que a judiofobia tenha sido inculcada em Hitler desde sua infância, talvez por aquele professor Poetsch que ele cobre de elogios nas primeiras páginas do *Mein Kampf*, mas os Protocolos e outros mitos engendrados ou popularizados pela Revolução de Outubro lhe foram ensinados, direta ou indiretamente, por refugiados da Rússia. Por um lado, tratava-se de membros da União do Povo Russo e outros ativistas que, no verão ou no outono de 1918, tinham seguido as tropas alemãs em sua retirada (lembremos que eles não tinham hesitado em ostentar sua germanofilia desde o início das hostilidades). Alguns dentre eles fizeram falar a seu respeito no III Reich: como o general Biskúpski, nomeado Führer ou chefe dos emigrados russos, ou o general Skoropádski, que exerceu funções análogas junto aos ucranianos. Um papel à parte coube ao coronel Theodore Winberg, que repisou na emigração velhos temas antimaçônicos, e foi assim o primeiro a reclamar publicamente, desde os anos de 1920, o extermínio global dos judeus. Suas obras em russo ou em alemão, assim como os *Protocolos* e outras publicações desse tipo, eram difundidas por uma pequena livraria de Berlim: a livraria da Maurerstrasse, fundada por militantes emigrados dos

---

3. Cf. H. Auerbach, "Hitler politische Lehrjahre und die münchener Gesellschaft 1919-1923", *Vierteljahreshefte für Zeitgeschichte*, 1/1977, pp. 1-45.

Cem-Negros. Mas foi o jovem germano-báltico Alfred Rosenberg, instalado desde o início de 1918 em Berlim, quem iniciou Hitler na demonologia judia-bolchevique. Esse escritor prolífico, que se tornou o ideólogo oficial do III Reich, publicou entre 1920 e 1944 uma vintena de livros, o mais conhecido dos quais, *O Mito do Século XX*, tornou-se a Bíblia filosófica do nazismo, e teve cerca de um milhão de compradores (se não de leitores). Quando, às vésperas de sua publicação, perguntou a Hitler o que ele achava do livro, este respondeu: "É um livro muito inteligente; pergunto-me apenas quantas pessoas são hoje capazes de ler e compreender tal livro". Ou seja, se os objetivos desse "mito" – demonstrar que a alma racial germânica tinha sido escravizada pelo ensinamento judio-cristão, e que Hitler viera libertá-la – eram evidentes, a demonstração estava fora do alcance de um leitor médio. Apesar disso, ou talvez por causa disso, Hitler, desde a sua ascensão ao poder, cobriu de honras seu velho companheiro: em 1934, ele foi nomeado "delegado do Führer para a salvaguarda da doutrina nacional-socialista", e em 1941, Ministro dos Territórios Ocupados a Leste, inclusive a Rússia. Mas essas funções eram sobretudo honoríficas, e Rosenberg pouco teve a ver com o extermínio das "raças inferiores" ou com a luta contra as Igrejas. Tentou até opor-se aos piores excessos das SS, preconizando um tratamento diferenciado dessas raças. Prova disso é esta carta que dirigia, em fevereiro de 1942, ao comando supremo do exército:

> Convém enfim mencionar as execuções dos prisioneiros de guerra por fuzilamentos; estes são às vezes praticados segundo princípios desprovidos de qualquer compreensão política. Assim, por exemplo, asiáticos foram fuzilados em alguns campos, ainda que os habitantes da Transcaucásia e do Turquestão, territórios asiáticos, estejam precisamente entre as populações da União Soviética mais hostis à opressão russa e ao bolchevismo. Meu ministério chamou diversas vezes a atenção para essa situação deplorável. Contudo, ainda em novembro passado, um comando apareceu num campo de prisioneiros perto de Nicolaiev, e quis liquidar os asiáticos. O tratamento dos prisioneiros de guerra parece repousar em concepções totalmente errôneas, no que se refere às populações da União Soviética. A mais difundida dessas concepções é que os povos tornam-se cada vez menos civilizados, à medida que se vai na direção leste. Se, portanto, já se submetem os poloneses a um tratamento severo, parece que se considera que os ucranianos, os russos brancos e mesmo os asiáticos deverão ser submetidos a um tratamento ainda mais duro[4].

Mas os SS não ligavam para as lições antropológicas de Rosenberg, cujas relações com Hitler já não eram o que tinham sido no início dos anos de 1920, quando era seu pensador titular, "o

4. Cf. L. Poliakov, *Le Bréviaire de la haine*, Paris, 1951, p. 308.

único homem cujas opiniões sempre escuto"⁵. Em 1923, Rosenberg tornou-se o redator-chefe do *Völkischer Beobachter*, cercando-se tanto quanto possível de amigos – Arno von Schickedanz, Otto von Kursell – a tal ponto que, como o próprio Hitler dizia, o órgão do Partido deveria se chamar *Münchener Beobachter*, edição báltica.

Um outro germano-báltico, Max Erwin von Scheubner-Richter, desempenhou, na ascensão do hitlerismo, um papel ainda mais importante, mas pouco conhecido, pois o homem foi morto em novembro de 1923, quando os nazistas tentaram tomar o poder pela força ("a marcha sobre Berlim"). É, aliás, possível que Scheubner-Richter tenha sido o autor do projeto, sendo a figura de proa da "marcha" o marechal Ludendorff, do qual, na época, o futuro Führer se dizia o simples anunciador, o "João Batista". Ademais, desde sua chegada a Munique, em 1919, Scheubner-Richter organizava sociedades de ajuda germano-russas, destinadas a reconstruir a Rússia de outrora, uma vez o regime bolchevique fosse esmagado. Essa esperança manteve-se durante anos; para fortalecê-la, ele organizou um congresso de todas as associações monarquistas russas, com a participação de Nikolai Markov, do arcebispo Anton, do príncipe Jevakhov, antigo vice-presidente do Santo Sínodo, e de diversos outros extremistas de direita ou veteranos da União do Povo Russo. Nesse congresso, que se realizou em maio de 1921, em Bad Reichen, a presidência de honra coube à duquesa Victoria de Coburg, esposa do grão-duque Cyril Vladimirovitch que, no ano seguinte, apresentava-se como pretendente oficial ao trono imperial russo. É nesses meios aristocráticos russo-alemães que Scheubner-Richter organizava coletas para o partido nazista: ele tinha a reputação de ser um gênio na matéria. Outra angariadora devotada, da mesma origem que ele, foi uma certa Gertrude von Seidlitz, que permitiu ao partido comprar o *Völkischer Beobachter* e transformá-lo em diário.

Essa participação dos emigrados russos, e mais especialmente, dos germano-bálticos, na ascensão de Hitler, foi notada desde cedo (enquanto o papel paralelo dos letões na vitória de Lênin ainda espera seu historiador...). Desde 1933, Konrad Heiden, primeiro historiador do movimento nazista, atribuía a essas "influências russas" um papel determinante na política hitleriana:

---

5. "Mantenha um bom entendimento com Rosenberg", dizia Hitler, em 1922, a seu novo amigo Lüdecke. "É o único homem que sempre escuto. É um pensador. A amplidão de suas concepções sobre política estrangeira vai interessá-lo." Citado por Robert Cecil, *The Myth of the Master Race, Alfred Rosenberg and Nazi Ideology*, Londres, 1972, p. 34.

Ela [essa política] tem, com efeito, suas fontes espirituais na Rússia dos czares, no meio dos Cem-Negros e dos russos puros. Fugindo da terra natal, esses homens, transformados em nômades e sem pátria, trouxeram consigo, para a Europa central e ocidental, suas concepções, sua nostalgia e seus ódios. O sombrio e sangrento anti-semitismo russo infestou o anti-semitismo alemão, mais complacente. [...] É preciso que se diga: o anti-semitismo no qual o Báltico envolveu Hitler e seus companheiros não é algo alemão. Rosenberg é o par de Ashaverus: o eterno anti-semita que, eternamente, persegue o judeu-errante através do mundo[6].

Às vésperas da Segunda Guerra Mundial, um pesquisador francês, Henri Rollin, denunciava por sua vez o papel particular dos germano-bálticos, remontando o curso dos séculos:

Ao gosto dos alemães pelas teorias científicas, a seu culto brutal à força, eles aliavam as tendências místicas dos russos e o hábito desses procedimentos asiáticos dos quais a permanência de Gênghis-Khan deixara tantos vestígios no império moscovita. A lembrança dos antigos Cavaleiros teutônicos os embriagava. Atingidos em seu orgulho pelas revoluções russa e alemã, sonhavam em poder, um dia, mostrar-se implacáveis, e rivalizavam em patriotismo germânico com os mais exaltados dos pangermanistas[7].

Vinte anos depois, o historiador Walter Laqueur retomava essas questões esquecidas, ou melhor, ocultas pelo drama cósmico de 1939-1945, e chegava a conclusões análogas. Explicava-o em seu prefácio:

Atribuo uma importância maior do que outros autores que exploraram as origens do nacional-socialismo às influências (pré)soviéticas russas e a certos meios da emigração russa. Num dado momento, estava menos certo do que hoje da importância dos *Protocolos dos Sábios de Sião* e de seus promotores alemães. Mas as provas são esmagadoras, e creio agora que as fontes russas do nacional-socialismo foram negligenciadas até hoje simplesmente porque não foram estudadas[8].

Quais são as provas? O sr. Laqueur mostra que inúmeros emigrados russos desempenharam um papel de primeiro plano na propaganda anti-semita através do mundo, mas sobretudo no III Reich. Figuras obscuras emergem, um príncipe Jevakhov, um Schwarz-Bostunitch, um príncipe Cherep-Spirodovitch; tanto mais obscuros porque, russos autênticos, permaneciam geralmen-

---

6. Cf. Konrad Heiden, *Les origines de Hitler et du national-socialisme*, Paris, 1934, pp. 44-45.
7. Cf. Henri Rollin, *L'Apocalypse de notre temps*, Paris, 1939, p. 154.
8. Cf. Walter Laqueur, *Russia and Germany...*, Londres, 1939, p. 154.

te confinados em empregos subalternos, pois, conforme os critérios em vigor no III Reich, eram também eles "não-arianos".

Por seu lado, Hitler era o primeiro a convir que, em muitos pontos, especialmente no que se refere à propaganda, ele apenas seguia o exemplo dos métodos soviéticos. Chega a escrever, no início de *Mein Kampf*, que os gases asfixiantes – isto é, o marxismo – só podiam ser combatidos com eficácia por outros gases asfixiantes[9]. Seja o que for essa fórmula singularmente ambígua, vê-se que o ingrediente propriamente revolucionário da propaganda hitleriana, seu anti-semitismo delirante, provinha da Rússia, diretamente ou por um efeito de bumerangue. O príncipe Jevakhov não estava errado em escrever, em 1936, que os russos tinham desempenhado um papel primordial na gestação do III Reich, e que a humilde oficina da Maurerstrasse, que fornecia, em 1919-1923, os *Protocolos* e outros panfletos do gênero, foi "o quartel-general do maravilhoso movimento popular que, dez anos depois, levou Adolf Hitler ao poder"[10].

---

9. Nessa passagem em questão, Hitler falava do marxismo nestes termos: "É uma tática estabelecida sobre um cálculo exato de todas as fraquezas humanas e cujo resultado deve levar quase matematicamente ao sucesso, à menos que o campo oposto aprenda, por sua vez, a combater os gases asfixiantes com gases asfixiantes". (*Mein Kampf*, ed. alemã 1934, pp. 45-46.).

10. Cf. N. P. Jevakhnov, *Serge Alexandrovitch Nilus, Kratki otcherk jizni i ddeatelnosti*, Novy Sad, 1936, pp. 36-37.

Anexo.
Nota Sobre os Velhos-Crentes

Inúmeros exemplos históricos: o dos judeus, o dos parses (zoroastrianos) da Índia, o de diversas minorias cristãs – coptas e maronitas na terra do Islã, e, mais próximos de nós, os reformados franceses, assim como muitas outras – nos ensinaram que uma minoria religiosa, sobretudo quando é perseguida, acaba por se destacar nas atividades econômicas, a ponto de por vezes exercer nesse campo um verdadeiro domínio. Esse fenômeno não deixou de se manifestar no caso dos Velhos-Crentes, como já assinalei diversas vezes nesta obra. Pesquisas posteriores à sua conclusão[1] permitiram-me delimitar melhor esse problema tão pouco conhecido assim como suas conseqüências de todo tipo.

Assinalemos desde já que, no início, os cismáticos alimentaram, durante uma quinzena de anos, a esperança de fazer triunfar sua causa, graças a sua influência ou, se preciso, à força. Afinal eles possuíam um chefe indomável, na pessoa do arcipreste Avvakum, cujo carisma influenciava o próprio czar Aleksis, e uma boa parte da aristocracia moscovita chegou a partilhar suas convicções. Ademais, a proporção dos *raskolniks* era elevada no seio das tropas de elite, entre os cossacos e, na guarda czariana, os *strieltsy*. Enfim, detalhe nada desprezível, a maior parte dos *yurodivyiê*, esses russos loucos em Cristo, servia-lhes de propagandista

---

1. Pesquisas realizadas com vistas à preparação de uma obra sobre o messianismo russo, em colaboração com o professor Efim Etkin (título ou subtítulo previsto: *Moscou, Terceira Roma?*).

ou agente de ligação. Nessas condições, eles dispuseram desde 1667 de um ponto de apoio militar, a saber, o mosteiro fortificado de Solovki, no mar Branco, que só foi capturado em janeiro de 1676 (o czar morria uma semana depois). A rebelião de Razin, no início dos anos de 1670, tinha sido relacionada com a sublevação de Solovki; e as inquietações do poder aumentaram quando se descobriu, em 1681, um complô montado pelos Velhos-Crentes na própria Moscou. Sob o fraco czar Teodoro II, que sucedera a Aleksis, a Igreja ortodoxa pôde realizar, no início de 1682, um concílio que decretou seu extermínio a ferro e fogo: Avvakum, cercado por alguns fiéis, foi queimado a 1º de abril[2]. Conseqüentemente, a 15 de maio, os *strieltsy* tentaram, impelidos por seu chefe, o príncipe Khovânski, um golpe de Estado que fracassou, mas cuja repressão se arrastou por muito tempo: foi apenas em julho que os rebeldes foram definitivamente esmagados[3]. Aos holocaustos dos Velhos-Crentes juntaram-se então os autos-de-fé ainda mais massivos organizados pela regente Sofia, uma "ocidentalista" dos pés à cabeça. O fim do grande cisma estava próximo?

Seria não levar em conta a qualidade humana dos proscritos – e as imensidões do espaço russo. Enquanto grupos isolados fugiam em todas as direções – para as florestas do grande Norte, para as livres sociedades cossacas do sul, e mesmo para o estrangeiro, para a Polônia e para a Turquia – a família principesca Mychétski-Denissov criava em 1694 no lago Vyg, próximo ao círculo polar e à fronteira sueca, uma espécie de comunidade autônoma que contribuía, em todos os planos – teológico, político e econômico – para a sobrevivência e o desenvolvimento do Raskol.

Ela começou modestamente: os recursos foram, primeiramente, constituídos pela criação de gado e pela agricultura. Aceitava quem quer que aparecesse, mesmo lapões e suecos, sendo a única condição de admissão o sinal-da-cruz – feito com dois dedos. Acabou por contar, com suas diversas dependências, vários milhares de membros. Os Denissov criaram então curtumes e pelerias, e construíram um porto que lhes permitiu manter relações, por via marítima e fluvial, com as cidades comerciais da velha Moscóvia. Tornaram-se marinheiros e exploradores, chegando

---

2. Para os detalhes, reporte-se sobretudo à clássica obra de. Pierre Pascal, *Avvakum et les débuts du raskol*, reeds. Paris, 1963, especialmente pp. 544 e ss.

3. A rebelião tentada pelo príncipe Khovânski inspirou a Mussórgski o tema de sua ópera *Khovanchtchina*.

até as ilhas Spitzberg e a Nova Zembla. Sobretudo, criaram o principal, pode-se dizer, o único centro cultural autenticamente russo, sob Pedro o Grande. Abriram escolas para rapazes e moças, escolas de alfabetização, de canto, de pintura (de ícones), e constituíram uma vasta biblioteca de livros e manuscritos antigos. Mas sua maior realização foi terem se tornado comerciantes atacadistas de trigo, reabastecendo por via fluvial e lacustre a nova capital, São Petersburgo, difícil de atender por via terrestre e cuja população crescia rapidamente. E ficaram ricos, imensamente ricos; de resto, Pedro o Grande deixou sua comunidade viver em paz. Por outro lado, os Denissov não se casaram e não deixaram descendência, considerando por sua vez que a obra de carne era um pecado em tempos de Anticristo. Mas sua fundação subsistiu.

Nessas condições, o czar reformador passou a se convencer de que os Velhos-Crentes eram elementos economicamente úteis, e que podia tirar disso muitos proveitos. Abrandou, portanto, em 1716 as ferozes leis editadas em 1682; as condenações à fogueira, a menos que fossem por rebelião declarada, foram suprimidas; em compensação, ficaram sujeitos a imposições especiais, tendo de usar sinais distintivos e roupas ridículas. Uma taxa especialmente pesada (cujo não-pagamento era sancionado com a prisão de forçados) permitia aos homens conservarem suas barbas. É evidente que não podiam candidatar-se a nenhum cargo ou carreira no serviço do Estado, funções que, de resto, teriam abominado, sob um czar-Anticristo.

Assim, portanto, estavam bem armados para enfrentar suas penalizações e vexames. Seus traços particulares, tal como os mantiveram, pelo menos no campo, até o limiar do século XX, já eram nitidamente marcantes: frugalidade, sobriedade, cultura (se não "geral", pelo menos teológica), mas sobretudo recusa dos alimentos ou mercadorias de origem "latina" (chá, café, tabaco, batatas), e mesmo "alcoolizados" (o pão contendo levedura à base de lúpulo). Ora, essas proibições tornavam impossíveis a comensalidade e a convivência com as ovelhas da Igreja ortodoxa, estreitando uma solidariedade que lhes era imposta tanto por sua fé como por sua condição.

De resto, após a morte de Pedro o Grande, seu regime foi novamente agravado, sobretudo pela devota czarina Elisabeth, sob a qual a prática das auto-imolações ou purificações pelo fogo começou a reflorescer. E, daí em diante, viveram sob um regime de ducha escocesa que só podia fortalecer seu ódio pelos poderes estabelecidos.

Com efeito, a grande Catarina decidiu resolver o caso dos Velhos-Crentes racionalmente, tanto mais que ficara favoravelmente impressionada com a maneira pela qual supriram a carência das autoridades por ocasião da terrível epidemia de peste que assolou Moscou em 1771. O riquíssimo Kovylin e seus correligionários organizaram então uma quarentena e construíram barracas nas quais os doentes eram admiravelmente bem cuidados – e, se necessário, convenientemente enterrados. O fato de esses bons samaritanos terem se aproveitado para se entregar a atividades missionárias não devia chocar muito a "Semíramis do Norte"; o fato é que, nessa questão, a revolta de Pugatchev não a fez mudar de política[4].

Assim, portanto, durante cerca de sessenta anos, os raskolniks conheceram um período de relativa paz. Como vimos, no início do século XVIII, eles fizeram surgir diversas seitas extremistas, mas a maior parte dividia-se entre os *bezpopovtsy* (sem-padres), mais anárquicos, e os *popovtsy* ("presbiterianos"), mais organizados e mais numerosos. Foi então que se integraram em grande número ao grande comércio, dando origem a dinastias manufatureiras e outras que prosperavam e se perpetuavam graças à estabilidade familiar, enquanto os crentes mais humildes, confinados na agricultura e no artesanato, povoavam em massa as estepes transvolguianas da região de Saratov e outras regiões semidesérticas na época. Seu gênero de vida tradicional e sadio fazia-os "crescerem e se multiplicarem" à maneira bíblica, a ponto de certos funcionários imperiais julgarem de seu dever avisar que, naquele ritmo, eles iam se tornar em algumas gerações mais numerosos que os fiéis da Igreja estabelecida[5]. Pode-se acreditar que essa consideração era uma das razões das campanhas de conversão mais ou menos forçada empreendidas contra eles no reinado de Alexandre II.

Os *popovtsy* julgavam extremamente importante que os principais sacramentos lhes fossem administrados por padres regularmente ordenados. É evidente que a Igreja ortodoxa se opunha; recorriam, pois, a padres itinerantes, mais ou menos livres de obrigações. Mas em 1846, um grupo de astuciosos Velhos-Crentes conseguia criar a diocese semifictícia de Bielaia Krinitza na Rutênia austríaca, nas proximidades da fronteira russa, com a finalidade de ordenar novos padres em sua intenção. Nicolau I in-

---

4. Cf. P. S. Smirnov, *Istoria russkago raskola*, Riazan, 1893, pp. 15 e ss. (obra em princípio hostil aos Velhos-Crentes).

5. Com efeito, entre o início do século XVIII e o do século XX, a população da Grande Rússia crescera em 600%, enquanto o número dos Velhos-Crentes aumentara 4 000% para atingir cerca de vinte milhões no total (cf. A. Gerschenkron, *op. cit.*, nota 15, pp. 136-137).

dignou-se com isso, receando intrigas políticas, e seus temores aumentaram por ocasião das revoluções européias de 1848. Submeteu, portanto, os raskolniks a uma estrita vigilância, sob a direção de um jovem e culto funcionário, Andrei Melnikov. Este explorou durante uns vinte anos as regiões afastadas povoadas por Velhos-Crentes, e conseguiu penetrar em sua intimidade. Em 1866, demitiu-se, para empreender, sob o pseudônimo de Petchérski, a redação de estudos e de romances muito realistas dedicados a seus ex-administrados. Pode-se notar a esse respeito que, anteriormente às reformas de Alexandre II pelo menos, a censura imperial proibia as publicações desse tipo. As obras de Melnikov-Petchérski permanecem pois uma fonte insubstituível[6]. Sabe-se, graças a ele, que os Velhos-Crentes se serviam correntemente, para proteger melhor sua correspondência e seus negócios, de uma língua secreta, chamada "ofênia"; que, em caso de viagem, providenciavam passaportes que os credenciavam junto a suas comunidades, "passaportes entregues em Jerusalém, pela polícia sionista, no bairro de Gólgota"; e também, que seus leitores não ignoravam coisa alguma sobre os grandes místicos ocidentais, tal como Jacob Boehme ou Mme de Guyon. E que em todas as oportunidades entabulavam intermináveis debates de um teor que faz lembrar as discussões rabínicas. Citemos Melnikov:

> Eis sobre que versavam suas discussões teológicas: pode-se amassar o pão numa gamela contendo lêvedo de lúpulo, os xales de oração devem ser de couro ou de tecido, a salvação da alma exige a tonsura? Mas, o mais das vezes, eles discutem sobre o Anticristo: ele já apareceu, o maldito, ou ainda não, e como é: "real", isto é, em carne e osso, com braços e pernas, ou apenas "espiritual", isto é, invisível e inaudível, animado apenas pelo ódio a Cristo e pela vontade de seduzir o gênero humano...[7]

Por outro lado, uma das principais regras da vida dos Velhos-Crentes resumia-se na máxima: "Com a face escanhoada, com o fumante de tabaco, com aquele que se persigna com três dedos, não conviva nem se ligue, não faça nem amizade nem discuta com ele"[8]. Compreender-se-á facilmente por que a juventude revolucionária, habituada também com intermináveis debates mas que versavam sobre Apocalipses muito diferentes, não con-

---

6. O melhor romance, dito "antropológico", de Melnikov-Petchérski, *Nas Florestas*, foi traduzido para o francês por Sophie Luneau (Gallimard, 1956).

7. Cf. Melnikov-Petchérski, *V gorakh (Nas Montanhas)*, uma continuação de *Dans les forêts (Nas Florestas)*, ed. Moscou 1956, t. I, p. 549.

8. *Idem*, p. 5.

seguia, apesar de todos os seus esforços, recrutar irmãos de armas entre eles.

Vimos que as perseguições desencadeadas por Pobiedonostsev[9] colocara-os numa situação no mínimo irregular, pois suas práticas religiosas eram passíveis de perseguições penais. Mas suas formas de resistência tinham se tornado, desde o fim do século XVIII, puramente passivas, "não violentas", e (com exceção de seus milionários) não participavam de modo algum da vida pública. Essa atitude persistiu depois do manifesto constitucional de outubro de 1905, que suprimira todas as suas incapacidades; e portanto, não se ouve falar deles nem na época nem durante o fatídico ano de 1917. É evidente que as sucessivas constituições soviéticas concederam-lhes os mesmos direitos ou tolerâncias que à Igreja ortodoxa, e algumas de suas comunidades ou "centros religiosos" persistem ainda hoje[10], sem que eu possa fornecer a esse respeito detalhes autênticos, em razão do laconismo das fontes de que disponho. Os historiadores soviéticos também evitam tratar de seu passado, e isso é compreensível, pois não teriam podido fazê-lo com a seriedade requerida a não ser pisando nas convenções em vigor. Com efeito, quer os raskolniks tenham sido pobres ou ricos, sua "pertença social" nada tinha a ver com sua imutável "ideologia". Vamos, portanto, dar a palavra em seu lugar, a título de conclusão, a seu colega expatriado Dmitri Tchijévski:

> Do ponto de vista sociológico, os Velhos-Crentes pertenciam às camadas sociais de que se poderia esperar uma participação ativa ou construtiva para a vida pública, em primeiro lugar no que se refere ao burguês e ao comerciante rico, mas também ao camponês abastado do norte, isto é, quase as mesmas camadas sociais que se aliaram às reformas ocidentais. E são precisamente essas camadas que, na Rússia, foram excluídas da vida pública, como resultado do cisma! Por isso, a influência das forças conservadoras sobre o desenvolvimento político da Rússia foi consideravelmente enfraquecida. E mais: na maior parte das revoltas e das insurreições dos séculos seguintes, os Velhos-Crentes desempenharam um papel não negligenciável. Engendraram também seitas fanáticas ou antietáticas, e até, utópicas, com que o governo absoluto podia ainda viver menos em paz do que com os Velhos-Crentes. Estes foram, portanto, os primeiros utopistas representativos do "desenraizamento" russo, apesar de os representantes ulteriores desse tipo ideológico não terem tido qualquer ligação genética com os adeptos da "velha fé"[11].

9. Ver mais acima, no capítulo "A Santa Legião e Os Judeus".

10. Ver *A Grande Enciclopédia Soviética*, 2. ed., artigo *"Staroobriadtchestvo"*, corroborado por diversos testemunhos de turistas soviéticos ou de dissidentes.

11. Cf. D. Tschizewskij, *Russische Geistesgeschichte*, 2. ed., Munique, 1974, pp. 139-140.

COLEÇÃO ESTUDOS

1. *Introdução à Cibernética*, W. Ross Ashby.
2. *Mimesis*, Erich Auerbach.
3. *A Criação Científica*, Abraham Moles.
4. *Homo Ludens*, Johan Huizinga.
5. *A Lingüística Estrutural*, Giulio C. Lepschy.
6. *A Estrutura Ausente*, Umberto Eco.
7. *Comportamento*, Donald Broadbent.
8. *Nordeste 1817*, Carlos Guilherme Mota.
9. *Cristãos-Novos na Bahia*, Anita Novinsky.
10. *A Inteligência Humana*, H. J. Butcher.
11. *João Caetano*, Décio de Almeida Prado.
12. *As Grandes Correntes da Mística Judaica*, Gershom G. Scholem.
13. *Vida e Valores do Povo Judeu*, Cecil Roth e outros.
14. *A Lógica da Criação Literária*, Käte Hamburger.
15. *Sociodinâmica da Cultura*, Abraham Moles.
16. *Gramatologia*, Jacques Derrida.
17. *Estampagem e Aprendizagem Inicial*, W. Sluckin.
18. *Estudos Afro-Brasileiros*, Roger Bastide.
19. *Morfologia do Macunaíma*, Haroldo de Campos.
20. *A Economia das Trocas Simbólicas*, Pierre Bourdieu.
21. *A Realidade Figurativa,* Pierre Francastel.
22. *Humberto Mauro, Cataguases, Cinearte*, Paulo Emílio Salles Gomes.
23. *História e Historiografia do Povo Judeu*, Salo W. Baron.
24. *Fernando Pessoa ou o Poetodrama*, José Augusto Seabra.
25. *As Formas do Conteúdo*, Umberto Eco.

26. *Filosofia da Nova Música*, Theodor Adorno.
27. *Por uma Arquitetura*, Le Corbusier.
28. *Percepção e Experiência*, M. D. Vernon.
29. *Filosofia do Estilo*, G. G. Granger.
30. *A Tradição do Novo*, Harold Rosenberg.
31. *Introdução à Gramática Gerativa*, Nicolas Ruwet.
32. *Sociologia da Cultura*, Karl Mannheim.
33. *Tarsila – sua Obra e seu Tempo (2 vols.)*, Aracy Amaral.
34. *O Mito Ariano*, Léon Poliakov.
35. *Lógica do Sentido*, Gilles Delleuze.
36. *Mestres do Teatro I*, John Gassner.
37. *O Regionalismo Gaúcho*, Joseph L. Love.
38. *Sociedade, Mudança e Política*, Hélio Jaguaribe.
39. *Desenvolvimento Político*, Hélio Jaguaribe.
40. *Crises e Alternativas da América Latina*, Hélio Jaguaribe.
41. *De Geração a Geração*, S. N. Eisenstadt.
42. *Política Econômica e Desenvolvimento do Brasil*, Nathanael H. Leff.
43. *Prolegômenos a uma Teoria da Linguagem*, Louis Hjelmslev.
44. *Sentimento e Forma*, Susanne K. Langer.
45. *A Política e o Conhecimento Sociológico*, F. G. Castles.
46. *Semiótica*, Charles S. Peirce.
47. *Ensaios de Sociologia*, Marcel Mauss.
48. *Mestres do Teatro II*, John Gassner.
49. *Uma Poética para Antonio Machado*, Ricardo Gullón.
50. *Burocracia e Sociedade no Brasil Colonial*, Stuart B. Schwartz.
51. *A Visão Existenciadora*, Evaldo Coutinho.
52. *América Latina em sua Literatura*, Unesco.
53. *Os Nuer*, E. E. Evans-Pritchard.
54. *Introdução à Textologia*, Roger Laufer.
55. *O Lugar de Todos os Lugares*, Evaldo Coutinho.
56. *Sociedade Israelense*, S. N. Eisenstadt.
57. *Das Arcadas do Bacharelismo*, Alberto Venancio Filho.
58. *Artaud e o Teatro*, Alain Virmaux.
59. *O Espaço da Arquitetura*, Evaldo Coutinho.
60. *Antropologia Aplicada*, Roger Bastide.
61. *História da Loucura*, Michel Foucault.
62. *Improvisação para o Teatro*, Viola Spolin.
63. *De Cristo aos Judeus da Corte*, Léon Poliakov.
64. *De Maomé aos Marranos*, Léon Poliakov.
65. *De Voltaire a Wagner*, Léon Poliakov.
66. *A Europa Suicida*, Léon Poliakov.
67. *O Urbanismo*, Françoise Choay.
68. *Pedagogia Institucional*, A. Vasquez e F. Oury.
69. *Pessoa e Personagem*, Michel Zeraffa.
70. *O Convívio Alegórico*, Evaldo Coutinho.
71. *O Convênio do Café*, Celso Lafer.
72. *A Linguagem*, Edward Sapir.
73. *Tratado Geral de Semiótica*, Umberto Eco.

74. *Ser e Estar em Nós*, Evaldo Coutinho.
75. *Estrutura da Teoria Psicanalítica*, David Rapaport.
76. *Jogo, Teatro & Pensamento*, Richard Courtney.
77. *Teoria Crítica I*, Max Horkheimer.
78. *A Subordinação ao Nosso Existir*, Evaldo Coutinho.
79. *A Estratégia dos Signos*, Lucrécia D'Aléssio Ferrara.
80. *Teatro: Leste & Oeste*, Leonard C. Pronko.
81. *Freud: a Trama dos Conceitos*, Renato Mezan.
82. *Vanguarda e Cosmopolitismo*, Jorge Schwartz.
83. *O Livro dIsso*, Georg Groddeck.
84. *A Testemunha Participante*, Evaldo Coutinho.
85. *Como se faz uma Tese*, Umberto Eco.
86. *Uma Atriz: Cacilda Becker*, Nanci Fernandes e Maria Thereza Vargas (org.).
87. *Jesus e Israel*, Jules Isaac.
88. *A Regra e o Modelo*, Françoise Choay.
89. *Lector in Fabula*, Umberto Eco.
90. *TBC: Crônica de um Sonho*, Alberto Guzik.
91. *Os Processos Criativos de Robert Wilson*, Luiz Roberto Galizia.
92. *Poética em Ação*, Roman Jakobson.
93. *Tradução Intersemiótica*, Julio Plaza.
94. *Futurismo: uma Poética da Modernidade*, Annateresa Fabris.
95. *Melanie Klein I*, Jean-Michel Petot.
96. *Melanie Klein II*, Jean-Michel Petot.
97. *A Artisticidade do Ser*, Evaldo Coutinho.
98. *Nelson Rodrigues: Drama e Encenações*, Sábato Magaldi.
99. *O Homem e seu Isso*, Georg Groddeck.
100. *José de Alencar e o Teatro*, João Roberto Faria.
101. *Fernando de Azevedo: Educação e Transformação*, Maria Luiza Penna.
102. *Dilthey: um Conceito de Vida e uma Pedagogia*, Mª Nazaré de Camargo Pacheco Amaral.
103. *Sobre o Trabalho do Ator*, Mauro Meiches e Silvia Fernandes.
104. *Zumbi, Tiradentes*, Cláudia de Arruda Campos.
105. *Um Outro Mundo: a Infância*, Marie-José Chombart de Lauwe.
106. *Tempo e Religião*, Walter I. Rehfeld.
107. *Arthur Azevedo: a Palavra e o Riso*, Antonio Martins.
108. *Arte, Privilégio e Distinção*, José Carlos Durand.
109. *A Imagem Inconsciente do Corpo*, Françoise Dolto.
110. *Acoplagem no Espaço*, Oswaldino Marques.
111. *O Texto no Teatro*, Sábato Magaldi.
112. *Portinari, Pintor Social*, Annateresa Fabris.
113. *Teatro da Militância*, Silvana Garcia.
114. *A Religião de Israel*, Yehezkel Kaufmann.
115. *Que é Literatura Comparada?*, Brunel, Pichois, Rousseau.
116. *A Revolução Psicanalítica*, Marthe Robert.
117. *Brecht: um Jogo de Aprendizagem*, Ingrid Dormien Koudela.
118. *Arquitetura Pós-Industrial*, Raffaele Raja.

119. *O Ator no Século XX*, Odette Aslan.
120. *Estudos Psicanalíticos sobre Psicossamática*, Georg Groddeck.
121. *O Signo de Três*, Umberto Eco e Thomas A. Sebeok.
122. *Zeami: Cena e Pensamento Nô*, Sakae M. Giroux.
123. *Cidades do Amanhã*, Peter Hall.
124. *A Causalidade Diabólica I*, Léon Poliakov.
125. *A Causalidade Diabólica II*, Léon Poliakov.
126. *A Imagem no Ensino da Arte*, Ana Mae Barbosa.
127. *Um Teatro da Mulher*, Elza Cunha de Vicenzo.
128. *Fala Gestual*, Ana Claudia de Oliveira.
129. *O Livro de São Cipriano: uma Legenda de Massas*, Jerusa Pires Ferreira.
130. *Kósmos Noetós*, Ivo Assad Ibri.
131. *Concerto Barroco às Óperas do Judeu*, Francisco Maciel Silveira.